贾植芳 ◎ 著

陈思和 ◎ 主编

卷六·

日记卷 上

贾植芳 全集

山西出版传媒集团

北岳文艺出版社

国家出版基金项目
NATIONAL PUBLICATION FOUNDATION

图书在版编目（CIP）数据

贾植芳全集 / 贾植芳著；陈思和主编 . — 太原：
北岳文艺出版社，2020.1
ISBN 978-7-5378-4988-3

Ⅰ．①贾… Ⅱ．①贾… ②陈… Ⅲ．①贾植芳（
1916-2008）—全集 Ⅳ．① C52

中国版本图书馆 CIP 数据核字（2017）第 253948 号

贾植芳全集·日记卷（上）

贾植芳◎著　陈思和◎主编

//

选题策划
续小强
刘文飞
范戈

项目负责人
范戈

责任编辑
范戈

书籍设计
张永文

印装监制
巩璠

出版发行：山西出版传媒集团·北岳文艺出版社
地址：山西省太原市并州南路 57 号　邮编：030012
电话：0351-5628696（发行部）　0351-5628688（总编室）
传真：0351-5628680
网址：http://www.bywy.com　E-mail：bywycbs@163.com
经销商：新华书店
印刷装订：山西人民印刷有限责任公司

开本：710mm×1000mm　1/16
总字数：4850 千字
总印张：297.5
版次：2020 年 1 月第 1 版
印次：2020 年 1 月山西第 1 次印刷
书号：ISBN 978-7-5378-4988-3
总定价：498.00 元（全 10 卷）

1980 年冬，与胡风事件的难友摄于复旦，前排左起：贾植芳、任敏、耿庸，后排左起：张禹、王戎、何满子

1982 年贾植芳先生与学生，（左）施昌东、（右）孙乃修

贾植芳、任敏夫妇与学生，前排左起：任敏、贾植芳，后排左起：李辉、范伯群、曾华鹏、陈思和

贾植芳先生

编者说明

　　本卷为卷六《日记卷（上）》，收入贾植芳先生 1979—1984 年间的日记。

　　所收日记时间，具体起自 1979 年 8 月 22 日，止于 1984 年 12 月 25 日。这部分日记曾分别在不同情况下出版、发表：1979—1981 年日记题名《平反日记》，收入贾植芳先生和夫人任敏女士的合集《解冻时节》，列入李辉主编《历史备忘书系》，长江文艺出版社 2000 年 3 月出版；1982—1984 年日记题名《早春三年日记》，单行出版，列入李辉主编《大象人物日记文丛》，大象出版社 2005 年 4 月出版。

　　收入全集的文本，将已曾出版过的部分据原整理稿编辑、修订；编辑、修订过程中主要对标点、语法等做了处理，语误、错字、误记等也进行了纠正，个别地方进行了删节。

目 录

平反日记

一九七九年

1979 年 8 月 22 日

阴晴不定，中午阵雨。校《赵集》①二校。

下午下班，路遇五五年毕业一同学，他的名字我不能记忆。和他同路出校门，他回忆起五五年前我的工作生活情况，他说"好像昨天一样"。他已近五十岁，据说长期教中学，两个孩子今年应考大学云。

晚饭后，洗冷水浴。乐嗣炳②先生夫妇来，他们都是近八十岁的老人，说是散步顺道来访云。谭君来。小李来，她去日本书籍展览会抄巴金材料，已抄得日译者（《寒夜》）所写的"巴金介绍"文泰半，材料写得详尽而客观。据"介绍"说，《寒夜》已有三种日译本。

1979 年 9 月 3 日

上午在教师阅览室看到《中国现代作家论》文集，发现该书的第二篇是论覃子豪的，从介绍中知道，他已成为名诗人，作品很多，出有《覃子豪全集》三卷，并且已去世云。评文说，他在诗中建立了自己独特的风格

---

① 即《中国当代文学研究资料丛书》中的《赵树理专集》。

② 复旦大学中文系语言学教授，一九五七年划为"右派"，已故。

云。我们在东京的三个"同仁",春潮①已于五七年被迫害致死,子豪客死海外,只有我是"硕果仅存",经过十一年多的监狱生活,十一年多的"劳改",还活在这个世界上,真是一个好小说材料:《三人行》。

1979 年 9 月 20 日

上午去大图②查阅三十年代至四十年代的《大公报》,看到了一些青年时代的文章,恍如隔世。下午政治学习照例埋头看刊物文章,带回一册《新疆大学学报》,有论武则天一文,昨天刚看过郭沫若写的历史剧《武则天》,今天接读此文,可互为对照。郭氏在六十年代初为武氏翻案,把武氏说成"人民女皇",这个号称"无产阶级历史家",水平和人品似还不如那些封建文人,观乎这十多年中国历史生活,郭氏此文实为"四人帮"的"批孔评法"运动开了先河,怪不得江青夸奖他立了大功哩。因之,新疆学报一文,实际上是对郭氏的批判,也是被压迫人民的呼声,郭氏的帮凶面目,于此暴露无遗矣。随心所欲地捏造篡改史实,为他的心目中的"政治"效犬马之劳。郭氏不愧为当今第一人。我过去与此公颇有些接触,将来拟写一回忆文,供给历史研究者参考。

这两天又大热起来,气令实在不正。

1979 年 9 月 21 日

上午继续在大图查阅解放前旧报。

下午编审评巴金文章目录,一九五八年所谓"拔白旗,插红旗"运动中兴起了批巴运动,大小人物从教义出发,无视生活本身,对巴君进行声讨,文章之无聊和空洞,使人哭笑不得。正是在这种极"左"的源远流长的棍棒下,中国文艺事业走向失败和凋零,这种历史的教训值得深思!

从这里我才又深入一步地理解到为什么人们现在要研究中国历史,因

---

① 即留日同学李春潮。

② 指学校的大图书馆,以区别于系里的图书馆。

为这许多年来，人们带着历史已经过去的乐观自信情绪从事新的生活事业，但却连续地遭到不断的、规模越来越大的袭击。正是在这种痛苦的实际中，才慢慢地醒悟过来：我们坐的这辆车子在疯狂地往回开了，人们如果再不去认识，去思考，去斗争，那么这辆车子，就将开进原始森林里去了，而这一切是在堂皇耀眼的招牌下公开进行的。……

1979 年 9 月 23 日

今天早上为了待客，在门口的小商贩那里买了一斤螺蛳，我剥着这些水生动物，却想起我们在生活里遇到的一个被称为"卖螺蛳的人"和那一段奇怪的生活遭遇。……

1979 年 9 月 30 日

礼拜六晚，小王来，送来过节月饼一盒，即转送邻居阿婆。这是个有清新头脑的青年，他写了个剧本，题材是国棉十七厂王洪文"造反"记，或者说该"王副主席"的"飞腾记"。现在经过审核批准，有一大堆人插进来争名夺利，世风如此，令人兴叹。他说到厂内一个有各种头衔的人的偷窃落网经过，恍如一篇小说，而且是清末流行的"黑幕小说"，李伯元所谴责的怪现象，想不到又变本加厉地出现在我们这个"翻了身"的社会中！

礼拜六下午，去礼堂参加国庆庆祝会，某副书记讲话，概述复旦被人民接管以来三十六年的道路，讲法与去年有异。去年还在那里夸耀说"文革"前十七年，取得了伟大胜利，经过历次政治运动揪出了一小撮反革命，胡风分子，右派分子；今年却没提出这些事物（胜利），说五二年思想改造粗糙伤人，五七年扩大化，五九年反右倾打击了不同意见的人，等等，说了许多知识分子的好话。开过会，看了一个电影，题材是写伪满时期的游击战争，当一个女同志在被敌人拉出去处决前，她对同监人讲了一些政治教育的话，但观众中却发出了笑声，这个表现，是值得深思的。

1979 年 10 月 2 日夜

前天（九月三十日）上午写到这里，中文系老杜来访，昨日上午中文系总支负责人徐君来访，他们都谈到任敏户口事以及我的工作问题，看样子，似乎又在动了。昨天下午，我和徐君值班，他说，看到四次文代会征求意见稿，内云解放后由批《武训传》到"反胡风"斗争，在当时还是必要的，不过，"有些扩大化"，这就是说"以言定罪"，不准说话，还是正确的措施呢。孔子曰："始吾于人也，听其言而信其行；今吾于人也，听其言而观其行。"这位先生在奴隶社会末期和封建社会初期说的话，好像还是新鲜的，虽然这中间隔了两千多年。

今天上午看了一场电影《从奴隶到将军》，尚可。但仍未能跳出禁例：这个奴隶出身的将军，从云南的护国军排长到成为新四军一个司令员的过程中，他的发展过程是直线的，他的革命觉悟是自发的，在旧军队中，出于污泥而不染，思想和生活中都没有曲折和过程。这一切都决定于他的奴隶出身，实际上还是成分决定论，把复杂的历史内容简单化了。在他身上不存在思想发展过程，因此，也没有改造过程。这样，把人物加以"神化"和"鬼化"的结果，也自然就取消了现实主义。

晚，小谭来，据云，他今天买了一本新译的俄国杜氏①《罪与罚》，这本书是解放三十多年第一次出版。

1979 年 10 月 4 日夜

昨晚去天蟾舞台看《海瑞上疏》，从戏剧所创造的时代气氛来看，与其说是明代嘉靖的现实，不如说是六十年代初期的现实，编演者周信芳被凌辱而死，非属事出无因也。

得大哥②讯，星嫂③病重，又住进协和。

今早老焦④来，带来自种蔬菜多种，午间与其父子及数学系一研究生在家中共餐。

晚皇甫来，带来家乡醋一瓶，少谈而去。

---

① 即陀思妥耶夫斯基。

② 即贾植芳先生的大哥贾芝同志。

③ 即贾芝夫人李星华，李大钊之女。

④ 即焦万顺，复旦大学六十年代初国际政治系毕业生，留校任干部。在"五七干校"时，他是农场生产总指挥，"五七干校"领导干部之一。后任上海技术师范学院宣传部长。

1979 年 10 月 5 日夜记

今天小陈①同志找吴剑岚先生看病，顺便为星嫂问讯治"尿中毒"办法，吴先生还记起我们一家，并开了一张病症诊断书。晚，随信寄往北京。炳中来信，说是国庆等我们前去，当复一信，约好礼拜日一块儿补过中秋。

敏在市区买日译本《俄国文学史》一册，系日前去天蟾舞台观剧时路过上海外文书店发现的，因为当时囊中空乏，和营业员说好今天去取的。这样一本破书，索价二元，是太贵了些。

据介绍，本书作者为 Alexander Eliasberg，犹太裔俄国人，原文为德文，原书出版于一九二二年，作者是一个守旧派，是一个反共分子，但从艺术观点来论述俄国作家，有其特色；作者又是一个自然科学家，俄国文学的爱好者。过去我也存有此书，一九五五年时一块儿被抄去了。因此，这是第二次花钱买它，不胜感慨之情。

又记：今天是古历中秋节，也是二十多年来和敏在一块儿第一次过这个团圆节，今天听人说了一句笑话："在月亮下面人人平等。"敏在市区买回一些猪头肉，两个人对饮几杯，月亮圆圆地挂在窗外的上空。

1979 年 10 月 6 日夜

上午去图书馆查阅旧报。写河北大学雷石榆一信，询春潮情况。晚老焦来，小王来，谈至九时分别辞去。

1979 年 10 月 7 日夜

上午进市区，先到南京路食品公司买好酒菜，步行至郑兄处，何、王②二兄已在。饭后，王兄辞去，和郑、何共游静安公园，此处本为外国坟山，三十年前，我们曾和光人兄③夫妇多次来此闲坐。

四时许离开公园，在静安闹市上信步走了一个时辰，盖已二十有余年未涉足此街矣。

归来已近六时，写申请一，给路翎信一。

———————

① 当时印刷厂工人陈建权，作家师陀内弟。

② 即何满子、王戎，均为一九五五年同案犯。

③ 张光人，即胡风。

1979 年 10 月 9 日夜

前天听王戎说，外面说，上海的关于骗子的戏（戏名大约是《假如我是真的》），这个编剧是"四人帮"的打砸抢分子，别有用心，对现实从"左"的方面反对云云，当时信以为真。今天听一个福建来的女同志（据说还是个地下党）说这种办法还是老一套，实际上是只准歌德，谁要在作品中面对真实替老百姓说些话，就容易被戴上各种政治帽子——这个习惯不改，一切无从说起。

晚和搬来的一对云南来的夫妇闲话，据说，云大的校长、作家李广田在"文化大革命"中被迫害不已，最后投水而死，死时穿上西装，打好领带……

1979 年 10 月 10 日夜

今天看三十年代《新文艺》上的一则文坛消息，当时苏联作家皮力涅克写了一个长篇，因为内容有问题，国内不能出版，他拿到德国白俄侨民办的书店出版了，国内舆论哗然，皮力涅克也被开除出作协了。正在闹得不可开交的时候 Gorky[①] 说话了，他说，这是皮力涅克好出风头的缘故，没有什么，一场风波就此平消。高氏[②]作为文艺界领袖，能在急难时挺身而出保护了一些人，这对苏联文艺的兴旺发展，团结作家队伍，是很大的贡献。新中国成立三十多年，文艺界政治运动频繁，苦难重重，那些被称为"旗手""老作家"的人物，却只会落井下石，甚至推波助澜，从中谋利，情况一变却又诿过于人，一推了事，又把自己洗个干净。九月份《人民文学》上有茅公一文《沉痛悼念邵荃麟同志》，文内说，他在第二次文代会作的报告，是经过邵的修改的，说邵对他帮助很大。举例说，反胡风斗争，他写的那篇文章，原来不是现在的样子，也是在邵的帮助下，得到提高的。换句话说，他说的话是邵的意思，不是他自己的思想，名为"沉痛"悼念死者，实际上是把文责推到死人头上。此公在《新文学史料》一期内，把他和鲁迅不睦是由于他在鲁面前说胡风有政治问题，惹起鲁的反感（是雪峰文章提供的事实），说成是他听自陈望道和郑振铎，他们则得

---

①② 即高尔基。

之他们的"南京朋友",推到死人头上,开脱自己,真是一大发明。和高氏相比,真有天壤之别矣(就品格说)。

附记:关于农民和宗教

农民本能是有神论。毛说,农民是多神主义;史①说,农民是皇权主义者,而神权是皇权在天国的反映。农民相信宗教,信仰神是由其阶级地位决定的。《拿破仑政变记》说,农民散漫、保守,他们的小生产经济地位使其在政治上必然产生专制主义和家长制,希望有强有力的救世主来保护自己。农民不能依靠自己的力量组织起来,统一起来,只能在一支超人间力量的保护下结成为一支力量。农民利用宗教是由其落后一面决定的,宗教是人民的鸦片,即宗教在农民运动和组织农民斗争时,能起一些作用,但从本质和长远看,它是欺骗和瓦解、腐蚀农民的。宗教把人引导到盲从、迷信、愚昧,禁锢人们的智慧和思想。农民起义的失败,往往与农民宗教的麻醉、欺骗、腐蚀作用分不开。应该把农民的革命理想、政治口号与其宗教形式分别开来。农民的政治口号和理想是进步的,但他们利用宗教形式是反动落后的。同时宗教和农民的政治理想是矛盾的(在本质上)。农民一贯的理想是平等、平均,但偶像崇拜和宗教的本质是不平等。农民在偶像、上帝面前的平等是奴隶在奴隶主、无权的人在专制统治者面前的平等,这种平等就是不平等。农民起义不是暂时利用宗教,而是创造新宗教,农民起义如果胜利了,建立的绝不是无神论的国家,而是政教合一的神的国家,宗教会成为思想统治力量。

我抄了上一段文章后,再加上几句:这就是中国农民革命的悲剧性所在,因为它在建立政权后,农民的落后的一面就会突出,登上皇位的农民借宗教的力量进行统治的结果不仅会把历史拉向倒退,而且会把宗教的地狱活现在人间,凶残和愚昧成为新的道德标准。

1979 年 10 月 13 日夜

今天中午系内副书记李同志来,问敏这些年情况,即如实回答,因为前些日子领导上要我为任敏事写一申请,现在又来调查。敏于一九五五年五月

---

① 即斯大林。

我被捕翌日即被公安局捕去，关了一年多，当时我在监里，不知家中情况，一个多月后，因为天冷，我要求他们去家中拿衣服，他们拿来的衣服中，有任敏的睡衣裤，我才知道她也遭到毒手——家中无人了。只是一年多以后，才收到她送来的接济衣物食品，知道她回去了，并听警察说，她在科技出版社工作。不到一年，她又不送接济了，我正在疑惑中，一天新进来的一个工人犯人说上海把一切有问题的人和他们的家属都撵出上海去了。这个犯人就因为在监房传播这个"新闻"，被看守听到了，看守当场驳斥说这是造谣生事，并从门上的监视孔里伸进手抓着这个犯人的头发，在门上狠狠地碰了一阵，才了事。过了不久，我被"训导员"叫出去，他给我看大哥写给公安局的信，信内说任敏去支持青海社会主义建设去了，所以经过组织上的批准，此后我的接济事项由他负责，并随信寄来五十元（是任敏寄给他请他转寄我的）。此后十年，即一直到一九六六年四月，我不知任敏情况（只是一九六二年大哥转寄来任敏带给他转寄我的一个包袱，内有衣服鞋袜，鞋内还有四颗红枣，当时我给一块儿劳改的一个修飞机的工人吃了两颗，自己吃了两颗）。在打倒"四人帮"以后，任敏才一次和我说起，她到青海后在少数民族地区工作了一年多，又被关押起来，说是上海的事情未了。关了二年多，才把她放出来，并口头通知说，判她有期徒刑十年，但并无判决书。随后又把她送到一个回族自治县的农牧机械厂做工人，工资减了一半，她被捕时，她带去的衣物、手表、鸭绒被、沙发床以至脸盆等用品都被没收了。后来所谓"自然灾害"期间，她才又被打发到山西家乡种地，一种十六年。她在我被释放十年以后，才给我说起她的这段经历，她说，几次来上海，都不愿说这些事，怕我精神上不能忍受，"四人帮"及其依附势力倒了，她才觉得可以告诉给我听了。她早先几次来沪看我，只是说过她被上海公安局释放后去了科技出版社工作以后，那里的一个人事科长（上帝保佑这个同志万寿无疆!）曾动员她和我划清界限——离婚，当时她的一个同事，邵洵美的女儿和丈夫离了婚（此女丈夫因生活腐败被捕判刑劳改十年），这位科长同志把邵的女儿树为样板，要任敏"向她学习"。任敏没有服从组织指令，所以被那个"好学生""走封建主义道路的当权派"柯庆施（报上惯称这个罪犯为"柯老"）撵出上海，弄到青海，进行残酷的报复——人被送进牢监，衣物被抢一空。这些都算是伟大的三十年来光辉的一页，这就是所说的"丰功伟绩"的一个小小的样板。她唯一的"犯罪事实"，就因为她是我的妻子。蒋介石时代，她也因为这个罪名，一块儿和我去吃官司，那还是因为我在报上写文章骂了这位"委员长"，才被他的爪牙中统局捉将官里去——我这官司吃得并不冤枉，因为我犯了中国人民的敌人的"王法"，她跟上我吃官司，虽然也受了一年多罪和苦，但总算光荣的，我们精神上是胜利者！

想不到在解放后，我们却因为和胡风是朋友，就受到这么残酷的打击，而且是借用了人民和革命的名义，我被关押十一年，判徒刑十二年，监督劳动十二年，前后二十三年；她两次进牢，还被口头宣布判处徒刑十年，"下放农村劳动"十六年。唯一可以告慰的是，我们活下来了，而且渐渐懂得这是怎么回事了，历史的真相，是任何英雄豪杰、圣君贤相也掩盖不住的！这里我想起 Marx[1]在《不列颠在印度的统治》一文的结尾所引用的 Goethe[2]的诗句：

> 既然痛苦是快乐的泉源，
> 那又何必因痛苦而伤心？
> 难道不是有无数量生灵，
> 遭到过帖木儿的蹂躏？

Marx 所欣赏的这四句歌德名诗应该就是历史的答案。

1979 年 10 月 15 日早

十四日上午，和邻居小孩在托儿所门前玩，组织部李同志来访，相立而谈。他说，你们这事，现在看来更清楚了，至多是思想问题，当时也不是看不到，只是我国没有民主，封建历史太长。说，这事现在正在研究中。说，二十多年了，你们各方面表现都好，过来了，真不容易。他鼓励我走上讲台，继续教书。盛情可感。

留日同学景兄幼子来，其父已抵武汉，现住武大招待所，事情正处理云。一块儿吃过午饭后辞去。和敏乘五十五路车去淮海路附近看话剧《假如我是真的》。车经外滩，市革会附近又贴了不少大字报，拥了不少人，

---

① 即马克思。

② 即歌德。

据敏说,其中还有一位女青年,身上贴着大字报,站在那里。

剧场在复兴公园后门附近,二十多年未来过这一带,环境已然陌生,因为时间还早,先在复兴公园茶座喝了一会儿茶。

《假如我是真的》是个讽刺剧,座位在第一排,所以看得真切。剧本内容以不久前发生在本市的一件真事为依据,我看还是可以的。并没有否定现实的味道,只是指出现实的可哀之处,意在匡世,非要推翻也。和报上登的新闻不同,剧中还塑造了一位正派的老干部形象,并非"洪洞县里无好人"式的否定。它以一对在农场劳动的小青年的爱情事件为主线,反映了时代风尚,表面看来是讽刺剧,实际上是一出悲剧,它使人正视现实,发人深思。比《于无声处》强多了。

散场后,去留日同学北天兄家,他还住在老地方,是我的故居的隔壁,二十多年不来了,好容易才找到门。北天已是一老翁,儿孙满堂,生活小康,在此得悉一些老同学的信息,吃了些酒,八时告辞乘车回家。

1979 年 10 月 15 日夜

上午得兰弟①信、雷石榆信。雷信云:春潮在五十年代投水而死,现在是否平反,情况不明。春潮是我在日本老友,热情而率直,三七年春间,被迫发狂,住在上野的疯人院,我曾和子豪去看过他。解放后相遇,友情如昔,他还是一位高干,当时任广西教育所副所长,在上海和北京都和我们一块儿生活,又去莫干山一块儿避过暑。想不到他未死于日本的疯人院,而竟自杀于翻了身的祖国,含冤二十余载,令人感慨万端。

雷信还说,大哥做了文联秘书长,现在的形势,这个官我看不好当。

晚饭时,小陈和云南来的一对就医的夫妇以及小卞②在此共吃晚饭。

1979 年 10 月 16 日夜

终日校《闻捷专集》③三校。得何满子信,借 Stendhal④小说法文本,

---

① 即贾植芳先生的伯父之子,他的堂弟贾植兰。
② 贾植芳先生当时的邻居,产业工人卞志刚。
③ 即《中国当代文学研究资料丛书》之一、贾植芳先生负责主编的《闻捷专集》。
④ 即司汤达。

当托小李去外文系商借，未借到，却借来了一本日本丸山林平的《文艺新辞典》和 Marc Slonim 的 *An outline of Russian Literature*[①]（一九五八年版）。随便翻阅此书，看到契诃夫的一句话："一个人无所需要，他既无什么希望，又无什么恐惧，这种人是成不了一个作家的。"（He who does not want anything, has no hopes and no fears, can not become a writer.）这话很值得玩味。

感冒已数日，渐愈，敏却又被传染上了。

今天听说，关于骗子题材的话剧，被禁演了，说是毁谤干部云云。由此可见，艺术民主的前提是政治民主，离开政治民主谈艺术民主，只能是有害的空话，近于自欺欺人。

1979 年 10 月 17 日夜
附记：文艺旧闻二则（其一）

俄国作家契诃夫他不属于任何党派，也从未表现出任何过激的倾向，作为一个知识分子，他具有当时俄国自由知识分子的气质和抱负，当他的朋友高尔基由于政治原因被沙皇免去科学院成员的时候，契诃夫辞去自己科学院院士的职务，以示抗议。正如他常说的："一个人无所需要，他既无什么希望，又无什么恐惧，这种人是成不了一个作家的。"

1979 年 10 月 17 日夜

白天上班忙于看清样。夜发何满子一信，他要的司汤达《巴马修道院》的法文本图书馆无书。

1979 年 10 月 21 日夜

今天星期天，晨同学景君三子来，其父原为武大教授，一九五七年受诬，他现在去武大要求澄清，仍被官们敷衍推诿，这个孩子准备明日去汉照顾他父亲。

王戎、满子、炳中来，在此吃午饭，何兄姨妹来一信，曾去成都招待所看望光人夫妇。来信云，他们夫妇对这对陌生夫妇能开怀畅谈这些年的

[①]《俄国文学简史》。

生活和遭遇，他们看到满子兄信很高兴云。下午一块儿去虹口公园游玩，瞻仰了鲁迅先生墓，先生去世已经四十多年了，这些年来，沧海桑田，变动很大，如果他还健在，真不知什么命运啊！

前两天，小周①从巴金先生老友处拿来美国哈佛大学一位女士写的《巴金著作》一书，此书对光人兄有一番介绍，得便当抄录下来，备查。

1979 年 10 月 22 日夜

上午和唐君②等三人去上海图书馆查材料，环境很好，建筑也考究，翻阅了不少东西，巴金问题在此基本可以解决。约定礼拜四再来。中午，与唐、李③二君在附近小店吃牛肉面，请大家都喝了一杯啤酒。

下午五时归来，整日无水喝。

1979 年 10 月 24 日

昨日下午去福州路外文书店，参观外文书籍展销会，展出的书籍主要是理科用书及滞销的外文字典工具书，无所获。再去古籍书店，花了二角五分购《天水冰山录》三册，"丛书集成"本也。此书记载严嵩抄家物资清单甚详，并附有张居正抄家简报。另花五分钱购回丛书本《震泽长语》一册，作者在卷首序中说："余久居山林，不能嘿嘿，阅载籍有得则录之，观物理有得则录之，有关治体则录之，有裨闻见则录之，久而成帙，名曰《震泽长语》云。"是属于笔记随笔类作品。

这天是阴历九月初三日，正是我的生辰，我们倒不记了，一早起，谭公④送来名酒二瓶、面一篮。盖去年此日，曾与此老、小陈并王中⑤一块儿过过我的生日，此老仍不忘怀也。敏去买了几只蟹和几个蛋糕，邻居阿婆闻讯送来一只生日蛋糕。晚饭时，约谭公、小陈、小曹一块儿喝酒吃面，

---

① 当时中文系资料员周春东，后在复旦古籍所，已退休。

② 中文系教师唐金海，已退休。

③ 当时中文系资料员李玉珍。

④ 当时体育教研组教授。因为代表中国参加过世界运动会，受到过希特勒检阅，"文革"中因此被诬为"与德国法西斯有勾结"。是我的患难朋友。

⑤ 当时复旦新闻系系主任，一九五七年曾被划为"右派"，现已故。

算是庆祝。晚饭后，小谭来，食蟹一只、蛋糕一只。

今日下午开了"文研会专题"会，系内决定我去京开此会，在家商洽了有关事务。

晚小唐夫妇来访，坐片刻辞去。

下午陈太太①来，送来她写的回忆陈老文章，人民出版社愿意印陈老的遗文集。此老为人耿正不阿，"四人帮"时含恨郁郁而去，我很愿意为他的文集出版出些力气，纪念这些为中国的文化学术做过贡献而受到凌辱和虐待的人们，使子孙万代永远记住这个沾满无辜者血泪的沉痛的历史。这是人民的苦难、民族的大耻和历史的见证之一。

得吉来堂弟夫妇来信。

1979 年 10 月 25 日夜

一早去图书馆，继续查巴金著作，无意间发现了一本《矛盾集》，编著者是一个国民党反共人物，叫陶其情的，书中收入李芾甘写的《答郭沫若的〈卖淫妇的饶舌〉》一文，原载一九二六年四月五日的《时事新报》副刊《学灯》。这是由于郭氏的《马克思进文庙》的文章，引起反共分子陶某的抗争，郭氏严厉地驳斥了这个反动派，芾甘氏"打抱不平"，半路里杀出来向郭氏疯狂地射击，不仅骂了郭氏"数典忘祖"的罪过（文中引了《共产党宣言》《资本论》等马克思著作），而且进一步把投枪对准马克思，说是上二书都是马克思抄袭别人著作，不过改头换面而已，还歪曲了恩格斯评考茨基氏的话作为斗争武器，确是一篇奇文。怪不得这本《矛盾集》的作者，反共分子陶某在书中收的《讨论马克思进文庙问题的始末》（原载《时事新报》副刊《学灯》）中，把芾甘氏引为同志，互为共鸣。巴金先生在他的青年时代是走了一段很弯曲的道路的，这恐怕也就是解放后他往往当"风派"，在各种运动中故作姿态的原因，原来他内心有很大的隐忧，不能不以高姿态来保获自己的生存耳。去年就找这个材料，一直没有着落，今天却意外地找到了它，真是"众里寻他千百度，蓦然回首，那人却在灯火阑珊处"。

---

① 历史系教授陈守实夫人，陈在"文革"中被迫害而死。五十年代他与我们有来往。

015

五时"回店"①，昨天晚上写给赵景深一信，涂抹了半天没写成，塞在抽屉里，敏因为找到赵的住址，没有细看一下就把信发出去了，令人啼笑皆非，连忙写了一封道歉信晚上发出。

看到上海旧书店在一九五六年和一九六〇年编印的各一册的《中国作家笔名录》，自己也居然名列金榜，殊为可叹。

1979 年 10 月 26 日夜

今天本来预定去上海图书馆，因为是礼拜五，下午学习，所以临时作罢。

上下午都去印刷厂，《赵集》上卷已印好，《闻集》②正在打四校校样。上午由有关人士发动群众把《赵集》印成品取回，下午又发动教师人手一包或两包地提回余书。

晚，小谭来，取走代借的两本写作书。据说，物价将于下月上涨，人心慌慌，早上已发生抢购猪肉事情。社会上待业的小青年公开抢劫商店，晚上南京路大饭店（外国人居住场所）门口"游娼"云集。这些怪现象，都不是社会主义应该有的，既然出现了，那就值得研究。看来，要真正想建设一个现代化的国家，不正视这三十年来的历史，并认真地而不是含糊地、行动地而不是口头地总结经验教训，是什么也弄不好的，也弄不成的。

1979 年 10 月 27 日夜

早上，和小唐、小李一块儿去上图查材料，解决了有关巴金著作的不少疑难问题。中午，和小唐等一块儿在"又一村"吃饭，他买的饭菜和啤酒，我又添买了两杯啤酒，算是"小乐胃"③一番。

下午主要查阅这年的香港《文汇报》。四时半外出，和小李一块儿吃了碗馄饨，坐车绕道北站，在虹口公园门口换车回校。

晚饭在小卞家吃饭，同席是云南来的一对医生夫妇。

---

① 即回家，因为我们夫妇是外地人，在上海等于是旅客或打工的，住家也就像住旅店一样。

② 即《中国当代文学研究资料丛书》中的《闻捷专集》。

③ 上海话，意为开开心。

给何满子一信，请他代查几个法文文章及刊物名称。

1979 年 10 月 28 日夜

Olga Lang 所著《巴金和他的著作——两次革命中的中国青年》（*Pa Chin and his writings：Chinese youth Between the two Revolutions*）其中有一则人物介绍，原文如下：

Chang ku-Fei（b. 1903），well known under his pen name Hu Feng. A Marxist literary critic，essayist，and poet；in the 1930's a member of the league of Leftwing writer but not of the Communist Party. In 1955 Hu Feng was the subject of a nationwide attack by the Chinese Communist Party for his unorthodox views.

早上未及起床，老焦同志来，送来他们编选的《陈毅文选》的编后记，请代看一下。上午即看并代为修改了一下，午饭后他复来拿去。看陈太太写的守实先生回忆录，情节真挚动人，但措辞用字有些不很恰当处，需要大力修改一下才行。

下午和敏去四平路裁缝处看棉大衣做好没有，裁缝答应提前完成，绕道五角场"回店"。路遇外文系黄君，他是在"五七干校"的同窗，当时以"大力士"驰名，也是一九五七年的受陷害者，他关心地问起我的情况，说了一句很有意思的话："历史的误会，误会的历史。"这也是他自身命运的写照，因为他吃了二十年"右派"的苦头，现在才得到改正，所谓改正，只能当"误会"理解，它是一种近乎命运的东西。在封建专制主义统治下，命运观念在现实生活中还是现实的东西。专制主义和科学民主水火不相容，因此它又是产生迷信和宿命思想的温床。

附录：文艺旧闻二则（其二）①

民国十九年（一九三〇年）三月发行的《新文艺》杂志有一篇《苏联

---

① 以上抄录的两则"文艺旧闻"，我在一九八〇年曾以之作为我的文章《温故而知新》的材料。当时受环境限制，掌握的材料不全，后来才得悉皮力涅克一九三七年十月二十八日以莫须有的"叛国"罪被捕，一九三八年四月二十一日被枪决，五十年代斯大林死后才得到平反。

文坛的风浪》的报道，原文云：去年苏联文艺界的风波，主角是皮力涅克（Boris Pilniak）和柴妙金（Eugene Zamiatine）。

单说皮力涅克，他写了一部叫《红树》的小说，对党和政府的对农民政策发出反对论调，被认为是一部有反革命倾向的小说，稿子送到《赤荒土》上被退了回来。皮力涅克于是把它寄到柏林去，稿子去年（一九二九年）在柏林的一家白俄侨民办的叫 Petropolis 书店出版了。消息传到莫斯科，舆论哗然，《文学报》写文批判，皮力涅克辩解说，他是寄给朋友看的，本书出版并未经过他的同意，他是不会为那些"侨民"效劳的。他这种辩辞不能使人满意，苏联作协在同年九月间开除了他的会籍。

至于柴妙金被处分，那是因为他在布拉格的一个社会革命党刊物 *Volia Rossie* 上发表了长篇小说《我们》的缘故。

这次风波中，被卷入的人很多，大多属于"同路人"作家，如爱伦堡、赛甫琳娜、巴别尔、罗蒙诺夫等等。它发展成了一场讨伐"同路人"的运动。批判家 Voline 说，需要整顿党的一九二九年文艺政策的决议，而"同路人"都有腐化反动倾向。Olkhovy 在《真理报》撰文说，苏联处在重建时代，阶级斗争更为剧烈，城乡资本主义分子正在蠢动，作家应该和人民站在一起，帮助政府克服无产阶级的敌人，使社会主义得到胜利。在文艺战线上，正如在其他战线上一样，是应该完全服从的，一切违反的人们，就是资产阶级者，而应该被当作资产阶级看待。

这时，Gorky 站出来说，皮力涅克是一个好名的人，他希望自己的作品译成各国文字，因此在贪求名誉时犯了错误。他说对皮力涅克处罚太严了，"好像把他对苏维埃文学的一切服务都归之乌有"，应该要宽一些，他说现在人才太少，那些能供给出良好作品的人不应加以驱逐云云。

这场风波顿时平息下来了。

高氏没有从一时一事看皮力涅克，而是从爱护出发，从苏联文学的发展前途出发，保护了皮力涅克，既充分肯定了他对苏联文学的贡献，也指出他的世界观上的错误。当时领导苏联党和政府的斯大林能允许 Gorky 说话，并能听懂和听进他的话，是更为难能可贵的。

1979 年 10 月 29 日夜

今晨上班接光人兄航信一，知道了他们的近况，不胜快慰。晚当函告炳中诸兄。

接赵景深先生一信，谈文研会一些情况，此老做事认真负责，令人可敬。上下午都去印刷厂交涉打印事，安徽大学已来信邀去黄山开会，时间短促，打印稿尚相差很远，令人头痛。

晚老苏来，谈及去赵先生家访问文研会情况。

1979 年 10 月 30 日夜记

今天进出印刷厂，为印务忙碌。

上午老陆①坐下闲谈，谈到他的母校山东大学，据说诗人高兰五七年被划成"右派"，白天检讨，晚上拍苍蝇，每天规定上缴苍蝇三百只才行，可谓盖世奇闻。

乐嗣炳来办公室，坐谈文研会事。去黄山开会已批准，当托小唐下午去买车票，决定下月二日成行。

校领导今晨来图书室视察房屋，副校长徐公过来和我握手说："听说你工作很认真。"

晚教老焦儿子英文二时，写成都张公②一信及赵景深一信，明日发出。

1979 年 10 月 31 日夜

整天忙碌。下午小周从巴先生的代理人肖君处取来经过巴公看过的他的小传及专集目录，小传有所改动，目录未动，只是拿回一张《文汇报》，那上面有一篇端木③谈《家》的文章，又说他在十月份在香港《大公报》写了一篇谈骗子的文章，说是他的观点和陈沂的有别，他的意思很明白，希望"专集"能把它们收进去。

下班后，陈老未亡人在家等候，她写了一篇陈老回忆录，希望我能帮她修改一下。

匆匆吃过晚饭，和敏搭车去炳中处，着南越④骑车请何兄来。他今日

---

① 原复旦中文系资料室主任陆树仑。已故。

② 即胡风。

③ 即端木蕻良。

④ 耿庸之子。

来过一信。

他们看了张公来信，都好生喜欢。看曾卓致炳中信，知道了陈性忠[1]下落，曾说，他的一个朋友办了一个杂志，约我能写点什么。

看了曾兄寄来的一份吴奚如[2]文章打印稿，谈鲁迅和党的关系，张公即其中的关键人员，因吴当时在沪为党做特工工作，这文章的意思很明白，张公为党做过杰出的贡献，他在文末注明，此文写于一九七九年五月传闻胡风去世时。显然是为张公辩诬的，这样有分量的文章，足以使玉宇澄清，目前的市面看来，是难于公开发表的，但它本身就是一个力量，一个历史见证。

九时归来，何兄旧译《聊斋故事》（一）新版出版，带回一册，敏很喜欢这本书。

1979 年 11 月 16 日夜

本月二日动身去黄山开会，昨日下午回来。在黄山开了约一礼拜会，除洗过二次温泉澡，看过两回电影，上过三次邮局，山上游玩未去，在疗养院打发的日子，替上图及《钟山》看些书稿。大会作了一次发言，小会发言数次，结识了一些朋友，听到一些新闻。前天下山，在芜湖逗留了半日，昨晨乘车，下午回校。

抵家后，得耿兄[3]寄来的胡公[4]近照一帧，是他和长孙游峨眉的照片，样子很健壮，不像"屈原"的样子。看路翎信，他的处境像是很孤寂。听敏说，周建女士曾偕北天[5]来过，吃了中饭。他们两个原来是同事，一块儿在中学教书，周女士已退休，在学德文，并给我送来一本社联通讯，那上面有关于所谓"胡风集团"的讨论意见。晚，小唐夫妇来，送来黄山买的一些土产品，坐片刻辞去。

---

① 诗人冀汸本名，一九五五年"同案犯"。

② 左翼作家。三十年代在上海"左联"和中央特科工作，曾任周恩来政治秘书。

③ 即耿庸。

④ 即胡风。

⑤ 即刘北天，留日同学。

1979 年 11 月 17 日夜

今天天雨，未上班，上午小唐来过一下。速写数信，致炳中、萧军、路翎、绿原及大哥，并给周女士一函，一块儿由敏发出。

得文研所通知，下月六日在京开会，通知附注："贾植芳同志来京前，请电告时间、车次、车厢，可车接。"这是一种殊遇，不知其中究竟。

午睡，杂读。傍晚，访王中同志，送去《赵集》一套，芜湖特产"交切片"一盒。

1979 年 11 月 18 日夜

天雨，大风，冬季降临，据说，北京已在零下 9℃。

上午和唐君一块儿上班，同事们都来问候，由小唐把从黄山带回的山果分送请人，与小周、小李碰头商讨编辑事务，说明黄山会议情况，小刘也坐在一旁。商谈一小时后，和唐去印刷厂，相随去各车间道谢，《巴集》已在装订中，《闻集》铅印，亦即将完工。

午间小睡后，偕唐访严同志不遇，回系内，与老陆同志谈黄山事。

读了这些天报刊上一些重要文章，如白桦、柯岩、王若望诸文，以及《人民日报》文，用辩论形式写的谈政治问题与学术问题的文章。文章说，这些年，喊叫"学术问题"与"政治问题"分开，宣布为"学术问题"的允许讨论，宣布为"政治问题"的就不得讨论了。事实上，"学术问题"往往都升级为"政治问题"，一被当作"政治问题"就万炮齐轰，无说话余地。因此，必须使"政治问题"也允许讨论，才真正算是社会主义民主；又说，这些年反复说要允许人家说话，换句话说，也可以不允许人说话，这还是专制，是封建的东西；在我们社会主义社会人民是主人，干部（包括领导）是人民公仆，哪有仆人下令准主人有说话的权利呢，这连资产阶级也不如。"不能以言治罪"，凡没有反革命行为的就不能当反革命论处，这样才能真正做到分清学术问题和政治问题的界限，使学术事业昌盛繁荣……云云。

与老陆谈完，老苏[①]来，晚饭后，老苏又如约来，谈文研会事，并带来一册中山大学之内部的创造社材料。

[①] 苏兴良，复旦中文系教师。

1979 年 11 月 20 日夜

前日礼拜天，如约去炳中处，何、王先后都到。阅张公信，盖前信他已收读，因知我外出，所以直写给炳中处，从我的信中，他才知道死了一大片。他说，年老了，才懂得难过二字的真正意义；他多年不接触社会，何兄姨妹来信说，他家请他们夫妇去家中吃了一次饭，他们很高兴，因二十多年来，从未进过人家家里吃饭。

北京牛汉信，京中预备开一个二百人会，专谈此案。何兄说是"安天会"，周公①召见聂、吴②谈张公事，因吴曾要求在"文代会"为张公事发言也。周说张公是当今屈指数一的文艺理论家，自己达不到那样的高度，大加颂扬。牛说，这可能是更重要的同志的意见，周不过口述而已。这个会实际将会如何，也只有到时候说……

昨夜，和唐君先后访中文系负责同志颜、徐谈黄山事。

今晨老焦来，在此一块儿吃早餐，送他一部《赵集》，并请他代送一部给李庆云同志，以示谢意。

昨下午，五五年同学陈宋惠来访，在此吃晚饭，今日傍晚一块儿应他的约去市内大众戏院看常锡文戏《红楼夜审》，陈在这个剧团工作。小周同志夫妇共同观剧，近十时归来。

同学某君③送来巴金研究论文二篇，请为代看。陈太太来，送来《中国史研究动态》一册，那上面有陈老的传记。

1979 年 11 月 21 日夜

上午和敏一块儿去保卫部与来访的出版局二同志谈话，他们说上海现在有一个"胡风问题处理小组"之类的机关，敏的问题由他们出版系统管，所以到来问明情况云。

中午小唐来，算好黄山账目，补去四十多元。

晚小谭④、小刘来，是我们约来家吃黄山带回来的土产的。小谭说起

---

① 即周扬。

② 即聂绀弩、吴奚如。

③ 即陈思和，当时因顾忌以后万一有运动株连，故未写其名。

④ 新闻系学生谭启泰，现居美国。

他们系内今日传达文代会情况，内容颇为丰富，为胡公说话的颇有一些人，说不应该把他排斥在会外，那是个文艺思想问题，五五年的批判，从私人信里摘出一句半句话，然后按照自己需要解释一番，殊属非是；丁玲说，从三十年代以来就有宗派主义作怪……真是众说纷纭，七嘴八舌，周公颇为被动云。从一切情况看，周公的家天下，恐怕保不牢了。

1979 年 11 月 23 日夜

上午在办公室工作时唐来，说巴公的儿子①问他，有关他父亲的著译目录编得如何，说一定收集了不少材料，说是否给他爸爸看看云云。此公大约很不放心。阅《沫若文集》十卷，那里有一篇《卖淫妇的饶舌》的文章，注中说："此人乃李芾甘，即今之巴金——沫若注。"文中说，他写了《好读书不求甚解》后，出乎意外的一位无政府主义的青年在《学灯》上做了一篇文章，借考茨基骂列宁的话来骂我是"马克思主义的卖淫妇"，云云。郭此文写于一九二六年三月九日，巴公后来为此又写了一篇《答郭沫若的〈卖淫妇的饶舌〉》，文中攻击郭氏"数典忘祖"，进一步攻击马恩为"文抄公"，拾当时西方资产阶级的谰言，怪不得他今天还担心编的目录也。

下午听报告，听了不少案例，都是小说材料，时代面影。晚小陈来，坐片刻而去。昨得绿原兄信，愿我到京后一晤。得兄信，言星嫂病况，日内当往访吴公②，希望他能开一帖中药方，使她能免于并发症和增加饮食。

晚，写张公③一信，附寄相片一张及耳耶④、何兄所作旧诗数首，供他客中消除寂寞。

1979 年 11 月 23 日夜又记

又，得云南医生夫妇来信，云已问到朱锡侯⑤兄情况，他曾被定为

---

① 即李晓。
② 即吴剑岚先生，中文系教授，擅长中医学。
③ 即胡风。
④ 即聂绀弩。
⑤ 三十年代朋友，后留学法国学生物学，获博士学位，五七年被划为"右派"，时任杭大教授。

"特嫌"，传说他双目因此失明，后来即离昆去扬州依他在照相馆做事的女儿过活，原由同事按月给他寄生活费，"文化大革命"一来，谁也不敢再管这类事了，交由云医人事处办；近来他作为特邀代表出席了生理会，云医又不准他报销，现在浙医愿请他任教，云医眼红又不放。这个经历，说明了一个科学知识分子的命运，也是多灾多难，但听到他仍健在这个世上，还能为人民做事，总是高兴的。

1979 年 11 月 23 日夜补写

昨日得何兄一邮袋，见赠古典新出版的《鉴真和尚东渡记》一本；附有他的妻妹一信，谈胡公夫妇多年生活遭遇。何兄说，比较起来，但丁想象力不免相形见绌，因为他们的遭遇，比但丁写的"炼狱"情况还可怕，使人读后，真如何兄所说，有"人间何世"之感。即请敏抄录一份。今晨将原信退回何兄。

附录：

何满子姨妹信

……他（胡风）出事之后，文艺界的头头们（周、沈、林①等）意欲置他于死地，要公安部判他死刑，至少也是死缓，但公安部碍于法律上的原因判不下来，于是特地搞了一次对张的"演习审判"——即主审张的审判官先以张的身份受审，后来判他十四年有期徒刑。周总理知道此事后指示要释放他，因此三个月后，给他发了"释放证"（为的是向总理做出交代）。之后即以他不宜留在京为由将他送到四川，并给了他一套住房。一九五八年毛主席指示，要解决他的问题，但被上述的人拖下去了。"文革"时期，他又被刘、张的省革筹人保组判了无期徒刑，关在大足第二监狱，所有财产全被没收，给梅志留了三百元，要她自费劳动；后来梅提出她又未被判刑，所余款子有限，日后如何生活，因此才给了她每月二十一元的生活费，叫她到灌县山区一个劳改犯菜场与那些杀人、抢劫、吃人犯（三年困难时杀人吃的人）一起改造。在那里她看到了多少可怕的事情，

---

① 周、沈、林即周扬、沈端先（夏衍本名）、林默涵。

但她对管理人员公开说她不敢讲（揭发），她除了必须给犯人当记录之外，什么也不说，犯人都说她的性情好，一个由于饥饿而吃了自己女儿的贫农老大娘还与她建立了深厚的感情。他们都不知道她的情况，只知道她是特殊犯人。她在那里劳动了二年多之后，张精神（失常）出了毛病疯了，这不得不把梅接到监狱去管照他，梅与张又一起在监狱中过了五年。一九七二年之后也是由于总理的关心才在生活上给了他们一些特殊待遇，给了他们一院房子，可以自己种菜，每月有六斤肉三斤油，但仍在监中，直到今年一月才从监中出来住在现在住的地方。本来要他到省政协工作，他说他是专业作家，不会工作，而且早已到了退休年龄。后来给了他一个"政协委员"，他接受了，现在每月给他一百五十元，梅七十多元。

他花了三个月时间写的"万言书"坑了他廿多年，由于梅给他抄过"万言书"，所以后来不再为他抄东西了，他风趣地说：直到他成了政协委员之后，现在梅又才给他抄东西了。但梅认为有的东西还是说得太过火了。从谈话中也可以看出，张十分激动而梅则冷静一些。他们的三个儿子大的三十八岁才结婚，小儿子是六六届中学生，在农场表现很好，基层多次推荐考大学，都因父亲关系被拉下去，直到教育改革后才又考上大学，另二个都在工作，在他们被关期间与孩子们是完全断了音讯的。

现在他们忙于搞他的有关材料，以前没收他的东西及存款已经发还。

以上都是他们向我们谈的具体内容，有的时间地点记不清了，因此没写；有的对问题的观点看法一下也写不清，更何况有的历史情况，我们不十分清楚，就不能一一记述了。第二次足足谈了二个小时，从三十年代鲁迅时期谈到现在，他们的兴致真好。

1979 年 10 月 6 日

植、敏兄：

现寄上吴××来信，读了你定要起"人间何世！"之慨。看来但丁的想象力，只能说是平凡的，他做梦也想不到人间炼狱比他所设想的要厉害得多。信请保存勿失。

我想安天会前，北京必有人去与谷兄①磋商。你如给谷兄去信，应提

---

① 即胡风。

醒他尽量多争取些人参加此会，一可稍稍抵御他们的人海战术，略显自家阵势；二可集思广益，问题考虑得稍周全些。你去北京似亦应觅机游说，能提名就提名，其实敏兄亦可争取出席，对她的户口、安排问题都有好处。我等全错划"右派"，改正也未宣布（闻已内部决定改正，但因五五年事而搁着），如能争取去，我当也希望能去，虽然对衮衮诸公，即使见他们的面也有一种肉体的厌恶。

　　书一本附上
双吉

弟满子十九晨

1979 年 11 月 24 日夜补写

　　上午共同去上图查旧杂志，发现中山文化教育馆编的《日报索引》，获益不少。

　　下午福建人民出版社的老管来，谈出版有关问题，《解放日报》的女记者小查寄来《解放日报通讯》一本。

　　给胡公信，上午发出。

　　中午下班时碰到有过接触的保卫部某同志，他说你们的问题正在复查中。

　　这两天太累，中午无休息，天又冷，工作堆得和山一样，真是急得团团转。

1979 年 11 月 27 日夜记

　　昨天和一伙人去上图工作竟日，萧同志①大力支持，一切有关巴的著作版本都拿出来了，这就使目前进行的工作大为丰富。

　　今晨上班，读谷兄信，他说听炳中信，知道我回来了。信中托何兄妻妹邮来一些他的诗作，其中有一首题名《酒醉花赞·怀贾植芳》，也是他在囚禁中的作品，是他写的二百多篇作品之一，诗虽还未见，但他的怀旧的真诚，使人感泣。他仍忙于写东西，这对弄清历史真相，正确总结历史教训，是意义极为重大的庄严的工作。我祝他健康！

———————————
　　① 即萧斌如，当时上图特藏室主任。

他说，托抄一九五三年某期他的诗作，已找就，由敏抄好，不日当寄去。

接炳中信，当复一信，明晚去看他们。

接阜阳师范一教师信，黄山相识，他托查一下有关郭沫若译诗原文材料。

下午原定听报告（关于工调①问题），未去，在家工作。夜饭后，与敏一块儿进城看常锡文戏《半把剪刀》，演来动人。前次在此看过《红楼夜审》，这是第二次看这种剧种，得一个老同学陈宋惠在此工作特送票相邀也。

礼拜日，周建来，此女久经沧海，但容貌依然年轻，她已退休，在家学德文，想译些书。

陈老未亡人王夫人来，送来一些橘子和她写的回忆陈老的文稿。她文内谈到陈老先生的友人，他也常悄悄地谈到我，表示了深厚的同情和关怀，盛情可感。此老为人正直，疾恶如仇，看王夫人写的回忆，他们一生颠沛流离，解放后自以为得见天日，万想不到"文化大革命"中横遭诬陷打击，以至含愤而逝。中国大地竟长期地在灾难中遭受煎熬，历史急剧地走向倒退。这个历史悲剧，当为历史家的重大研究课题，历史的审判将不会放过任何视人民为玩物的家伙。

1979 年 11 月 28 日夜

上午去上图抄目录。下午听文代会传达，四平八稳，绝口不提谷非及会上对周扬意见。后听同学传达说，孔厥"文化革命"中被开除公职，押送乡下劳动中中途跳火车自杀，他努力写的《新儿女英雄传》已抹去他的名字。

晚去炳中处喝酒；归来后，寄谷兄及何兄各一信，明天发出。

1979 年 11 月 30 日夜

昨日去上图抄资料竟日，休息时，在肖君处看到香港出的《争鸣》今年某期，刊有《胡风出狱以后》一文，大肆渲染胡风如何受优待，对于有人要判他死刑，总理如何两次搭救他，"文化大革命"中，四川"四人帮"头目如何通过文保组判他无期徒刑，把他投入大足县的黑牢，夫妇如

---

① 即工资调整。

027

何分离坐监，胡如何发狂，这些德政只字不提。

五时归家，老景大姑娘已在候，他父亲在改正中，留她吃了晚饭，两个同学来①，谈他们在写关于巴金的文章，提了一些问题，借去英文本《巴金及其著作》一书。

今日上午分别开了两个碰头会，研究这两个摊子的工作。晚饭后，看望吴剑岚先生，他已八十二高龄，请他为星嫂开个药方，他因未能见到病人，且病人已呈重危状，所以不便开方云。

小唐晚间来算黄山粮账。

1979 年 12 月 1 日

早晨上班，接北京电，星嫂已于二十六日病逝，下月四日间遗体告别，六日在八宝山开追悼会。想不到一九五四年北京一晤后竟成永诀！

中午在小卞②家午餐，饮玫瑰酒。下午蒙头大睡，四时醒来，小景来，送来她妹妹译的日本针灸文章，可惜星嫂已作古，当退回。

晚，南越来，送来谷兄③长信二封，诗（赠我者），及他抄寄的牛汉④及晓山⑤谈路兄⑥情况。

小谭来，中文系老陆夫妇及小孩傍晚来；老杜来，谈已托老苏为星嫂送花圈事，用中文系名义，即表示感谢。

施昌东、潘富恩⑦同学来，谈五五年事，施送来他的近作一本。九时左右，来人才相继辞去。

1979 年 12 月 24 日傍晚

今早八时由京返沪，十时抵家。昨日上午与苏君一齐去琉璃厂访书，

---

① 即陈思和、李辉。

② 卞志刚，工人。

③ 即胡风。

④ 诗人，一九五五年同案犯。

⑤ 胡风之子。

⑥ 即路翎。

⑦ 均为五五级同学，施昌东因五五年事受株连，现已故。潘现为复旦哲学系教授。

恰值中国书店店休，去文玩处访同村刘君亦不遇。

在琉璃厂至大栅栏一带买了些北京吃食，花十余元，十时回店，恰兰弟在候，饭毕，偕赴车站，小燕及二海已在站内相候，送了些食品。十一时零五分开车，坐卧席，因清静，全夜睡眠良好。

下午午睡未成，留老苏在此吃午饭，小卞作陪。读这些天积压的来信，晚饭后，小李来，送来寄敏信一、北京鲁迅研究室所印"左联"人名单一份。

五时，敏接小毛头①来家，二十多天不见，这个小孩见到我欢欣鼓舞，令人感动。

饭前，老苏送来在京各方所赠书籍。

1979 年 12 月 25 日傍晚

早上上班，把从京里带回来的关东糖分送各同事一尝。于敏同志要我去组织部找一女同志谈话。这个女同志我在干校见过，据说是原新闻系副书记，现为党委监委，管落实政策。她对我说：五五年处理你，由于两个问题，一系历史，一系胡风问题，关于历史问题，你在革大说过了，去公安局说得具体些，现在不说了；关于胡风问题，我们也查阅了材料，你解放前和他来往较多，重要的是解放后，是否参加"阴谋活动"，因为现在还没否定反革命集团；因此，关于你和胡的交往，特别是解放后，要再写一下，实事求是，就是说，是不是够个骨干，你是教授，会写的；这还牵连一些学生云云。

下午又上班，资料室开会，遇小唐；晚，老苏来，送来北京代买之书；小唐夫妇来，谈《巴金专集》编选问题，临行送他们糖一盒、酱菜一瓶。在我去京期间，他们常送敏东西吃，是投桃报李之意也。

1979 年 12 月 26 日夜

整日上班，上午接炳中及留日同学北天信各一。下午，五五年同学廖开飞来访，他现在南京大学工作，也是五五年受害者之一，约他来家吃晚饭。

晚饭后，杜月邨、老苏来；廖辞去，旋又偕施昌东、乐秀拔、潘富恩三同学来，谈至九时半相偕辞去。

---

① 工人小卞之子（卞文华）。

1979 年 12 月 28 日夜

昨日下晚班后，如约去炳中处，何、王二兄已在候，炳中煮了一大锅羊肉，我们带去北京买的一瓶二锅头，路过德州买的一只烧鸡，大家欢聚一处，斗室虽小，然春意盎然。戎兄已被落实，为文化局主编《大世界》。炳中也被通知解决问题，说是恢复名誉、工资级别等，他属于出版系统，敏也属于这个范围云。

带回诸友来信，归来已十时许，看来信至一时。

昨天小周送来从巴金处拿来的美国华人新出的英文本《巴金》一书及美国康奈尔大学编的巴君的《家》的注释本。

今天下午开会听年终学术报告，晚老焦来，送《闻捷专集》一本，一本请他代送给李庆云同志。

1979 年 12 月 30 日夜

昨日偕小唐访问上图、辞海①及师大，黄昏时归来。今天礼拜天，未出门，写信寄上海师院、开封师院有关教师，谢其赠书，并各回赠《闻捷专集》一册，另寄甘肃师大孙克恒君《闻集》二册，发信还未动手。

午饭后，偕敏去五角场邮局取邮包，系弟妇王秀英寄来的阿胶，邻居托代买者。给秀英信一，明寄出。晚饭后，访乐嗣炳先生，闲谈至九时归来。

---

① 即今之上海辞书出版社。

一九八〇年

1980 年 1 月 2 日夜

　　昨日一九八〇年元旦，照例放假，吃过早饭偕敏去炳中处，王戎在此请客，敏途中买了二斤苹果，算是凑个热闹。

　　遇徐谦孙女，在某处教外文，据说年前将去美省亲。这是个精干的中年妇女，她的丈夫是一个搞古典的人，一九五七年划为"右派"，她受株连，多年捡垃圾为生。

　　在座的还有古典出版社的傅君，是一个自学成家的古典文学研究者，诗作亦佳。

　　五时告辞外出，在南京路草药店为吉来媳妇买了一公斤治心脏病的"茶根"，在附近小店吃了一碗面，算是晚餐。

　　回来后听阿婆说，同乡曹君从浦东来看我们，送来猪脚一袋。小唐夫妇也来过。

　　前天下午，一九五五年同学乐秀拔来，在此晚餐，并得五五年同学赵博源一信，他要约时间来看我。

　　今天阴雨，整日上班，忙于《巴集》事。晚写数信，致赵博源、孙克恒、曾卓、路翎。

　　阅《光明日报》，《芳草》上已刊出吴奚如文章《鲁迅和党的关系》，这一重要文章，对澄清历史是非，功莫大焉。

1980 年 1 月 3 日夜

上午去图书馆，托代为复制巴金有关材料，路经教师阅览室，查书卡，才发现中国作者目录里已列入我的著译四种，算是又破土而出了。

下午开评审会，资料室主任徐君对我加以美言，殊觉手足无措也。下班后，听敏说，留日同学景兄来过，他在武大教书，一九五七年被诬陷，此次去汉获得改正，留湖北特产麻糖二盒；王戎也来过，拿走敏多年在乡间剪的纸花，准备为他编的《大世界》选用一些。

晚，发给大哥及吉弟信各一。

1980 年 1 月 5 日夜

上午上班后，图书馆刘同志打电话来，为复制事要我去研究，去图书馆后，原来因为杂志太厚，夹缝中的一行印不出。经办同志说，他愿意代为补抄，盛意可感，当场致谢了。刘君也是个热心的好同志，在找旧报刊方面，一直帮忙，给了许多便利。

下午，苏州师院老卜来。老苏送来去京开会时照片，并北师大代为复制的材料，叶水夫关于现代中国文学翻译外国文学的讲话铅印稿。老苏并把苏州师大编印的一本《鲁迅诗文注释》转送我，说他已有了。何君来，即与小李等四人开了一个小会，谈《文研会资料》的编写大纲。

一九五五年同学赵博源如约来吃晚饭，他现在某校教日文，患心脏病，谈到了他这些年的生活际遇，使人感叹。晚七时辞去。

1980 年 1 月 9 日夜

昨日上午，偕小唐、老苏与小周以及苏州师院的老卜一块儿去作协访魏绍昌先生，谈有关编文艺资料事务，结果圆满，告别时魏君送我电影资料二册。再到上图，由肖同志带领见了他们的第一把手某君，参观了他们的书店和外文编目室，借到美国出版的《中国人名辞典》四巨册，抄下了有关巴君材料。

上午去图书馆拿来托复制的巴金文章，下午开会，讨论陆树仑同志的入党，要大家提意见。陆君不失为一个正派君子，为人任劳任怨，工作脚踏实地，即说明自己观感。

晚，继续写完"胡风与我"，应组织部复查要求之作文也。

1980 年 1 月 11 日夜

昨日上班，为两个同学①看他们写的论巴金的文章，这是为《文学评论》写的。

今天一早，他们又来，相谈而去。潘世兹②来，代借《诗韵》一册。老陆自福建回来，说是《赵集》将提前出版云。

下午开会，传达文件，又开小组会，个人总结，大家互提意见，小刘同志希望我在开会时多说话，并说我不久将恢复教授职称云。

晚小谭来，送来学生文稿三篇，并赠《新闻理论研究》一册；老苏来结算北京账目。他们坐至十时离去，天下小雨。

今天收到作协魏绍昌信，已代查好巴金材料；吉林社科院富君信，华中师院文君信。

1980 年 1 月 12 日夜

终日阴雨。老陆从福建回来，说是那里的人民出版社愿意提前在今年出版《赵集》，今天起，全力修改《赵集》，增删了一些选文，整理了索引部分。应出版者的要求，加进了五篇"帮文③"，是引起人民警惕的意思。

敏去看五时的电影，七时归来，吃猫耳朵一大碗，家乡饭也。

听说昨日五角场出现了一幅大标语，什么"坚决拥护八届十二中全会的决议"等等，反映了政治斗争的复杂。"四人帮"的余党，像一切反动派一样，是不甘心失败的，他们连做梦也想在革命的招牌下，继续进行野蛮黑暗的封建统治，奴役人民，把中国拉回到原始森林里去，他们忘了，袁世凯是怎么失败的。

---

① 即陈思和、李辉。

② 外文系教授，曾任圣约翰大学校长。

③ "文革"时期的大批判文章。

1980 年 1 月 14 日夜记

昨日礼拜天，上午如约去炳中处，罗永麟①亦来，他出席此次文代会，并被选为民间文学理事，在京未得晤面，是前几天他给耿兄打电话，约这天与耿兄面叙的。徐女士烧菜，此女为民国要人徐谦之孙女，其父仍在美任教，彼将于年前后赴美探亲。王戎、满子亦来。满子说，他们那里的一个青年编辑问他：写小说的杨力②是谁？——他不知道。

四时许，来人陆续散去，我们与罗兄一块儿辞去，在街上互别。晚上，某工厂一青年来，此君热衷于搞人物传记，相谈到十时辞去。

今天上午，组织部打来电话问吴岐下落，答以不知；打电话的人随即来找我，此人是个军宣队人员，留校任干部，现在监委工作。他说他在负责我的复查工作，说档案有十八卷之多，堆在地上有几尺高云。

忙于《赵集》。给《工人日报》孙惠群及牛汉信各一。

1980 年 1 月 15 日夜

下午开会，为工资评审事。顾征南来访，在家晚餐，相约这个礼拜天去他家里。

晚六时送顾去车站，与敏顺路去访焦君，承他赠有关共产国际资料二册及乡下自种的青菜一捆。接吉林社会科学院文学研究所富君又一信，上次来信，把我的名字写错了，这次来信道歉，诚意感人。

1980 年 1 月 16 日夜记

上午去图书馆查书，借得《近代中国经济社会》一册，盖三十多年前的旧作也。本书写于一九四八年蒋政权覆灭前夕，从经济和政治上分析清朝政权，今天读来，使人沉思。

小李介绍机修厂的师傅方某来给我和敏推拿，中午给我推，傍晚为敏推。买了一瓶"浏阳河"酒，适老谭来，留医生吃饭，老谭作陪，小李及其子也在此吃面。

下班前，作协魏绍昌先生来电话，他查到了巴先生抗战期间的三册

---

① 三十年代留日同学。

② 贾植芳先生的笔名，曾用该笔名写文艺作品，如小说《人生赋》《人的证据》等。

《烽火小丛书》（《控诉》《感想》《无题》），并承告诉了《无题》的细目和版本，小周在旁记之，相约下周来复旦一叙。

1980 年 1 月 17 日夜

整日忙于编务。晚，留日同学老景来闲叙，送客至车站时，已八时半。写好一年的工作小结，明日上缴。

1980 年 1 月 18 日夜

上午小唐来，带来江苏人民出版社编者汤女士信，谈出版事务。中午放班，西海在家相候，因敏上午去看电影，所以他等了好久。他送来耿兄信及文稿，吃过中饭而去，又送了他数册当代作家研究资料。

下午本来听报告（关于国际形势），请敏把文章又抄录了一遍，明天交差。

看昨天的《人民日报》，有在"国外报刊上"的标题下的一篇"杂文"，题曰《恐惧的漩涡》，说的是巴西的城市里约热内卢城内因抢劫偷盗成风，人人自危。作者说，犯罪的原因是社会性的，犯罪分子的形成是因为那里的环境，"除了灵魂被摧残之外，年轻人一无所得"，是一篇好杂文，借外说内，使人沉思。

1980 年 1 月 19 日

接震旦同学郝晓昌信，他这些年两次被劳教，又下乡干过种种营生，现在落实政策，在一个地方中学教语文，尚且独身。三十年前，他是一个进步同学，这样一个生活历程，他的备受损害的灵魂，从这一隅也可反映出那些年中国知识分子的悲惨命运，使人发指！

读《胡适通信集》，内容丰富，是一本有用的历史材料。

1980 年 1 月 20 日夜

今天礼拜天，上午刘锡棣来，小谭来，吃过午饭，与客人相偕外出，在车站分手。与敏乘车去炳中处，由此一块儿到小顾家。

他们还住在老地方，二十多年未来过了。小方看到我们，激动得热泪盈眶，他们已有了五个成人的孩子，一个外孙，虽然经过这些年的苦难的熬煎，却依然能维持一个和睦的、有教养的小家庭。王戎后来，小顾夫妇预备了不少菜，由他们在饮食公司工作的老五烧菜，口味甚佳。小顾邻居某君来坐，是民间文学会的人，据他说，昨日上海民研会开会，北京来电，大哥本来要来参加，临时因事不果云。

七时辞去，在车站与王、郑分手，一路平安回家。

1980 年 1 月 21 日夜

上午看到本月刊《诗刊》，有冀汸诗《回响》，我反复诵读，不禁热泪夺眶而出，诗的第一节是这样：

> 我听到了，我听到了你们的呼唤，
> 听到了怀念与信任，听到了友谊和温暖。
> 我们被隔开了，隔着山，隔着水，
> 隔着颠倒的岁月。
> 似乎隔得太久了吧？四分之一世纪！

诗的结尾说：

> 我听到了你们的呼唤，这就是我的回答。
> 一匹伏枥老骥，已起步驰奔，
> 在新长征的行列里，紧跟飘扬的红旗。
> 我这回答，声音也许太轻微了吧！
> 不要紧，我会在千山万壑中回答，
> 它将引起回响，一个回响接一个回响。
> 一声比一声更响，一声比一声更大。
> 战友们，你们都会听到它。

一石激起千重浪，这一石会击出新的浪花，谱写出新的交响乐曲。

中午把写好的材料送交组织部。昨夜起，读一本新出的中篇《冬》，写来尚好，瞒、骗加吓的把戏，已然失灵了，历史和人民将会擦掉它们身上的灰尘，不停顿地前进！青年一代睁开了眼睛，通过现实，看到了历史的前境，我们的国家和人民有光辉前途的！

本日报纸登了一篇新华社特约评论员文《坚持社会主义民主的正确方向》，应该细读和多思。

1980 年 1 月 22 日晚

上午校对，下午开会，讨论评先进事。晚老焦来坐，送来《刘少奇新传》一册。傍晚小朱等在此小坐，任敏给她煮了一碗酒酿，谈编资料事，她甚愿意和我一起搞现代文学。

接中山大学饶老师寄赠《鲁迅在广东》二册，一册赠苏。

1980 年 1 月 23 日晚

下午小周送来"文化大革命"期间"造反派"批巴金材料六册，从资料观点看，内容十分丰富。

晚，访乐嗣炳先生，借来华师大编印的《鲁迅研究资料》一册。

1980 年 1 月 28 日

连日阴雨。昨天礼拜，上午五五年同学陈宋惠来，午饭后别去。与王中同志和敏一块儿去小陈家晚饭，祝其新婚也。离开陈家，与敏同访了住在附近的梅林①，二十多年不来此地，一下子找不到门，费了许多周折，才找到他家。梅君夫妇都已退休，他自己患过瘫疾，现在可以扶杖而行，有五个小孩，都大了。看样子，生活还可以。他说正在写回忆录和整理旧作。约一时辞归。

今天仍然阴雨，整天忙于《赵集》校正工作，希望春节前能交出版社。

1980 年 1 月 30 日夜

今天大冷，有雪，忙于《赵集》校正。办公室极冷，干干走走，才能

---

① 梅林：作家，曾任中华全国文艺界抗敌协会（简称"文协"，即中国作家协会的前身）驻会秘书。一九五〇年与贾植芳先生和王元化同任震旦大学中文系教授。一九五一年与王元化同调新成立的新文艺出版社任副总编辑（王元化任社长兼总编）。一九五五年因"胡风案"被关，"文革"后调古籍出版社。一九八六年病故。

进行工作。

收吉来弟一信，同学赵博源一信并一文《出土人物考》，颇佳。

1980 年 1 月 31 日夜

天气大冷，报上说，为上海史上所罕见。上午在办公室，墨水都结了冰。读本月《文学评论》所刊夏衍文，攻鲁迅文也。真如孔老二所说：怨毒之于人，深矣哉。

接鑫弟信，云已开过刀，由京返济。

晚，小谭来，送来代购的《飘》一册。

1980 年 2 月 1 日

天气仍然很冷。整天忙于校对工作。下午开会，资料室工作漫谈。傍晚，同学陈宋惠等人来，坐了坐即去。

看福建人民出版社老管信，谈《赵集》出版事。

1980 年 2 月 2 日夜

今天气候较佳。收到大哥及炳中各一信；大哥信云，兰弟食道癌已经很严重了，只是医生没敢对他说。下午给上海卖药的铺子通了个电话，说有关买那种兰弟所需的药物云。

武汉文老师寄来《芳草》一册，上刊吴奚如文，这对于《文学评论》本期登的夏衍文，当是个有力的回击，会惹起社会反响。

晚，给大哥及炳中各写一信，明日寄出。

读《十月》上的《飞天》小说，甚好。

领来季度奖十八元。

1980 年 2 月 3 日夜

天气变得暖和些了，今天礼拜天，上午去南京路为兰弟买药，踅至炳中处，路上买了一瓶酒和一元钱的猪头肉，恰巧老何也在。

得到王元化君赠的他的著作《文心雕龙创作论》以及他写给老何的信，信内也提及我，说是希望能一见，在"舍下"便饭云。

吃过饭，二时出来；四时许归来。和底下小孩玩了会儿。和敏看了一场电影《佐罗》。晚，看王蒙的《布礼》。

上午发吉林社科院富教师一信；给大哥写了一信，明天寄出。

昨天上午，监委严同志来访，说是只说一句话：我写的那份材料，他们已送到法院去了。他说敏的事，因为曾在青海被关、被下放，这些需要青海推倒，这些由组织统一办理。她要我好好工作。

1980 年 2 月 4 日夜

上午人民文学出版社派员商洽编选《赵树理文集》事宜。晚，老苏来，带来香港版的《随想录》（巴金著）一册。给福建人民出版社和作协魏绍昌先生写信谈公事。天气阴冷。

1980 年 2 月 5 日

上午，顾征南、西海来在此午饭。接桂英电，敏和西海一块儿去车站接，七时来家。晚饭后，西海辞去。

接周建女士信。天寒，看成都梅志信。

1980 年 2 月 6 日夜

下午听邓副主席报告文件传达。从明天起开始寒假。早，小周送来被子一床；下午小朱送来被子二床，大家救济也。

给济南兰弟去一信，并寄去所购治癌病药一瓶；菜场阿婆又替买来一瓶，日内再寄。

夜，整理巴金著译系年，大工程也。

1980 年 2 月 9 日夜

昨日下午与敏和桂英去四川路逛了一次，买《小说月报》二期一本。

学校已放寒假；前昨两天都去系内，和小周办好《赵集》的定稿工作，由小周分门别类地包扎好再扎成一捆，请潘师傅于昨日下午挂号寄至福建人民出版社，算完成了《赵集》的交稿任务。

昨接张天翼夫人寄来见赠的《张天翼短篇小说集》一册，信上说，是她丈夫送给我的；并有一信及张天翼作品系年目录油印本一册，则是托我代为校订的。

上午，小唐送来电影票二张和他写的《巴金访问记》。午饭后，敏和桂英看电影去了，午睡一时多，起床后，校巴金访问记。晚饭后，老谭在此饮酒，说是上街被窃云。

夜，继续校巴金系年。

1980 年 2 月 11 日夜

昨日上午偕敏及桂英去艺术剧场看了一场罗马尼亚电影，片名《港城春梦》，是一部好片子。二时许出戏院，去看了刘北天，六时回校。晚饭时唐金海来，对他写的关于巴金的文章，提了一些意见；他说南京人民出版社来信，要《巴集》在三月半交稿，六月付印，十月出书。老焦偕数学系一研究生来，唐辞去；老焦送来鲜鱼三条。

今日上午在图书馆查书；十一时归来，满子、徐大椿、西海及其爱人织织在候，一块儿吃过午饭，三时许先后辞去。五时去五角场入浴，半年多不来这个澡堂了，已然装潢一新，扩大了许多。

1980 年 2 月 13 日夜

这两天上午都去教师阅览室查书，翻阅了日本出版的《东洋学目录》自一九三四年至六十年代的各册；在五十年代初期的目录中收了《近代中国经济社会》一书；收了《人生赋》《热力》两书，在作者索引中，加了"贾植芳""杨力"条目。

那个时代，我国人民在解放的大喜悦中过日子，真是蒸蒸日上，出版界一片繁荣景象，而那时的日本还在被美军占领情况下，疮痍满目，国势不振，但就在这种逆境下，日本的学人都能正常地埋头工作，倾力注视中国的文化出版事业，加以记录，这种精神已说明了民族的生命力。

昨日读了本期《上海文学》的一篇《啊》，据说是有争议的作品，受到官方非议。

下午小陈来，送来茶叶；老焦爱人送来代买的几条鱼，适敏和桂英去五角场报户口不在。晚饭后，与敏去老焦家送鱼钱，看到《红楼梦》英译本，是一九七八年初版本（二册），和过去在书店看到的版本有异。

晚小雨，近十时左右雨停。昨日收魏绍昌来信，云托茅盾写序事不成问题。

1980 年 2 月 15 日夜

昨日小年夜，晚饭在小唐家吃，在座的有一个甘肃来的同学，据说也有作品发表过。

今日大年夜，上午敏从邮局取回鑫弟①寄来的花生，匣内有一信，并附来钱，要继续买治癌症的药。与敏及桂英相偕去南京路买了药，坐车至炳中处已十一时，满子已在，老徐不久亦来，她送了我几包高等烟，和一本大正年间出版的夏目小说；西海小两口做菜，其中一味是拔丝梨，别具风味。

二时从郑家出来，南京路走了一下，四时许到小顾家，在此夜饮，九时许辞归。

昨接武汉师院文老师一信，讲了一些武汉文坛情况；满子一信，介绍了几个法文书目。

夜里很静，时间在默默向前进，历史也在前进，新的一年又近了！

1980 年 2 月 17 日夜

昨日大年初一，在老苏家晚餐。

今日上午老耿一家来；同学陈②来，送来补酒一瓶；一九五五年同学乐来，送来他自己磨的糯米粉；面对这些盛情，受到鼓舞。

老耿一家午饭后辞去；下午小卞在此晚餐。

夜，读了《当代》的一些作品。我们的文艺，经过三十年的禁锢后渐次恢复了它的青春，它真正地从奴婢的地位开始解放出来，记录了时代的风霜和历史的面目，尽它的神圣职责——推动历史前进。这说明了我们的国家和民族是伟大的、优秀的，任何流氓也不能左右它，而是在它的面前显出了自己的真正丑恶面目，滚进历史垃圾箱去。

1980 年 2 月 18 日夜

今天正月初三，天气不佳。中午在小卞家午饭；午睡。晚，小李一家

---

① 堂弟贾植兰的乳名。

② 即陈思和。

人来拜年。

读 Olga Lang 的《巴金与西方》，是《巴金和他的著作》中的一章。

1980 年 2 月 22 日夜

前天，同学刘北天和周建来这里吃午饭，周女士送来美酒二瓶。饭后与北天兄一块儿去虹口看同学景兄。

昨日上午去系内拿信，上海文艺出版社寄来贺年信及《文化生活》一本；福建人民出版社寄来年历一本，印制颇精美。

这两天读 Olga Lang 的书，书中对巴金思想发展及解放后作品改动情况论列甚详，虽然有许多阶级偏见，不免有牵强附会之处，但在材料上却是下了真功夫的，不是夸夸其谈。

今天上午老潘送信及桂英汇款条来，留老潘及小陈在此午餐。

得上海师院史君信，谈及老胡问题，据说外面传闻，三十万言系经过袁水拍篡改的，以利批判云，等等。史君说，他读了胡的一些书，认为他关于主观能动性的强调，关于生活、实践观点的强调，关于现实主义的强调，关于重视艺术规律，关于作家的世界观的改造要通过创作实践，对于教条主义的批评，基本上都是正确的；但也有宗派主义和主观主义的偏激之处。我看他的这些看法，是近乎正确的。

下午，偕敏及桂英在四川路走了一阵，她们买衣服，我看街景。六时许归来。

晚，复史君信一，植兰信一。

1980 年 2 月 23 日夜

上午，同乡曹进行偕其长子、长媳及小孙来。这个长子，现在浙江某县银行工作，想在今年报考复旦数学系研究生。老景送来三十斤粮票。一起在这里吃午饭，饭后，进行长子夫妇与桂英一块儿去校内看电影，四时，客人离去。

晚老焦老苏来，十时辞去，天落雨，各借破伞一柄。

中午，小唐夫妇来送电影票。复成都一中学教师寿君一信，给大哥一信，附在寄去的林彪派编的《中国共产党两条路线斗争大事记》内寄出。

1980 年 2 月 24 日夜

上午一家三口去浦东进行家，桂英是头次乘船——轮渡；过了江，进行在江边来接。他们准备了很丰盛的菜——浙江菜和家乡的火锅。二时辞去，进行的长子直送我们到渡口。过江后，在杨浦区街上跑了许久——桂英代人买衣物。六时到家，小刘带孩子来拜年；陆士清君与老苏同来。

1980 年 2 月 25 日夜

天雨。上午在图书馆查书，又去系内走了一下。午饭后，老杜来，他搬家伤了腰，敏送他云南草药一包。他说我们的问题，学校要催办，因工作安排需要。

晚饭后，进行长子来，陪他去看数学系研究生姚君谈考试事。八时许出校，大雨滂沱，在车站相别。

陈家未亡人王先生送来陈氏藏书目录一册，希望能送给古籍出版社估价一下，代为脱手。即写给满子兄一信，托他问讯一下。

读袁可嘉在某内参刊物上发表的《论现代资本主义社会的文学思潮》文。

1980 年 2 月 26 日夜

天阴。上午下午都去图书馆查书。晚，校巴金编目。这是一个苦果，此公编著文集，改动频繁，版本繁多，真是处处棘手——这一方面说明了作者的认真，但也还有许多原因。现代中国作家，数他难编，很容易弄得吃力不讨好也。

1980 年 3 月 1 日晚

这两天没记日记，每天忙于《巴集》，因交稿期限迫在眉睫。今天上午监委王同志来访，他说，我这个问题，原由法院办，因法院不了解情况，交学校办。他说法院问二件事：一是一九五四年作协开会时，耿庸等的发言是否见报；一是我是否用过（在教书时）绿原的书做参考；并问起晋驼的小说，说要找这本书。我要他去教师阅览室找，他去找了。

施昌东来，说他的美学书已出，要送来；说学校学报说他在美学上成为一派，《文汇报》曾派人来访他。他受我牵累，吃了不少苦，终于熬出来了。

晚，全家和小唐一起去看法国电影《疯狂的贵族》，甚好。

报上登了五中全会公报为刘少奇平反。

上海师院史同志寄赠《上海师院学报》一册。

下午四个人为《巴集》事开了个小会，商谈了工作进行情况。

晚为小唐看《评〈寒夜〉》稿。

1980年3月3日晚

天阴，晚雨。全日忙于巴金。晚，写魏绍昌一信，以便后日由小周带去办事。

又写阜阳师范学院戴建平同志一信，他去年十一月份来信，询问一些有关外国文学的材料，因忙碌不暇作复，现在总算查出二条，部分交卷了。

1980年3月3日夜补记

又今天上班，路遇外文系干部张同志，他说胡的问题要彻底翻过来了。他说，他虽然不懂，看香港《争鸣》，人家较客观，这个问题不能算是反党反社会主义，只能是个流派，说重些，是个宗派问题。一块儿相随走到图书馆前，正好碰上监委的严同志，她看到老张，说是有事相商，他们才相随去了。

1980年3月4日夜

整天忙于巴事。中午上班路遇王中同志，他跑过来握手说：你的事我知道了，我们还得给你补课云。

今晚发阜阳师院一青年教师一信。他去年十一月来信，提出一些外国文学问题求答，因忙一直顾不上，现在先答上两条寄去，否则太不像话了。

天阴，寒冷。《参考消息》这两天很热闹，登了些国外通讯社评论五中全会的报道。

敏和桂英这两天也帮忙校对巴金稿，真是全家都上阵了。

1980年3月9日夜

好几天不记什么了。天气不好，为了巴事忙得团团转；现在总算由桂英帮忙校订抄写，工作进度放快一些了。在众目睽睽之下编这个《巴集》，实在是伤脑筋的事，在目录索引这一部分，编制工作由于政治和现实的考虑，实事求是很不容易。小唐一再说，由他们小青年编，作者、群众都不会注目，由我这样人来出马，倒引人注目不止。这话也合情理。

今天礼拜天，老苏女儿来约去她家吃午饭，老苏父亲自家乡来，在北京曾相见一面，约去坐坐。

午睡。段福海来，秦忠祥来，一块儿在此吃水饺。晚饭后，小唐夫妇来，相约明天去上图。

天气连日阴雨。写一介绍信给张禹①，周建女士所托也。

1980 年 3 月 10 日夜

早，周建女士来，取介绍信。她要去皖，托代介绍张禹。与小唐一块儿去上图，找到一些初版书，抄了些书目，并托代为复制和拍摄巴三本书初版本封面，作专集插图之用。中午，在"又一村"吃面三两，烧卖一两，花大洋六毛八分，公家出了三毛，自己贴三毛八分。

下午，在徐家汇书库，查阅了一九三二年至一九三三年五月的《申报·自由谈》。

晚饭后，去乐先生家闲坐。归来时老焦在候，聊天至九时许辞去。

今天收大哥信一、徐苏灵信一、进行大儿子信一。

天气不好，阴雨不定。

1980 年 3 月 11 日夜 12 时

整天全家忙于巴事，像个枷锁一样地套在大家头上；办公的人抄的稿子不用脑子，随心所欲地乱抄，反而增加了些麻烦……，这都是一心一意，长期不懈地毁灭科学和文化，践踏人民和民族的恶果。好在我们的国家，在中央的领导下，揭去这页噩梦似的历史，正在勇敢地走向新的未来，使人得到力量，感到希望和温暖。

接耿兄一信，晚写一复信。又给上图萧女士一信，谈复制事。

天阴雨，冷。

---

① 作家，解放初任安徽文联主席。一九五五年"胡风冤案"同案犯。

1980年3月13日夜

阴雨。上午晓棠①来办公室，问讯和他的父亲巴金见面时间。昨日他也来过，约好今天来听信。昨晚和小唐商定或是这个礼拜五上午，或是今天下午，由巴金决定。晓棠当即在电话上和他父亲商量，决定今天下午三时他在家等我们。晓棠进来时，恰巧他同班两个同学陈和李②在座，他们正在研究巴金，写译文章。

昨日为巴金目录事，上午和老杜谈过，有些二三十年代的政治性文章（反马、反苏、反无产阶级专政）是否入选，不得不当心——人们还没有那么高的认识水平，多少年的老习惯养成一批专门找碴的人。杜同意"暂以不收入为宜"的主张，并说要请示党委，最好写一张报告，举出不宜入选的书名和作品名。为此，晚上写两张，和小唐去看系总支书记老李、教学副主任老颜，说明情况。这些本是正常的学术工作，在我国现状下，却往往或左或右地解释为政治问题甚至政治斗争，因此不能不按组织手续办理。

昨日下午，约老苏父子在此晚餐。

今日下午，冒雨偕小唐、小周去武康路访巴金。我们进门时，他已在门厅相候，见到我首先说："多少年不见了。"坐定后，我问候了他的健康，他说："我身体不如你。"他说起"文化大革命"中的一九六七年，他被揪到复旦批斗，住在六号楼，他把被揪时间、开批斗大会时间、准许回家时间都记得很清楚。在谈话中他还说，他到现在还不能说是一个马克思主义者。对收他的早期政治理论文章，他说，怕人家有人又说他宣扬什么主义。说起一九六二年他写的《作家的勇气和责任心》，说"文化大革命"开始，他就把它烧了，但在写字间烧错了，把他在上海文代会上的开幕词当作这篇文章烧了，后来稿抄出来，被当作他的罪证到处印发——他也赞成在专集中收原文。他谈了关于他的一些书的译本问题，表示愿意把法文译本借给我们，说着就动身去楼上捧出一叠书，共五本，三本法文，一本英文，一本德文。他二十日去日本，四月底回来，约好回来时再看他

---

① 即李晓。

② 即陈思和、李辉。

的著译书籍部分的目录。我们谈话时，黄裳进来，在我们谈话时，他去到门厅闲坐。

费时一时许，告辞而去。又踅到作协访问了魏绍昌。回家时已五时许。

1980 年 3 月 14 日夜

天气仍然不好。中午接耿兄信，说是张禹他们下午来，所以下午请假在家相候。三时左右，王、何、郑氏父子、张禹父女及徐大椿先后到来。张禹与耿庸同庚，也已飞雪上头，显得早衰。看梅志信，问到我们，说是光兄病已渐痊，拟去京疗养。

在我这个"公馆"前面，大家照了一些相片。晚六时许，他们一块儿辞去，约好明晚在小顾家相聚。

1980 年 3 月 15 日夜 12 时

天气晴朗。午饭后，敏和桂英去南京路买东西。我在三时许乘车去老耿家，何、王二兄已在候。一起动身去小顾家，在此晚饭，九时归来。

复文研所信，并寄去《张天翼著作系年》一份。

1980 年 3 月 16 日夜

上午，天气美好；下午阴，晚雨。一天有三种不同的气候。

中饭前，南越来，在此午饭，托他带去十全大补酒一瓶，由西海路经北京时送给嗣兴兄①，希望他能早日复原，是一种精神鼓励，又把人家送的灵芝草分了一部分给炳中。

傍晚小唐女儿送来的巴金的系年目录报刊文章部分，原是本周五去巴金家请他过目的，大概他儿子今日下午回校带回来的。他看得较认真，关于"比金、余三"两个笔名作了解释，也补了一些地方。关于早期无政府主义文章，他未动。

---

① 徐嗣兴，即路翎。

1980 年 3 月 18 日夜

上午，文振庭自武汉来，他为文研所编大众语文论战材料，和老苏陪他去访问了乐嗣炳先生。留文在家午饭，他谈了武汉一些文界情况：吴奚如同志文发表后反响很好；夏文却不得人心。据说适夷也写一文，将刊于《芳草》，也是为了三十年代历史作证的。说田一文去年曾访问过胡，说胡谈到两件事很激动：一是"四人帮"死党判他无期，带链铐住在黑牢里；一是谈到路翎发狂事，"不禁老泪纵横"。田写了一篇访问记，现在还放在抽屉里。

文准备在上海住两个礼拜搞资料，下午二时辞去。

得炳中信，附来牛汉信，是教育学院一青年去京时带回来的。牛说了一些友人们的近况。他已平反，将于不久来沪组稿。得祥华同志讣文，追悼会定于本月二十一日下午二时在龙华革命公墓举行。讣文说：他是早期党员，一九七四年三月二十一日不幸病故，是由于"在林彪、'四人帮'极'左'路线迫害下，政治上受到诬陷，身心受到严重摧残"。即托小李给师大去电，请代为备办花圈，接话人问我什么称呼，我说称"祥华同志千古"即可。

接吉林大学李老师寄赠的学报三册。

看近期《诗刊》，绿原诗作甚好。

气候仍然不快，阴雨连绵。昨日睡得太晚，今晚未工作，给耿兄一信，并复上海电影制片厂徐苏灵一信。

1980 年 3 月 19 日夜

整日为赶巴事疲于奔命。下午工作中，一工宣队老师傅来，据说，是原中文系的总支书记，对面的女"同志"对他说："天气是美好的，但也是寒冷的"，这是帮语①，他们在伟大的时代里感到烦恼和怀念。地平线上并不是平静的，封建惰性，农民的小私有者的动物个人主义——这就是中国的沉重负担，国家在革命后陷入混乱的泥坑，根源在此。封建潜势力——五十年代有人这么说过，概括过，过了近三十年，证明这个概括是科学的。否则，为什么会有"文化大革命"的空前悲剧呢！

———

① "文革"时"四人帮"势力的语言。

那个女同志向这个老师傅介绍我说：他是归队的，原在印刷厂，搞错了，弄了二十多年。

晚，开夜车至一时许。

1980 年 3 月 20 日夜

天气不佳。上午接北天信，约好明天去他家吃饭，然后一块儿去龙华公墓参加祥华骨灰安放仪式。

午饭时，小朱来，坐谈至上班时。

下午，余同志来办公室说，晚上不要工作太晚，并说我的房子、工资、职务等项得到落实政策时一块儿解决。晚，看报，无为。

1980 年 3 月 22 日夜

昨天阴雨，上午就和敏带了伞出门，先到北天兄家，在此午饭，同桌的有沈杰飞夫妇、朱造坦夫妇——都是老留日同学，大家都二十多年没有见面，也都老了。用毕饭，相偕去龙华革命公墓，为曹祥华①同志送葬，这个早期共产党人，早在一九七四年就被殴打致死，今天为他举行骨灰安葬仪式。

在此又遇到留日老同学老荀、老钟等人，我们作为"生前友好"站在仪式会上的前二排。

祥华的大儿子还能识得我——他的样子就像我认识祥华时的样子，他们弟兄五个也都成人了。

荣华带了两个孩子都来了，她见到我们流泪不止。祥华晚年和她同居，不仅造成她的悲剧命运，也成为他致死的原因，据他大儿子说，直到今天，结论上还公然写着"生活上犯有严重错误"的字样。

这样一个老党员，只是华师大图书馆出面开这个会，悼词也不冷不热，温温吞吞，轻描淡写；市内也没送个花圈，他的儿子说，还不准家属在会上讲话呢。

这是个敷衍塞责、潦草了事的追悼会。既然在政治上肯定了他，就不应该这样用冷面孔对待死者。打倒"四人帮"，有些在"四人帮"时代红

---

① 留日同学，二十年代中共党员，"文革"中被迫害致死。

极一时的人物，生活腐朽的人物，追悼会倒开得很有排场。这虽然是斗争策略的需要，但和老曹相比，老曹的被冷落，就显得不公，这里面，也许还有派性作怪，谁知道呢。

到家已六时许，雨越下越大，疲倦之极，十时就睡了，仿佛力气都用光了。

今天仍然天色不佳。为巴事忙乱了一天。

1980 年 3 月 24 日夜

昨日阴雨，上午教育学院同学来。这是个有思考力的青年，他在"文化大革命"中，作为中学生的造反派头头，编过红卫战报，写过小说，坐过三年牢，学会了思考，也真学了马克思主义。他正在写关于丁玲的研究文章，编的丁玲著作年表已在《文艺百家》上发表。他说，他要下功夫去研究解放前和党一条心在文学战线上战斗，解放后又受到不公正待遇的那些作家，如丁玲、张公、嗣兴等。他去京访问了丁玲，也看了路翎，现在正在写路的小说《洼地上的战役》的评论，并系统地研究"七月派"和胡公，已作了不少目录索引。在此吃过午饭，至七时许辞去。

景兄来，在此吃午饭，饭后别去。

敏和桂英上午看电影《苦难的心》，写知识分子遭遇，据说很动人，观众有落泪者。

今天天气较好。晚，小唐夫妇来，把唐写的两篇文章给他，请他能修改一下。两个搞巴金研究的同学来，谈巴金。

和桂英对校至十二时。

1980 年 3 月 27 日夜

二十五日晚老焦来，送来乡下自种的青菜一篮，并见赠《陈毅资料选》（铅印）一册、《刘少奇资料》（油印）一册。

昨晚，施昌东来，赠他的近著《"美"的探索》一册。大哥来信，他在京已和徐大椿相会，"晤谈甚欢"，信内附有一信给大椿，托她在美访问大钊烈士在日本求学时的教师美人罗滨逊，并附有照片一幅。接炳中信，约礼拜五去他处晚饭，为大椿送行。

昨晚，小谭先施昌东来，并请他复印大哥寄来的大钊烈士的照片。

今日上午，武汉师院文振庭老师来，他在上海已查了十多天资料，说在一九三四年《申报·自由谈》上发现我的文章，并说，听魏绍昌和文艺出版社的编辑说，我已被文研所列入这套《中国现代文学资料丛书》的编委云。他是来告别的，日内就动身去南京查资料。曾卓要找他一九四二年诗集《门》，已在校内借得一册，托敏抄好，即托文带回武汉交曾卓，并托他代问吴奚如同志好。

接兰弟邮包，寄来山东煎饼四包。

晚，忙巴事。

1980 年 5 月 5 日夜

好些天不记了，真是三日打鱼，两天晒网。中国这么多年的现实，文字（包括书信、日记、文章）往往变成"网"的众多事实，真使人望网生畏。

读了《收获》上的《悠悠东流水》，很好，唯一不足之处，是对多年来农村生活的反映，把它写成"世外"似的地方，很欠真实。在这个时期的文学创作中，似乎"传奇性"、甚至"无巧不成书"这种写法很是流行，这就往往为了追求情节的离奇性，脱离了甚至背叛了现实主义。

今天看报，登了陈云同志在一九三六年写的忆鲁迅文章。《人民日报》为此又登了一篇附文，说明陈云同志这篇文章的来历，同时也评价了这篇文章，说它比五十多年后的今天的回忆文章，更富于真实，那就是说今天写的那些回忆有关鲁迅的文章，有不够真实之嫌，从这个口气看来，似有所指。陈云同志出面称赞鲁迅是"我党最好的朋友"，今天实非偶然，昨天听说北京最近开的鲁迅诞生百年筹备会上的争吵情况，联系陈云同志的文章和《人民日报》唐天然的文章，实在让人深思，给人鼓舞。党中央是公道、英明的，一些出于党派成见妄图压低鲁迅的人，决然不能得逞。

晚，给炳中写了一信，又给开封河南师大赵明同志一信。

1980 年 5 月 6 日夜

上午校对《巴集》目录，此事忙了好久，现在才算接近尾声。

今日报载，铁托病故，早晨听到电台奏哀乐。

晚，工厂小张来，带来代买的大米，他谈及外面流传的刘少奇的受迫害及死亡惨状，其情其境，令人酸鼻，真有人间何世之感。而这些野兽式的暴行，竟出自那些打着"人民""革命"之类的人的手，如果谁把这些细节写成一部小说，真可教育子孙万代，知道在我们祖国的现代史上，竟然在冠冕堂皇旗帜下，出现了这群大大小小的披着人皮的兽类，把我们的国家和民族拖到中世纪的黑暗时代。不敢正视这个血淋淋的现实，甚至不准正视，那是可悲的，其结果，只能是这种流毒继续为害国家和人民，那后果，才是不堪设想的，近来对文学作品的干涉又闻风而动了，历史的发展看来还是曲线的……

1980 年 5 月 7 日夜

阴雨不定。晨，穿上套鞋，拿上雨伞和老苏一起进城。九时许到师院，找史承钧同志，由他带到图书馆，在教师参考室查卡片，找到一些少见的巴金著作。中午在桂林公园就餐，据说这是大流氓黄金荣的私人花园，解放后改为公园。园内遍植桂花树，秋天尤其迷人。这里餐厅就餐的都是些不三不四的男女青年，我们买了顶便宜的饭菜，坐在一个角落里吃了饭；又在临室的茶室每人喝了一杯可可，休息了一下。

一时半又到师院，遇徐恭时，他是这里的负责人，又抄了一些材料。三时许离去。坐车到淮海路看赵景深先生，好些年不见，他生活优裕，环境安逸，过着正常的文人生活。从他那里借了一本一九四八年辅仁大学（北平）印的《1500 个中国现代小说和戏剧》（英文本），厚厚一册，是天主教会编著，材料颇多，故当即向赵公借阅。五时辞去，在车上和老苏分手，外滩换车归来。小谭在候，喝啤酒吃面。

得文学研究所信，聘为《现代文学研究资料》编委会编委之一（共十人）。该所徐迺翔同志附来一信。又得桂英信一。

夜间翻阅借来的神父编的现代中国文学资料书。

1980 年 5 月 12 日夜

昨天礼拜天。上午顾征南带他的外孙女来，在此午饭。卜仲康和小唐同来商谈有关资料研究丛书事，他们请我当这套书的所谓"顾问"，言之再三，只好答应。

午饭后，和顾一块儿进城，在炳中处坐了一下，大的孩子患急性肝炎

052

来沪求医，想去探视一下，闻已送入医院，才算放心。顾拉我们去他家，晚饭后大雨滂沱，借伞一柄，再暨至炳中处，闲谈至八时许辞出。雨大，九时许回来，鞋衣已湿透。

今天上班，小李代办好桂英的路费报销。下午，辽宁大学二女教师来问讯冰心有关资料；卜老师和小唐先后来。小唐带来魏绍昌赠我的巴金《随想录》一册，是南京师院的翻印本。

晚，施昌东三同学来坐；写致魏绍昌信一封。天气突热，只着衬衣。

1980 年 6 月 8 日夜

今天是六月八日。四日下午从南京回来，在那里住了六天，为《巴集》出版事忙碌，同时，也概观地看了南京。在去南京前一日（五月二十八日），公安局和科技出版社来人为任敏平了反，给了一张纸头，那上面写着：她在一九五六年被定为所谓"胡风反革命集团"的"影响分子"——这个决定对我们还是一个"秘密"，直到二十四年以后才知道，中外古今未见政治手段有如斯卑鄙下流者——秘密定罪，秘密执行，而对当事人隐而不宣。

南京回来后，从炳中兄处才知道上海的"胡风分子"有三十六人之数，已一律平反，除我之外。公安局来人云，我得由法院出面。

昨天在办公室有一教师来访，说是安徽办的一个叫《艺谭》的杂志有位青年来沪公干，说是我的老朋友要来看我。今天礼拜日，上午李平来访，原来这个李平同志就是三十二年前我们住义丰里时的相识，那时他们三个文化流浪青年住在一起，一九四七年九月十七日之夜，我们被国民党匪特逮捕后，我们很关心这三个进步青年的命运。在狱中我碰到罗平，说他被捕前看到《时代日报》载有我们被捕消息；一九四八年十月出狱后听顾征南说，我们被捕后，当天深夜有人打电话给《时代日报》报告我们被捕消息，但谁也不知道这个打电话的是什么人，一直是个谜——今天又碰到李平同志，这个谜才揭晓了，原来是他。他说，我们当夜被捕后，他给《时代日报》打电话不通，又去通知周总理办事处的辛志超，由辛给报馆打电话，才上了报的，这样就营救了许多人，使他们都免于难。李说，他们又去找过沈钧儒，沈老已知我们被关在亚尔培路二号，他的情报也很灵通。正是由于我们的被捕，才由沈老设法找到华东局办事处，得到介绍，他才去了皖南解放区，参加了胡明的游击部队。当时和他同住的两个朋友，刘已于"文化大革命"中误治死于当涂，一人现在北京主办日文版《人民中国》。李说就为了和我们这段革命的交往，五五年"反胡风"时他也受到审查。……他说他们安徽新出的这个《艺谭》本已在创刊号上用了两篇为胡公的文艺思想辩诬的文章，因得中宣部来示，说是胡的问题已在全面复查，在中央做出决定前，地方不宜发表文章，因此这期创刊号把文章抽下来了。

留李平在此吃午饭后他才辞去。李平的来访，很像一篇小说材料，题目可定为《忆旧游》。

1980 年 6 月 9 日夜

上午黑龙江大学卢君来——他系曾卓学生，五五年曾被波及，五七年又被打成"右派"；因为是搞俄文的，跟过俄国人念书，"文化大革命"又被打成"苏修特务"；"四人帮"失势后，始得到平反，现在从事俄文翻译工作。在此午饭又午睡后，一块儿乘车去耿兄处，敏出去办了点菜，在耿处晚饭，罗洛爱人杨友梅亦来。前些日子读冀汸诗，是写给她的——五五年她在上海文联工作，罗洛被发配青海时，她自愿跟随前去，这种品德和行径，类乎俄国十二月党人的妻子，如诗人 Nekrasov《俄罗斯妇女》中所歌颂的。在此又遇《文化生活》编者李君，系李小峰之侄，四六年复旦政治系毕业生，冀汸同学。九时与卢、杨同车回来，途中他们分别别去。

上午唐金海同志拿来苏州卜君来信。信中说，他和范伯群同学，因知我从南京回沪途中过苏，预备了丰盛的酒菜，结果没有等来，大失所望。读信后，深为感动。

读《编译参考》上美国人写中国游记文。昨天在这个刊物上，读到苏联人写的斯大林个人迷信时期对苏联文学影响一文，文中所述事例，与我国现实有惊人的类似之处，或者正确地说来，是俄国这一"传统"的恶性发展，总之，是一种封建性的文化专制主义传统和政策，好像历史又回到中世纪了。

1980 年 6 月 10 日夜

上午去办公室，看了一本反"四人帮"的诗集（包括二首长诗，第二首健全些，第一首还有些渣子），书名，作者名都已忘记。又翻了一会儿《洪波曲》，看了几段，索性借回家看。就动手替敏写起呈文来，盖公安局和科技出版社在替她平反之后，还要她写一篇多年来的经过，以便办理具体解决办法。这是她多少年苦难生活记录，是血和泪的控诉，虽然不重描写，但那丰富的使人愤怒和战栗的生活画幅，只要勾几笔，就活生生地生活在人间，成为这个苦难时代的一幅画像。我得用些心写下这个呈文，别无他求，只希望把它放在档案袋里，保存下来，作为子孙后代研究我们这个时代的一种历史资料吧。

吃中饭午睡后，继续挥笔来写。晚饭前告成。外面又落起雨来了，卢康华同志送来昨天从车上借去的一本土纸本《希望》第一期，这是王戎之物，昨天从炳中那里借来的。

卢君坐谈至九时许辞去。看了这期《希望》上卷的自己的一篇小说《我乡》，说不出什么味道。

1980 年 6 月 11 日夜

今天全天上班。下午刘北天来，他也在五五年时因我关系被捕审查，现在也作为"教育释放"被改正，而当时放他出来时却什么也没给他说。二十五年后，他才知道是"教育释放"，要不是打倒这"四人帮"，他永远不会知道自己曾经被判定"教育释放"。这实在是一种鬼蜮伎俩，偷偷摸摸，鬼鬼祟祟，这个政治作风实在是千古奇闻。

借来一本 M. Goldman 写的 *Literary Dissent in Communist China*，1971，Atheneum 版，原为哈佛大学出版社印行，书内第七章为 "The Hu-Feng Campaign of 1955"。

晚，小谭来，黑龙江大学卢康华同志偕其女儿来，这是个纯朴的女孩，在外语学院读英文。九时许，客人辞去。北天晚饭后辞去，他已入社科院工作。

1980 年 6 月 12 日夜

上午读 Goldman 太太书；敏已抄好上公安局和科技出版社呈文，明天送上。

下午，福建人民出版社管权同志来，一块儿讨论了有关《赵树理专集》问题。晚饭在中灶大食堂楼上吃，公宴管同志，有潘旭澜、陆士清、唐金海。陆同志又把敏唤来共食。五五年同学蔡传廉陪外宾在此吃饭，见我们在此，特来问候握手。据闻，他已官至学校外事处领导。饭毕，偕至潘家，在此饮茶。潘在饭中云，他去过北京开鲁迅会，说唐弢又站在李何林一边，李何林为鲁迅的"凡是派"云。

1980 年 6 月 13 日夜

阴雨。下午学习，看报。晚饭后，乡间两位老乡来，他们来上海办事，好容易找到我这里，敏为他们预备了晚餐，据说，乡下人民生活现在得到了一些改善，不像"四人帮"为虐时期那么没饭吃了。他们坐至九时离去，我和敏一块儿送他们到汽车站。

十三日夜又记

又，今天上早班时，和敏一块儿去保卫部送上两份"呈文"，请他们转给公安局和科技出版社。

1980 年 6 月 14 日夜

天气转晴。上午接老苏、小刘同志自北京来信，他们在京工作顺利。又接兰弟信。

忙于《赵集》索引，上下午都上班。

下午顾征南、王戎来，在此夜饭，八时辞去。和敏去乐嗣炳先生处闲谈，十时归来。

1980 年 6 月 15 日夜

礼拜天，大热。上午景振球来，坐片刻辞去；卢君来辞行，彼明日去京，在此午饭后别去。

下午睡至二时，小顾来，云，张禹已到沪，明日下午在他家晚饭，约我们到时前去一块儿聚聚，四时许离去。看《赵集》索引稿，因为满屋是太阳，只好以床为桌改稿。这本稿本被编辑先生随心所欲地乱改一遍，使人啼笑皆非，只好一一改回原样。

晚饭后，和敏一块儿去学校看美国电影《噩梦》，写美国劳改农场惨状，开场时独白说："是根据事实，也加些想象。"我的意思，中译名可改为《暗无天日》，倒是通俗和贴合实际。

天太热，看过电影，在屋内小盆内洗澡，满地湿水。

1980 年 6 月 17 日夜

昨日张禹到沪，应小顾约，到他家晚餐大家聚聚。吃饭后，随张禹、满子一块儿到炳中家，他新买了一架电扇，吹着风，读了芦甸之妻的来信，张公已神志清醒，能看书做文，已被安排在全国政协，给了副部长级以上待遇。这个"问题"，总是要解放的云。归来已近十时。

今天上午天奇热，与昨天相等。上午上班，有工人出版社来人相访，一个是负责人，一个是女同志，一个是山西大学的教师，他们因出版《赵树理文集》事，特来相访，当各赠自己印的《赵专集》一部。

下午未上班。午睡醒来，二同乡来访，他们明天回晋，特来辞行，坐片刻离去。于敏同志来，通知说科技出版社要敏二张照片，天已在落雨，她等雨稍停后，才离去。

晚饭后，和敏去第一宿舍散步，遇王中，在他的新居坐了一会儿，闲聊；又去王先生家看了一会儿电视。归来后读《第十个弹孔》，是歌德之作也，在作者看来，"文化大革命"是个"横祸"，无缘无故，之前的十七年，尽善尽美。这显然是作者还不敢正视现实，因此这样的作品，还是苍白乏味的，它忘了文艺的职责，并没从总结历史中得到教益，还是"四人帮"那套"理论"在作怪，而这套所谓"理论"，是和文艺的现实主义要求背道而驰的，因此也就扼杀了文艺，用谎言冒充真理。

1980 年 6 月 20 日夜记

天雨。

昨夜读 M. Goldman 太太书至深夜，书中论五五年事件甚详，对这个事件的来龙去脉，对被认为"罪行"的分析，对其后果从事实到理论，从历史到现实，都能条分缕析，甚有见地。作者是哈佛大学东亚研究中心研究员，在占有资料、用心分析诸方面，看来是下了功夫的，也颇有见地，是一本学术著作。

连日天雨。今天上午上班，工人出版社岑同志和山西大学郜同志来访，见赠《刘志丹》二册，一册我分赠小李。作协魏绍昌同志续来，岑同志辞去，留饭不果。这是一位饱经沧桑的老知识分子，虽属新识，但一见如故。魏同志说，现在对胡还认为有三个问题：1. 是历史上有些小问题（指和国民党）；2. 是思想上的主观主义；3. 是宗派主义。晚间听何兄等说，这是文艺界的宗派势力妄图盗用文艺界名义上书对抗中央正确处理胡问题的一种手段，因陈云同志有言，此属冤案，应考虑胡的党籍云。

中午，约魏及郚在小唐家午饭，我们备了些酒菜。饭后，客人辞去。

下午四时许和敏携伞去炳中处，何兄已在候，相偕至梅龙镇酒家晚餐。王戎已留茅台酒一瓶，在酒家坐少许，王戎亦来共食。饭后返炳中处，读了《开卷》文。九时返校，车上遇政法杨同志，他说现在道德沦丧，杀母奸尸者有之，杀父奸妹者有之，为此慨叹"文化大革命"后果之严重，青年一代已呈现"返祖"现象，由人变成猿了，等等。此君原出身于军人，他对现实的观点，也说明"文化大革命"的劣迹昭著，为千夫所指。

闻舒芜现在沪。此公这一年多来，颇呈活跃，到处做文讲学，由此观之，青年一代的杀父奸母事件，亦不足为怪矣。

1980 年 6 月 22 日夜

读了 M.Goldman 太太书，关于 Hu-Feng 消息，外报报道如下：*Times* 在一九五七年六月二十四日说，他已于一九五七年六月被牢中释出，作为党在百花齐放运动中搞缓和的一个象征；*The New York Times* 在一九五七年六月十一日也有同类的报道；一九五七年七月十九日同报又说，胡仍在狱中，周鲸文在《风暴十年》（*Ten Years of Storm*）中说，"据可靠消息，Hu 已在狱中发狂。"（见该书第一五三页）

今天礼拜天。下午如约去社科院参加三十年代留日同学左翼文化活动座谈会，到二十余人，同时欢迎自京来沪的李肇嘉同学。蔡正华同志要我讲话，我也讲了一通，提到已去世的同学李春潮、曹祥华、俞鸿模三同志，我说，应该写文纪念他们，使子孙后代从中研究历史教训。杜宣讲话中说起多次运动，许多同志都吃苦，贾植芳同志就弄了二十五年，等于四分之一个世纪；他自己在"文化大革命"中也关了监牢，孩子们也关了进去。他说中国知识分子伟大，日本一个诗人听了他的遭遇后作了一句俳句，大意说：瀑布冲下来，但水面仍然很平静，这就是中国知识分子精神境界的写照。

座谈至五时，在院内照相，同赴锦江饭店聚餐，大家互相敬酒，丁日初同学提议，等我问题解决后，大家聚会庆祝。食毕，和盛华①、梁其英相偕，坐盛的车子归来。南越在候，拿去 M.Goldman 太太的著作。敏说，小唐夫妇下午送来蚊帐一顶，并帮助挂好，盛意可感。

1980 年 6 月 23 日夜

仍然阴雨不定。上午翻去年的《长江文艺》，在十二月号上看到曾卓的几首小诗，写得很感人，又含蓄，又深沉，这就是苦难的磨炼对作家的好处。

午睡后写了三封信，一致北京的老苏、小刘，一致武汉的文振庭，一致远在包头的小顾大孩子。

晚和敏去五角场观看新影片《玉色蝴蝶》，歌颂中日友谊，但对时代的历史的内容开掘不深。

1980 年 6 月 24 日夜记

上午借来《鲁迅研究资料》(四)，其中有"本刊编辑部"的《也来澄清一些事实——答茅盾先生》一文，可注目，是所谓"麒麟皮下剥出马脚"的文章。同时重刊了冯雪峰、吴奚如回忆鲁迅文，辑录了《鲁迅论二十、三十年代左翼文艺运动言论选》。

敏患伤风，有热度。下午相随去保健科诊视，温度 38.2℃，打了一针，拿回些药片。晚饭时热度退去，有好转。

收苏兴良、炳中、闵抗生②信。寄北京苏兴良一信，晚又写一信，明寄。

1980 年 6 月 25 日夜

天热，晚雷雨一阵，转眼而过。整天上班，傍晚小陈来，晚小谭来。

敏病已痊愈。

---

① 盛华，三十年代留日同学，时任复旦大学党委书记，已故。

② 王戎的外甥，五七年被打成"右派"，平反后在淮阴师院任教，已退休。

1980 年 6 月 26 日夜

天热。上午上班，下午在家。晚饭后，小唐夫妇来，算南京之行账目。

读王哲甫《中国新文学运动史》。

下午读完《女贼》，觉得这个作品并无出格的地方，也挖掘不深，但情节离奇。看有的评论说，它把女贼写得本事太大了，这个理由实在不通。在特殊环境下——政治的和社会的——年轻人的聪明才智得不到正常的发挥而用在歪道上，这正是环境的罪恶，怎么能怪青年们呢？倒是当局人物应该深思，由于自己的错误，青年人的才智才这么浪费掉，这正是受压抑的反常现象，也足以引起警觉，但不能把责任推到青年头上，更不能怪他们的天赋才智。如果这么怪了，那就是反动观点：认为普通人只能是愚蠢的、无能的，否则就是大逆不道——这哪有一点历史唯物主义的群众观点呢？从作者的创作意图来看，这其实是一部歌德之作：它并未去挖掘"文化大革命"的根子，并没有深入寻找青年们犯罪是由于我们制度上的不完善。"文化大革命"的以"左"的革命面目出现的封建主义思想，原来有它的历史和社会的根子。作者并未深入认识这点，他反而认为"文化大革命"只是一种从天而降的"横祸"，它的遗毒，在打倒"四人帮"之后都完善地解决了，如此等等。

1980 年 6 月 27 日夜

开始编茅盾，读有关书籍。上午看一九五五年《文艺报》，有王瑶的《从错误中汲取教训》一文，检讨胡风观点对他的"影响"（指他的《新文学史稿》）。那里作为罪证地引了我的话，说"阶级敌人"贾植芳说，他这本书"敌我不分"。他把我这话按他的需要作了解释，证明"胡风分子"对他的不满，也证明了这个"阶级敌人"政治嗅觉的灵敏云。

下午学习时，读《外国文学动态》，有一篇谈欧美对苏联（俄国）文学研究近况的文章，颇有趣味。

晚，灯下用功读茅著。今天办公室备了英日文毛著多种，分文不取地奉送，得到一大堆，其中包括英文本毛选五卷。这也可以说是一个思想政治动向。

胡裕树同志（中文系主任），下午对我说，许杰希望见见我，并说，下礼拜二他来复旦，如我愿意，可在这个时间去工会看他。

发北京苏兴良信一，托复制和查找有关材料。昨晚小唐来说，他见过巴金，此公坚决主张收入"文化大革命"中胡万春等"批判"他的文章，就是把文中所提出的他早期那些反动文章编入目录内，他也无所顾忌云云。

1980 年 7 月 1 日夜

昨天热得喘不过气来。去教师阅览室看书，很觉不适意。回到办公室，借了一个茶杯喝了两杯开水，才稍微好些。回家后，更觉热得厉害，屋子不能开灯，除过照料小孩玩外，无可作为，真是不好过的日子。

今天下午大雨。午休后出门走不了多远，大雨倾盆而至，只好退回，在家里坐地。天气又骤然冷了起来。

这两天，接到范伯群信；张禹寄来《清明》新刊一本；炳中寄来些绿原、牛汉来信。绿原信云："希望安排今后的一点时间。"牛汉信较长，但很有内容，抄录一些如下："前两天去看嗣兴，他仍是那么枯竭凄凉。我送去一本《在铁链中》，他看《后记》，仅仅一页多点，居然看了半个多钟头。他说'都忘记了'。他淡漠地毫无表情地一个字一个字地看着，仿佛路翎是另一个自己。这是最为悲哀的。他的生命已经烧成灰烬，我几次想从厚厚的冷冷的灰烬中找一星星火种，没有找到，真已烧成了灰，只有一些微温而已。不必夸大，不仅是绝望，这是最可悲的悲剧。……绿原的身心也不好，外表衰退还是次要的。他这些年常常突然休克，浑身苍白，流冷汗，说是脑贫血。在干校发过几回，这几年仍没有痊愈。我自己，记忆严重退化，我的头颅于一九四六年被捕时受过伤，颅内有瘀血，三十多年来经常发梦呓，现在是常处于昏昏然之中。我只能用半个活的生命工作，但我要用这点生命，也还想再挣扎着写点诗，现在写诗，真的是用血（准确点说，是用淤于心灵里的血块）写诗了。……现在我是使出全生命来烧旺生命的大火，先烧融自己心内的血块，烧融自己已有点岩石化的生命……""绿原……他的感觉的天地比我广阔得多，他能写出巨大的诗篇。"

今早发炳中一信，夜看台湾书目，为系内选购。覃子豪有诗论五本出版。

礼拜日报上登了彭柏山追悼会新闻，未提一九五五年事。

1980 年 7 月 2 日夜

下午去看许杰，他在工会开会。他说舒芜近在师大讲学时对他说，说在京看到张公，说张公精神分裂，开头还能认识人，说了两句话，就精神变态，大叫"你们要抓我了"云云。许又说，费明君一九五五年被捕，经审查不属于胡派，但因历史问题被判重刑，送青海劳改，刑期满后又不准走开，"文化大革命"中死于青海。他的小孩从小没上过学，三十多岁了，还是文盲，以木匠为生。

四时进行来，送来小米和红枣。晚一九五五年同学乐秀拔来，同学李辉来。李将回武汉度假期，为他写信介绍曾卓和文振庭。

读《青春》上的青年作品，有的颇佳。经过多年动乱，青年们能进行思考，勇敢地面对现实和理论，关心祖国和人民的前途和命运，这就是中国的希望所在。

1980 年 7 月 4 日夜

昨日（三日）和小唐在上海跑了一天。先到作协找魏绍昌，又去上图看萧斌如，最后去虬江路孔海珠家——都是为了编茅盾资料事。

今天，去北京的小刘、老苏回来。小刘下午下班时来家，赠蜜饯一盒；苏赠北京二锅头一瓶，谈在京事。

晚和小唐一块儿去看严修和徐俊西，谈巴金和茅盾资料事。

武汉文振庭同志寄来所编《大众语文论战》资料二册。得炳中一信，复一信。

1980 年 7 月 5 日夜

下午在经研所查阅香港报刊。四时和敏进市区到炳中处，读张公口述的来信。据说在四次文代会上，上海的吴强发言为他在一九五五年充当警察角色捉耿庸、王元化表示歉意时，巴金当即叫道："还有我哩！"巴说："你当时逼我写反胡风文章。"志于此，以为写《新儒林外史》者准备素材。

得黑龙江大学卢康华信。

1980 年 7 月 7 日夜

上午在教师阅览室查香港《文汇报》，下午在家看《当代》。小唐来，结算南京之行账目。晚去老苏家谈北京事，看了他在京抄录的有关资料。

早发炳中一信。晚写二信，一致孔海珠，一致范伯群。昨日礼拜天，在家休息一天。

1980 年 7 月 8 日夜

早，敏和小李同去看小周，她产一男孩。我们照本地习惯买了蹄髈和蛋，由敏带去，我另写一信，由小李带去。

上午去办公室，得武汉师院文老师一信、炳中一信，和鄂基瑞教师漫谈。

晚南越送来 Goldman 太太书。

1980 年 7 月 9 日夜

天雨，整天在家里坐的。小唐三次来，商讨关于"丛书"前言，并代看了他写的《评〈寒夜〉》校样。南京江苏人民出版社汤同志来信说，最好由我执笔给他们的头头章品镇同志写一信，催催审稿和出版事宜。因此，晚上给章同志写了一信，明天给小唐看后发出。

上午陈老太太来，谈小燕婚事。为此，晚上又给大哥写一信，谈论此事，因苏兴良已在去京之便和大哥提及这个问题也。

傍晚小李抱小孩来玩，她参加了高考阅卷工作。

读《小说月报》诸小说。

1980 年 7 月 10 日夜

上午去办公室，翻阅《新华日报》。

下午睡后，和敏去看乐嗣炳先生，送去武汉师院编的《大众语文论战》材料。

晚，去八舍洗了个冷水澡，读《代价》。灯下翻阅新收到的郭沫若解放后著译目录，此老从一九六六年"文化大革命"至死去的一九七八年，每年都写作不断，紧跟"形势"，高举"旗帜"，死后还落了个受"四人帮"迫害的美誉。

1980 年 7 月 13 日夜

前日和小唐一早出外，先去上图，查阅了本年五月份香港《文汇报》，并借得日本人编的《茅盾著译目录》复制品四册。下午去徐家汇藏书楼，翻阅了一些旧报刊，收获不大。晚饭在一个小铺吃牛肉面，小唐给我打了一两土烧，买了一小盆炒牛肉。饭毕，找魏绍昌家，因地址遗失，在牯岭路派出所查出。魏家住得颇好，打蜡地板，红木家具，电扇、沙发一应俱全。谈编茅盾事。到家已九时许，南越送来荔枝，我和他在九十三路电车上下车时相遇。敏说，施昌东等三同学来坐过。

昨天礼拜六。上午去办公室，领来十八元奖金。午睡后小顾来，在此晚饭后一块儿去了炳中家，在此吃荔枝，谈了光人兄近日来信，他已移居国务院第二招待所。

今日礼拜天，未外出，看稿读报，和小毛头玩。晚，小李送来代买的前门烟一条。

1980 年 7 月 18 日晨

前天下午王戎偕抗生来。正吃晚饭中，施昌东来，一块儿在此吃晚饭，喝了近一瓶二锅头。上午以廉价购来《中国文学发展史》（下册）及《张春桥、江青早期文章》，王戎拿去了。

昨日应王戎约，下午和敏去炳中处，再相偕乘车到了复兴公园后门的"洁而精"饭店，王戎及抗生已在候。王戎前天说，要给抗生介绍一个媳妇，是炳中在上海艺术馆教书时的学生。未到"洁而精"前，又听炳中说，这位女同志是文联的丰村介绍给王戎做续弦的。我们到了"洁而精"后，这位女同志已在座。她有四十多岁了，在《戏剧和电影》工作。敏和我在走出"洁而精"后说，这位女同志和王戎结合倒合适，与抗生相配倒不相称。

不到六时，吃完饭在饭店门口互别。我们看天色尚早，和敏安步当车，一直走到虹口警察局门口车站才乘车回来。

在炳中处，看了绿原来信。他已译了卢卡奇的著作，收入即将付排的《卢卡奇著作集》（三卷本）中；但又说，他生了血管硬化病，对"落实政策"前景悲观，说是看不到了（"得不到你祝贺的机会了"）。我对炳中说，这不是绿原悲观，是京中恶势力作祟，对落实"胡事件"还在不停地捣乱和破坏。眼前就是例子：在炳中处看到新近一期的《文学评论》，这个死气沉沉的官方刊物，在一篇论形象的文章里又在"写真实"的问题上把老胡咬了一口，说什么胡风的"写真实"就是号召"写社会主义黑暗面"，有"他的用心"，一九五七年却把秦兆阳的"写真实"当成胡风式的"写真实"来批，那是错了。这些话都是文痞的颠倒是非、混淆事实的惯用伎俩。连外国的 Goldman 太太也看出来，五五年反胡的得力分子秦兆阳、陈涌都是在反胡中立功受赏的。一九五六年"百花齐放"中，他们又偷窃了胡的理论，作为自己的东西。他们想借此发家，却想不到转眼之间就变成了所谓"右派"，挨了整，被"引蛇出洞"了。前些日子看《武汉文艺》一九七九年十二月号，那上面写的为秦兆阳的"现实主义的广阔道路"鸣冤时，其实就是对胡的理论的辩诬文章。《文学评论》这个官家喉舌，现在又老调重弹地伤诬胡风（这类论调近几个月未见了），正是"四条汉子"之类的当权派在落实胡的政策上干扰的明证。绿原悲观，正是京中空气恶浊的反映。

九时许，杜月邨来访。他说起我的落实政策问题，言语之间，也把这个问题认为是"冤假错案"。又说，落实这些政策有阻力，《人民日报》近来报道了一些县级干部阻碍落实这类政策因而受到处分的事例，有人说，这是"只打苍蝇，不打老虎"的做法。省级、中央也有这类人，为什么不报道呢？杜说起这期《文学评论》两篇评夏衍的文章，认为夏对三十年代的论争仍耿耿于怀，是不对的云。他因为看了这期《文学评论》发表了雪苇文章，因此想到我。杜也算是我在中文系的老同事，为人做事，还是正派的。

1980 年 7 月 21 日夜

前天在炳中处小聚，接开封师大赵老师寄赠的中南七校合编的《中国现代文学史》一部二册。

昨日下午小顾来，送来代购的凉鞋一双，另赠以白酒一瓶，在此一块儿吃晚饭。

今日过午与敏一块儿去新光观埃及电影《忠诚》，剧毕，在小铺各食冷面一碗。

近日正用很大时间阅读有关茅盾材料。

日来天气大热。

1980 年 7 月 22 日夜

上午去系内查材料，收到大哥信、南京江苏人民出版社章品镇同志信、汾阳二哥信、教育学院姚明强同志信。大哥信内谈的是小燕婚事，信末说："你的落实政策问题，将会解决得很彻底的，不必悬念。胡风一案肯定是个错案，历史情况确甚复杂，只要完全平反便好。"看样子，"胡案"已定了调子。

下午在家审看校样。晚老焦来坐，十时辞去。天气仍大热。

1980 年 7 月 23 日夜

大热，整日未出门。中午小唐来。晚老苏来，带来他们去京访问叶圣陶录音，听了一听，不很清晰。

早老景来，十时辞去。寄炳中一信。

1980 年 7 月 24 日夜

上午先到系内，由小李陪同查阅了香港《大公报》一九七八年十二月份以及今年九月份的日本《朝日新闻》，在经济所。

又由小李陪同在图书馆借到《契诃夫手记》，这本在五十年代初期译文，现在回头看看，很有新意。

在回家的路上，碰到殷仪同志。她说："做了顾问了。"我问："谁呢?"她说："是胡风，外面都这么说，还说他有精神病。"

给兰弟写了一封信，敏发出。晚同学乐秀拔来坐，他是一九五五年同学，这些年来随着政局的曲折和混沌，他也饱经沧桑，备尝艰苦。

读《新华月报》三月份所选载的三个短篇甚好，其中有一篇《一个鸡蛋的"讲用"》，尤佳。天热极。

1980 年 7 月 25 日夜

上午和敏去校内小铺买烟，又踅至系内，适进行来访，相随到校门口别去。

下午睡后，写信三封，一致光人兄，一致同村的玉玉，一致上海教育学院的某同学。

天大热，零星地读些刊物上的小说。

《新华月报》三月份转载了某人写的论天京事变的文章，作者认为一八五六年九月二日发生于南京的天京事变（旧历史书上称为"洪杨内讧"），由于太平天国内部的争权夺利所致，实质上是由于这个建都于南京的农民政权已急剧地向封建政权转化，他们生活腐朽，完全脱离人民，这样必然导致互相残杀的悲剧，这是农民战争的历史局限性的表现。作者还批判了"四人帮"把这场斗争说成是什么路线斗争的谬论。"四人帮"把历史上的洪秀全为建立洪家政权而使用的残杀异己的阴谋卑劣手段打扮成所谓路线斗争，正证明了"四人帮"一伙嘴里所叫的路线斗争，实际上是他们妄图建立自己的封建政权的一种阴谋伎俩。

1980 年 7 月 27 日夜

上午去办公室，收到炳中信一，内附有曾卓信。卓兄信内述及文官冯牧关于胡问题谈话，说胡历史有污点，但不是反革命，文艺理论问题可以讨论云云。历史上有污点的多啦，他们怎么悄悄地不吭喝呢？这些棍子！

又接同学李辉自武汉来信。

晚，小唐来处理《赵集》遗留事项，承赠他们编的《当代中国文学史》（一）一册。

天气热极，据说在 37℃ 以上，深夜人们还徘徊在马路上、坐在道上，不能入睡，仿佛像些无告的难民。

上述日记是今天补记的二十六日日记。

今天上午在校园内遇陈仁炳先生，他说已回历史系。他是五七年"反右"留下的五个人之一（其他是章伯钧、罗隆基、储安平、彭文应，皆已亡故），还拿摘帽后工资，由三级降至六级，并且不给教授头衔云。

下午食西瓜，是邻居代买的。

读《安徽文学》文。

1980 年 7 月 29 日晨补记

昨天星期日，天热，整天未出门，杂读。任敏说了两个乡下故事：

1. 某人乘火车时，在车上碰到一个旅客，要他代为照料一下行李。这个旅客再未见面，下车后他拎起旅客的大包袱，出站口时，被检查，包袱内原来是个尸体。说明了经过，被释放回乡后，还有一家为毕生未婚的死人找冥婚对象，他把这个尸体卖了五百元。

2. 某河南人来山西搬尸时（一个是他的亲人，女；一个是同乡人，男），他把同乡男的棺材，当作女的卖给一个一生未结婚的死去的老头子"冥婚"，也赚了一笔钱云。

这类乎于神怪小说的题材（生活），不图仍然出现在社会主义国家。这说明在中国这块大地上复辟封建主义还是一块肥沃的土壤。农民的迷信、愚昧、自私和狡诈，是某些有帝王思想的人实现自己的梦想的最好原材料，也因此，袁世凯找替死鬼，还是给他找到了，而且他找到的替死鬼，恰巧就是说这句话的人，悲哉！

晚，工厂小张来。他在搞革命家传记，借去两本有关材料。

1980 年 7 月 29 日夜

整日在屋内坐地，杂读。晚，上海师院小谢同志来，以他们所编的丁玲资料见示，编得尚细致。他在此抄了些有关资料，十时许辞去。这是一个精明有为的青年，本届在教育学院毕业，分配在金山化工厂。

今天天气较凉。

1980 年 7 月 30 日夜

昨日上午和敏一块儿去办公室。她查看了一九五五年事件的卡片，真是洋洋乎大观哉！约有两卡片箱材料，还缺少地方报纸资料。大人们当时用了吃奶的力气，不计代价地搞了这场运动，后果如何呢？历史已经作了证明。这场揭发、声讨、镇压运动，是一场巨大的罪恶——自我暴露。应该像清朝人编《东林学案》那样编这个事件为一本书，使子孙后代作为历史材料来研究，从中总结和认识我们这个时代的面目和一些人的"阶级本质"。

今天上午小唐来，送来小李自苏州来信，并约定后天上午在系内聚会，会见研究沈从文的那位美国客人。

写信二，一致卢康华，一致兰弟。

晚，落雨。读陈铨剧本《野玫瑰》，是前些日子四川重庆师院寄赠的《战国策资料》本。

据说有台风，气温已低。

1980 年 8 月 1 日夜

昨日收安徽《艺谭》寄赠的试刊本一册；得同学曾华鹏、范伯群寄赠的他们合写的《王鲁彦论》，在扉页上他们写了热情感人的题词。又得文研所通知一，约定九月间在黄山开会，附有徐洄翔一信；内中说："苏兴良到京后，知道了多一些情况"，"你是编委，希望能出席，如因某种原因不能来，请让苏兴良同志来。他对资料也很熟悉"。这里面说明了一些事情。约施昌东来，因曾、范的赠书中有同时寄来的分赠他和其他几个人的书，请他能把这些书分送有关的人。

夜看沈从文材料。小唐今天来说，有一个美国研究沈从文的专家明天要来看资料，因已说明由他和我接待。天雨阴冷。

今天上午九时许，美国人金先生来，由上海文研所陈同志陪同。这个陈同志说，他五五年在海燕①工作，后调到新文艺②，再调福建。五五年事件他也被卷了进去，关了一年。

晤金先生。查看了一些报刊，对他提供了一些线索，他惊异地说：你知道得很多。

下午与小唐夫妇一块儿去锦江饭店，听金先生报告，谈美国研究中国现代文学情况。此人才三十二岁，写了一本研究沈从文的书，得了个博士。他是哈佛出身，费正清的学生，现任职副教授，主讲中国近代史和亚洲史。

在会上遇同学王聿祥。

六时出锦江乘车回校。

得卢康华信一、同学陈思和信一。天阴雨。

---

① 即海燕书店。

② 即新文艺出版社，上海文艺出版社前身。

1980年8月3日夜

昨日坐在家里看书。晚饭后和敏去五角场一行。邀小卞在家晚饭，他的爱人和小毛头都去长兴岛消夏去了，他一个人寂寞。

今日礼拜，晴雨交叉。在家读书，看寄来的安徽新的《艺谭》。晚饭后，小蔡来，送来小李信；老焦来，赠我们他从乡间带来的西瓜、番茄和丝瓜。给小李写一信，请她在苏州查抄有关资料。和敏分食老焦送来的瓜，甚甜。复陈思和信。

1980年8月4日夜

现在的文学作品，人们称之为"伤痕文学""暴露文学"，这太肤浅了，虽然命名者是充满了恶意和愤怒的。我们可以想象：当这些权势者为这些作品戴帽子时那副怒容可掬的神态（拍着桌子、口沫飞溅）和隐藏在这个帽子后的潜台词——那些用政治标签形式出现的污言浊语。其实这种新出现的文学，可称之为"爆炸文学"或"地震文学"：它是长期遭受压制的思想感情的爆炸，是文学形式出现的地震。它代表人民的愤懑和力量，爆掉浊物，使它飞扬在空中，在阳光中显出它们的原形，使大地得到净化，同时也就净化了人们的精神，因此，从政治上说，它是营养剂。

这是我的"第二本日记"。"第一本日记"到今天为止，还被保存在公安局的档案袋里。

过去的批判现实主义文学，它的作用是揭露旧世界，这方面它的作用是积极的，这是建立新世界的前奏，但由于作者世界观的限制，他们看不到新世界的建设者——历史的真正力量。虽然在他们的笔下，他们满怀激情地讴歌了人民——他们的不幸和苦难、他们的纯真和无辜，但看不到他们的力量。今天的现实主义者，由于历史的前进，由于革命的洗礼，我们看到了改造现实、推动历史的力量——人民、群众、人民的先锋队——共产党。我们对人民和历史的前途充满了信心，我们是历史乐观主义者，是真正的现实主义者，就因为我们是历史唯物主义者。我们的文学不应有悲观，但这并不排斥作者的悲哀的抒情。悲哀有时是一种正面力量。

小说或诗的题目和题材：余灰。

写"文化大革命"（学校范围）的题目：改造。

写二十多年的生活，题目：冬眠期。

上午去办公室，绕道教师阅览室一瞥，看到《中国新文学研究》第一期马良春等人文，关于现代文学史编写问题，又看人大编的《现代文学史》（下册）（一九八〇年一月定稿）。这篇文和这本书中关于胡风问题都出现新的说法。前者说现在写的文学史把原来文学史上的正面人物胡风写成反面人物，一律否定；后者论四四年对《论主观》的批判，只谈思想批判的论点，未给胡风及论争本身戴什么政治帽子。

收到满子信一、甘肃师大寄来他们编的丁玲资料，北京鲁迅研究室寄赠的《鲁迅研究动态》三、四号。这两期所收文章，以关于"两个口号"问题为中心，以夏衍文为接触点，对"四条汉子"、郭沫若（捎带茅盾）的恶行进行了揭露、分析；刊登了刘少奇用"莫文华"化名写的文章及周总理在鲁迅逝世二周年纪念会上的讲话这些有价值的历史文献。这个拨乱反正的工作做得好。

小毛头一家旅游归来，招待他们一家在此吃午饭。

下午办公室负责人朱同志来，说文研所已来通知，要我和唐金海去黄山开会，系里因为经费问题，只批准我一个人去云。即说明情况，希望能批准唐去，他答应去汇报，决定后，给文研所回信。

下午小唐来，送来魏绍昌来信。

1980 年 8 月 5 日夜

下午和敏进市区，在四马路购得《新文学史料》一九八〇年第二期一册。在小店各吃冷面二两，牛奶可可一杯。复步行至炳中处，阅罗洛来信。信中说尚有九人挂在那里，因此他不便写理论文，怕人家从中找碴，影响被挂的人。在此吃瓜，并带回菠萝一枚，九时许辞出乘车归。

1980 年 8 月 6 日夜

天雨。上午未出门，发李辉信一。下午王聿祥来，邀在此夜饭，九时辞去。他是回民，不吃猪肉，敏为买牛肉，跑了四川路和五角场。

1980 年 8 月 7 日夜

整天在家里坐的。晚小姚来，以其新写的论现代杂志一文见示，九时许离去。与敏合食大西瓜一枚，甚甜，为今年所吃诸瓜中之最佳者。

小唐同志中午来，谈去黄山开会事。

1980 年 8 月 9 日夜

昨日在家看书。中午王中少子偕其新妇来坐。上午和敏去办公室，接山西大学郜君信。

今日早上，小李来，带来她从苏州带回的范伯群、卜仲康信，谈她在苏州查抄的有关资料。

下午及晚上在家查对巴金资料。

黄昏时老苏夫妇来访，将油印本《巴金专集》四卷交其转寄中山大学饶老师。

1980 年 8 月 10 日夜

过午荣华领她的两个男孩来，她看到我们现状，不禁感慨地说：想不到你们成为这个样子。一九五五年前她在我们家里一块儿生活，像家里人一样；五五年一阵风暴后，我们夫妇被捕，她们几个小孩各奔东西，我们这个家庭也就散了——被解散了。她和老曹结了婚，这是千不该万不该的事，这给老曹带来了死亡的灾难，也给她带来了痛苦。她现在带着两个小孩孤苦地生活，把他们抚养成人，也是很不容易的事。

她们母子在此晚饭后别去，我和敏直送她们上了五十五路汽车，嘱咐她当成亲眷经常来往。

读某君写的《武则天》一书，颇佳。某巨公六十年代写《武则天》剧本，那用心愈来愈清楚，他可谓得风气之先，为江青登基造舆论，真是无耻之尤！

1980 年 8 月 11 日夜

上午在教师阅览室翻书，翻到一九四六年叶挺等七人遇难纪念册，遍查所载悼文、悼电，未见巴金表态，说明那时他和共产党还站得远远的——"与我无关"。

收郝晓昌信、陈思和信。

午睡后，连续写信，给福建人民出版社老管、工人出版社郜君，都是公务。翻阅李、陈二同学早写的介绍 Olga Lang 研究巴金的著作一稿，稍做改动，给牛汉写了一信，附寄给人民文学出版社。上三信明日请办公室发出。又给苏州师院卜老师写了一信。

寄苏州范伯群一信，附照片二张。

晚，给郝晓昌、陈思和写复信。

看早日译的《契诃夫手记》，其中录有都德的一句话："我的歌真是太多了，我想把它们都唱一唱。"这句话可以作为某篇小说的题词，先抄在这里。

1980年8月12日夜

上午去系办公室，和办公室谈黄山开会事。北天来，在此午饭，二时许离去。晚小唐来，九时离去。

收进行一信，山西乡间一信。

1980年8月13日夜

早饭后，敏和小卞去学校买书架，我在九时许去办公处，得兰弟信一，病已有好转之象。十一时归来，小陈、小卞在座，由他们帮忙把书架运回来，一块儿在此午饭。

报载，中央下令禁止"宣传个人"，前几天小报云，毛像已在人大会堂等处取下云。

1980年8月14日夜

天雨。上午孔海珠来，谈编茅盾事。中午在小唐家聚餐。食事毕，回来时，织织已久候，敏又给她做了一些简单的饭菜，我陪着喝了两盅酒。孔海珠在小李家稍事休息后，与小李同来，小唐亦来，续谈公事。敏以蛋糕待客。四时许辞去。与织织吃了晚饭，相偕去炳中处。炳中说，鲁藜①礼拜天来过，吃他带来的天津苹果，九时许辞归。

孔海珠带来她父亲写的《庸园集》一册。

---

① 诗人，一九五五年"同案犯"，已故。

1980 年 8 月 15 日夜

上午去办公室，敏去四川路采买。十时回家，敏亦归来，给兰弟寄去陈皮梅糖一斤，附信一；给二哥寄去糖果、虾皮等一包，附去给桂英信一。

天雨。接文研所通知一，桂英来信。

晚重修巴金目录，这个工程费力大矣。

1980 年 8 月 16 日夜

阴雨。上午九时许，小唐同志偕福建人民出版社陈公正同志及其兄来访，坐片刻，又相偕至小唐家午饭，敏带了些蛋类和蔬菜同去。饭毕，陈氏兄弟辞去。

午睡后，二时许和敏冒雨去学校，在门口遇市公安局张同志及其同伴，出版局邵同志，他们是来找我们的，真是巧遇。坐他们的车子一块儿到家。他们三位新从青海回来，送来青海化隆法院宣判"任敏无罪"的判决书。那判决书说，任敏在一九六一年以"胡风反革命集团影响分子"被捕判有期徒刑十年，于翌年改判"教育释放"，现因上海公安局已对"胡风影响分子"案改正，他们原对任敏的捕判属错误，应宣布"任敏无罪"，但又说，"她在李庄小学的言论"，属于"认识问题"，改判"教育释放"，也与法律不合云云。又说，她原来被没收的财物，是入官的，折价赔偿云。他们这一套，目的不过是维持党在人民面前的尊严，当时实际上是无法无天的暴行。公安局的张同志等态度很亲热。他们又用车子把我们送到校门口，又从车中不断挥手告别。张在车上说，香港《争鸣》今年第二期有一篇有关的文章可看。

偕任敏到系内，接到出版局邵同志于今天来访的信，又接到阜阳师范戴同志寄来的刊物一本及附信。

上午小唐送来江苏人民出版社汤同志来信，云下周将来沪，由小唐同志复信，约好来沪日期为下周天。

1980 年 8 月 17 日夜

连日阴雨。午后雨停，偕敏去五角场，本来想看一场三点的电影，不料五角场已成泽国，汪洋一片。买了一些便宜的桃子，像去时一样地搭车回来。

读《人民日报》十五日所刊的重要文章（编者在头版发了个花边新闻，特作介绍）《人道主义就是修正主义吗？——对人道主义的再认识》（作者汝信），作者认为把人道主义与马克思主义对立，是一种错误，马克思主义的最本质的意义就是人道主义。作者说，这些年我们把人道主义当成修正主义来发动一次又一次的讨伐，是由于认识的片面化与思想的简单化，结果变成了对中世纪的非人道的肯定。这样干的结果是严重的：在理论上不仅未给马克思主义增添光辉，反而使它的真实精神受到歪曲；在实践上则导致了十分有害的恶果，竟然使种种违反人道的基本准则的不法行为得以打着革命旗号横行无阻。这么干的理论根据是把马克思主义和人道主义当作两种绝不能并存的、绝对对立的世界观，谁要把马克思主义和人道主义连在一起，就是"修正"和"篡改"马克思主义。作者认为：人道主义简单说来，就是把人当人。人本身就是人的最高目的，人的价值就在于他自身。马克思主义不仅不忽视人，而且始终是以解决人的问题，作为自己的出发点和中心任务的……

复阜阳师院戴建平信，谈编郭沫若诗歌资料问题。

晚，下力修改《巴集》专稿资料部分，现已深夜，行将黎明矣。

1980 年 8 月 18 日夜

天阴。上午在系内查阅资料。得山西大学郜老师和工人出版社刘同志合写的信，请他们代查的资料，他们给查到了。又接到四川金堂寿涌信。

孔海珠来信，约于二十四日去丰一吟①处和香港中文大学某女士座谈中国现代文学。

昨日工作至晨五时，下午睡三小时。

晚，写给福建人民出版社管权一信，明发。

1980 年 8 月 19 日夜

上午，五六年同学邓明以来，带来赵景深先生手条。邓说，她现在整理陈望道遗文，写些研究文章。她毕业后就分配在陈主持的语言研究室，在陈的晚年又做过他的五年秘书。陈对她说，复旦懂马克思主义的只有吴

---

① 丰一吟，丰子恺之女，当时在社科院文学研究所工作。

文祺和贾植芳两人，说陈对我很看重云。和她谈了有关陈的看法，开列了一些有关书籍和研究课题。十一时她才辞去。

晚，小唐夫妇来，商量宴请南京来的客人。敏先付了他们五元，作为购买之用。

1980 年 8 月 20 日夜

今日早吃午饭，十二时许，和唐金海同志乘车去徐家汇，到万国体育馆对面丰一吟家，会香港大学女教师卢某①。她出身于日本京都大学，研究中国现代文学，约好在此座谈，到座者还有上海文研所洪荒同志等人。丰家招待赤豆粥，座谈至五时许，照相留念。在门口与诸人告别，乘车至静安寺，步行至耿庸家，途中找到一家小店食冷面三两。在耿家，读梅志来信，张公确为一书生，他因落实问题，精神很不正常，暂还不能写字。在此饮酒，据炳中说，他下午听过一传达，胡乔木在起草《关于党的若干历史问题的决议》。

下午于敏同志送来青海化隆县文教局来电，催敏去办理平反手续。

到家后，敏说，老焦来过。邻居小赵夫妇游无锡归来，送烟灰缸一只。老黄归来，送螃蟹数只。

1980 年 8 月 21 日夜

全天在家为敏写三封信，致化隆文教局、组织部、人民法院，为她的平反落实政策事。敏已抄好给文教局的一份，明早找于敏同志，请她加盖公章并附一公函发出。

天气仍不晴朗，据说，上海将有大的台风、潮汛、暴雨袭击，为此，人们纷纷抢购食品酱菜，以为应变之需。

昨日老黄从家乡来，送来"横行兄"六只，今早小陈来访，留他在此午饭，饮酒吃蟹。

1980 年 8 月 22 日夜

早上，天雨，和敏去第四宿舍看于敏，把昨夜敏抄写的致化隆文教局

① 卢某即卢玮銮，香港中文大学讲师，香港女作家。

信送给她，请她以学校名义加注意见后发出。

早饭后，与小唐夫妇动身去图书馆。有一日本留学生随行，他姓荒木，任仙台东北大学助教，研究明清小说戏剧，去图书馆就是为了找凌蒙初的剧本，并且给他找到了，他非常欣喜。

看香港《争鸣》各期，有六篇关于胡风文章。这是周扬之流的观点和偏见的海外版，极尽歪曲之能事，甚至在一篇题名为《鲁迅为什么相信胡风》的短文中，恶毒诋毁鲁迅，咒骂冯雪峰，抹黑胡风，推销夏衍那篇臭文。他罗列的那些"事实"和"论调"都是早已发臭了的腐词滥调。这些人这么干再蠢也不过了，他们忘了这是对自己的彻底暴露，也是可怜的垂死挣扎。

中午在小馆吃面，下午和小唐夫妇一块儿去徐家汇，翻阅了一些旧杂志。五时归来，天已转晴。

1980 年 8 月 23 日夜

上午，震旦一九五二年毕业同学夏嘉杰来访。他原在杭州某专科学校教英文，一九五五年被牵连，一九五七年又被划为"右派"，送去四川劳教多年，现已平反，回原单位。在他受难时，妻子离婚，他已五十二岁，还是光棍一个，这也是个新时代的受难者。他出身于大商业家庭，青年时怀有理想，参加当时的地下活动，追求光明，解放后却迎头一棒。这种时代的悲剧，就像千万股细流一样，它们汇流成一股强大的洪流，终会冲破历史的闸口，摧毁一切封建余孽、历史渣滓，把中国带向光明。中国人民付出的惨重的代价，必然会得出丰硕的成果。

留夏在此午饭。中间去系内换报纸，收陈思和一信并附来他的一篇小说稿。

寄江苏人民出版社一信，内附杨苡《记巴金》一文复制稿，请补入巴集内。第一本已为出版社审查完毕，即将付印。敏给化隆文教局信，今日请老潘发出。

1980 年 8 月 25 日夜

昨日礼拜天，天气酷热，未出门。晚老焦来，他说托他代为说项的考复旦分校事，因进行得时间迟了，所以误了。为敏的平反善后事，起草给中共化隆县委组织部和化隆人民法院的信，由敏复写抄录。它们的意义，希望能作为档案材料，供后人研究毛泽东思想的法制问题。

今日上午去系内，收周建信一。由敏去邮局航空挂号发出给化隆人民法院和中共化隆组织部信，据说五日可到达。

今日小报载挂在天安门前的马恩列斯像已被拿了下来，又听说，学校大礼堂的毛、华大像，也取下来了。中国的历史可能又有新的变革和进步。

下午大风雨，飞沙走石，晚饭后外出散步时看到路旁的树不少都刮倒了。

上午大热，下午雨后转凉。

1980 年 8 月 28 日夜

二十六、二十七日两日未写日记。为敏平反事，将写给化隆文教局信抄件分寄上海公安局和出版局备案，二十七日发出。

今天下午带些蔬菜如约到炳中处，与诸友共饮。罗洛自京中来信云：关于胡的事已定调，正在内部传达，内容计有四项：1. 胡不是反革命；2. 胡在左翼文艺运动中有所贡献；3. 文艺思想有错误；4. 有小宗派。并云，不久将通知全国云。

炳中说，王元化给他在电话中说，我的问题未解决，已托朱微明（彭柏山之妻）去问陈国栋，朱已答应去问云。王感到孤独，他暑期在庐山，只有曾卓一人可以谈天。

上午发福建人民出版社一信，为赵资料事。接南京老汤来电和信，她们将于二十九日来沪。

1980 年 9 月 4 日上午

八月三十一日，礼拜天。下午卢康华之女卢倩自哈尔滨度暑假回来，来家看我们，带来她父亲的信及东北砂糖、木耳。留她在此晚饭。晚间，教育学院毕业生谢来。九月一日同学李辉自武汉来，承赠黄花、木耳各一包，当地烟一盒。

九月二日下午江苏人民出版社汤淑敏同志因《巴集》出版事，专程由京来沪，由小唐去车站相接。

九月三日上午偕敏去小唐家，约老汤在此午饭，算我们两家合请。小张在厨内忙碌做了十六道菜，甚佳。汤在饭前云，她八月间去包头开一个现代文学研究会，陈荒煤在会上就胡风说：1. 胡风历史问题维持原案，说他自己也承认，说他在江西"剿共"军中工作过，写过不少这类文章；又说和国民党特务有联系则是不对的；2."胡风反革命集团"不成立，应平反；3. 胡的文艺理论有问题，甚至反动；4. 胡有宗派情绪。据汤说，会上就胡的问题有分歧，小组及大会就争论此一问题。大连有个五十多岁的教师认为胡的理论是进步的，此人素与胡风不识，五五年亦被打成分子，发言甚激动。汤说，会上还讨论了《在延安文艺座谈会上的讲话》的评价问题及现实主义问题。

下午二时，陆树仑、小周、小李如约来我家，以便一同去看老汤。陆说，他在哈尔滨开《红楼梦》会，冯牧在会上说，胡的问题已有结论，要大家等公布。

在七舍招待所就《巴集》编事和老汤开会，除上述诸人外，尚有陆士清参加，小唐亦按时赶来。

出版社对《巴集》编事，未有什么意见，关于复制文的错别字和印不清的字句，他们作了校改，再请我们校对。《巴集》所收照片事，他们希望就如何编选，我们再确定一下。四时在汤处归来，和小唐在家就编排《巴集》相片、手迹等做了安排。

小唐上午来说，系内又决定要我去黄山开会，为此，系主任和总支书记找学校商议，决定由科研费内开支云。

接某女教师带来的小叶自《萌芽》的问候信，他已在那里安身。接西海及二哥、桂英信。

1980 年 9 月 5 日夜

今天九月五日。上午偕小唐去上图，遇天津文研所鲍昌同志，彼系途经上海去黄山开会。十二时归来，下午政治学习，于敏同志宣布，嗣后政治学习可自由参加。小卞母亲明日六十六大庆，他买了些面和菜，在此一块儿晚饭。饭后与小唐去晤老汤，谈《巴集》事。她明晨即返宁。

1980 年 9 月 6 日夜

清晨四时起床，去七舍招待所为老汤送行。上午得安徽大学徐文玉信，他是专门研究张公的，他的工作得到安徽有关领导的支持。信上说，中央统战部已有文，对"胡案"作了三点结论：1. 反革命集团不成立；2.

胡风历史上有过错误；3. 文艺思想是学术问题，可以讨论。他在信中提出一些有关事项，作为研究的参考，日内当复信。

下午开"文学研究会（资料）"碰头会，接孔海珠电话。寿涌来，他已考取了师大研究生，在此晚饭。

晚去看乐嗣炳，他前些天和夫人去虹口游逛，买熟食时，失脚掉进了防空洞，跌断肋骨一根，左手骨折。在此看电视《崂山道士》。

今日上午敏和小卞一家去小卞母亲那里祝寿，发范伯群信。

1980 年 9 月 7 日夜

昨夜十二时许，楼下有一女人狂呼救命，听之毛骨悚然。上午发炳中及周建信各一。

今日阴雨，下午阴。中午请邻居小赵在此饮蒙古白酒，系老汤所赠者。

午后和敏去四川路，买了一件的确良衬衣，预备作为上黄山的礼服之用。

四时归来。五时许和小唐夫妇、小孩一块儿在校内看豫剧《七品芝麻官》，甚好。

晚，速写信一堆：致大哥，致卢康华，致文振庭，致徐文玉，明日一起发出。

现已夜深近二时。

1980 年 9 月 8 日夜

上午去系内辞行。下午在工会为巴金年表开了两个钟头的会。

李辉来，唐、苏二位老师来，谭启泰①和新闻系研究生小朱同来，稍后陈思和来。

今日得《大世界》寄赠创刊《大世界》一册，并汇单一纸，写明由我转，未书明转给何人。我猛想起我只介绍谭启泰给他们写过短文，在他们那本死在胎里的创刊号上用过，可能就是这么回事。正好谭今日来，把汇票送给他。

李辉带来一些狗肉，一块儿在此晚餐。

得赵博源信。得牛汉信，他去参加黄山的会议。

---

① 复旦新闻系五五级同学。

客人走后，写一信给炳中，一封复赵博源。车票已买好，明早四时半就得起床赶车。

据谭云，今年五月间荒煤曾给某人说，要他继续写文批胡（此公五五年也批过胡）。荒煤对此人说，为胡平反，人民是不会答应的云云。这些人头脑发胀，连日子也忘了。

1980 年 9 月 22 日晨

九月九日清晨，偕小唐同志动身去黄山开会，在车站与老萧相遇，并有中文系另一教师同坐火车。当日九时抵杭，由文化局某出身于复旦大学中文系工农兵同学代为安排了住处，住在湖滨旅舍。一九五四年夏，我与敏由莫干山下来曾宿此一夜。与诸人偕游三潭印月、岳庙等名胜。十日晨乘公共汽车去黄山，因道路损坏，得绕道三个钟头，多花一块多钱。晚七时始到黄山，被安排在一别墅居住，日费十八元。十一日正式开会，由许觉民主持，他在会上谈到胡风问题，说了不少话，说"胡集团"不是反革命集团，胡历史有错误，他和一些作家、艺术家有宗派活动和串连，五四年对他的文艺思想的批判，不能说都错了，不能因为平反了就认为他们一切都对了，不能一风吹，他的文艺思想还是需要讨论的云云。

文研所现代组负责人马良春说，这次会议老同志就不安排事务工作了，让他们休养。

昨日抵此，即见到牛汉兄，他与文研所人员共同由京动身，到南京后乘公共汽车来黄山，比我早二小时到达。

这次会议，主要讨论这套现代文学作家作品资料的编辑体制问题和选目问题。与会人员发言甚多，意见不少。首要一条，认为这套丛书，还以过去的惯用办法，把作家从政治上分为左中右，说什么以革命和进步作家为主云云，实际上还是运动史的编法，其他作家都属于落实政策对象，这种方法不妥，后来取消了初稿这种编类法改成以作家出现于文学界的时序排列。

牛汉在大会上做了进攻式的发言，被称为大会明星。他自己说，虽然被划为分子，但本性不改，觉得有意见还是要说。我在行前接牛汉信，得悉他将参加黄山之会，这也是促使我下定来黄山的决心的重要因素。在此朝夕相处数日，实为人生难逢的良机也。

范伯群也来参加会议。他对众人说："我是他关山门的徒弟。"我更正说："不，是砸山门的徒弟。"众大笑。

大会于十八日结束。十九日和文研所人员同车到杭州，由杭大同志安排在浙江省委招待所住宿，房费每日七元。二十日去浙江图书馆工作一天，中午杭大何老师在楼外楼请吃饭，吃到此处名菜——醋鱼。饭后到他家休息喝茶，他的爱人是四川人、医生，全家热情接待，甚觉过意不去。晚五时出图书馆，雨更大，和小唐共同打着牛汉留给我的雨伞，步行至新新酒家。牛汉不在家，和许觉民同志坐了一会儿，向他辞行。七时许回到旅馆，听北大的唐老师说，牛汉和陈性忠[①]在此等我二小时方才离去。和马良春等文研所同志闲坐。接牛汉电话，约翌日相见，他和性忠准在上午来我处。昨日上午九时，牛汉来，性忠后来，二十多年不见，他已六十岁，头发花白，但精神硬朗、乐观。他也是昨天才从莫干山回来，在那里两个月，从事创作，已写了四五万字的一个中篇。至十一时，和招待所算了账，把行李寄放在车站，带了黄山出产的白酒，相偕游逛。找到一家饭店，在此午餐，后又步行去湖滨，中途访问了安徽中学，此地是一九四八年我出狱后偕胡风夫妇、路翎夫妇等游杭州居住地，此时方然是校长，性忠在此教书，现在方然已逝世，胡在京，神经不正常，路翎已神经分裂，任敏留沪未能偕行，我和性忠相偕到此，想起多年前的往事，恍如一梦。此地门墙破落，我已完全不识了。继续步行至湖滨，在茶座喝茶。三时许，牛汉因事离去。四时找小唐搭车回车站，和性忠在此握别。买到的车票是六时二十六分钟的车，由宁波开来，无座号。杭大何老师来送，车内拥挤不堪。十时到上海站，大雨，搭公共汽车回校，到家已十一时有余。和敏话旧，至一时始寝。

1980 年 9 月 23 日晨

今天在家休息。晚同学陈思和、李辉来，写萧斌如信一封，托小陈明日带给她，并将全君所编《中国现代人物别名》原稿一同带去。下午刘北天、景振球二兄来，各带来节日礼品。

得炳中信。侄女自济南来信，鑫弟近病故，他们一家的生活陷入困

[①] 陈性忠，冀汸本名，五五年"同案犯"。

境，使人焦灼。

1980 年 9 月 25 日夜

前日中秋，下午偕敏和同学李辉的未来小姨小王一块儿去炳中家过节。炳中近日牙痛，颊都浮肿，正在治疗中。王戎偕上次在"洁而精"饭馆见过的某女士（炳中徒弟，现在编戏剧刊物）同来，由织织掌厨，诸人共饮。看满子兄信，他去博山开蒲松龄纪念会，谈会议中的花絮云：有人称李希凡为五十年代的红卫兵；赵俪生说郭沫若是"气象学家"，所以能做科学院长。这类含愤的笑谈，使我想起此次黄山之行，在回杭州的途中，车经歙县，我说这是柯庆施的故乡，前座的许觉民接口说："这里出了一个大坏人。"据此，也可见出"历史自有公论"这个铁则的无情。

小王同志的父亲是湖北襄樊地方的一个劳改农场场长，"文化大革命"中被打倒过，她为此受过牵连，吃过不少苦头，因此富有正义感。她也是那个农场所属的工厂的广播员和打字员，对劳改农场的生活甚熟悉。

昨日下午得徐文玉、周建信。小王同志晚饭后辞归。晚为李辉所写的《巴金与俄国文学》讲意见至深夜。

今天下午为"文研会（资料）"编事，开了一个小会；小刘同志代购到《御香缥缈录》一本。晚小张来，带来汤淑敏信。给济南弟妇王秀英一信。

1980 年 9 月 27 日夜

昨日收到进行一信。晚谭启泰和新闻系一研究生来，小唐夫妇来。

今日上午，山西大学魏姓、刘姓教师带着该校郜老师介绍信来访，他们是来上海学习和了解文学教学的。……

中午留他们在家午饭。徐立女士今天上午就来，帮任敏包了些饺子。

晚，小唐夫妇来。小唐下午去了巴金家，拿回一些照片。寄给南京出版社的巴金的有些照片因不能制版被退回来了，需要另找一些寄去。

读《破壁记》，写得太粗，写旧社会生活不真实，这是作家对生活缺乏实感之故。

1980 年 9 月 28 日夜

今天礼拜天，未放假，推迟到国庆时多放一天。

得炳中信，附来何兄京中一信，说张公再进医院，神志不清。周扬曾去看过他，医生勉强答应。何说到"胡案"已以中共中央名义下了结论，称为"草案"。"草案"主文说："××等由于有错误言论及小宗派活动而定反革命集团，是错案，应予平反。"下文先叙胡本人的历史，什么写反共文章，只稍稍提了一下对左翼文艺有一定贡献。接着又"但是"，是"思想活动""宗派活动""反抗党的领导""破坏团结"等项。周扬在星期一（二十二日）看梅志时说："平反不一定是一点错误也没有，是实事求是，该平反多少就多少，错误也不能说成是正确的。"云云。

何又说："此事要在十至十一月中间先开一座谈会，把胡补为文联主席团委员，全国政协委员，然后见报，在会上公布结论。"

又说："中宣部发了个21号文件，规定三十年代至五十年代文艺问题，均不得公开讨论，只能内部讨论和发表，将来由中央拟一文艺问题决定。"这是又在设置禁区，搞所谓"舆论一律"了。

写大哥一信，杭大何寅泰一信，并写伍隼①一信，请何去看他。

1980 年 9 月 29 日夜

下午偕小唐、小周、小李去上图，会见孔海珠谈《茅盾专集》编事至四时半。小孔送我照片三张，系上次香港中文大学教师明川在丰家所摄合影，又赠我新出的《茅盾论创作》一册。得堂妹宜鲁信附像一。晚和敏在五角场观埃及电影《萨拉丁》，九时许出影院，在小铺各吃馄饨一碗。小唐来访，留条而去。

1980 年 10 月 1 日夜

一条素材：党委副书记对经济系学生说："我住四大间房子，月租只有二元，这不就是社会主义制度的优越性吗？"这条素材可以收入契诃夫的《手记》。

今日国庆，天朗气清。上午征南、王戎、炳中偕两媳一男、永麟扶杖

---

① 原名夏钦翰，四十年代做地下工作时因胡风介绍投稿关系与我相识。解放后曾任《浙江日报》副刊部主任，平反后任浙江人民出版社、浙江文艺出版社社长、党委书记兼总编辑。

偕外孙，各带酒菜来寓，在此午饭。晚饭后别去。

晚，观电视《孟丽君》，系越剧。

1980 年 10 月 2 日夜

上午在家作小文一篇，题为《温故而知新》，就俄国文坛二逸事写出一些不便明说的感想。久不作文，还得动些手术，才能请敏誊清，拟和耿兄等文一并寄安徽《艺谭》。

晚老苏来坐，谈编《文研会材料》事，九时许辞去。

附记一条：九月二十八日《光明日报》"文学"栏有"书讯"一条，云"《生死场》再版，恢复胡风的《读后记》。"这个小报道，惹人注目。昨日诸人在此吃饭都论及此事，认为是一个信号。这是二十多年来，胡风以正面身份出现的第一次，因以为记。十月二日夜补记。

1980 年 10 月 3 日夜

上午上班，得张禹兄赠《清明》新刊一册，收到黄山照相馆寄来的合影。

下午照例政治学习时间，没有布置什么内容。看了二个钟头的《羊城晚报》，其中有个短篇名《红心皇后》，思想和艺术俱佳。

小卞邀在他家吃晚饭。小陈来，送他杭州带回的藕粉一盒。

1980 年 10 月 4 日夜

下午在新闻系查阅《时事新报》，该系研究生某同志和我在路上相遇。他热情地招呼我说，香港《文汇报》登出来了，胡风案就要平反了。说着陪我去了系内，找出本月二十三日的香港《文汇报》给我看。这天的报说："胡风事件即将平反"，是"本报北京电"，内容说，胡自五五年上书被定为反革命，又被定为反革命集团，现经中央复查，胡不是反革命分子，反革命集团也不存在。胡多年住在四川，身体不好，前已由中央派人接来北京，现在北京第三精神病院。本月十五日，中央统战部张副部长偕作家萧军前往看望，并给胡谈了平反事。此事已由中央审批，周扬、夏衍也参与了这一工作云（凭记忆写出）。此事先向外报道，这是我国现代的惯例，也说明此事经过二十五年的漫漫历程，已开始明朗化了。

晚，小唐夫妇来，带来他们写的《巴金笔名考析》，看后提了些修改意见。

1980 年 10 月 5 日夜

今日清晨，天又热了起来。上午在家整理文稿，将满子、炳中、冯英子以及自己的短文，通读了一遍，准备一并寄《艺谭》，并给编者李平同志写了一信，将和稿子一同寄出。改阅了小陈同学的中篇，拟代寄《清明》。为敏代书给公安局张竹均一信，已发，请他们代催青海地方当局早日办好敏的平反和退休手续。

下午睡醒后，交大老秦及他的同事来坐。同系小李来，在此晚饭。

写刘北天一信，明寄。晚，入浴。

晚，观电视滑稽剧。

1980 年 10 月 7 日夜

昨日收到范伯群、卢康华各一信。发福建人民出版社老管一信。寄《艺谭》李平稿四件附信。

今日收到文研所徐迺翔同志信，他说："经过我们慎重考虑，并请示有关方面。"聘我为该所《现代文学研究资料丛书》编委云。接大侄儿森炎夫妇一信。

《人民日报》载《祖国高于一切》（报告文学），读之甚好。晚，工厂做工的、我不记其姓氏的青年工人来坐。给张禹写一信，连同小陈小说明天一并寄去。

1980 年 10 月 8 日夜

上午在大图报刊室查资料。下午收到炳中一信，牛汉已到沪，约定明天在他处相聚。又得汾阳二哥一信。

晚，小唐夫妇来，送来杭州何寅泰来信及南京丁芒公事信。丁信中认为像李季这样的作家也值不得编专集云。

1980 年 10 月 10 日夜

昨日——即九日，上午我和陆树仑谈话。他说，系内昨天为我的工作开了半天会，他通知我下列各事：1. 可以不来上班了；2. 现代文学资料工作，我只起指导作用，具体工作由青年教师做；3. 对小李派工作，只要她抄写，尽可能不要她外出，她主要管好图书，并要我不要替她代班；4. 拟由我指导，成立一个翻译小组，但尚无人；5. 要我把时间腾出来，自己搞科研，等等。

中饭后，小唐夫妇送来他们写的关于巴金笔名文章，托我转交牛汉，他们夫妇直送我和敏至五十五路车站始返回。

到汉口路的申江饭店（原名扬子饭店，已装修一新，接待外宾，像个高级旅馆），找到牛汉，一块儿至小顾家吃饭——上午得炳中信，相约到此。炳中后来，王戎偕小叶同来。晚饭后相偕至炳中处少坐，九时许辞出。

今日八时许，偕敏去学校在大操场碰到经济系教授笪移今，招呼后，他又回头说，过去我们只能在厕所里打招呼说话。我和敏说，提起厕所，这在"文化大革命"中成了知识分子的"客厅"，只有在这里相逢，才敢相互寒暄，甚至交换一些见闻；我有许多关于厕所的记忆，可以写一篇文章，内容保证丰富多彩，足以显示出当时的风格特色，前无古人。说到这里，又想起这些年的流行语"一丘之貉"，知识分子，都被用这句古语联系过，批判过，甚至自我批判过，这是历史悲剧，富有时代印记，也是那时的一大贡献也。

晚，老苏来，送来文研会材料，并承赠苹果数枚。

1980 年 10 月 13 日夜

昨日礼拜天，上午九时偕小姚去炳中处，不久王戎、小顾夫妇皆来。由小叶爱人办厨，小叶去接牛汉。十二时许牛来，在此午餐。饭前敏陪王戎上街给胡公买了些食品和我们带来的福寿酒、灵芝等一块儿托牛汉带京。

五时和小顾夫妇去他们家，在此晚饭，归来已八时许。同学乐秀拔三次来请，留条在门口，乃和敏去他家。诸同学已在候，他们等我们不来已吃过饭了。章培恒由日讲学归来，谈往事及日本情况。他说敏在解放初编的那本《北方土语辞典》，他在东京大学今富正巳①家看到，是香港印本，已二版。今富现任东京东洋大学教授，他们在横滨玩了一天。说一九五五年前和我们通信的那个大阪大学的香坂顺一，因其"四人帮"观点不为社

---

① 一九五四年从复旦大学中文系毕业的日本留学生。

会所喜，被称为"日本的'四人帮'分子"，但他已是教授，又编的是些工具书，日子过得不错。说日本翻译出版的中国现代文学书，除鲁迅、郁达夫的以外，一般都赔钱云。章一九五五年也是受害者之一，为此被开除党籍，去年在出国前恢复了党籍，但仍有一个尾巴："党内警告处分"。这次日本归来，系内和他说，要割去这个尾巴了。他在日本已看到香港报纸所载胡风将平反的报道。

今日下午三时，中央文化部文学艺术研究院李维时三同志由本校历史系老张同志陪同来访。他们系来调查沪上有关戏剧电影、美学研究情况，为他们约了施昌东同学在此晤谈。李、张二位皆三十年代留日同学，战争初期回国后又就读复旦，在此毕业。李曾为路翎事一九五五年受审三个月，"文化大革命"中被打断肋骨一根；张五八年被捕，判刑十八年，去年方出狱，得到平反，我们于一九六二年曾在监房相遇。

得织织信，寄来研究生试题，即转寄给林某，写便函致歉。得武汉师院文振庭老师信，内云，"胡案"中央公安部、宣传部已有平反文件下达。十一月左右文艺界将开一会，公告海内外。武汉已有些人写好了文章，一俟文件公布，即行发表云。得兰弟小舅子王世敏信，工人出版社寄赠《赵树理文集》（卷一）一册。

写给炳中一信，明日发出。晚小李同学来，拿走代看的他写的评曾卓诗文。

1980 年 10 月 14 日夜

晨八时偕老苏同志出发去上海师院访问覃英同志。她系鲁彦夫人，已达七十四高龄，但仍然健壮、热情，坚留在此午饭，饭后陪我们去图书馆始别去。在此查了一些二十年代报刊，回校已近七时。

晚同学小陈小李同来。

1980 年 10 月 16 日夜

昨日未写日记。上午去办公室，听邻室闲话，"胡案"文件已到校。接满子兄信，他已回沪，王戎寄来文稿二篇附信一。

下午萧斌如同志送稿来，同在小唐家吃晚饭。晚，下雨。

1980 年 10 月 17 日夜

下午偕敏去炳中处，何兄已归来，看到中央关于"胡案"的文件，并胡公的两幅近照，都带了回来。据何兄说，这个文件是公安部的原件，经过中宣部"加工"的，又说罗洛信说，公布时又删去了一些话，到底删去了哪些内容，还不得而知。

上午工厂小张来告，他昨天听一个军人说，"胡案"文件已在军队传达过了，又说，此案株连的人员，高知有五千人。

晚小雨。

1980 年 10 月 18 日夜

上午收张禹来信。他提到文件已在他那里下达，但对他的现状并无触动。

对这个文件我想了想：这个错案是"左"倾路线的产物；对它的平反，只是分清了敌我；但是从那些内容看，在是非上还没弄清，也还是"左"倾理论在作怪。

它把胡对当时文艺思想和对领导的一些批评意见，仍说成是资产阶级、小资产阶级、个人主义、唯心论的东西；仍说成是"宗派结合""抗拒党的文艺领导""破坏文艺界的团结"等等，都是一套老调，并没有认真总结这些年来"左"倾教条主义危害文艺事业的严重教训，仍以正确自居，维护"左"的东西，没有前进。这是可悲的。其实，胡所保卫的是现实主义传统，所抵制的是教条、宗派统治，"反胡"以后，以至"文化大革命"中的历史事实，都说明了"反胡"斗争助长了"左"倾气焰，使整个革命文艺事业加步走向毁灭的深渊，至"四人帮"而登峰造极，造成文艺事业的毁灭。如果在为胡平反中，不认真地批判和认识这条"左"倾思想路线，中国文艺事业仍然不能前进和发展，甚至又会犯"反胡"性质的错误，这点应有所认识和警惕。我们所争的不是个人的荣辱，而是我们文艺事业在正确总结历史教训基础上的前进，使我们的文艺工作能更好地为祖国的现代化事业服务。

中央文件为文艺上的是非定调，我认为是欠考虑，容易陷于被动，也直接违反了党的三中全会精神和"双百"方针。

这些文艺理论上的是非，应通过"双百"方针去解决。我们在打倒

"四人帮"后一再宣称，在我们国家不应以言定罪，不能有思想犯，而文件内所罗列的那些内容，仍然是以言定罪，以思想定罪，这和我国的宪法精神不合，是违反宪法的。

我们的文艺事业，正像我们的一切事业一样，不深批极"左"思想路线的流毒，就不可能前进一步，"四化"就易成为一个泡影，甚至重犯已往的那些错误——因为在这个文件里，仍然维护了错误，把"左"的事迹仍打扮成正确的东西，把抵制错误的言行，仍然指责为错误。

要求取消这些内容，文艺上的是非交由人民和文艺界通过"双百"方针讨论，在总结历史教训的基础上，使我们的文艺事业得到健康的发展和前进。

这个事件的发生，是"左"倾思想的产物，它的根源，是封建专制主义，对一些批评意见，进行压制、打击以及围剿、镇压，是一次文字狱的表现，是走向封建化的一大步，是倒退行为。

1980 年 10 月 20 日夜

昨日礼拜天，在家杂读。

今日上午收《艺谭》李平及该刊编辑部来信，前寄各稿，他们决定刊用。一九五五年同学朱碧莲来信，她和爱人沈剑英准备来看我们。济南侄女春琳来信。

下午唐金海来，已和财务科结算好黄山之行的账目，他代为向系内借了四十六元还财务科。

1980 年 10 月 22 日夜

上午去办公室，系总支老徐同志找我谈话。他说，胡风文件已下来了，在党内传达，还未宣布，是错案，平反；但胡风的文艺思想有错误，其他人历史上有什么问题就照什么做结论。说，学校原来想解决我的问题，但因整个问题未解决所以搁延，说要恢复职称、房子云云。

下午，小张领斯宝昶同志来家。斯一九五五年亦被划为分子，现在分校工作，教外国文学。在此晚饭后辞去。

老苏来，送来文研所公函。晚饭后，小唐夫妇来坐片刻离去。

今天法国总统来校，下午我未出门，不知情况如何。

1980 年 10 月 23 日夜

天雨。上午坐在家里。下午上班，小陈送来代为装订的两本书。听小李说，胡的文件明天在党内传达。老陆拿来日本人送的石英晶体钟的说明书，要译出使用方法。接炳中信，约明日下午去他处一叙。

晚，潘旭澜来，他是一九五六年学生，也是初次来我家。他谈起自己这些年情况，又谈起"胡案"，他说周扬对人说过，他认为"胡案"是文字狱，他无意也无权把胡风打成反革命，他只是承认，他和胡风有分歧。又说周扬也无意和无力把冯雪峰划成"右派"。

同学陈思和来，坐至十时辞去。译出日本钟的说明书。

今早发师大朱碧莲一信，约他们夫妇本星期日来家一叙。

施昌东上午来坐。

1980 年 10 月 25 日

昨日小雨。下午如约去炳中处，满兄已在谈。他们说，文件看到了，在《审查报告》中给我留了一个尾巴：一九四四年当过敌伪淮海省参议，给郝鹏举写过《兴淮十策》，这是确实的云，并把我（共十一个人）排在最末。他们都很气愤，我听了也很惊异，怎么可以这么干，这真是攻其一点不及其余的老手法。这是对我这段历史活动的严重歪曲和片面化，很不实事求是。读梅志来信，她也提到这事，她说，公安部过去也问过他们这事，他们的理解这是为了抗战："现在他们不认账，你有什么办法"，但是，此事必须写个申请，说明真相（过去都详细交代了），要求予以澄清。他们又说，在守梅①的一条内，提到陈焯事作了澄清，说当时由于我的被捕，胡风为了营救，托守梅找陈焯关系，但胡和守梅都不认识陈，与他没有关系。这点澄清，我很感激，因为一九五五年对这件事也歪曲得不像话，而且把胡公和守梅说成和国民党特务有关系，这种造谣文字怎么能不知羞耻地写在纸上，登在大小报刊上，作为学习材料，通令全国学习！

晚九时归来，即着手写关于郝鹏举的关系的材料，敏为此甚为气愤，要我立即动笔。

今日上午，敏抄好胡公去年赠我的诗，系他在黑牢中所吟成的，预备

---

① 陈守梅，即阿垅。

能有机会，公开发表。

昨日《解放日报》登了一条小新闻，说是毛泽东同志一九三六年写给丁玲的一首词，由胡风保存了四十一年，这也是为胡事放个信号。

昨日上午孔海珠来电话，她不知九十三路车因修路不通，走到半途，不能前进，才找到停车附近的工厂给我打电话，她说下礼拜一去京，约一月后归来，入京就住茅盾家。

晚饭时，小唐夫妇偕小女来，送来信二封。一封系浙江人民出版社伍隼来信，三十多年来首次通音问。一是弟妇从济南来信，她已知"胡案"平反。小姚来，老苏来，老焦来。老焦也谈到文件事，那里说我的那一段，他也看到了，我和敏即说明我们的态度，要求澄清，希望能通过他，传到上级的耳朵里去。

今天大冷。

1980 年 10 月 26 日夜

礼拜日，天气晴朗。上午完成小文一篇——《〈契诃夫手记〉重印前记》，都千余字。收赵博源一信。

上午十一时，一九五五年同学朱碧莲和她的爱人沈剑英如约而来。沈在一九五五年前在公安部门的文工团搞创作，通过组织手续，介绍给我培养，为此五五年也挨过整；朱碧莲一九五五年也受过审查，都吃过封建主义的苦头。他们一九五七年结婚，多年来，饱经忧患，现均在大学教书。沈改行教逻辑，写了些因明学文章，颇有成就，朱教古典文学。他们说，他们的结合介绍人就是我，因为他们是从我这里相识的。

他们带来螃蟹，谈多年生活遭遇，以及听了中央批转"胡案"文件的想法，这个文件又对我抹了一鼻子黑，但他们能从自己的实践和分析中去理解和认识，这一点是我们社会的极大进步。多年的教训，使人们睁开了眼睛，洞悉了一切不可告人的政治手腕、权术的本义所在。

这是很使人振奋的一天，经过大难的考验，他们由于对社会人生的深刻体验，对我们的理解也就更加本质了。

1980 年 10 月 27 日夜

上午在家全力写《申诉书》，要把这个横加在头上的罪名弄清楚，最坏打算，争取把它存入档案，留待子孙后代研究、总结、平反。

敏为这事忙了整天，赶抄了两份，晚饭后带去耿兄处，请他审阅了一下，以昭郑重并使朋友们明白我的这段历史的真相，不为坏人所欺蒙。事实上，人们在饱经多年故事之余，都眼睛雪亮，对这种倚势玩弄权术、欺人压人的流氓战术，都是已了如指掌。

九时坐车归来。

1980 年 10 月 28 日夜

昨日中午小陈来，赠苹果数枚并在此午饭。下午去办公室，处理一些事务。

今日上午去办公室，敏在家抄《申诉书》。十二时归来，寄梅志信一封，航快寄出。

下午小顾来问"尾巴"事，昨夜王聿祥来也问及此事，大家都很关切。即说明真相，如果宪法不禁止大字报，倒应该在街道要巷贴这张大字报，呼吁正义和公道。小顾在此晚饭后别去。中文系同事袁越来访，他今天上午在办公室找我，约好晚间来访，他现教电影文学，拟先写一小说，再改编成电影，题材是写一"胡风分子"的事迹，大概想从我身上挖些材料，因此他问些监房思想情况，"文革"中挨打受气时的精神状态。我对他说：面向历史，面向人民。敏从旁说，相信党相信群众——这就是我们处在一切逆境中的总思想根子，永不动摇。

附录：

申诉书

党中央承担责任，毅然宣布为所谓"胡风反革命集团"这一错案平反，这一英明决定，再次地说明了中央认真纠正历史遗留问题的决心与努力，显示了党的实事求是的优良传统的恢复和发扬，进一步恢复了党在人民群众中的光辉形象，有利于推动我国现代化的事业的胜利前进。我这个被以所谓"胡风反革命集团骨干分子"定罪判刑的人，多年的沉冤终于能得到昭雪平反，对中央的这一英明措施，我表示衷心的感激！

在公检法关于此案的《复查报告》中，对我一九四四年那些历史活动情况的结论，我认为写得过于简略，它只是抽取了事实的一个片断，就作为我这段历史活动的全过程下了结论，这就把事实简单化和片面化了。这一点，我觉得十分遗憾，因为它掩盖了历史的真相。为此，特提出申诉，要求中央予以审查澄清！

我在一九四四年末，由济南探亲返回，途经徐州，当时的汪伪淮海省长郝鹏举住在这里，他是我在抗战初期国民党办的留日学生训练班的总队长。他是冯玉祥旧部，曾被冯玉祥送至苏联学军，在投靠汪伪当汉奸前，曾被国民党关押过，出狱后走投无路才投靠了汪伪的。他当时在徐州拥兵自卫，独占一方。由于这种封建的师生关系和我当时对他的这种理解，在我途经徐州时才顺路看望他，他给我以伪淮海省政府参议名义，作为他的宾客，这是一九四四年底的事。

我在徐州住下来后，经过了解才知道郝在这里一直配合国民党反动派军队和日本侵略军围攻八路军，当时日本侵略军已日暮途穷，他显然把自己的前途寄托在依靠美帝的国民党身上。为此，我以学生身份给他写了《兴淮十策》的长信，信中分析当前形势说："中原逐鹿，不知鹿死谁手"，我劝他不要"轻举妄动"轻易出兵，应保持中立，看机行事。同时劝他修理内政，薄赋省刑，不要过于苛待百姓。但他对我的一再劝告和建议置若罔闻，依然我行我素如故。一九四五年初夏，郝的财政所长关某，把我找去说，郝下令撤去我的参议身份，要我即时离开徐州。郝的日文秘书刘某（台湾人）对我说："你如果不走，会叫警察捉你。"翌日我果然被日伪徐州警察局特高科便衣警察逮捕关押，直至同年八月十五日日本投降后，我始出狱。这就是我和郝关系的始末和内容。

日本投降后，郝鹏举被国民党任命为新编第六路军总司令，旋即被调出徐州，充当国民党"剿共军"的马前卒。同年底郝又在前线率部起义，归附人民。这时郝的第二师长张受图（原国民党留日学生训练班中队长，也算个留日训练班的师生关系），突然来找我，说是郝已"投靠八路"，他没有跟上去，国民党徐州指挥所主任顾祝同要他负责收编郝的旧部，恢复建制，由他取代郝的职位。他说，他和顾祝同素无关系，他行伍出身被郝一手提拔，由当士兵到少将师长，如果他出面收编郝的旧部，取代郝的职位，这与道义不合，也对不起郝鹏举。他因心中举棋不定，所以找我拿个主意，因为我们都算是郝的学生云云。这是一个思想反动的旧军人。我问他还有什么打算，他说，他在军队上混了一辈子，也把人生看透了，他有个表弟孟某在南京开设面粉厂，他打算前去投靠他，那里生活不成问题，他从此吃斋念佛，不问外事，了此一生算了。我说："郝对你有大恩，不能对不起他，顾祝同和你素无瓜葛，现在不过利用你把郝的流散的旧部官兵收集起来，这是个前途莫测的事，还是去南京住在亲戚那里吃斋念佛打坐算了。你如果不顾道义，只图眼前，跟上顾祝同干，他用过你后一脚踢开，那就两不讨好，你将来怎么有脸见郝老总？"他接受我的意见，脱下军装换上我们夫妇给他张罗的中式便衣。那时我经营一个贸易公司，我就用这个贸易公司名义，给他开了一个证明，称他为我的伙友，前去南京办货，把他打扮成商人，送他上火车去了南京，他一再感谢我们对他的帮助。当时我的用意是阻止他为顾祝同效劳，使那些不愿跟郝鹏举起义的原郝部官兵，群龙无首，从此星散，击破国民党反动派企图利用张受图重新组织军队，加强反动派军事力量的阴谋。他是一个思想反动、头脑简单的旧军人，我只能用所谓"江湖义气"去说服他使他不再继续为非作恶，也是对他的一种帮助。对人民事业也是有利的。这是我和郝鹏举关系的又一个内容。

　　一九四六年春末，我因在徐州不能立足，来到上海，积极地参加当时的民主文化运动。

　　同年秋冬时期，被新四军收编的郝鹏举，反动本质不改，又为国民党的高官厚禄收买，率部背叛了人民，重又投向国民党反动派。当时，国民党反动派把他的叛卖人民的罪行当作一个正面典型，在反动报纸上大肆吹捧赞扬，为此，我用王思嘉笔名写了二篇文章，由胡风介绍，在上海进步报纸《文汇报》和《联合晚报》发表（记得《联合晚报》的那篇，被编者冯宾符题为《谜的人物郝鹏举》连载二天），揭发了郝鹏举的老底，反击了反动报纸的反动宣传。

　　这是我和郝鹏举关系的最后结束。

　　我的全部历史生活情况，包括我和郝鹏举的关系这一部分，解放后，由一九五一年底在华东革大政治研究院学习，一九五二年夏在震旦大学参加思想改造，以迄一九五五年五月因所谓"胡风反革命集团"案被上海公安局逮捕审讯期间，都做了实事求是的交代（记得关于一九四六年初送张受图去南京和一九四七年在上海进步报纸用王思嘉笔名写文章评论郝鹏举背叛人民这二件历史事实是在一九五五年被捕后交代的，当时审讯员同志说他们都做了核实）。一九六六年三月底即"文化大革命"前夕，我被上海中级人民法院以"胡风反革命集团骨干分子"定罪，判处有期徒刑十二年后，法院审讯员同志（姓名不悉，跛脚，男性；另有一女同志相随，两人当时都是三十多岁）用吉普车送我回复旦大学途中，车行至北四川路底时，这位审讯员同志打破车中难堪的沉默，对我说："你在徐州的那一段，也是为了革命啊！"我虽然被关押十一年又判处徒刑十二年，但听到法院同志的这句话，感到很大的安慰和温暖，认为党和人民对我还是理解的，当时对我的经过法律形式判处是出于日益险恶的政治形势。

中央这次为二十五年前的这宗错案平反，我内心十分激动和感谢，同时，我对《复查报告》中的关于我那段历史情况的结论，提出如上的申诉，要求中央予以复查和澄清！

贾植芳

1980 年 10 月 28 日

1980 年 10 月 30 日夜

全日在家。上午写了两封公事信，一封致文研所徐迺翔，一封致江苏出版社汤淑敏。

下午施昌东来坐。晚唐金海、陈思和来。

接北京人大张慧珠同志来信，附徐迺翔介绍信。她是研究巴金的，希望能提供一些有关资料。晚给她写了一封长信，介绍巴金。

1980 年 10 月 31 日夜

上午去办公室，收到赵博源及周建来信，发了昨天写的三封信。

中文系今天下午传达中央文件（党员）。

晚，施昌东来，十二时辞去。

1980 年 11 月 1 日夜

上午史华①妻来，有二十多年不见了。他们被迫离婚，是在一九六四年；一九六六年三月下旬史华被放回来，睹物伤情，自缢而亡。她抚养史

---

① 许史华，泥土社老板，一九五五年同案犯。

华两个孩子长大，她自己也已经很憔悴了。我们看到她几乎不认识了。她在此午饭后，和任敏一起去看老耿，敏并同时发出致中纪委信。

上午唐金海来，送来王戎信，内附稿子一篇。下午小李①来，修改他们写的文稿，他送来他的表弟——一个初中生在此借睡。

史华也被定为"一般分子"，今年五月也得到平反，他已死了十五年了。

1980 年 11 月 2 日夜

今天星期天，刮风。早饭后，小刘带孩子来，送来电影票二张，赠小孩藕粉一盒。

十一时观印度电影《大篷车》，是一个艺术品，演员极佳，它把生活中不见得有的事演成生活中有的事，没有矫揉造作，没有装腔作势，没有教义陈述，更没有豪言壮语，它写的是人，从人身言行写出善恶，写出是非——劳动者的高贵品质和资产者的恶行无耻。这就是印度生活的本身，人类有创造和希望，就因为人有人的本质，也说明，人类社会的阶级性是人自己的异化，如果阶级消灭了，人就还原为人，人性就会得到更完善的发展。影片的结尾是：男主角不愿过富翁的豪华生活，却愿意跟上车队继续流浪，女主角在和这些人度过一段快乐又穷困的生活后，宁愿舍弃到手的财富，重又回到车队中——这就给人希望、力量，觉得人类前途是光明的。

下午老刘和老景来。老景坐片刻，说是已约好陪孙女看电影告辞走了；老刘留下吃晚饭，把《申诉书》也送他一份，因为我还有一个留日同学的小社会，要肃清流毒。

晚，给曹进行写一信。

1980 年 11 月 3 日夜

全日在家，收到四川大学伍加仑信，斯民信，并附来冀汸信，找绿原诗集《集合》。

读王戎兄论阿 Q 稿三篇。他论到《狂人日记》，认为这是一个旧民主主义者形象，他是背叛者——由发狂到去考候补道台。我却认为，这是作者对

---

① 小李即李辉。

万恶的封建社会的咒骂——在这个摆满吃人宴席的非正义的黑暗社会，头脑清醒的人必然要发狂，要呼喊，要战斗，而当他麻木不仁，或者认识到这种清醒对自己的利益和生命发生危害时，就是说，在他权且将这样的社会看成不可动摇的东西，对人民和历史的力量，也是对自己的力量失去信心时，那个社会必然会给他以奖励。他也就心安理得地参加吃人的宴席去了。作者愤慨于当代人的麻木和自私，所以用全生命的力量喊出"救救孩子"——希望下一代推翻这个吃人的宴席，从这个黑屋子里走出来。作者对中国人民的前途是充满了信心的，也是对当时的假革命或借革命以营私的蛀虫的有力的揭露和鞭打。它向那些改良主义者给以抗议。

1980 年 11 月 4 日夜

上午去办公室，接出版局来电话，敏的户口公安局已在办理，只等青海来了退休证就可以了云。

午睡后，史华未亡人小张偕其长女来，赠我们蘑菇一碗，商量为史华办平反善后事。晚饭后，散步至乐嗣炳先生家，闲坐。归来后，施昌东、潘富恩来坐，施说，民主党派开座谈会时，高教局负责人邹剑秋曾提及我的资料工作，赞扬了一番，还回过头问施昌东云。

寄王戎信一封，约他来。

1980 年 11 月 5 日夜

上午在办公室，汾阳来客两人，系工厂采购员、敏的邻居，在家午饭。晚介绍他们住校招待所。

下午安徽《艺谭》编辑王建新夫妇来访。在家晚饭。

1980 年 11 月 10 日夜

数日未写日记。昨天礼拜天，下午和敏带了一篓水果去东照里看史华家。他们合家都在，我也有二十多年未来过了。史华六六年放出未一周即自缢而死。他的妻子迫于无奈于一九六四年重又结婚，对象是个军医段姓，昨天他用酒招待我们——这是个实在人，他说为了和小张结婚，他多年也受影响，升级加薪都轮不到他，"文化大革命"中又多次抄家，并被送到"五七干校"二年多。史华生的两个孩子改姓母姓，也都大了，在做工人。我们在他们一家的热情欢送下离开，小张一直送出我们到街上。

晚，施昌东来，坐至十二时许离去。上午小姚来，带去代借的丁玲资料，和敏去学校看了香港影片《马陵道》。

今天一早，敏去出版局公干，前日约好王戎一块儿去。她中午回来，又给化隆文教局写了一封信，航挂寄出。

过午去办公室，收到赵博源信、小顾大儿子信。

晚，同学陈思和、李辉来坐。昨夜着了凉，背痛；敏也患了感冒。

1980 年 11 月 11 日夜

马克思说："历史的机缘，会使微不足道的小丑成了主宰世界的英雄。"这句话，可以用在某些人的墓志铭上。

下午和敏去医务室看病，花了七分钱。晚乐秀拔同学来，他很关心我被封为"汉奸"的事。谭启泰来，近十时辞去。

1980 年 11 月 12 日夜

上午赵博源同学来，在此午饭，并由敏约来施昌东同食。

范伯群来信，并附寄他写的《试论鸳鸯蝴蝶派》文。桂英寄来邮包，是给我做的棉鞋。午后，和敏一块儿去五角场邮局取回邮包，内附家乡枣一包、辣椒粉一包和桂英信。

晚大风，冷。施昌东来，他午后去文艺出版社讲学，带回来孔明珠信。坐至十一时辞去。

1980 年 11 月 13 日夜

上午到系里，收到炳中信、新文艺（社）沈仍福信、王戎信及稿一件、刘北天信、阜阳师院建平信及寄赠的《鲁迅诗歌研究》一套二册。寄孔明珠信及她父亲的文集《庸园集》一册，她昨日来信云，三联书店愿重印本书。

过午新闻系研究生江君及小谭来，他们抄录了一些有关"图腾崇拜"的资料。

晚，观电视《徐秋影案件》，五十年代片也，写五一年"镇反"事，当时正是举国向上、热气沸腾的好时代，一派兴旺景象。

1980 年 11 月 14 日

上午，陈思和来送稿，在此午饭。下午三时外出，五时多到炳中处，满子后来，在此喝酒、吃饭。

看梅志信，原来当局安在胡风头上的所谓一九二八——一九二九年的罪过，都是虚假的：他们列举的所谓写《反共宣传大纲》一事，本来是陶希圣写的，胡已多次声明，他们硬是不睬，我行我素，从主观利益出发，照写不误，这些人本性不改，不能接受历史教训，深可叹也。他们看到我的《申诉书》，觉得真相大白，对于当局者的面目，加深了认识，也算好事。梅志随信寄来风兄近照一幅，原来就是满子从京带回来的那张。信中说，是由海婴[①]加印的。

九时归来，看电视黄梅剧《罗帕记》。

1980 年 11 月 15 日夜

上午去办公室，收到文研所印件一，附有徐迺翔的信。中午又收到文研所印件一。收赵博源信并附稿短文三则。

写上图萧斌如短信一封，托小周下午带去。

小张偕小儿子来，在此午饭。下午小李来，谈译事。晚给梅志及徐文玉等写好信，改好《申诉书》，并拟好给胡耀邦信。

1980 年 11 月 16 日夜

今天星期天。下午陈秀珠、张德林来，他们都是五五年学生，也是被株连者，坐至四时许辞去。

老苏下午来，送电影票二张。晚饭后，与敏坐车至延安西路儿童剧院观《蓝色档案》，系试片。

1980 年 11 月 17 日夜

上午去办公室，为山口君[②]讲巴金。得江苏人民出版社汤淑敏信。下

---

① 周海婴，鲁迅先生的儿子。

② 即山口守，东京日本大学教授。他是当时复旦外文系请来的日本专家，教授日语和日本文学，但他的专业是研究中国现代文学。

午，访唐金海，他得脚病休息在家，在此晚饭。晚苏兴良来，谈创造社事，为文研所负责主编的《创造社资料》整理意见。

1980年11月18日夜

全日在家。下午小顾来，在此晚饭。他带来本月份《诗刊》，其中有张公诗三首，已故阿垅兄诗一首，他们的诗前，转载了一篇毛锜写的《司马祠漫想》，像是前两首诗的序文或引言。诗极好，编者转载于此，确有眼光。晚，写致胡耀邦信。敏上午又重抄了经过修改的《申诉书》。小顾说，炳中的大儿子从江西来信说，他看了文件，"除贾伯伯投奔汉奸"外，都没事了。各方亲友都关怀此事，非常感谢。

1980年11月20日夜

昨天上午去系内，文艺出版社沈仍福同志来访，介绍他去教师阅览室查阅有关书刊，并将陈、李二生写的有关文生社①文章交给他审阅。发出致胡耀邦信，挂快寄。

今天下雨，未出门，连写信三封发出，致兰弟小舅子王某、桂英及卢康华。

晚，观电视，放映了审讯江林反革命集团的审讯现况。外报评云：这是中国解放以来的重大事件，全世界都在注目。从电视中看影片《今夜星光灿烂》，报上对此有争论。浪漫主义手法太多，有的情节不切实际，出于编造故事，故作惊人之笔耳。夜记。

又：得安徽《艺谭》编者王君信，彼已首途返合肥了。

1980年11月21日夜

今日去校。上午日人山口来，询巴金作品事。下午借来本期《花城》一本，读有关作品。晚，观审讯江林集团电视。

1980年11月22日夜

上午去系内，处理公务，又借了十五元，管钱的同志说"借过不少了

---

① 即文化生活出版社。

都没有还"——她不好意思说"不准再借了，这是规矩"。也许我是个老头子的关系，她才照借不误。

下午收到化隆文教科来信，他们已给敏恢复了工资级别——二十二级干部，并汇来五个月工资，叫"安排生活"，退休手续还顾不上办。

晚，昌东来坐。敏晚饭后去小魏处拿钱，和她一起跟来。

1980 年 11 月 23 日夜

中篇小说题目：《领骨灰盒的女人》《上坟去的男子》。

今天星期日，好天气。上午小卢如约来帮忙包饺子，这个姑娘手脚灵便、工作认真，从和面、剁馅……到下锅，都由她一手包办，煮下的饺子没一个破的，而且调味合适，大小相似——她工作不忘学习，带来半导体学德文。

饭后，午休一会儿，送她回外语学院，我们去访了罗平，三十多年前在国民党监狱中的难友也。他和我同庚，但显得衰老，他的妻子我几乎不认识了。他已退休多年，五七年被划为"右派"，"文化大革命"中判定为"叛徒"，等到这两顶帽子脱去后，他已须发皆白了。

下午小谢来还书，坐片刻辞去。

1980 年 11 月 24 日夜

上午在家校补巴金评论索引。中午小李送来信二：五角场银行取款通知，进行儿子曹川一信。另有冬生从太原发的电报一份。他今日动身来沪，二十多年不通音讯，却突然要来，恐怕也是听说"胡案"平反了，闻风而动了。

午饭后，去五角场银行取款，那个当发款员的青年姑娘，一边吃着瓜子工作，三百多元，她只给了三十多元，不是数过后，几乎吃了大亏了。青年人做事毫无责任感，对自己的错误，仍然无动于衷，实在可叹。

和敏从银行回来，又动身去四川路买钟表，在邮局遇罗平，他来此买杂志。钟未买到，天已黑了，在回教馆，各吃二两拌面，乘车回来。

晚，陈思和来。杂读买来的《新观察》。

1980 年 11 月 25 日夜

上午去办公室，收到永麟、博源及二哥信，永麟说本星期六来。

晚，冬生来，谈往事。

1980 年 11 月 26 日夜

上午去办公室，等文艺出版社沈君来，他大约有事没有来。山口君来，询巴事。去经济所查港报刊，读《七十年代》近各期。发出《闻捷专集》稿，并给福建人民出版社管权写信，同时发出。中饭约邻居小赵一起喝冬生带来的竹叶青。食毕，偕敏和冬生去找小陈，约好冬生晚上借他的床位睡觉，他慨然相允。

王先生来，她因家庭纠纷，仍是个流浪者，现寄寓师大友人家。

晚，唐金海夫妇来，新闻系谭启泰、江礼旸来，送来代洗的照片，印费八毛。老焦来。今日得南开大学教师焦尚志来信，询李大钊笔名。

1980 年 11 月 27 日夜

全日在家，天小雨。

收到朱碧莲信、炳中信、山东济宁王世敏二信及诗稿，华中师院打印的《整理国故·现代评论派资料目录》。

晚饭后，小陈来，承赠一九八一年日历一本，系复制唐寅画而成，颇精美，敏回赠以桃仁一包为谢。

观电视转播的审江青记录。

1980 年 11 月 28 日夜

上午去办公室，新文艺（社）沈仍福来访，老苏在场，备茶相待。安徽大学进修教师吕美生来，云，北京《新文学论丛》编辑杨桂欣昨日本想来看我，临时因事不果，要他向我致意。

午饭后，和敏进市区，去四马路购本期《新文学史料》一册，《小说月报》十一月号一册；在古籍书店，购《东谷赘言》《准斋杂说及其他四种》各一册，每册大洋一毛。

游行至炳中处，他尚未归来，在巷口小店吃馄饨及面，小憩；六时到他家，南越已归，炳中随即偕满子同来，他们两个喝酒去了。炳中从杭州开会回来，云，在杭碰到了倪海曙。倪说，他不相信那个文件对我的历史结论，认为那是地下党派去的。炳中说，胡裕树也来开会，主动地去访他，谈起文件，胡说，他也表示怀疑。满子说，王元化给他打电话，专论及此事，认为不是这么回事，要坚持弄清，说他衷心怀念我，想碰一回头。总之，人们对之持分析态度，不像过去那么整齐划一地盲信了。在此小饮，阅路翎信、鲁藜信，他们那里还无动静；炳中也说，杭州冀汸那里也未见落实。

今日得大哥信，他外出二个月，这个月才回到北京。他也说起这件留尾巴事，认为没有和本人核实过，彻底平反落实，不应如此，虽是枝节问题，也要注意云。

山东济宁王世敏来信附诗稿。

1980 年 11 月 29 日晚

上午老罗来，带酒一瓶，在此午餐，下午二时别去。中文系研究生陈某来，抄录《文学旬刊》文章资料。

寄沈剑英夫妇一信。

晚小唐夫妇来，带来福建人民出版社老管来信，《赵集》已在上月半发排了。

1980 年 11 月 30 日夜

今天礼拜天，天气晴朗。早饭后，偕敏去蒙自路看小周小孩。这条路属南市区，是个陋巷。我们进入他们家，他们夫妇正在忙于做菜，我们和小孩（六个月）玩了一会儿，菜已摆好一桌，我一个人喝了一碗半汾酒。饭后辞出，走淮海路，又绕道去文安坊看了张公故居，二十多年不来此处了。又绕到北天家，他们夫妇外出，少坐即辞出坐车归。

晚，小李来，他写的评曾卓诗文，已在《湖北日报》上刊出了。

1980 年 12 月 1 日夜

上午去图书馆查阅一九四七年《大公报》，下午继续查，找出曾卓的两篇散文，这事他托办了好长时间了。

晚饭后，去访问周宪生，系生物系教授，住在贫民窟内，和他同处住的还有原新闻系教授赵敏恒的夫人谢兰郁，现在文史馆安身，这些人都是幸存者。

1980 年 12 月 2 日夜

上午去大图继续查一九四七年《大公报》，发现了一篇评《人生赋》的文章，从文笔看，可能是炳中手笔。

下午收到朱碧莲、夏嘉杰二同学来信。

晚，速写回信：致青海化隆文教科，代敏写；致大哥，附《申诉书》一份；致范伯群；致曾卓。

1980 年 12 月 3 日夜

上午在大图，复制了曾卓两文和炳中写的评《人生赋》文，花洋八毛。文艺出版社沈同志来访，寻查有关戏剧资料。

过午后，和敏上街，在街口邮局发出致曾卓及赵博源信，曾信内寄去复制文二篇及张公全家福照片一幅。

在南京路花二元购得烧鸡一只，转至炳中处，顾征南已到，他上午曾来过，送来《韩非子集解》二册。织织、王戎来，在此晚餐，送炳中，他已购好飞机票，明午动身进京，托他给张公及路翎各带去汾酒一瓶。

1980 年 12 月 5 日夜

昨日上午去办公室，文艺出版社沈仍福同志来访。晚，与敏和冬生去五角场看《基督山伯爵》，演员甚佳，颇富于性格。

今日上午去系内，日本山口来访，谈林憾庐及《宇宙风》。山东大学史同志来访，并赠以《文史哲》五册，老陆说，此君山大毕业后，任华岗同志秘书，五五年肃反华岗被整，他亦被株连，直到华岗今年平反后，始抬起头来。

接出版局徐寿民同志信，任敏户口可即时迁进，不必等退休证了，说是这是和宣传部、公安局商量的结果，由出版局出具证明即可。当即将情况和系办公室老孙同志商量，他下午答复说，已和校保卫部联系，说是任敏户口迁入复旦可也。晚，给徐寿民同志写了回信，由敏具名。

下午，小卢来办公室相访，借书三册。敏下午和小卞进城，买了一个钟，并给小毛头买了一架三轮车。晚，在小卞丈人家看了会审江青的电视。施昌东来坐，十时离去。

小卞丈人家的黑狗被邻人偷去打死，被发觉后要了回来，晚饭时送来了一碗这个黑狗的肉。我下酒吃了几块，眼前老是晃着这狗的影子，我亲眼看到去年它被小毛头阿姨从长兴岛抱了回来，多次在小毛头外公家看到它和小毛头玩，小孩称它为"黑狮"，想到这些往事，我终于废箸不食。

1980 年 12 月 7 日夜

昨日上午到办公室。发大哥信一，南开大学焦尚志信一。晚在校看新电影《叛国者》，写"右派"之遭遇，尚可。

今日上午王戎、小顾来，在此午餐。下午东生别去，乘车去江西，在此住了十二天。傍晚，荣华偕二子来晚饭。偕敏去四川路看东德影片《阴谋与爱情》，席勒作品。

1980 年 12 月 9 日夜

昨日下午，偕敏去五角场入浴，盖自黄山洗过一次温泉后，已数月未洗身了。久不至此，已面目全非，街道上布满各式摊贩，席棚内开设了好些饭摊，只北方水饺，就有三个摊子，人们熙熙攘攘，一片杂乱，五花八门，五光十色。极"左"派把摊贩视为寇仇，称之为资本主义，弄得民不聊生，失业遍地，把社会主义架空了，实际上是一种反动空想，只能导致社会崩溃。实际上，做个摊贩，不过疗饥之术而已。晚，续读一本写"四人帮"时期的上海小说（已忘其名），文笔尚可，但那内容，类乎《于无声处》——老一辈革命者（父一代）是反帝反国民党的英雄，解放后是个清官（写的是司法工作者、司法战线），受"四人帮"打击诬陷，下一代（子辈）则是反"四人帮"英雄，所谓虎父无犬子也。在作家看来，"四人帮"之祸，是自天而降、没有根底的一场横祸。作者看来，"十七年"的司法战线是很讲法制的；破坏法制与民主的，自"四人帮"始。虽然作品中也写了主人公在五七年"反右"时，有过要求加强法制、制定法规的议论，差点被划为"右派"；但对于"十七年"来司法工作的实际，却缺少应有的认识和描写，这就是一个矛盾，也不符合历史实际。这样的作品，是缺乏历史的深度的，也说明作者对"文化大革命"中的林江之祸还没有真正的认识，或不敢正视它的惨痛教训。

今天上午去办公室。收到山口君的来信及日本出的《咿哑》杂志、《日本和中国评论茅盾专辑》，所收中国资料不够，但收的日本材料则颇丰富。近阅孙中田的新作《论茅盾的生活与创作》，其中附录部分（《茅盾年表及著译目录》），内容也较贫乏，作者视野不广，还不如日本东京都立大学松井博光的编目（《茅盾著译年表》）收得多些，看来，茅盾还大有可编之必要。

收到冬生自上饶来信、王世敏信及诗稿。晚，小唐夫妇来，带来山东大学研究生李万庆信及山东大学寄来之油印稿《中篇小说评论集》（中册）。

晚，校改小周编的《小说月报》目录，尚需大力加工也。

今日《人民日报》发表《列宁怎样领导文艺工作》（作者郑异凡）一文，文中说，"一九二二年《真理报》发表了无产阶级文化协会主席普列特涅夫的文章《在思想战线上》，此文引起一场论战，在接着发表的十来篇文章中，就有普列特涅夫的两篇反批评文章。在论战中各抒己见，展开充分的说理的批评和反批评。在批评无产阶级文化派的作者中间，在某些问题上也有不同的看法，他们也互相批评，互相补充。列宁对普列特涅夫的文章作了详细的批注，其中有很多精辟的论断，但他并没有把自己的论点强加于人，只是通过雅可夫列夫的文章表达了自己的看法。而雅可夫列夫的文章也没有简单地依靠列宁的权威来压服，而是利用大量的事实来论证自己的观点。对这场论争最后没有作什么总结，没有一篇总结性的文章，而是把总结让历史实践来作。事情很清楚，在当时众说纷纭的情况下，靠一篇文章作定论，统一大家的思想是办不到的。对一个错误观点的克服是要有一个过程的……"云云。我特地抄了这么一大段，也是借用"他山之石"的意思，回顾我们这三十年来的文艺论争所采取的手段和方法（不择手段），值得深思。

1980 年 12 月 10 日夜

上午到办公室，和小李校对《巴金年谱》。午饭后，和敏出门，我去参观在工人文化宫展出的"港澳图书展览"，多少有一些文史著作，又多半是国内旧书的翻印本。出门后，跟着在门口候我的敏走四马路，在一家

107

食品铺，花六分钱一支的价钱，买了两只常州麻糖，我们各吃一只，二十多年不吃此物了，嚼起来是有风味。路遇王聿祥，他也是去参观港澳图书展览的，他说，那个文件他们出版社还未传达。步行至北四川路，路过邮电俱乐部，门口广告说，正在上演港片《画皮》，买票两张。趑至一小街，各吃鸡鸭血汤一碗，合食锅贴三两。六时二十分电影开场，观至九时归。小李来，送来出版局信，谈敏的户口问题，要求我们去信从襄汾迁出后，再由他们具函向公安局报入，并要求在一两个礼拜内办好。敏来沪二年，户口总算有个眉目了。

1980 年 12 月 12 日晨

昨日早上，于敏同志来找，她说，我的公事昨天下午就来了，要我去组织部谈话。我到了组织部，监委严谨和王同志给我看了市委文件，我问他们要了一张纸，抄录如下：

中共上海市委员会（批复）

沪委（80）批字 261 号

关于撤销对贾植芳、费明君因"胡风反革命集团"问题判决的批复

市高级人民法院党组：

（80）沪高法机字第 42 号报告悉。市委同意报告的意见。撤销对贾植芳的原判，宣告无罪。撤销对费明君的原判，对其历史上的问题免于刑事处分。由原单位做好善后工作。

特此批复

中共上海市委员会

1980 年 12 月 8 日

这个市委文件，又不同于中央那个文件。我提出那个文件对我在历史上写的那些话，严谨说："那是中央文件写的，它只说你历史上的一个经历，并未说你是反革命。"她又说，"上海市委对你不是很好吗？"因此，他们认为，我为此向中央提出申诉，与现在这个文件无关，他们要我签字，我签了"对本文件同意"字样。但那个中央文件，他们并未拿出来给我看，只给我念了几句，那就是"胡风反革命集团"是由于当时混淆了两类矛盾，凡被定为"胡风分子"的一律改正，恢复名誉，判过刑的，由原判单位撤销，自文件之日起恢复原工资等语。他们给我一张纸，要我把需要消除影响的人写个名单交给他们，由他们办理。我提出要求发还被没收的书籍、文稿、信件、日记、照片的事，谈到五五年被抄家时弄得一贫如洗的情况，关于恢复工资问题，我向他们提出上海"胡风分子"由公安局平反后，由去年四月（我记错了，说成今年四月）补发事，请他们考虑和参考。他们说，主要是政治上的平反，国家经济困难，但答应向上反映。我也向他们说明了那个中央文件提到我的那段历史的主要情况，他们无语。

史华未亡人小张带小男孩来，带来一条鱼，中午在此午饭，下午别去。

晚小陈来坐，章培恒来，他现在负责系行政，显然系为公事来——我的工作安排问题，他希望我翻译些比较文学，既可出书换钱，又可培养这方面的人才。现在这些在搞的资料工作，也可以不再搞。谈起往事，他说去年他恢复党籍时，还有一条，就是问他是否和我还有往来，他说，没有，见面也不说话，才通过了，但还留有一条尾巴，这次才割掉了。他说，当时他被划为"一般分子"，所以才被开除党籍，如果是"影响分子"，那就可以保留党籍云云。

二十五年来的这个案件，总算在我身上落实了，一张纸头，八个字："撤销原判，宣告无罪。"

1980 年 12 月 13 日夜

昨日上午在教师阅览室，查看日本版百科全书（《万有百科大事典》），那上面也照抄当时流行或统治我国的对胡风的侮蔑之词，胡说什么，一九五五年胡和国民党特务关系才暴露了云云，实在是放屁。

下午随敏去四平路走了走，敏买了些毛线，准备替我结一件衣服，添点箱。

晚，访施昌东家，在此观电视，据施的家人说，在我们进门前已播过审江青情况，说江在廖沫沙揭发她的罪行时，竟然大叫"你放屁！"今天又听说，江青在法庭公然说"你们要叛、特、坏来这里讲话"，她仍然把革命者称为敌人。又听说，廖沫沙在法庭作证时说，他一九三三年在上海和江青同居过，一九五五年廖生病在医院时，江还来看望他，廖说"当时谈起一九三三年的事，你（指江青）还谈得津津有味"云。

今天上午在家给出版局徐寿民写了一信，谈敏户口事，当即发出。拟好了需要消除影响的亲友名单。

下午到办公室，扬州师院一进修教师来访，他系同学曾华鹏同事。收到寄赠的《清明》一册，《芳草》一册，内附曾卓来信。

中午李辉在此午饭。晚施昌东、乐秀拔来坐，因我们看八时电影《元帅之死》，一块儿出门相别。

本期《芳草》刊登了吴奚如文章《我所认识的胡风》和胡的旧诗二首。

1980 年 12 月 14 日夜

马思边草拳毛动，雕盼青云睡眼开。

——刘禹锡

上午敏去四川路购物，买回被面一条，套在前几天小卞代买的棉套上，这样家里又多了一份财产——被子。看转寄《艺谭》各稿，信还未写成。午睡醒来，和敏去五角场看法国影片《塔曼果》，在门口遇王戎来，相偕至五角场。他带来炳中在京中来信，据说，"胡案"将由新华社发稿，胡公以出席文联会方式照相上报（还可能见电视），京中八人，可望解决，贺敬之已和其中四人谈过话云。

《塔曼果》系梅里美小说改编，故事、演员绝佳，一个资产阶级作家能写出这么高度思想水平的作品，令人叹服。

晚，读《清明》新期小说《旧巷》，题材新颖、尖锐，文笔犀利，内容充实，它所提出的主题思想令人深思。被名为罗晓丹的这个旧知识分子的品格和遭遇，是一幅笔力劲硬的油画，涂满了历史和时代的色彩，而且五彩缤纷、线条分明。

1980 年 12 月 15 日夜

上午在办公室和老徐同志谈工作事，收范伯群、黄静安信，王戎外甥抗生自淮阴寄还的二册俄语文法和二本高尔基年刊。

午睡后，晓林自京来，带来大哥信及星嫂追悼会、墓地照片以及一些糖食，另有一包日本香烟。在此晚饭后，由敏送至汽车站，她系来上海出差，还得住些日子。

同学陈思和、李辉一块儿晚饭，他们带来的酒菜，坐至九时离去。

小李今天上午去上图，抄回曾卓旧文一篇。晚，写曾卓信，明日将随旧文一并发出。

1980 年 12 月 16 日

今日在家校阅小周写的《巴金年谱》，收出版局来信，敏的户口，经他们与公安局联系，还是非退休证拿到才能办理迁入手续，但答应在明年办理亦可。午饭后，和敏去五角场凭人民银行通知去取敏本月工资。晚施昌东、潘富恩来坐，约这个礼拜日在他家午饭。

1980 年 12 月 17 日夜

上午去办公室，山东大学史若平同志来访，谈成仿吾资料事。他说，他解放前坐过国民党南京特刑庭监狱，后去解放区，做记者，解放后，调山大，跟华岗工作。华是党内专家，也是解放后有数的大学校长，他了解知识分子，在学术上，从不倚仗权势把自己的意见强加于人，并且在运动中保护了不少老知识分子；五五年被捕，判刑十七年，七二年瘐死狱中，在狱室写了有关美学和逻辑学文章五六十万字。他自己五七年被划为"右派"，一晃二十年，现在才算解决。

下午睡醒后，王先生①来。于敏来，她来给我报喜，说是已问过公安局，我的工资，照上海例子，从去年四月份补起；至于家具，由校内折价供给一些。

傍晚，斯民来，谈比较文学事，吃了两个包子辞去。

山西大学寄给《赵树理研究资料》（二）一册。

邻居老黄晚间在此闲坐，他刚从兰州公差回来，说是兰州车站秩序很

---

① 王先生，复旦历史系教授陈守实夫人，中学教师。"文革"中陈先生被迫害致死，王先生随即被迫退休。王先生自五十年代起即与贾植芳夫妇有来往。

坏，众多复员军人在车站起哄，向火车投石块，有一次客车，被砸坏四十块玻璃。说他们去时坐的那次列车停站时，一个女同志如厕，厕所窗玻璃未关紧，留点空隙，许多军人围观，口吐脏言，实在不像话云云。又说，新疆乌鲁木齐至兰州火车，有一帮人不买票乘车，习以为常，没有人敢管，等等。

1980 年 12 月 18 日夜

上下午校订小李所译论巴金文。中午王戎、织织来，在此午餐后，与敏同去市内。傍晚，王聿祥来，带来酒、牛肉、花生在此晚饭，九时离去。

晚，代敏起草给青海化隆文教局、化隆法院及上海出版局信，明日发出。今天于敏同志路遇敏说，公安局一定要任敏最快地办户口手续，因为这是中央落实我的平反政策批准的，如果拖延时间过久，恐怕时机一过，就麻烦了云。

得何满子信，附来炳中京中来信，卢康华寄还《"美"的探索》一书和他的同事见赠的所译《聪明误》一本并附有来信。

1980 年 12 月 19 日夜

上午到办公室，查阅旧《小说月报》。午饭后，刘北天、景振球来；系内负责人胡裕树、陆士清来，谈到征求意见回现代组事。晓林来，在此晚饭后宿此。六时许去炳中处，他已自京归来，饮酒一杯，带回满子从美国买来的一本英文书。

今天上午于敏同志通知说，明天下午二时半约我去公安局听宣读结论，校内及系内也去人，有车子送去云。

1980 年 12 月 20 日夜

上午在家，和晓林闲谈。午后她和敏进市区购物，我在二时如约到汽车间，与监委王同志和系干部于敏同志一同乘车去四马路中级人民法院，在一个小间里，由法官（一个四十多岁的人，背微躬，表情很谨严，又似乎深沉，一看像是个老办案人员）宣读结论，另外一个青年书记官在旁。法官说，这个案子早就该办了，只是由于忙，在中央文件前他们才办妥。他说，他们的结论不受中央文件的约束。又说，六六年的判决，那是由于没有独立的司法审判，又是一个全国性的大案，他们做不得主。说完，他谈了新的判决书，说是我不服六六年的判决，提出申诉（事实上，我并未提出过申诉），由他们合庭审议，对本案进行审理，现查明：说我一九四〇年参加了国民党，一九四一年任国民党山西陕西新闻检查所中校副主任，一九四四年任汪伪淮海省府参议，一九四五年九月曾任过国民党国际问题研究所上校联络组长、分站主任等反动职务。这些都是事实，这些反动职务，贾在解放初就向组织上作了交代，以后未发现有隐瞒，不应再予以追究；当时判定为"胡风反革命集团"的骨干分子，与事实不符，予以否定。据此，特判决如下：

一、撤销本院（66）年度沪中刑（一）字第 25 号刑事判决。

二、宣布贾植芳无罪。

这个刑事判决书文号是（79）沪中刑申字第 608 号；发文日期是 1980 年 12 月 16 日。审判长是倪奕明，代理审判员是沈连清、徐俊洪，书记员是王卫国。收到文日期是 1980 年 12 月 20 日。

我对他们说，此案得到平反，表示感谢，但关于历史问题的记述，是现象不是实质，如一九四〇年参加国民党是在《扫荡报》工作时期，那是曹祥华同志叫去的，正如新检所一样，又不是我自己找的，这个历史责任我负不起，也不应由我来负。曹不是叫我去当反动派。徐州一段，那些职务是事实，但是如果日本不投降，我也出不了监狱。他说：你那时是进步分子。就是国际问题研究所，那也是你碰到一个人介绍，那个头子口头封你个官，你弄了几箱颜料交给他，又没作过共产党的情报，因此，既未给你定性，称为历史反革命，也没说你犯什么反革命罪行。他说，判决书上又不能都写上。我说，中央文件对每个人的历史都做了说明，只揪住我一个人。他说，他们不受中央文件约束，是自己的结论。同去的王同志对法官说，关于中央文件也应该找个合适的办法处理，法官同意。法官看我不快，说："贾植芳同志，你千万不要背包袱。"我说："我接受这个严重的历史教训。"我在签字上声明："要求领导对我的历史情况予以实质性的说明和澄清。"我也提出发还当时被当作罪证没收的我的著译、文稿、照片等项，他们答应去查。大约谈了近一点钟，算告一段落，我们一起辞去，法官和书记员送到门口，握手告别。我在门口和王同志、于同志分手，去外文书店溜了一圈，绕道至北京路乘车归来。

到家已六时许，敏尚未归来，一个人饮酒独酌，小唐夫妇送稿来，小张代我热好馒头，各饮酒一杯辞去。敏近九时才归来，晓林因明天有工作回招待所。

收到斯民信一封。

1980 年 12 月 21 日夜

今天礼拜天。早上王戎赶来，说昨天晚饭他们等了我好久，直至七时才动筷吃饭，九时才散去，大家等我不来，担心我出了什么事。他本来昨晚就要来，实在太晚了，今天早上才来。经过一场大难，大家的友谊反而更增进了，真是令人感泣。

小刘来送电影票，并送来一些豆制品票，她明天要去上图补查有关文研会丛书。

十一时，如约去施昌东处吃饭，同桌的有同学潘富恩和乐秀拔夫妇，章培恒因另有约会未到，实际上恐怕是为了避开是非和人言也。

饮酒过多，大睡。傍晚晓林来，任敏已去看电影，她回来后，才吃晚饭。

小唐夫妇来，赠辣椒一筒。

1980 年 12 月 22 日

上午去办公室，于敏同志送来补助费批条一张，补助五百元，下午和敏从五角场银行取回。这就是二十五年的灾难生活的补偿。

晓林下午回招待所学习。

收到安徽《艺谭》第二期一册及王建新同志附函，说是我那篇短文和介绍去的炳中等文，已排在明年第一期。收到陈鸣树同志一信，他称我为师辈，并附寄书目一张。

晚，谭启泰来。据称刘××——"文化革命"中因造反入党的一个女士，近半月人不见了。有一说她已跑到北京，和一个外国人搞爱情去了。由丧心病狂地害人到无耻地出卖自己——由肉体到灵魂，人已返祖为兽。

陈思和来，赠发表他散文的《散文》一册，天津出版。上午发给刘北天、牛汉各一信。

1980 年 12 月 23 日夜

全日在家，校改小李译文。天气大冷，只好把火炉移到房内取暖。

下午小周送来洗澡费十二元及代买的广柑四斤。晚小张同志来，代乐先生送来东北苹果七只，敏以大哥所赠的日本饮料回赠。小李来坐，十时辞去。

上午给汾阳二哥写一信，和敏写给桂英的一块儿寄去。

1980 年 12 月 24 日夜

在家校对小李译文。收到江苏人民出版社《巴金专集》第一本初校稿及责任编者老汤来信、师大寄来的《第一次文代会资料》打印稿、冬生从汾阳的来信。

午饭后，偕敏去四平路，为侄女购围巾一条。

晚，小李来，为他讲巴文译稿。教师小李来，为她讲巴金年谱有关事项。今日天气依然寒冷。

1980 年 12 月 26 日夜

昨天未写日记，忙于校李译文。

昨今天气大冷。接到小姑信，寄去二十元，并一信。接到王聿祥信及赠送的青海刊物《雪莲》一册，那上面有他的一篇近作。

晚饭与老陆夫妇、小唐夫妇合请福建人民出版社管权夫妇，设席中灶楼上。

早上，史华未亡人小张及儿子来，坐至十时离去。

昨前两日《光明日报》刊出炳中论真实文及《人民日报》转登的王元化论阶级局限性文，都是为一九五五年的理论批判说话的文章。三十多年的惨痛教训，使人们不能不睁开眼睛，正视历史，正视历史是为了现在和将来。

1980 年 12 月 27 日夜

天气依然大冷。整日未出门一步，昨夜修改李生译文至三时始寝。上午顾征南来，李生在此抄文，共吃午饭。午睡后，小唐来，整理《巴集》

115

第二卷稿，与李生在此晚饭后完工始去。晚，看李生抄稿。浙江出版社寄赠山水画年历一本，敏转赠唐老师夫妇。北京鲁研室寄赠《鲁迅研究动态》第六期，本期刊登了胡公为《文学家辞典》所写的简传及对冯雪峰唁电修改文。

1980 年 12 月 30 日夜

两天未记。无啥大事。今日整日在办公室，弄好《巴集》卷二发出，又接到福建寄来的《赵集》校稿。

收炳中信，张公因病况有所好转，可以走路和看书了，但还不能写字。

下午晓林来，她给我们买了一只小收音机。

1980 年 12 月 31 日夜

上午偕敏和晓林逛城隍庙，游了豫园。中午排队吃南翔馒头，三个人只占到两个座位，我只好站在窗口吃，又在湖心亭喝茶小憩。在街上游逛了许久，四时到家。接到工人出版社寄赠的《赵树理文集》三卷。早上一九五六年同学邓明以来，见赠她所编的《陈望道语文论集》一册，她写好《陈望道传记》稿约四五万字，带来要我校阅一遍。

傍晚，施昌东、乐秀拔二同学来漫谈。五时许，小唐女儿来约去她家吃晚饭，他们始别去。

晚，我家三人去小唐家晚饭，他们弄了不少菜。饭后，看电视。

早，托小李发给陈公正、汤淑敏公事信各一封。

一九八一年

1981 年 1 月 1 日夜

今日过年。中午在老苏家午饭，同席近十人。下午大睡。晚施昌东、焦万顺来坐，十一时许别去。

1981 年 1 月 2 日

晓林吃过早饭后去工厂上班。张禹、顾征南来，在此午饭。北京一女同志杨某来访，她系兰弟近邻，带来弟媳妇托带的花生一袋。她谈了一些她们的生活和近况。

收到伍隼信，他们愿意重印《契诃夫手记》；李平信，并惠寄年历一张，《艺谭》第三期一本；顾征南儿子自包头来信及二哥和桂英信。

傍晚，小唐来，带来南京出版社老汤来信，信末云："贾先生大难不死，必有后福，祝贾先生和任敏同志欢度个幸福的晚年！"云云。

1981 年 1 月 3 日夜

今天大寒，看了两部电影，一是日本片《啊，野麦岭》，一是国产片《巴山夜雨》。这后一片的结尾——诗人父女被从航船上半路放走以后，却闲情逸致地在野地采蒲公英的镜头，实在太离题了，和那两个"造反派"

押解人员都大彻大悟一样，都只能起到麻痹作用，把复杂的现实理想化了。再说，这个主人公诗人，他在人民苦难的日子里，却过着花一般爱情的优裕生活，但又被"中央首长"点名称为"要犯"，也莫名其妙。作者的思想境界实在太低级，也太庸俗了。

代邓同学校《陈望道传记》，进展不快。

下午刘北天来坐，吃过晚饭后别去。写信四封：致炳中、斯民、黄静安和卢康华。

1981年1月4日夜

今天星期天，午饭后，偕敏去看顾征南的孙女，她最近头撞坏了。在他家晚饭后，一起赴炳中家，看到梅志、绿原、冀汸诸兄来信，并遇到王戎、叶孝慎诸人。小叶为《萌芽》编辑，赠我创刊号一册。炳中云，王元化星期五约我在文艺会堂吃饭，由他和何兄作陪。

九时归来，晓林已在家，施昌东在候，谈至近十一时辞去。

1981年1月5日夜

天阴。晓林昨晚宿此。午饭间，小刘送来五四年日本同学今富正巳的贺年片信和照片一幅，他还没有忘记我们，感情可感。据悉，他现任东洋大学教授。

下午敏偕晓林去市内购物，稍睡后去办公室，领来工资，已恢复了五十年代被捕时数目。上午发济宁王世敏一信。

1981年1月6日夜

阴，有小雨。上午去办公室，山口来访，赠书二册，借书一本。托小李去外文系借来英文本《文学的风格》一书。补写了《赵集》著作目次。

下午睡觉后，读《上海文学》作品。晚，校改《陈望道传记》。

1981年1月7日夜

上午去办公室，接到四川大学吴必岑及上海文艺出版社沈仍福信：山东大学史同志留函及所赠《刘白羽专集》一册。赵博源来此查资料，中午相偕到家午饭。他说，接到今富正巳从日本来信，说是在京都见到蒋孔阳，听到了我们这些年的遭遇，他简直不信人间有此等事，令人发指。并说，今富多次提笔要给我写信，却颓然搁笔，不知从何写起。

晚，应约在乐秀拔同学家晚饭，他买了些羊肉，晓林随后赶来，吃过晚饭后看了一会儿电视。晚，给大哥写信，由晓林明天带回。

1981 年 1 月 8 日夜

全日在家。上午吃水饺，为晓林送行，饭毕，敏送晓林去上海站。傍晚，陈思和来，陈建权来，共吃晚饭。小唐来。

夜校《陈望道传记》至十二时。

1981 年 1 月 9 日夜

上午，校稿至十时始去系内，接到吉林大学李凤吾来信。

下午偕敏到《辞海》编辑部，何兄已在候，坐车至静安寺，天雨，买伞一柄，步行至文艺会堂，王元化如约来，他显得老了，承他赏饭，在座除我们夫妇、炳中、满子外，有王百秋、叶孝慎。食毕，在《萌芽》编辑部小坐后出门，我们到炳中处转了一下，西海已归来。

元化情绪很激动，谈他多年遭遇，意在洗刷自己，但也有不少由衷之言。他比我小六岁，但已有些老态了。

1981 年 1 月 10 日夜

上午在教师阅览室查书。午饭后，施昌东来坐，后乐秀拔亦来，四时别去。五时偕敏去校内看电影《生死牌》，香港出品。吕平带来青海师院一教师王绍来访，他系山西万荣人，在上海师大出差，住那里招待所，与费明君妻儿共住一处，费妻托他带信给我。

晚校完《陈望道传记》。

1981 年 1 月 10 日夜补记

又，上午去财务科领来工资补差（从一九七九年四月——一九八〇年十二月）一千五百三十五元余，那通知上说：中文系贾植芳恢复教授职称，自一九七九年四月起，恢复原工资一百六十五元一角一分云。

1981 年 1 月 12 日夜

昨日礼拜天，整天在家。下午观香港电影《王老虎抢亲》。青海师院一王姓教师来访，他系由吕平陪来，他现在华师大出差，与费明君妻子同住华东师大招待所，特来替费家母子问我情况，此君系山西万荣人。

今天上午邓明以来，把托我看的《陈望道传记》并修改意见交给他。赵博源来坐片刻即去。午饭，小卞在此共食。

过午后和敏去五角场银行取款，回来又存入国权路银行。

黄君来，费家母子来，吃过晚饭后别去。晚，校《赵集》至十二时始寝。

1981 年 1 月 13 日

上午到办公室。收到济宁王世敏、小姑、红梅、史承钧、张兴渠（震旦学生）诸人来信。

全力校《赵集》；晚，小谭来坐。下午剃头，晚校订《赵集》工作至午夜。

1981 年 1 月 15 日夜

昨日下午偕敏去五角场银行领取青海汇来的她的本月份工资。

今日大冷。上午去办公室。《巴集》校订工作，由于自己的疏忽，又得返工——主要是书名号，由竖排的旧杂志，单行本要都改成横排所要求的符号。以此，贴补修改至夜二时。

接到南京师院通知，邀我去南京开中国现代文学资料会议，十七日报到；接到社科院文学所现代组公函，聘我为《中国现代文学研究资料丛书》编委。

上午小顾来坐，饭后辞去。傍晚乐秀拔来坐。上午领来本季度奖金十八元。

1981 年 1 月 16 日夜

上午在家工作，下午去学校听传达中央文件，小平同志讲话。收到上图萧斌如信，系小李带回的。陈思和来，在此晚饭。饭后，去乐先生家闲坐，又去看濮之珍，她近日将赴日讲学，托她给今富正巳带去一信、汾酒二瓶、相片二张、敏手制纸花二枚。

1981 年 1 月 17 日夜

今天是敏的生日，昨日请她买了一只生日蛋糕，今晨作为早餐并分送诸友邻。下午小睡后，我们偕小卞夫妇、小孩去南京路聚餐。原来目的地是梅龙镇，小卞先到，说早已客满，他走了几家大饭店，都宣告客满，最后步行至"又一村"，在此等候了好久，才吃到饭。无意间选择了这个地方，倒很有意思，古云："山重水复疑无路，柳暗花明又一村。"我们的处境和现状，倒是与这个店名吻合了。吃这顿饭，花了二十元，就是补来的钱，我们的命运到此可说是又一新的转折点，正所谓"又一村"也。

寄陈宋惠信，收炳中信。

1981 年 1 月 18 日夜

今天礼拜天，未出门，天气也暖和些。上午烟台师专韩老师（忘其名）来访，他在为文研所的丛书编写熊佛西、陈大悲这两个早期戏剧家的资料，是来向我"请教"的。我和他是去年九月在黄山相会，夜间一块儿在我的房间喝过酒，他来时已十时许，留他吃了午饭。

午睡至四时许老焦来访，在此晚饭，苏兴良又来了，谈些公事。晚八时，偕敏去施昌东家，送给他一些灵芝草和人参，同看了电视《追捕》才回来。校改《巴集》校样至深夜始毕。

1981 年 1 月 19 日夜

上午上图邵华同志来，询《郭沫若研究资料》编务，并承赠她们编的《郭沫若著译书目》一本。中午，约她在中灶楼上吃便饭，小周、小李作陪。饭毕，来家饮茶，二时别去，由小李送她上车站。

晚饭后，乐秀拔同学来坐；王聿祥来坐；王坐至十一时许离去。

下午二时，办公室的老于同志陪我们去第二宿舍看房子，是新盖的，共两间，邻居都是些多子女的职工，住在这里安全有虑，为此，已婉言向于同志谢绝。收到唐金海自南京来信、沈剑英来信及家乡一素不相识的张某来信。

1981 年 1 月 20 日夜

上午，给在南京公出的小唐和江苏人民出版社都写了长长的公事信，并最后整理好《巴集》卷一的清样，下午去系内分别发出。

上午曹进行来，在此午饭，他去北京跑了一趟，住了一个时期。下午史华未亡人带一子一女来，并带来些吃食，四时许离去。

收到见赠的《芳草》本月号一本，刊有《胡风同志访问记》一文，写得尚好，文旁附有近照，即京中所寄来者。另外刊登了他二首诗。

1981 年 1 月 21 日夜

阴雨，今天未出门。下午三时沈剑英夫妇如约而来，沈归自香港，谈及香港的文化和教育，并赠我三五牌香烟一包，晚饭后离去。

收到卢康华信。

夜校《赵集》至二时始寝。

1981 年 1 月 22 日夜

全日校《赵集》，夜晚完工，给责任编辑陈公正写成公事信，明日和校样一块儿发出。

晚，去看小唐，他自宁开会回来，谈了公事，蒙以酒和羊肉相待，并赠我们南京玫瑰花生米一斤。

收到梅志信、顾征南信。梅志已搬入新房，张公不久亦可出院回家，北京诸人分文未得，她说，还是上海办得好些。

1981 年 1 月 23 日夜

昨夜工作至四时。今天起床迟了，到办公室时已近十一时，寄出《赵集》校样及致陈公正公事信。

午睡后去听报告，人太挤无隙可坐，退至现代组，旋又在门口遇上施昌东，同至办公室，参加了春节联欢会。

晚饭后，施昌东夫妇、潘富恩来，稍坐后相偕去看《天云山传奇》，甚佳。

1981 年 1 月 24 日夜

天阴，傍晚以后雨。上午写了一堆信：给曾卓、文振庭、炳中、李平；晚上又接着写了两封，致张兴渠（震旦毕业生）、史承钧（上海师院）。

中午，小李、卢倩在此午餐。下午去阅览室查资料。晚，为填写《社会科学专门人才登记表》和《教师登记表》打底子，前表要填六份，后表要填二张，将请敏代为抄写。

1981 年 1 月 25 日夜

今天星期天，天阴，晚，雪。

上午卢倩、西海来，在此午饭。傍晚，乐秀拔来，赠烟缸一只，并约去他家看今晚电视——报上说，今天公判林、江集团。

晚上在乐家看了公判电视，又看了一个转播的话剧《今夜静悄悄》，叙平反冤枉事，作品这点鼓舞人心：希望在下一代，他们觉醒了，行动了。

十一时许，离乐家返舍，雪已静静地落着，我们走在覆了薄雪的马路上，真是风雪夜归人啊。

1981 年 1 月 26 日夜

昨晚大雪，今阴。整日读《长城》上的小说《商鼎》，写"文化大革命"，还未读完。接牛汉信、冬生信及寄来的《山西青年》一册，那上面有一篇《胡风先生访问记》，仍是官方口吻写的，但也补充了一些事实真相。晚，施昌东来坐。

1981 年 1 月 27 日夜

天晴，上午去办公室，接到晓林信，她说，大哥已经把我的那个有关历史问题和周扬谈过了，还准备向中央反映，向更高一级反映。冬生来信及寄来土产。

中午，师院史君为老舍作品事来访。傍晚，五五年同学陈宋惠来，带来些吃食，在此晚饭。唐金海亦恰巧来谈公事，就一块儿吃饭。饭后与陈宋惠和敏去西藏路看了一场滑稽戏，戏名大约是《出租的妻子》一类，讽刺小市民社会之作也，观毕到家，已十一点钟。

1981 年 1 月 28 日夜

上午小顾来，赠湖南酒二瓶，系他回沪的第二个孩子送我们的。苏兴良来，带来教研组借给教师备用的一批书。小顾午饭后别去。傍晚，小李介绍一个张某青年来，他在药房工作，爱写作，过去给他看过一些稿子，今日特来相访。小李将回家探亲，赠她糖果一盒。

下午中文系管组织的同志来，催索应填之表格，敏为此赶抄写至深夜，热心可感。

1981 年 1 月 29 日夜

今日大雪，学校已开始放寒假。上午到办公室，领回本月工资。中午沈元山来，谈他所编的《外国散文选》编辑方针及内容，给他开了些书目而去。

今早中文系管组织工作的同志（忘其名）来，拿去填好的《社会科学专门人才登记表》及《复旦大学教师登记表》。前者六份，后者二份，据说学校催报得很紧，敏为此昨夜抄到一时，今天一早起来又趴在桌上抄好，真是大大地辛苦了。

下午小谭来，谈某女士，此君在打倒"四人帮"后，自称是我的干女儿，本系造反起家，现在却结交外国男子，想外出，甚至在家中留宿外人，又不请假去京津一带相会，为此系内正要她检查，真是太不像话了。这也是这个时代的一出社会悲剧，青年人由激进到幻灭以至堕落，由追求政治地位到追求物欲享受。

晚，为北京中国语言学院写好《作家传》。接到来信已好久，一直搁着，现在才匆匆写成，有千余字，预备请敏重抄后发出，了此一事。

写致晓林、伍隼兄信及致《中国文学家辞典》编者阎纯德信。

1981 年 1 月 30 日夜

上午和敏去学校小店买过年糖果，没买成，又到系内转了一圈。午饭后，小周来送稿，她去后，我们相偕到了北四川路，我买了一条化纤裤子，花了十三元，又买了几包巧克力和点心，都是准备当礼物送人的，为此花了一堆钱。六时回家，饭后，去看王老太太，她骨折了，这个慈爱的老人，多年来关心我们，她的丈夫陈守实先生已故去。老太太曾说，陈先生称我为司马迁式的人，因为都是出于为朋友辩护而坐牢的。

买了一张《贵阳晚报》，那上面有一篇侦查小说《血塔之谜》，共八版，现在流行这类作品，几乎和爱情故事处于平起平坐地位，好像"五四"以前或之后的鸳鸯蝴蝶派又复活了，所不同者这里有政治历史背景，以"四人帮"和所谓"走资派"的统治为线索，是这个时代的生活现实。

1981 年 1 月 31 日夜

今日小雨，未出门。在家读了本月《小说月报》所刊小说，其中一篇写"学大寨"的很好，它写出了所谓"学大寨"给山西人民带来的灾难和痛苦，干部们把人民种的粮食抢劫一空向上报功，屁股一拍升官走了，留下百姓吃树叶，偷吃生棒子！这场"学大寨"运动真是如这篇小说标题所说，是像秋雨绵绵的一场灾祸！作者的艺术功力也很好，结尾写得很好：一只看羊狗坐在河滩上望着远去的小轿车，它的屁股下压着一朵野花。

晚饭后，去六舍走了一次，给小魏妈妈送去点心一盒，给老苏家也送了一盒，他的爱人在病中给我结了一件厚实的毛衣，盛意可感！

1981 年 2 月 1 日夜

下午去五角场入浴，道路泥泞，来回都坐车。傍晚看电影《雾都茫茫》，写解放初破特务案，重点是写解放前夕的地下工作，这都是些编造的故事，以情节离奇为故事的追求中心，但它也是有一点意义，使现在的观众认识到旧社会斗争的复杂性。故事中的主人公——公安局一科长，解放前的身份是个美军顾问团的翻译，又因救过特务头子的女儿成为特务家的座上客，并与特务的女儿发生了爱情（这个女儿也是特务，解放后潜伏下来的特务组织头目），他自己的爱人则打入这个特务头子家作女佣，在一次窃取大特务家的密件时被发觉，当场被打伤，不久即死亡。这样一个角色，这些复杂的经历与关系，解放后的运动中是难以逃出"法网"的，必然被加上种种罪名，很容易被定成派进来的国特，甚至冤枉地被处理的。看了这影片，至少教育了观众，认识旧社会的复杂性，不要简单化地看过去的斗争和生活，少点形而上学，国家少吃些亏，在多年的错误路线的指导下，我们吃这个亏太大了，弄得人心寒了，它只能使革命陷于孤立，削弱了自己。

125

晚，老苏送来代买的香烟。现在香烟紧张，黑市猖狂，下午在五角场就看到马路旁有些不三不四的青年手持香烟三五包在人行道上叫卖。据说一包飞马要卖到六毛，一包凤凰要卖到两元。

1981年2月2日夜

上午到办公室转了一圈，收到范伯群信、王聿祥信并稿一、张维雄信并诗稿一束，《艺谭》寄赠采访手册一本附信，陈思和信。下午偕敏去市内，在郑福斋买了一盒北方糕点，花钱四元多；踅至四马路，购《新华月报》（文摘版）去年十一月号一本。晚，施昌东、乐秀拔来坐，十时许离去。

昨夜和今日上午读完香港作家写的短篇小说《黑裙》一册，所记皆香港社会黑幕，类乎新闻记者所写，实际是报道文章，使人长些见识，作者即《金陵春梦》的作者。

写陈思和一信，明天发出。

1981年2月3日夜

上午在家校完《巴集》评论文章目录一份，给冬生、王建新写好信，王信附寄去夏嘉杰、王聿祥文。

下午三时先乘车到大八寺①，在此如约见到小卢，一块儿乘车去炳中处。他们新搬了家，在北站还要换一次车，所幸到达和平新村站时，南越已在候，这样少了问路的麻烦。

炳中的新居共两间，我们到时，王戎、满子已在座，王戎的侄儿和他的女友（沈姓）已先到，炳中的二对儿媳已在伙房忙烧菜，随后小顾亦到。

菜烧得不少，坐了一大桌子，酒也喝了不少。九时许才离开，到家已近十时。

满子说，《纽约时报》关于"胡风集团"的报道，分子中以我为第一

---

① 地名，今名大柏树。

名。小顾说，《文汇报》人员说，这期《文汇月刊》，因登了胡的文章，美国大使馆特买去两本云。

寄王聿祥信，约他十日来家便饭。

1981 年 2 月 4 日夜

今日为除夕。上午去办公室转了一圈，收到桂英信，她已去晋南办好搬家工作，又接到她汇来的五元钱，信上说，乡间习俗，"六十六，要吃女儿一块肉"，这五元钱就是要我买肉吃的。

乐秀拔傍晚来，约去他家吃年夜饭，因与小唐夫妇有约在先，只好敬谢。

在小唐家吃晚饭，小张做了不少菜。饭后归来，整理外人译介巴金材料。

寄阜阳师院戴君信，桂英信及襄汾黑牛信。

1981 年 2 月 5 日夜

今天大年初一。上午老苏一家来拜年，相偕去工会，那里卖书，买了一本《七十年代的苏联文学》、一部《全像古今小说》（二册）、一部《侍卫官杂记》（二册）。工厂小张来拜年，赵博源来拜年。施昌东来，相偕至他家晚饭，十时半归来。

1981 年 2 月 6 日夜

今天正月初二。早起后，偕敏出门，在虹口公园门口转十八路，直达斜土路，在这里小铺买了些点心，加上在学校买的水果，作为人情，找到小周的家，午饭做了很多菜，可惜我前晚吃伤了，肚子这两天不舒服，所以只能把吃喝当成一种礼貌，少吃一些。饭毕，趑至建国东路，小周送了我们很远。找到梅林家，他们夫妇越发老态了，两人都不良于行，他原已风瘫，勉强可以扶杖而行。他的太太因湿气脚肿，也不能走路了。梅林说话已口齿不清，提笔更不行。不敢和他多谈话，坐了约半个钟头辞去。坐车转至小朱家，控江路海军工地。她们新搬了家，她的爱人是海军团级干部，她们是南大同学，做的菜也很多。我也略略点缀一番而已。饭后，少作闲谈，我们与小周一块儿回来，小朱又送行很远。

1981 年 2 月 8 日夜

上午王戎偕其子及子之爱人来，在此午饭。午后，去小刘家拜年，晚饭在乐秀拔家，饭后给陆树仑同志拜年，再回乐家看电视至十二时。

上午，现代组鄂基瑞、陆士清来拜年，少坐离去。敏偕小毛头去王中家拜年，带去给他孙子买的一只玩具鸡。

下午，荣华偕二子来拜年，随即跟敏去学校转了一圈别去；陈思和偕他的爱人来并带了些年糕等物；寿涌夫妇来，谭启泰来，中文系老杜来；新闻系江礼旸来，带来他帮助校订的《契诃夫手记》部分稿子，据说，二月初间可完稿。

寿涌夫妇和小谭在此晚饭后才别去。

肠胃这几天不好，今天中午服了一些药，略见好些。

读《侍卫官杂记》。

1981 年 2 月 9 日夜

早八时起床后，吃了碗年糕，偕敏去小顾家，见到他的二儿子和儿媳，他们新结婚，女的是知识分子家庭出身，本人是工农兵学员、技术员，但人品端正，实在没有一点矫饰和时下的流风。在此吃了中饭，敏和小顾的女儿儿媳上街买东西，我和小顾闲谈，说到他在《文汇月刊》发表的那封"读者来信"——《不应神化鲁迅》，认为这个题目不好，正适合了一些人的需要。不久王戎来，晚饭时满子才到——他今天已开始上班。据他说，《文艺报》约舒芜写评论路翎的文章云。九时动身归来。

收到小钟信，广西师范学院林老师信，信中说已由林焕平那里打听到春潮妻的下落——张达现在南宁教育学院工作。外甥女张锐汇来十元。

1981 年 2 月 11 日夜

这两天胃部仍不好。昨天未写日记，很早就睡了，也因为昨天来访的人太多，说了一天话，也委实有些疲于应付了。

昨天上午。同学鲍蘧①、蔡国祯由乐秀拔、施昌东陪同前来，她们两个都是五五届学生，现在都在中专或中学教书。鲍说，"文化革命"中她

---

① 鲍蘧，复旦大学中文系一九五五年毕业的学生。

当工人；秦说，她原来教政治课，被学生"检举"有"防扩散"言论，戴上"现行反革命"帽子，坐了五个多月的牢房，但现在一切都过去了。她们在生活的道路上也都经历了一番曲折。中午留他们在此午饭，由小刘帮忙烧菜，施昌东爱人和小孩也在此共餐。她们一伙人走后，陈秀珠与张爵侯①来，在此晚饭后辞去。

王聿祥上午陪青海刊物编辑叶元章同志来，在此午饭后，叶同志别去，王聿祥则陪陈秀珠他们吃过晚饭后一起离去。

叶同志约我为他们的刊物《雪莲》写稿，预定本月二十日交稿，他二十六日返青。

今天上午去保健科看病，医生给了三包药。在阅览室看了六月香港《文汇报》，十日有一个花边新闻登在第一版上，是"本版特稿"，作者曾敏之，题为《重访胡风》；吴奚如的文章也被该报转载，好像登了十二天才完。

午睡后，小陈夫妇来，在此晚饭；小朱和她的丈夫来；老唐来；小唐夫妇来。接外甥女张锋信。

仍在读《侍卫官杂记》。

1981 年 2 月 13 日晨

昨日仍然胃痛难禁，晚上很早就睡了，今晨补写日记。

上午和敏与小毛头看周惠生先生及谢女士，周说他来看过我们两次都不遇。他是来向我们报喜的：去年上海法院对他进行了重判：撤销原判，宣告无罪。在他这里，问到张孟闻的住址，准备带些礼品去看看他，表示谢意。一九五六年他曾为我说了些正直的话，被打成"右派"，充军东北，现已改正，在师大任教。

下午，史华未亡人偕长子来，西海夫妇来，敏给他们热了些糖年糕招待，四时左右，分别辞去。

晚，老焦来，他说，看了《天云山传奇》，这个电影恐怕要出问题：他写那个地委书记把人打成"右派"又抢了他的老婆，这种事生活中或许有，但塑造成形象，搬上舞台，对党的形象不好云。

---

① 陈秀珠、张爵侯都是复旦大学中文系五四届学生，皆已故。

《侍卫官杂记》已看了一本半，文笔布局都不错。寄外甥女大海一信。

1981 年 2 月 14 日午补记

昨日胃部还不好，早晚吃药——开胸顺气丸。日记也没精神写。

昨日午睡后，偕敏带了些礼品乘车至五角场，找到张孟闻家。张原系复旦生物系教授，与我素昧平生，一九五六年鸣放时，为我说了几句不平的话，据我在监房看《解放日报》所载，他说，贾不是反革命，至多是思想问题；报上还夸大其词地说，他要成立平反委员会，自任主任，以包公自居。结果，在柯庆施这个大坏蛋的筹划下，对他七斗八斗，打成"右派"，撵出上海；我坐在监房里也受到严厉的对待，停止了伙食待遇，与一般囚犯一般对待，原说不久可放我外出，也成为泡影，并被押送至第一看守所长期关押。这就是所谓"敌人反对的我们拥护，敌人拥护的我们反对"也。

时隔二十五年，中央公道办事，我已得到平反，张公也得到改正，前些时从报上知道，他改任华师大教授。这样正直的君子，应该当面道谢。

他住了两间公房，正在午睡，桌子上摆着一本翻开的《吕氏春秋》，我们坐了半点钟，他的外孙才把他叫醒。他看到我们，不胜惊异，因为我们并不相熟，甚至可以说是不识。他谈到他这些年的生活遭遇，并拿出一厚叠中外来信给我看，说明他的工作很重，他说，英国的李约瑟曾来看过他，最近又来信，约他为李氏撰写的《中国科技史》写中国动物史部分云云。我们将要告辞时他要我写出自己名字，他一看我的名字，才恍然大悟，连说：记起来了，记起来了。他现在已七十九岁，他说，妻子及小儿已死去，他去年和一个医生新结了婚。我们出门后，敏说这人好自夸，云天雾地的，和小资产知识分子不一样，缺乏自谦。我说，但也是个开门见山的人，不是莫测高深、胸有城府的人，使人不需要戒备。

晚，施昌东来，潘富恩来坐。

上午，读完《侍卫官杂记》，晚睡时读了左勤科的一篇小说。

1981 年 2 月 14 日夜

上午去银行取了二百元，准备买些家具。

过午偕敏去学校看电影《戴手铐的旅客》。三时许出剧场，到办公室一行，收到文研所通知一，以及《艺谭》李、王二同志来信，晓林来信。

晚，如约去小魏家晚饭，施昌东一家作陪。饭毕，相偕到施家看电视《大卫·科波菲尔》第二集，甚佳。胃仍不适。

1981 年 2 月 15 日夜

昨日上午给山东省委统战部寄出挂号信，为了兰弟后事；同时给宜鲁和弟媳王桂英各发一信。

今天礼拜，天转热，未有来客，很清静，全力校对《契诃夫手记》。下午去看江同学，他不在宿舍。暨至保健科看病，一个中年女医摸了一下肚子，开了急诊单要我马上去长海医院检查——那时才三时许。计划明晨去。

晚继续校《手记》。

1981 年 2 月 16 日夜

今天落雨整日，未出门一步。胃病似乎好了，吃了两次药。全天集中力量校《手记》。晚上，改好一九七九年的一篇小说，题名《邂逅》，约四千字，是《雪莲》给逼出来的，不写不行了，只好改出来献丑，亮一下相。

小卞帮着买了四把有靠背的折椅，现在就坐在其中的一把上写字。

小李上午来看我，她从乡下回来，带来了辣椒和鸡蛋。说是农村现在日子过好了，农民的收入，一般平均每月有五六十元，不算少了。天气又冷起来了，晚上又把火炉搬进屋里了。

1981 年 2 月 17 日夜

上午去系内一次，收到二哥信。下午又接到桂英从北京来的电报，她今天从京中动身，明天可抵沪。

敏趴在桌上，抄了一天，才把新写的这篇小说抄完，都五千余字，反复看了几遍，改了一些地方，给叶元章同志写了信，预备明天发出，并附带寄去乐秀拔等的三本书稿的提纲，希望它们能在青海出版。

今天胃病似乎好些了。看了这些天的京沪两地报纸。小唐送来南京来信，说是初校《巴集》麻烦很多，恐怕要推迟出版时间；本期《钟山》

上已登了个介绍广告。晚上小唐夫妇来坐，请小唐给南京回信。生物系黄老师来，带来长海医院小张的来信和诗稿。

1981 年 2 月 18 日夜

早上老黄和小姑娘去车站接桂英，九时到家。中午小朱、小魏、小徐来，带着伍隼信、文研所通知一、《艺谭》通知一。

上午发出叶元章信及稿，下午发出致炳中、陈思和、斯民信。

今天大约中午陪老黄又喝了点酒，胃病又不适。

1981 年 2 月 19 日夜

天阴。上午偕桂英去校内购物，再转至办公室，小朱爱人老唐今天下午进京，写了两封信托他带去，一致大哥，二致牛汉。接到王世敏信及邮包一个；罗平信，约本周日在他家相聚，他已约好一九四八年同难者。下午即发出复信。中午陈思和在此午饭，他送来代购的《新华月报》二册。午饭后，和敏与桂英同坐车至五角场，给汾阳发电一，从邮局取出王世敏所寄邮包。又踅至影院，看了一场电影——《三个失踪的人》，据云，观众只上座十分之四。寄陈公正公事信一封。

晚，苏兴良夫妇、小张、施昌东来。

1981 年 2 月 21 日夜

昨天上午张孟闻先生回访，并带了些礼物，他谈起自己和鲁迅，说已写了二万多字的文章。王聿祥饭后来，晚饭后离去。

今天整日在家，上午小江送来《契诃夫手记》稿，全书约十五万字。中午，施昌东送来戏票，敏偕桂英去看，吃过一个馒头午睡。傍晚，乐秀拔来，晚在小毛头外公家看电视。

1981 年 2 月 22 日夜

今日礼拜天。午饭小憩后，偕敏去虹口，先去老景家拜年，带点心一盒；再踅到罗平家，带着一盒蛋糕和汾酒一瓶。蔡之琦已到。我们都是一九四七年的难友，当时都是青年，现在转眼三十多年后，都已入于老境，罗、蔡二人已头上飞雪了。罗已退休在家，蔡"反右"前在上海师院教政

132

治，后被调至一中学教语文，迄今二十多年。饭时，老程来，他在新华书店工作，他是一九四八年被敌人逮捕的，和我没有关押在一起，但在解放初罗平住的老城隍庙他家里，却见过一面——他已是五十多岁的人，已然儿女成行，他说大女儿就是影片《樱》中的女主角演员。

饭菜很丰盛，我们四个两个时代的幸存者能坐在一起谈天，可真是人生一大快事了。

九时许辞归，天正在落雨，借伞一柄。抵家已十时许，施昌东在候，送来他的长篇一章《大学时代》，要我先看看提点意见，离去时已近十二时，他爱人在医院开刀，我们准备明天下午去看她，我的胃部还不行，也借机检查一下，弄清真相。

上午续校《手记》。

1981 年 2 月 24 日夜

昨日上午去系内，戏剧学院青年教师某来，谈编田汉（资料）事。下午一时动身去军医大学看病，并去看了小杜，她鼻子开刀，带了一些吃食。晚，唐金海夫妇偕卜仲康来，天正在落大雨；李辉来，送来一些土酒、银耳，他说在武汉见到曾卓，并去看了毕奂午，问我好。施昌东来，昨天他送来他的小说《大学时代》（长篇之一章），前晚一气读完，昨晚说了些意见。

接到叶元章信，小说稿已寄回青海；王聿祥信及晓林信。晓林信上说，大哥准备和他的三十四岁的女秘书结婚，她们表示反对，认为有害无益，要我劝劝。

今天上午约卜仲康、何寅泰来家午饭，小顾来，一起共饭，小顾代买了一本《我的前半生》及《读书》二月号。他说已点名要批判一些文艺界和经济界的人，人们又开始紧张了，好像又来了个五七年。

下午大睡。晚饭时，王戎来，他已搬家。晚秦湘来，约好和进修的日本讲师小林一三在下礼拜二下午会见。小江来，送来已校过的《契诃夫手记》前半部分，并送来我的旧译本。

上午写给大哥和晓林信，大哥信附晓林信内发出，接二哥挂号信，附有铁路托运单。

1981 年 2 月 26 日

昨日上午发出《自传》，系应北京语言学院《中国文学家辞典》之约写的，拖了已半年，写了约二千字，附照片二张。晚饭后，小刘同志来，她和小李下午去"辞海"抄资料，明日还要去。校《手记》至夜二时，第一部分完毕。

今日大冷，据说零下 4℃。上午写信，致社科院文研所现代组，内容分三点：1. 为他们主办的两套现代中国文学研究资料的《例言》提些意见；2. 向他们说明，由于人力等种种原因，《文学研究会资料》集延期交稿；3. 由于上述原因，承担的《外来思潮、理论和流派对中国现代文学影响》一书，愿让出，请另选高明，以免影响整套丛书的出版计划。给大哥写信，请托青海当权者为敏办退休及被非法没收的财物，上午即挂号寄出。给何满子、孔海珠信，连同文研所信，下午由系内发出。

接到武汉师院文振庭信及叶元章见寄的《雪莲》一九八〇年第四期一册。下午到校内，在书店遇历史系某教师，他说有一个美国斯坦福大学在此进修的高级进修生，研究三十年代中国知识分子问题，要指定访问我，并云已访问过周谷城、蔡尚思、胡曲园、赵景深、朱伯康、漆琪生等人。我要求他们先通知中文系，再约定时间、地点。

晚，江君来，带去已校的《手记》，请他复改。

1981 年 2 月 27 日夜

天气比昨天好一些。昨天零下 4℃，人们对于天气的突变没有准备，乍一又尝到严冬的味道，一时还不易适应，我们又把火炉搬进来了，重过冬天生活。昨天晚上实在太冷，我自己"罢工"，早早睡了，看了新寄来的《雪莲》的文章。

今天早上，小卞带上桂英去上海办行头，交给他们一百元，希望用这些货币，把她变成一个"上海姑娘"，所谓入城随城也。

上午小江来，并带来一个为《手记》设计了封面的青年，拿走《手记》的第二本，这是他译的，过于生硬，他不懂得契诃夫，因之译笔不能传神和保持风貌。

今天礼拜五，下午政治学习。一时半先在资料室集中，听副书记讲话，说是要加强政治思想工作，学习"四个坚持"，以正面教育为主，树立正面人物，对于有思想问题的人，也不戴"持不同政见者""反党反社会主义"的政治帽子，不搞运动，但对于这种有思想问题的人，也要选个典型，进行批评和自我批评；说校宣传部已花了工夫，订出提纲来了，重点是学生，但也不是说没教师的事，教师是教书又教人，也要做政治思想工作。副书记讲完散会，分教研组活动。我早被编入现代组，今天第一次报到，组长陆士清同志向同志们作了介绍，说贾先生现在回来了，他二十多年了，受过不少委屈和考验，他原来搞苏联文学，外国文学，有不少著作，一解放就是教授，在解放前就搞文学活动，在本组还没有这样的情况云云。还说留下了什么"尾巴"之类。他号召大家鼓掌，我跟上鼓掌，未发言。这是来教研组的第一天情况。四时许散会，和一个北京外语学院来的教师跟着出来，从他这里才知道文乃山已于七五年逝去的消息。

晚，小唐夫妇来，谈老卜老何此次来沪开会不欢而散，那内容发人深省。现在流行这么一种作风——搭"好汉股"：有些人依仗权势，别人劳动成果由他坐享，一篇文章，一本书，别人写好，他署名，并且署在前头，听说北京有些过去挨过整的老教师，也接受这种写作方式，取"让他三尺"的处世态度，买得自己的平安，所谓纳税消灾也。这种歪风恐怕也不是一日之功的东西，它源远流长，是一种土壤和气候的必然产物，也是一种"新事物"。

接到寄赠的《江南》创刊号。发上海戏剧学院一信，为田汉外文资料事。

1981 年 2 月 28 日夜

全日在家，中午以后下雨，现在已夜十二时，雨还在落着哩。读《江南》上的中篇《希望》，写得很好，它刻画一个青年的灵魂，写出时代的风貌，文笔也很细腻，有特色。但在结尾处，有些说教的味道，总的看来，是一篇有声有色的好作品，它写的那个青年在"文化大革命"中的命运和生活，恐怕高尔基写的他的童年、青年时期的沙皇社会的底层还没这么野蛮、污秽、兽性和残酷，但社会主义都出现这样的生活面影，这样的社会风景，这样的兽性和野蛮，却是马克思做梦也没有想到的。谁之罪啊？历史会做出答案的。

《文汇报》登出《艺谭》本期广告，那篇文章刊出来了，就是那篇

《温故而知新》。现在风又在刮了，这篇文章的出现，或许会起到一些清凉作用，但愿如此！

上述那篇《希望》写得好，就是因为它写了人——人的灵魂和精神，赤裸裸的人，那些社会存在和生物学存在。在多年的极"左"干扰下，我们的文学，只是写神和鬼，把写人列为严禁区，"不准吸烟"，"严禁火种"，成了"神鬼文学"，实际上是宗教文艺，不惜调动一切力量和手段，把人们赶回中世纪去。现在又有人跃跃欲试，但我敢断定：好梦难成，人民和历史总是前进的，因此也是无情的。发炳中信。

又，今天和敏闲谈，我如果写回忆录式的自传体小说，可用这些题目：《美丽的童年》《青春》……但什么时候才动手呢？……

1981 年 3 月 1 日夜

阴雨。午饭后，三个人坐车进市内，在吴淞路下车，进小店买了一个圆蛋糕，步行至小卞家，全家立即动手做饭。晚饭时，小卞回来。饭后，和小卞父子一块儿归来。施昌东来坐，十一时离去。

1981 年 3 月 2 日夜

今天星期一。早饭后，敏去淮海路，代人取做好的衣服。九时许到系内，接到满子信，他说，守梅①、芦甸追悼会将在天津举行，我们没有一个人去也得打个长电报，他已写了三千字的短文寄去，希望为纪念梅兄，我也能打开沉默的笔写篇回忆悼念文章。在资料室看到《文艺报》的内刊上登的一篇文章，是《访路翎》。作者原系南京剧专的人员，解放前参加过《云雀》的演出，现已残疾，在落实政策后又去看了一次路翎，他现在有些笑意了，问到对平反的感想，他说，"文件上点了十几个人的名，说是有错误"，"这个文件不要再传达了"。问他有什么要求，他说"要稿子"——他要被没收的稿子，一部写抗美援朝的三十万字小说。我听说稿子已退还了，少了开头的两章，看《江南》本期预告，即将在该刊二期登出。

---

① 陈守梅，即阿垅笔名。一九六六年四月与作者先后在天津和上海都以"胡风反革命集团骨干分子"罪名判处有期徒刑十二年。一九六八年瘐死天津狱中。

在校路上碰到小朱，她午饭后又来坐，说是老唐昨天回来了，他在京去看大哥，大哥正在请客，一个年轻女人对他说："我去买东西了，请等一下。"给他倒了一杯茶，转眼大哥回来了，跟来一帮人，大约就是要请的客人，他见老唐在座，把这帮人让到另室。老唐说，大哥精神很好，思路敏捷，一看就是个老于搞党政工作的人，和我性格谈吐不一样。大哥和他谈起，我那个文件上的历史问题，说是周扬在他的信上（或我的《申诉书》上）作了批复，意云：如果事实像他说的那样，应该改正，并引为教训，他批给"敬之"等三人（其他二人名字老唐不记，只记得贺敬之的"敬之"）请公安部设法补救；周又要大哥给中宣部党组写一信，不要写给他本人，直接写给中宣部党组，由这里出面和中央公安部办理补救办法。说这个批复是最近的，大哥说，他最近就要办这件事（给中宣部党组写信）。小陈中午也来坐，陪我喝了半盅酒。中午到家，听桂英说，周惠生来访，不遇而去，晚饭后，和敏去回访，坐谈至十一时归。

午睡后，小李、小陈来，各借书一册，吃过点心归去。

晚饭后，小江来，送来契诃夫照片（复制）。他说《手记》有俄文原著，就在《全集》第十卷中，他已补译了，并索回前此校对过的稿子回去补译原注。天气仍阴，但不那么冷了。

1981年3月3日夜

阴雨。下午到校，本来约日本进修讲师小林在此见面，因中间人说错了时间，小林昨天下午来等了好久，今天他又有事，只有另约了。接到《艺谭》李平兄信，他托我代约张公为他们刊物的鲁迅百年诞辰专刊写点纪念文章，说是李何林的文章已寄到了。为此晚上给梅志写了一信，并附寄《解放日报》内刊一册；给文振庭一信，明日发出。

1981年3月4日夜

一清早继续写信，给卢康华、李平连同昨夜写的信，敏下午发出，并寄给卢康华《外国文学》一本。

上午小周来，为复印《小说月报》有关材料，即把《文研会资料》选文目录拿给她；孔海珠来，给我看她编的茅盾著译目录格式。她和小周在此午饭，由小周帮助烧菜。王聿祥来，一起吃饭。饭后，孔海珠别去，借去日本编的《茅盾评介材料》，文研所公函及巴黎复制的《茅盾小传》《申报·自由谈》目录三本。王聿祥下午才别去。

接耿庸信，又青海汇给敏的工资通知。傍晚，乐秀拔来，晚施昌东来。夜校《手记》。

1981 年 3 月 5 日夜

上午到五角场银行领敏的工资，又转到四平路量衣服，到家时，王戎已在座，稍后，织织、西海来。午饭后，动身去王戎新居，在门口遇卢倩，相偕去王戎家，换了二次车子才走到。那是一片新工房，在僻郊，王戎经过二十多年的苦难才找到这两间房子，孑然一身，房间的一切设备什物都是新的，真是"重新做人"啊。在这里坐了一会儿，偕这几个青年到家，晚饭后他们离去。

收到斯民一信，及文振庭寄赠《武汉师院学报》一册。

1981 年 3 月 6 日夜

党委书记对经济系高年级学生讲话："你们怀疑社会主义的优越性，这是没有根据的，拿我来说，住四大间房子，每月租金才不过两元，这不是社会主义优越性的具体表现吗?"他的话还没有讲完，听讲的学生哈哈大笑了，他感到茫然，接着又很气愤。这位领导同志有点像晋惠帝，这位皇上对讨饭的百姓们说，"你们为什么不吃肉呀!"他说的是封建制度的优越性。

上午去系内，安排了一些工作，给上图的萧斌如写了一信，托她代借英文本《手记》。同时，又写了一份公函，请办公室盖章，这叫水陆并进，或前后门一齐开。小李他们下礼拜一去上图，就请他们带去。收到黄静安先生一信，并附有他外孙从广州带回来的一份剪报，是曾敏之写的《重访胡风》。

今天礼拜五，照例政治学习，去教研组学习，党员干部去礼拜堂听报告，平头百姓坐在教研室读报。四时许，开会的党员干部回来了，谈了一通今昔对比的大好形势。

遇到了陈鸣树，他要去《艺谭》的地址，预备寄文章。严修说，历史系通知，有个美国斯坦福大学来的高级进修生，现在跟蔡尚思学习，他研究中国知识分子，说在一份材料上看到有关我的事情，想来访问我，系内说是请他先开一个提纲，然后再约定会见时间和地点。

晚，唐金海夫妇来，送来抄样。长海医院的小张来，带来他写的几首新旧诗，给他讲了近一时半的写作问题，他赠我人参膏二瓶，补剂十二包。给晓林和弟妇王秀英各写了一信，明天发出。

1981 年 3 月 7 日夜

上午和敏去校内新华书店购书，买了《日汉字典》《英语成语辞典》及日文学习书二册，花了二十余元。收到夏嘉杰、春琳及赵博源信。一九五五年新闻系学生王春燕来，戏剧学院教师来，赠我《田汉专集》二册，是他们编的。

下午，卢倩来，在此帮厨。炳中及其二子媳来，王戎来，在此晚饭。

唐金海夫妇来，送来《新文学史料》本年第一期一册。

1981 年 3 月 8 日夜

今天礼拜天。上午景振球来，他已在武大正式退休，在此午饭。饭后午睡。桂英和小毛头母亲去市内烫发。下午三时，施昌东来坐。晚，三位进修教师——北京外语学院、广西师院、福建师院的来访，坐一时许。校改《手记》初校毕，又草写了《重刊本题记》。邻居十月进京，敏给大哥及晓林买了些东西，托她带去，我也给晓林写了一封信，一并让她带京。

1981 年 3 月 9 日夜

上午去系内，收到宜正、张兴渠、何寅泰信。写了几封公事信：致辞书出版社郑炳中、南师俞润生、广西师院林志仪、南京大学廖开飞。

晚间，李辉来，送来武大毕奂午信，他在信中提到我时说："植芳老师见到了吗？请代我致诚挚的问候。我中学时代就喜欢读都德的《小物件》，后来读到贾芝同志译的《磨坊书简》（贾芝同志是植芳的哥哥）。植芳老师译的《契诃夫手记》，则使我对契诃夫著作增加了了解与体会。我敬重植芳也怀念植芳。……"这位老先生的热情和盛意，令人感激。施昌东偕应必诚夫妇来坐，十时许辞去。

1981 年 3 月 10 日夜

上午小周来送复制的材料。过午，陈思和来，送来代买的《新华文摘》一月号。一家三口坐车到南京路，在先施公司楼上看"大观园展览"，这是大观园的造型。出来已六时许，在天津路无锡面店食面，归来已近八时。给范伯群写了一信，明日托陆树仑带去，他将于后日去苏州。

在南京路给敏配了一副花镜，给桂英买了一双猪皮鞋。

1981 年 3 月 11 日夜

下午阴雨。上午到系内，收到闵抗生信，下午复去一信，同时寄去尼采的《看哪这人》。敏和桂英中饭后去王中家为王锐提亲。傍晚小刘来，抄所缺《文学旬刊》期刊，以便老陆明日去苏州时代查。

上午在系内给牛汉写信，委托代系内买《金瓶梅》事。

1981 年 3 月 12 日夜

天气转暖了。上午在家，北京一位杨姓女同志来，她是晓林的同事，晓林托她给我带来两条香烟——一条是北京配给市民的杂色烟，一条是美国烟，据晓林信上说，是哥哥出钱买给我的。

乐秀拔来，送来代购的三种中学复习书，当即寄给侄女春琳，并写信一封。

中午，北京女同志和李辉在此午饭。

接到夏嘉杰信，文研所马良春信，并附有印件。马信上说，他们在四月下旬召开一个学术演讲会，约我参加，"请勿见拒"，并要作一报告，说是路费、宿费都由他们负担。

下午到系内，又接到文研所徐迺翔信。他代文研所答复了我上一封信，我在那封信里要辞去过去承担的编《外国思潮和理论对现代中国文学的影响》这本资料，他们经过讨论，认为还是由我为主编的好，交稿时间可推迟些，并答应可拨些经费，并附有一张印件，关于向他们领经费的规定事项。

晚，去看乐嗣炳先生，归来写好《〈契诃夫手记〉新版题记》一文。老苏晚上来过，我不在家，留下电影票一张和《文学周报》目录。

1981年3月13日夜3时

上午到系内，山口来，赠他中国现代文学资料数册，以为纪念。下午参加政治学习，听诸人议论，初来乍到这个地方，听听为好。

晚，从头看江的《手记》译文，甚为吃力，看来只有先出旧译本，那是克宜碧尔编的，俄文版则是苏联的《全集》编者编的，各有特色。或者先出旧译本的修订本，再把江的补译本作为"续集"标明"札记本"什么的出版也好，因为两种译文风格不一致，（在出版上）效果不好。

上午现代组支部书记来，约好下礼拜四早上一起在上图谈郭沫若资料事。

1981年3月16日夜

前日收到王淑明、赵景深两先生信。昨日礼拜天，偕敏、桂英、卢倩先到小顾家，在此午饭后和他们夫妇一起到炳中家，王戎已在。看到梅志、曾卓信，他们都知道我要去武汉。晚十时归来。

今日全天在家，足未出户，校改《巴金专集》目录整日。中午，陈宋惠来，在此午饭。收到武汉师院开会通知，文振庭信及王聿祥信，毕奂午信——昨日给他寄出一信。午睡后工作时，陆士清来，谈武汉开会事，他说学校经费紧张，只能去一个人，我建议让唐金海去。家里工作山积，实在走不开也。

晚老苏来，他的《创造社资料》被一个山东大学的教师史若平借去，为此晚上给史写去一信索书。工厂小张傍晚来，他在搞彭德怀年谱，谈了些有关资料。中午小周夫妇来，小周今天下午和上图老萧一起去巴金家探访。

1981年3月17日夜

上午在家校《手记》，小周来，她昨天陪萧斌如去访巴金，说巴金问起我的身体情况，并托她问好。他对我们编的他的那本资料没什么意见。午饭后，桂英和小卞驾黄鱼车去货站取行李。我于二时如约到办公室，秦湘陪日本人小林来访，他在此进修，现在研究丁玲，在写丁玲评传——他是群马县人，毕业于东京都大学，曾是松井博光的门下，现在东京外国语学院教中国现代文学。承他赠松井写的《黎明的文学：中国

141

现实主义作家茅盾》一册,据说,有两个人在译这本书。图书馆送来我从上图代借的 *Chekhov's Notebook* 一书,是一九二一年英国版,借期限三周内。接孔海珠电话,她也准备去武汉开会。于敏送来化隆法院来函,折价二百二十元,作为赔偿任敏一九六一年被捕时非法没收的财物,款已由银行汇出。

五时回家,桂英他们已运回敏的行李,一堆破烂,她这么些年——十七年就是靠这点可怜的生活资料为生的。她把我这么些年寄给她的信都带来了,这是些历史文献,它歪曲地又真实地反映了我们这些年的苦难生活。

晚饭后,一家人去学校听音乐会。遇到刘新康,她打扮得更现代化了。

1981 年 3 月 19 日夜

昨日上午在家校对《手记》。下午小唐、小周、小李来,小唐将去武汉开会,就在会上的发言,大家提些意见,算是个小会。小李来,带着曾卓的短信。小周代买了一册卢梭的《忏悔录》。周惠生先生来,在此晚饭。饭后,我们一家人去五角场,看了一场美国电影《摩羯星一号》。

今日上午到系内,连写了几封信发出:致文研所马良春、译文出版社方平、汉口曾卓。

傍晚,施昌东来,约我为鲍蘧任教的海关学校讲一次话,题目定为"狄更斯和大卫·科波菲尔",决定下周星期四下午前去。王聿祥来,他将于下周一出差到杭州,请他去见伍隼,谈《手记》出版事。十一时别去。

昨日天雨。今天午觉醒来放晴,太阳出来了。

又,今日收到文研所寄来的通报一份。

1981 年 3 月 20 日夜

上午给伍隼、冀汸各写一信,套在给王聿祥的信内,托他带去——他下周一上杭州出差。

中饭时,大辞典编辑组傅君来,约我为新建立的上海文学院作报告,说随便讲些什么都可以,主要是鼓舞青年——这里的学生五十人,都是在职的,年龄最大的有五十岁。定好下月中旬前去。

下午去系内，接到大哥信及转寄来的他托青海为任敏办平反善后事宜的信，说他将于六月去日本，八月去瑞典。青海给任敏汇款通知信。去组内参加学习。严修说，美籍华人、美国斯坦福大学在此进修的一个副博士，他研究三十年代中国知识分子问题，他写来一个便条，要我和他谈"胡风一系在三十年代左翼文艺运动中的活动"问题，约好下礼拜六下午二时半在留学生会客室谈话。组内报五月校庆论文题目，报了个"中国现代文学与外国文学的关系与影响"。

1981 年 3 月 21 日夜

上午偕敏去五角场银行，领取化隆人民法院汇来的敏的被没收生活用品折赔费二百六十多元。购《外国小说报》及《伤逝》画本各一册。

下午收到梅志信附张公《纪念鲁迅先生》旧诗一首，系五七年被囚禁中所写——一九六六年为红卫兵抄去，一九八〇年从记忆写出，是我代《艺谭》约来的。又收到毕奂午先生信，热情可感。黑牛信，说桂英户口迁侯村不成问题，但说，先父欠生产队二百多元，任敏迁出，此款应由我偿还。

下午及晚饭后，乐秀拔和施昌东分别来坐。写一信致李平、张建新，附寄去张公旧诗一首。给黑牛一信，为桂英户口事。两信明日一块儿发出。

1981 年 3 月 22 日

今天礼拜，全天未出门。上午老罗如约来，带四川酒一瓶，他送来新写的一篇论鲁迅和民间文学的文章，看后，即发给《艺谭》。他在此晚饭后始别去。

晚，小谭、小江来，小谭新从杭州出差回来。他们说，前天晚上学生在校内聚会游行，为庆祝中国排球队在香港比赛获胜，说是北京大学也同时发生这种情况云。

1981 年 3 月 24 日夜

今日下午落雨，夜晚，雨下成了。上午发出给晓林信，并寄出四百元，托她买电视机，钱由大哥家中转。系内严修带留办郑叶来，约好在礼拜六下午和那个美国斯坦福大学的进修的博士谈话。郑说，此人中国话、上海话都可以讲，知识很丰富，也很能干云。

下午去系内，借了几本有关英国文学的书，为去海关学校做报告作准备。到系内不久，敏偕刘北天找来，相偕回家，北天在此晚饭后别去。

收到这里去年毕业的学生皇甫来信和稿子二篇——他现在《山西日报》工作，侄女春琳信以及他们邻居的信，山东大学寄回《创造社资料》，江苏人民出版社寄赠《钟山》本期一册——那上面登了一个有关出版《巴金专集》的广告。

1981 年 3 月 26 日夜

两天没有记日记了。前天开了一个夜车到三点多，写好去海关学校讲演提纲：《关于狄更斯和〈大卫·科波菲尔〉》。昨日上午修改好稿子，午膳后鲍蘧乘面包车来接，敏相随去淮海路，她去那一带取回表弟托人带的几瓶酒。海关学校地处汾阳路，是个专业学校，环境清幽。鲍先引我到教研组，同学赵博源已在候，这个学校的副校长和教务长都来寒暄。二时开讲，全校只有百余人，至四时毕，这是二十五年来头一次上讲堂。讲毕，有同学十余人围着提出各种问题。由来听讲的宋玉珩同学和他的女儿陪我乘车回校，他们父女在此晚饭后辞去。

今天上午写了一堆信：代敏给化隆法院、文教局写回信——前者是寄去被没收的财物的折价费收条；后者是写了个敏的简历寄去，她那里已批准她退休，正在办手续。给大哥及梅志各发一信。

午睡后，偕敏去五角场银行领取敏本月工资。购《袁世凯演义》一册。

接大哥信，他正式说，我的《申诉书》他已寄周扬看过，周写了一封回信，说是情况如属真实，应设法补救，并吸取经验教训。大哥说，他觉得文件所述不妥，于公于私均影响不好。说，"也有别人批的"，周已交文联处理，文联已送公安部一人处理。

晚，又回到《手记》的校译工作。下午施昌东来说，小魏商借百元，敏晚上送去了。

昨夜经济学系张先生来访，他五七年因自己职称问题提意见被打成"右派"，现已改正，也属于落实对象。他为房子分配事来看我，希望不要轻易答应搬家，这分配房子问题，花样多哩。

144

1981 年 3 月 27 日夜

昨夜四时多才睡，今日九时起床，小李来叫，说是山口回国辞行。在系内和山口坐了一个多钟头，他照了两张相，送了些小玩意，彼此写了地址，他下礼拜一回国。

收到《艺谭》信、本期《清明》一册、第七号《鲁迅研究动态》一册。

下午照例政治学习。购《十日谈》一册。

1981 年 3 月 28 日夜

今天下午如约去留学生会客室，会见美国斯坦福大学的高级进修人员孙隆基，是早约好的，由留办郑同志带我去的。他事先说，他引见后就退出，你们谈话；我请他就留下一块儿谈，他说，这不好，这会使外国人敏感，认为有人监视了。这位孙先生三十多岁，谈三十年代胡风一系在左翼文艺运动中的经历，他是研究历史的，想写一本《论三十年代中国知识分子》的书，他开了录音机，又给我照了一张相。他问：这记录的东西可以发表吗？我说，这些都是历史事实，又不是个人的观点认识，没关系。坐谈至五时。

收到唐金海自武汉来信，说武汉师院为我准备的单人房，也准备任敏来。

今日报载茅盾死去，新华社电讯说："沈雁冰同志是以鲁迅为代表的中国现代文学巨匠之一，他的大量作品已经成为我国文学艺苑中的宝贵财富。"

天气阴，傍晚后落起雨来。

1981 年 3 月 29 日夜

今天礼拜，天雨。全日在家，以重修《手记》为业。

下午三时许，老焦来访，留饭——吃桂英带来的高粱面条。

1981 年 3 月 30 日夜

今天阴雨，全日未出门。上午施昌东来坐，谈他的小说创作。收到晓林和王思敏信。晚，应必诚来，赠《红楼梦》征求意见本一套。陈思和、李辉来——陈赠以本期《复旦学报》一本，那上面有他的一篇论文；李辉送来他的译稿《论巴金的艺术技巧》。赶校《手记》至深夜。

1981 年 3 月 31 日夜 3 时记

天晴，全日未出门。下午王聿祥来，他去杭州出了一次差。他见到冀汸，说问题还未解决；又见到伍隼，他同意关于《手记》的出版方式，只是问什么时候交稿子——他正在患病在家休息。晚饭后施昌东、潘富恩来，坐至十一时，王偕施离去，潘因明日有课，坐了不一会儿就告辞走了。

王聿祥送来《雪莲》本期一册，那上面有他的文章。恰巧小李送还青海寄来的本期《雪莲》，我又转送王，留下他给我的一册，那上面他校改了自己的文章。

昨夜写晓林一信，今日发出。

1981 年 4 月 1 日夜

今日阴雨不绝。下午到办公室。晚饭后小唐夫妇来，座谈武汉开会情况，并赠有"五粮液"一瓶。治《手记》至深夜，这几天都是这样。

1981 年 4 月 2 日夜

天晴，未出门。上午翻阅《巴集》二校，是小唐昨天送来的，交由小李二同学代校。

得梅志及晓林信。安徽寄赠本期《艺谭》一册，那则短文已刊出。

曹进行傍晚来，他已到财经报到。

晚，写给炳中一信，明发出。

1981 年 4 月 3 日夜

上午在家工作。下午去系内，今天礼拜五，是政治学习日，人们正在听录音，我躲在办公室翻阅一些新书。章培恒因公来见，发我同式十六张表格，说是下半年（冬天）给我招考两个研究生，说是下礼拜一交上去。

晚工作至拂晓。

1981年4月5日夜—晨

昨天忙得没写日记，事情就都忘光了，但也没什么事，在家里工作了一天。

今天礼拜天。上午，刘北天来，稍坐别去。王戎来，福建人民出版社老管、老陈由小唐和老陆陪同来访，在此午餐，在国权路饭馆叫了些炒菜。

傍晚，卢倩来还书，吃了晚饭。施昌东来闲坐。工作至天亮。

1981年4月6日夜

上午去系内送招考研究生教师登记表，共九份，都是敏抄写的；领工资。得《艺谭》赠刊一册；接到伍隼、炳中、征南、卢康华、廖开飞等信。

下午二时许，在家与编写小组同人碰头，商讨今后事宜，小唐汇报武汉开会情况。请诸人吃黄米油炸糕，当作点心。

夜，小谭来访，承赠他们编的韬奋材料一册，编得相当负责。校译《手记》，今夜始毕工。写一信致梅志，谈风兄来沪治病事，明发出。

1981年4月7日夜

下午开始落雨，午睡后，敏由街上遇雨回来，衣服有些湿了。晚上越下越大，响起来了。

小朱中午在此便饭，吃山西杂粮做的面和糕，并送给她一些糕，带给她的家人。

全力从事《手记》的校订工作。昨晚写牛汉一信，今午与梅志信一起发出。

接到《四川大学学报》一册，是陆树仑同志下晚班后冒雨送来的。

1981年4月8日夜

早上八时许，戏剧学院某君（忘其姓氏，曾来过两次，都是谈他们编的田汉资料的）来访，又是谈田汉资料，对他们印出的本子提了些意见。

午睡后，施昌东来小坐。于敏在楼上喊我，通知说，明日上午八时来，郑子文约我在校统战部办公室谈话。

桂英随小朱在四时后去她们那里买回一条棉絮。

晚，治《手记》，改写了一部分《新版前言》的内容，这个工作大致结束。

1981 年 4 月 9 日夜

早八时半如约去统战部，和郑子文同志、张才根同志谈生活与工作。

中午赵博源来。二时许到办公室开会。五时归家，王戎在候，共吃晚饭后，别去。小李夫妇来。八时许，访应必诚夫妇，承赠《中国社会科学》一册。

收到陈秀珠信，她已恢复党籍。

1981 年 4 月 10 日夜

上午小李来，送来《巴集》二校；偕戏剧学院的徐景东（据闻他是徐景贤①的堂弟）去系内查田汉材料；发出《巴集》二校并给编者汤淑敏一信。

下午中文系开运动会；偕桂英去五角场打浴。陆树仑等三位同事来访。陈思和来，借去新文学史书二册。

晚，小唐夫妇来，带来汤淑敏信。唐说这套资料丛书的人事有变动，顾问换了周扬、茅盾、荒煤、冯牧等人，许觉民和我等三人是特约编委，官们又借势挤进来了。

得夏嘉杰信。晚写成（改成）《〈手记〉新版题记》。把译稿全文全看了一遍，改动了一些文字。

1981 年 4 月 11 日夜

今天礼拜六。上午校完《手记》，交小江校对。午饭后，我们一家人动身去老郑家，路过北站逛了一通，再乘车前进，四时到郑家，老郑、老何都不在，和孩子们吃了晚饭。七时许，老郑回来，坐了半个钟头，才又动身回来，到家已十时许。

---

① 徐景贤，"文革"中上海市革委会主要领导成员之一，主管文教宣传工作，"文革"后被称为"四人帮"余党。

上午发冀汸一信，附寄去为《手记》写的《题记》，希望能在《江南》上刊出来。

今天报上刊载了黄克诚的文章，是从《解放军报》转载的，仿佛又回到"文化大革命"时代的前夜。

1981 年 4 月 12 日夜

上午在家写信二封，一致陈秀珠，一致夏嘉杰。午睡后，陈思和来，送来代买的《新华文摘》二、三两期。

晚饭后，去经济系张家小坐，他也是房子落实政策者之一。小周夫妇来，施昌东、乐秀拔同来。写了一封致茅盾次子韦韬的公事信，明天发出。

上午小顾夫妇带小孙女来，在此午饭，景振球来。

1981 年 4 月 13 日夜

今日未出门。下午老潘送来文研所来电，邀我参加本月二十五日起在京举行的现代中国文学思潮和流派问题讨论会。下午得王世敏信和诗。

下午校阅了李辉译文。晚读 Olga Lang 关于巴金的论文。

致韦韬信已托老潘挂号发出。

1981 年 4 月 15 日夜

昨日接到文研所电报（开会），即给徐迺翔信，请代为请假；今日挂号发出后，又接到马良春信及开会正式公函，晚上又给马良春写了一信，明日发出。又给晓林写了信，并附给大哥信，请他也得便给文研所打个招呼，免生误会。这次不去开会，一是工作走不开，一是一个人无法出门，一是自己孤单，目前文艺界空气又不好，免生事端也。

上午到系内，把申请调桂英来沪申请书送给于敏同志。她说，系内批一下就转上去。

交给《雪莲》的信退回来了。晚上王聿祥来说，那里已给他有信，说明因"气候"关系，大家只好"火烛小心"了。

昨日南京丁芒上午来，在小唐家相聚整日，谈到《巴集》公事，老汤已离职，余下职务另有人接替。他也谈起他多年的遭遇，和家庭的悲欢离合，不禁流泪声咽。我听了，也眼睛湿了，苦难的中国知识分子啊！我们这个背着沉重的封建主义包袱的人民国家，如果把包袱看成财产，不主动地卸下来，是难免不摔跤子的。它必然使革命变质，人民受难，历史倒退。对一个民族或国家来说，那是苦不堪言的。

这两日正在看些材料，写《茅盾与外国文学》这个题目。本来在文研所报的题目是《外国文学和几个中国作家》，现在不去了，但前又向校庆的科学讨论会报了这个题目，文章还是得写的。这个题目太大，一时写不清，也写不及，只好缩小一下，谈谈茅盾，内容计开：1. 茅盾是他国文学的翻译介绍者，他的文学工作，是从翻译开始，以文学为主；除过翻译文学作品，介绍外国文学动态，讨论翻译问题，还有专著介绍外国文学，除过那些专著外，还在三十年代为《中学生》写《世界文学名著讲话》，作外国文学的普及教育工作。在他主编《小说月报》时，还着手编了"俄国文学""法国文学""被损害民族的文学"等专号，大张旗鼓地介绍外国文学，尤其是俄国和被压迫民族文学，以介绍写实主义文学为其主线。他对俄国文学的介绍是突出的，正像鲁迅那样，我们的新文学运动与俄国文学的关系、我国的革命文学和苏联文学的关系，其实就是我国人民与革命的关系。他保卫俄国文学，反击梅光迪这些封建复古派。在抗战时期，又翻译了苏联作品，并写过介绍苏联文学翻译情况的论文。解放后，任《译文》主编——这是鲁迅创刊的杂志。2. 他的初期的文学批评，是受泰纳影响；后来又受苏联文学理论影响。3. 他在一九二七年开始创作，当时论者以为他受左拉自然主义影响；又有人说，他受屠格涅夫影响。他也说他的创作："我觉得我开始写小说时的凭借还是以前读过的一些外国小说。我读得很杂。英国方面，我最爱读的，是狄更斯和司各脱；法国的是大仲马、莫泊桑、左拉；俄国的是 Tolstoi 和 Chekhov；另外就是一些弱小民族的作家了……我的《幻灭》发表以后，有一位批评家说，我很受屠格涅夫的影响，我当时觉得很惊异，因为屠格涅夫我读得最少；他是不在我爱读之列。为什么呢？我自己也不知道。"（《谈我的研究》，原载《中学生》61 期，1936）这点和鲁迅在《我怎样做起小说来》说的话，有些相像，鲁说："（写《狂人日记》）所仰仗的全在先前看过的百来篇外国作品和一点医学生的知识。"（《南腔北调集》）巴金也是如此，他在《断片的记录》也说过同类的话。他推崇俄国的杜思退益夫斯基、托尔斯泰、阿尔志巴绥夫这些俄国作家。世界文学是相互影响的，但这个影响，总是和本民族的特性结合的。外国论客说：俄国的普式庚、莱蒙托夫受到十八世纪和十九世纪初的文学以及 Byron、Schiller 和 Walter Scott 的影响；Dostoevsky 受到狄更斯、E.T.A.Hoffmann、Balzac、George Sand 和其他法国作家的影响；托尔斯泰受过司汤达、卢梭影响；但另一方面，Henry James 受了屠格涅夫的影响，托尔斯泰影响了罗曼·罗兰，Dostoevsky 影响了 Kafka 和纪德。我们应该承认和研究这种文学交流关系，这种互相影响是正常的、必要的、不可避免的；但不可脱离本民族的历史、社会等各种条件，抽象地或静止地研究，形而上学地研究，做简单的类比——如一个外国人研究巴金，把巴金的《第四病室》和契诃夫的《第六病室》相比，因为题材差不多，题目也相似；同样，鲁迅和果戈理都写过《狂人日记》，也不能很简单地类比，而应该做历史唯物主义的分析；另一方面，外国人研究中国现代文学，恒以他们自己为中心，把中国作家的创作看成他们西方影响下的产物，法国兴起的比较文学，就是以法国为中心来研究别人受它的影响，后来兴起的德国研究比较文学，又持反法态度，以自己为中心——这种优越感，是一种偏见。……

关于茅盾与左拉自然主义的关系。他自己一九三四年三月在《答国际文学社问》时说："我自己在那时候是一个'自然主义'——写实主义的倾向者。"他说的"那时候"，是指"大概是一九二〇年，我开始叩更多的门"的时候，指的是他的早期，《小说月报》时期，曾进行过关于自然主义的讨论。他在当时写的文学论文中，也对自然主义有许多论述。一直到四十年代，关于茅盾的自然主义创作方法问题，还有争论，现在也有人认为那是一种误解，值得研究。

关于左拉、屠格涅夫对茅盾的影响，应具体从我们民族特点和所处的历史条件去分析，茅盾和他们的国家和时代不同，他有他的民族的、历史的特色。

屠格涅夫是写女性的能手，尤其是少女；茅盾初期作品也写女性拿手——虽然他们迥然不同：前者的女性是些纯真的、富有理想的；茅笔下的女性，多半是带着世纪末的颓废病态的女性——但他们都喜欢通过恋爱来刻画人物的性格、品质，通过爱情来描写社会现象，屠的小说塑造了六十年代的平民革命者的典型（批评家说，俄国大作家屠格涅夫写青年的恋爱不只写恋爱，还写青年的政治思想和人生观，不过借恋爱表现一下而已）；但茅的小说，写的社会面更广泛——茅的小说，如《三部曲》中的某女士和史循等在感到幻灭后，耽于刹那间的肉的享乐，正像一九〇五年俄国革命失败后，Sanin①一类俄国青年耽于极端的官能的享乐一样（性的放纵），都有他的时代意义和社会内容。

自然主义者从生物的观点看人，往往把人做本能（兽性）的描写；它对社会现象，主张纯客观的描写，像照相那样。……

1981 年 4 月 16 日夜

全日在家忙碌。中午写作组主任和教师来谈编选外国散文事。三时许，史华未亡人和女儿来，稍坐后，一起和任敏去虹口，她们回家，任敏买东西。王戎来，在此晚饭后离去。

接梅志寄来的天津出的《文艺副刊》及《鲁迅研究动态》各一册，附一信。

1981 年 4 月 17 日夜记，外面大风

全日天雨。上午九时多，小周领老萧母女来访，她来查刘大白材料，在此吃午饭，小唐作陪。她说，上图堆了很可观的原稿，都是抄家抄出交给她们那里的。她说愿意为我留心搜求被抄去的书稿，盛意可感。

托小周发出给马良春信。

收到化隆给敏的电报，问讯我们有无十六岁以下的儿女，如有，要电告他们。耿庸来一短简，附来梅志给他的信。

下午，时近黄昏，小刘、秦湘来坐。

1981 年 4 月 18 日夜

上午在家校好《手记》全稿，即忙于写有关狄更斯的讲稿。下午五时许，通用文科大学钱雯同志来接我，乘车至大连路一中学，这就是该校的借用校址。这是一所去年成立的民间大学，同学都是在职青年，专业目前是培养写作能力，有的同学也发表过作品。讲了近二个钟头。由另一位邵

---

① Sanin，俄国白银时代的作家阿尔志巴绥夫的长篇小说，书名《沙宁郎》即为书中主人公。

姓同学送我回来。

给青海发出回电。写了给文教局信。又写了一封致伍隼信，准备明日同稿子一起寄出，这个工作就算忙得告一段落了。

1981 年 4 月 19 日夜

全日在家。上午整理好《手记》，由桂英送到印刷厂订好，挂号发出，算了却一宗心事。

整理《小说月报》目录，选文准备复制，晚上又继续选《文学旬刊》。这个题目——"文学研究会"是个大题目，可以小做，也可以大做。

收到王聿祥信、夏嘉杰信及南京师院俞润生信——承他抄了些书目又寄赠《文教简报》二册，盛情可感！

晚饭后，敏偕桂英进市内看莎翁话剧。

1981 年 4 月 23 日夜

前天发出给伍隼信，挂号；内附契诃夫像二张，签名一张，供《手记》之用。

昨天上午偕敏出门，先到"辞海"。在此见王戎，因炳中在开会，留下字条，陪王戎和敏先到顾家。他们久等不着，已吃过饭，看到我们来了，又手忙脚乱起来了。随后炳中偕尚丁到，我未见尚丁已近三十年，他的面目全变了，下牙床因生恶性肿瘤，已连牙床都弄掉了——他这些年也备尝艰苦：五五年因我们关系，被关年余；五七年因"右派"在青海流放四年；他的爱人受迫害退休，现在还未解决。饭后，耿庸和他离去。三时许，我们一行数人，加上小顾夫妇和他们的孙女一起到了文艺会堂，先在此喝茶，满子、炳中随后也到；在此遇冯亦代，有三十多年不见了，他来沪开英国文学研究会。五时许，小叶夫妇来，他们新婚，我们几个朋友在此宴请祝贺；丰村夫妇也参加这个宴会，他说一九四七年曾偕刘北汜去义丰里看我不遇。他是此地主人，邀我们进入贵宾接待室小座，喝茶；六时许，开始吃饭，菜很好，大家都喝了不少酒。饭后，又一起坐车去了小叶他们的新房，房子虽然简陋，但布置却尚堂皇。坐半点钟后一起出门散去。到家已九时许。桂英身体不好，在家休息。

炳中交给我冀汸寄来的一张复制照片，是一九四八年我们夫妇、张

153

公夫妇、路翎夫妇以及冀汸、罗洛、朱谷怀在杭州所摄。这张照片我们都记不得了。

今天上午西海和织织来在此吃水饺，午睡后，章培恒来谈招研究生事，稍坐即去。西海他们一对也别去。

晚饭后，小姚来，谈丁玲事至九时许，承他送我他们和丁玲一九七九年在京合拍的照片一张。

收到毕朔午信；前天《解放日报》转载了《解放军报》批白桦《苦恋》的文章，帽子一大堆，上纲法又来了，好像又回到了五十年代或"文化大革命"前夕。

1981 年 4 月 27 日夜

前天，星期六，天色晴朗。上午全家在小顾家午饭，王戎、满子夫妇同座。满子夫人吴仲华，有二十多年未谋面，今天忽然出现，出乎意外。她并不显得苍老。饭后一齐步行至长春路，南越结婚在此请客；小顾小儿在此当头头（一家饭馆），客人共五桌，四桌都是女方亲友，只有我们一桌是"文人"，尚丁偕外孙也来相庆。菜甚丰盛。我举杯向满子夫人道歉，——由于我和他们夫妇相识，使他们一九五五年、一九五七年都吃苦；我又和尚丁对饮一杯，他也在一九五五年因我的关系被关押年余，一九五七年又被打成"右派"，去青海流放四年。他倒坦然，他说"这些年未被整过的人，倒要注意"，这真是一句名言。相聚至九时散席。

满子见赠上海出版的《社会科学》一册；小叶见赠本期《萌芽》一册；小顾送我《安徽文学》一册，那上面有一篇陈辽的文章。

昨日星期，客人川流不息，深以为苦；中午老焦在此午饭；晚饭时，王戎率小媳在此。

读《花城》文章《天京事变》。

今日全日在家，续读《天京事变》。上午唐金海来，南京寄来《巴金专集》的封面，尚好；收到青海给敏寄的退休费；夏嘉杰信及新婚照片。

下午，施昌东及严修来，严带来他的小说《陈玉成之死》原稿。晚饭后，全家散步至周惠生先生家小坐；晚，陈思和、李辉来。

1981 年 4 月 28 日夜

午饭后，偕桂英到五角场洗澡，又去附近看了一场电影，晋剧《打金枝》，它写封建阶级之间的权术和人性，恰到好处。

晚饭时，谭启泰来，说是王中爱人程玉英今午猝然去世，于是相偕去看望王中，据说，她直到死时，医生还弄不清她害的是什么病，这些医生（还是军医哩），既不懂医道，又没有一点责任感（没有人心），并且医错人致死，也不犯法，真是奇怪得很！王中女儿在旁说：我国人命是有等级的；大医生只能看大人物，至于平头百姓，那就只好听天由命。

晚上写了一堆复信：梅志，毕奂午；公事信；福建人民出版社陈公正，南京师院俞润生；又给张禹写了几行，随严修小说一块儿寄去。

1981 年 4 月 29 日夜

天气晴朗。上午到办公室，托小李发出昨夜写好的公事信。

午睡后，史华未亡人带二个孩子来坐，公安局张竹均等二同志来，她们母子离去。张同志他们来的目的，是调查我的申诉问题，因为胡风集团平反的中央文件，给我安了个"汉奸"的头衔，这种不实之词应该要求澄清。张等要我重述了一遍当时情况，称为"贾植芳同志陈述记录"，由他笔录，我阅后签了字。他说，中央文件的说法，是过去的上纲上线法，是个失误。要我相信党，会实事求是地给个答复。谈了近二个钟头，他们别去。我和他们也提及桂英的问题，叙述了具体情况，他们答应先由复旦大学批出意见后，他们再去问，但说，"难度很大"，因为"人口膨胀"。

王戎来在此晚饭，施昌东来坐，近十时离去。

1981 年 4 月 30 日夜

上午小顾来说绿原已到沪，约定明天下午在他儿子的饭馆里公宴。他听绿原说，路翎又发了病，时常在家大声嚎叫，有朋友在座时，他一个人跑到厕所嚎叫，这是精神分裂症。

小魏送来登载白桦剧本《苦恋》的《十月》。晚上看竟，作者显然缺乏题材所包括的生活实感，凭借想象，有些情节、场景以及细节都不够真实，但他概括的"文化大革命"中的知识分子的悲剧命运，它的主题却是真实的。听说，《解放军报》的批评文章，执笔者是刘某，人家把这篇文

155

章比之为姚文元的《评〈海瑞罢官〉》。

接到赵博源信及北京鲁研室寄来的《鲁迅研究动态》本年第二期。发出致铁莹信，昨天接到她的来信，这是五十年代初期我们房东家的一个小姑娘，当时才十岁不到，是个小学生，现在，信上说，她已是一个三十七岁的中年人了，也饱经了沧桑。

1981 年 5 月 2 日夜

昨日上午偕敏去文化广场观法国影片《拿破仑传》，上下二集，由上午十时放至下午一时始毕场，外出时，天已放晴。步行至小顾家，路上买糕点当午饭。王戎已先到小顾家。四时许，小顾至外滩东方饭店接来绿原，相随至长春路饭店，王元化、炳中、满子及徐大椿的爱人钱伯诚陆续来，吃饭至九时许始散去，抵家已近十时。

今天有阵雨。上午，家乡的外甥老二，与其同事来，他们自江西来出差路过上海，这个外甥我也没见过，他在铁路上当工人，带来家乡酒及核桃枣子等，任敏出去买了些上海糖果给他带回，午饭后别去。老焦领师院分校一女同学来，饭前辞去。

午饭后，偕小卞与敏乘校车至西宝兴路参加程玉英同志追悼会。到时，大雨滂沱，花二元租花圈一只，写了五个人名字（还有小陈、小卞多人）。礼堂窄小，礼毕，乘车回校。

上午张孟闻先生来借鲁迅的《坟》，托桂英下午在系内借了一本全集本，送去。

晚饭时，乐先生招饮，他媳妇带来三只鸡，愿与我们夫妇共食。乐师母做了几个广西菜，非常可口。九时辞归。

晚，整理《文研会》目录，至三点钟。

1981 年 5 月 5 日夜

前天下午偕敏至满子家，这是他们的新居，地处闸北公园对面，也是新造的房子，但已布置一新，一切都是新的，比五五年他们的旧居大为改观了。绿原、小顾已在；移时，王戎、炳中偕尚丁亦来，在此晚餐；小吴下厨，菜食甚丰美。十一时许归来。

大前天，阴雨。午饭后，偕敏及小卞乘校车至西宝兴路参加王中夫人葬礼。

昨日得大哥一信，他已定于六月三日起身去日本。得"沈雁冰同志治丧会"函，由他的儿子、媳妇具名，感谢我的悼念，是打印件。在中文系开"文学研究会资料"编务会，经过几天努力，这本资料集的内容目录，已大致就绪，唯外国文学部分选文分量过重，恐怕还要大加删削。

昨夜写了一大堆信：致大哥；致炳中，托他打电话向叶某讨回《人生赋》，这个小青年言而无信，转借此书一载有余，一再推诿不还，实际上是进行欺骗，着实恶劣；又给赵博源及夏嘉杰各写一信。今日一块儿发出。

下午到学校领工资。回家时，史华未亡人在候，公安局要她明天去谈话，为史华事；他们已离婚，史六六年外出后自杀，去年史华平反后，她找来了，要向公家落实史的经济问题，公家不予置理，因为她已离婚，无此法律资格。但她和史华生了两个孩子，也是等了十年才宣告离婚的，有些出于无奈，其情可悯；她并无陷害丈夫的行为，也不算不好的人，只是随波逐流，出此离婚下策，也是为了逃避苦难也。

1981 年 5 月 11 日夜

好几天未写日记。八日上午，应召去党委信访组看小奚同志，他谈到桂英户口问题，据公安局回答，"如果有合法的领养手续，户口可迁入上海"。他说，现在法制，应有领养手续，并说把桂英户口和任敏迁在一处，如此迁入时较少麻烦。这个事，没有遇上太多的阻力，就算大幸；这两天正在准备着让桂英回晋一行，补办一切应有手续。

礼拜五，小顾、王戎来，在此午饭。这两天为《解放军报》事，议论很多，据说学校也出现了一些学生的小字报，表示抗议；北京大学学生贴了三条标语，一曰："白桦是人民的作家。"二曰："白桦何罪之有？"三曰："《苦恋》万岁！"据说，《解放军报》文章为某某手笔，这个文官实在低能，他的本事比姚文元差远了，可惜他"写不逢辰"。他以"本报评论员"面孔一出现，就受到千夫所指的待遇，正是"出师未捷身先死，徒使英雄泪满襟"也。逆人民和历史而动的家伙，是不能不受人民和历史审判的，这是历史的真理、法则。

前几天收到叶孝慎寄回的《人生赋》，这是炳中代催的结果。炳中信中称此君为"大耳儿"，可谓真知灼见之论，确是个惯于投机取巧，无耻无行之徒。

昨天上午陆士清来，说要填比较文学课的教学要求，当即写了五百余字，晚上唐老师来时托其带回转交。

这两天天气骤热，据云已近 36℃，今天礼拜天，大有盛夏气势。中午去看了《咖啡馆》，这是一个埃及片，写该国萨达特上台后，纠正纳赛尔时代的错误案件。剧中写青年学生受政治迫害细节很真实，极端残酷，为我们揭露"四人帮"的作品中所未见。剧中那些凶手对"犯人"释放时谈话的口气，和张春桥之流一模一样："为了革命的利益，你们受了委屈，这就是你们对于革命的贡献。"而在时势变了以后，特务头目进了监牢后，他对受他迫害的群众说："我是奉命行事，我和你们一样，都是受害者。"演员技巧很高，非我国所可企及。我身旁一位观众说，它没有舞台气味，它写的是生活，是对政治恐怖的揭露和控诉，是现实主义。白桦那个受批判的剧本比较起来就显得温情脉脉了，但仍然受到鸵鸟们的棍棒，说明正视实际、接受教训对手持棍棒的人真比骆驼进针孔为难了。但他打一下棍子，就是往自己肚里吃下一根针，他的内脏是会受致命损害的，蠢货啊！

晚，阵雨后天稍凉。

1981 年 5 月 12 日夜

上午八时偕小唐到上图，这里在编现代丛书目录，约好今天代为审阅，指出了一些谬误。孔海珠也在此，谈编茅盾事。中午在此午饭，吃了两个包子。下午三时辞出，去福州路外文书店、上海书店看书，在科技出版社为桂英代买《电工学》一册。

晚，在邻居家看电视《闯王旗》，很合当前需要，宣传"四个坚持"之新作也。

1981 年 5 月 13 日夜

昨天收到山口守信，附有他临行前的一张合影。

这几天为桂英回晋作准备，芳邻们都送了她些食品，昨夜连写四信（致古城公社李书记、致襄汾房管局、致二哥、致小留妹①）由她带晋。

---

① 即贾植芳先生的二胞妹贾宜静，已亡故。

今天下午去学校拿复制材料。晚王戎来谈，他将去《文学报》工作。

1981 年 5 月 15 日夜

这两天全天在家，看有关茅盾材料，准备写成《茅盾与外国文学》的报告。这个题目很大，内容复杂，拟分几部分：1. 茅盾的翻译介绍工作在他整个生涯中的地位和评价，作为绪论；2. 写他的翻译介绍外国文学的观点；3. 写他介绍外国文学的几个重点以及成绩；4. 写外国文学对他的创作影响（兼及他的文艺评论与泰纳的影响）。现在时间已经不多了（廿六号即开始开校庆会），必须抓紧又抓紧。

今日发日本山口守一信，是应酬信，回复他的来信。接到外甥信，说是桂英的户口，侯村已经允许迁入，并已把迁入证寄到汾阳去了。

1981 年 5 月 17 日夜

今天星期日，天朗气清。早饭后在国权路遇陈子展①，他哈哈大笑说："一场大笑话！"他说的是过去的二十多年。

发出给皇甫姜信，把他的一篇稿子《Tolstoi 艺术散记》和李辉的另一篇一起寄《艺谭》。

鄂基瑞②送来"现代文学研究会会员表"，他说这是官方机构，要马上填好；中饭后，偕敏送至他家，也是借此去看看他，他们夫妇一直送至大门口。

下午老秦来，在此晚饭。敏从邮局购来一册《十月》，其中一篇《初恋的回声》，实在写得不错，它不仅写了一个"右派"学生的初恋的情节，也写出在"大跃进"时代青海的可怖的饥饿现实。

昨日收到青海寄来的敏的退休证，作为干部退休，工龄二十九年零七个月；又收到福建人民出版社陈公正信。老焦送来一些鲜菜。

1981 年 5 月 18 日夜

全日在家工作，收到桂英来电、汤淑敏信及巴金校样。晚，往访陈子

---

① 复旦大学中文系教授，一九五七年被划为"右派"，现已故。

② 鄂基瑞，一九六〇年复旦大学中文系毕业生，毕业后留校；时任现代文学教研室支部书记，后任校统战部长。现已退休。

展；写给汤淑敏一信。

1981 年 5 月 21 日夜

这两天少客人来，正为写论文读材料，材料越读越杂，思路反倒乱了，这样又感到下笔不易，但总算开了个头，或许就这样写下去——简要地写写就行了。这实在是个复杂的问题。

下午到系内一次，收到炳中信，说胡风夫妇将于日内到沪，文化部已派员来联系医疗事，住处已先定好东湖宾馆，约好这个礼拜一前去看他们。一别近三十年，当中又经过了这么曲折离奇的命运，想不到又能在上海滩头聚首，这也真是命运啊！

昨日学生送来的《解放军报》（本月十九日）上有某人写的一篇评《苦恋》文章，这是近来轰动国内外的一件大事，有人又想点火，但柴湿了，会燃不起来，反而熏起满天烟雾，熏得点火的人满眼是泪。

1981 年 5 月 28 日夜

好几天没写日记，实在忙得不可开交。二十六日校庆，二十五日中午才收到通知，开了一个夜车至天亮，弄了些材料，仓促上阵，在系内做了个《茅盾与外国文学》的报告，时间一小时；会毕返家，学报负责人王同志接踵而来，希望稿子能在学报发表。当晚上，偕敏去延安饭店看了她的大嫂和侄女与女婿，他们夫妇是军人，与我素未谋面，但他说，他的档案内也有我的名字，可见株连得无微不至了。他送我们汾阳名酒二瓶，茶叶二斤，返家已十时。

昨日下午王戎来，在此晚饭，他已到《文学报》工作了。他说，曾卓已到沪，张公一家上周日抵沪，到沪后即直接被送至龙华精神病院，用他名住院，外人概不得会面。梅志和晓风①住柏山夫人家中云。

今日上午乐嗣炳先生夫妇来访。午后，上海机械学院派车来接，由小唐陪同，去那里讲了两个钟头的狄更斯。

晚在昌东家看电视，作为休息。

接王聿祥和西海信。老苏来，带来文研所信，经费已批准二千元云。

---

① 晓风，即张晓风，胡风、梅志夫妇的女儿。

1981 年 5 月 30 日夜

　　昨天早上偕敏与李辉出发，我和李辉去看美国图书展览会，敏去小顾家等我们午饭。

　　看了一上午图书，抄录了一些书名，可用者不多，想是经过了严格的"审查"之故。

　　十一时许出馆至小顾家，老何已在此。他读了《人生赋》，评曰：这是"中众化"作品，鲁迅为"小众化"，他说像契诃夫，说《更下》好些。

　　饭后，偕小顾去看老耿，曾卓、满子陆续来到，又同回到小顾家喝茶；小李见过曾卓后别去。六时许，梅志偕晓风来，二十八年不相见，她并不显得苍老，比我还大一岁；晓风满口北京话，我已不相识了，但她说"贾叔叔样子没有变"。张公已住院，医生禁止会客，他的病情到沪后有所进步，他已清楚他来到上海；公家似乎还重视，组织了医疗班子。和众人到小顾儿子的店内相聚，菜食尚精美。二十五年后，想不到又在上海相聚，历史总是冲破了它的阻力正常前进的。十时归来。

　　今天清早，敏的大嫂偕她的长女及女婿来看我们，在此玩了一天。吉林大学李老师来访，昨天接到他们编的资料目次。今天接到桂英自襄汾来信及证明文件，她的认领手续已办好了。晚看电视，宋庆龄逝世。

1981 年 5 月 31 日夜

　　今天礼拜天。早上如约偕小唐、老何至淮海路上图老萧家，在此午餐后辞出。

　　晚，填写"干部登记表"，这个表很详细，也是多此一举的老套，真是额外负担。

1981 年 6 月 1 日夜

　　上午吉林大学李老师来访，在此午饭，由老苏陪同。午睡后，曾卓女儿鲁萌来访，她在华中师院做欧洲文学研究生，来沪参观学习。她在十年浩劫中也吃了多年苦，现在还在做论文，正如她父亲写给她的诗上说："回顾你年幼的身上，已沾上时代的风暴。"她因对美学有兴趣，要求和施昌东相识，乃偕她去看施，晚七时辞去。夜间，敏代抄"干部履历表"，

161

她忙了一天，不睡觉休息，晚上还得加班抄写这些毫无意义的东西，真使人愤然。

1981 年 6 月 2 日夜

上午为桂英收养事，找党委会信访组小奚。他说，前次交给他的消除影响的名单已办过了，如果还有需要消除影响的地方，希望再把名单交来，由学校出面消除。桂英收养手续证明文件，只有问过公安局才能决定地方基础行政单位的证明信是否管用。他问过人，恐怕需要法院开证明才行。为此，晚上给桂英和宜静①写信，要桂英先办法院手续，省得往返费事。

小李下午送来一张上月二十五号的日本《朝日新闻》（夕刊），那上面有该报上海特派员田所的巴金访问记。其中巴金对记者说："批判胡风那时，由于自己的'人云亦云'，才站在指责胡为反革命的人的一边。现在他已恢复了名誉，并没有所谓反革命的事实。我对于自己当时的言论进行了反省。必须明白真相才能行动。"这是我见到的第一个为"反胡风"而向国外发表声明的中国作家，而这样的人在中国如恒河沙数也。

1981 年 6 月 4 日夜

两天未出门。昨天把小顾父子和小李稿寄青海，施、潘二君《中国哲学史论》目录寄福建，并给桂英寄了一封挂号信，又寄静妹一信。

下午施昌东偕张同学来访，他已退休，在两个单位教英文，已五十多岁，他的名字我已不记了。

今天收到梅志信及张公诗稿，还附有他们一家的三代照；赵博源来信，以及皇甫姜来信，后者寄赠《山西日报》印的《文学流派讨论集》一册。

上午寄晓林一信。昨得老罗信，他定于这个礼拜日和老郑来访。

1981 年 6 月 5 日夜

上午去系内，路过教师阅览室，就"人民性""国民性"与"民族性"三个词，查了些日本辞书。办公室遇章培恒，他说："你招的比较文

---

① 贾植芳先生的二胞妹，现已故。

162

学很时行。教育部前天来电话说是多招两个，挂在你名下，预备出国。"桂英来信。

征南送来粽子，并代买到《拉奥孔》一册。下午谭启泰、陈思和来。晚小江来，小唐、杭大何老师来。

1981 年 6 月 6 日夜

上午去系内，为评巴金文找了些新材料。午睡后，苏兴良来，谈公事。他提出那个中央文件有关我的所谓历史问题，即说明情况。

外文系小庄来，带来留日同学吕俊君信。他已到沪，拟来相望，即写去回信。

晚饭前，王戎来。他说一个多月前文联给复旦写信，预备恢复我的会籍，复旦党委回信说，贾植芳的历史问题尚未解决，稍缓云云——他说这是丰村说的。一个多月前，正是刮风的时候，英雄们认为时间又开始了，又把尘封的棍子，拭去尘土，举起来了，但历史变了，受到人民的谴责，就只好"暂停"了。

中午小李在此吃水饺，又谈起他的调动事，仍无下文。

给陈鸣树发出一信，答复"三性"①问题。晚，应必诚夫妇来，乐秀拔夫妇来。乐夫妇邀我们去看电视，十时归。

小谭爱人来，她的小妹今晚睡在这里。

上午在教师阅览室，把填好的履历表交给鄂基瑞。陆士清说，由我指导三个毕业生的论文：二位是巴金，一位是现代文艺批评。

1981 年 6 月 7 日

礼拜天，燥热。上午老罗来，以四川绵州酒一瓶相赠，晚饭后离去。晚饭后小卢、小李来坐，老焦来。

1981 年 6 月 9 日夜

昨日中午后，留日同学吕俊君来。三八年汉口相别后，已四十多年未见。他此次在杭州碰到朱声②的前妻钱瑛，才得知我的情况——原来他的

---

① 即"人民性、民族性、国民性"。

② 即诗人方然，杭州人，五五年"同案犯"，"文革"中跳西湖自杀。

妻子是钱瑛的妹妹，他们的老丈人是江浙财阀集团钱心如。他多年饱经沧桑，他是地下党，受陶铸排斥打击，多年受压，也是去年平反。从他那里得悉陈启新①消息，原来他尚在人世，现任广东文史馆办公室主任，业已儿孙满堂了。今日一早偕敏去看荷兰图书展览会，无所获，路经北京路，顺便看了斯民。二时许到家，王聿祥已在候，他在此吃过晚饭后十时许别去。收到梅志、炳中、山西各信。

1981 年 6 月 14 日夜

好几天不写日记了，也顾不得，也没心劲。今天上午去系内，发出巴金二集稿子。王戎在此晚饭。三个进修的教师来辞行，托其中的一位北京外国语学院老师给北京外甥女及侄女各带书一册，请他便中送大哥处。

王锐陪他的妹夫来访，这位妹夫在新闻系念书，现在中国新闻社实习。他受命来找我，要写一篇访问记，在国外华文报纸发表，说是外面很关心此事云。他说他的一位同志近来曾到龙华医院问过胡风，寒暄数句而已。

小刘下午送来美国图书展览会全部书目，约我圈些书目出来，以便购买。

1981 年 6 月 16 日夜

上午到系内，和想做比较文学研究生的外文系女同学叶锋见面。她人尚朴实，据说十多岁就去江西插队，在那里住了八年才回来。她是自学起来的。

下午到教研室开会，会见写毕业论文的三个同学——李辉、陈思和外，还有一个黄姓同学，就他们所选课题，说了一些简单意见。

预定的录音机，今天拿回来了。请黄老师检查了一遍，说是有些毛病，录音效果欠佳，需要调换才行。

晚写二信，一致毕奂午，明日托武大进修的教师薛女士带回；一致满子，应必诚的论《红楼梦》版本的稿子已寄出，请他多为关照，提些意见。

---

① 三十年代留日同学。

164

1981 年 6 月 17 日夜

为了调录音机，上午下午都跑学校。在邻居老王同志帮助下，终于捡得一架较好质量的。

得王聿祥信及鲁迅室寄赠的《动态》最后一期，其中有一则关于出版《鲁迅研究集》报道中，称胡风为"文艺理论家""文艺批评家"，这是近三十年来的创举，公道自在人心。

晚，邓明以来，赠了她所写的《陈望道传》一册，我曾为此书看过稿，做过一些润色工作。王戎来，赠烟数包。他说，因上次来时看我的烟断档了，曾和老耿说，老耿本来拟送他，后来托他送给我的，盛情可感。施昌东夫妇、乐秀拔晚上都在此闲坐，真是济济一堂了。

这两天咳嗽太甚，下午让周斌武诊断后，开了个中药方。小魏并赠以药水一瓶，据说是出口的新产品云。

凌晨三时，蚊虫咬人，不成寐，伏案而写。

1981 年 6 月 18 日夜

天气热甚，为年来之最。午睡后，改穿短裤。整日未出门，抄美国书目。上午小陈来，他的妻子本晨产一子。他早已约我给小孩起个名字，那时我起了个陈亮，他今天说，这孩子是天亮时生的，我预拟的那个名字正好。留他在此午饭，以示庆贺。

武大进修教师薛女士来辞行，托她给毕奂午先生带去问候信及一些小吃食。

傍晚，中文系三个毕业班同学来访，李辉亦在此。姚明强来，十时辞去。

1981 年 6 月 19 日夜

天气酷热。昨夜蚊虫猖狂，多次被咬醒，今天开始挂起蚊帐。

桂英中午回来，带来一些家乡的酒和杂粮，分送诸友邻。

晚饭后，应届毕业生尹学龙来，询问投考研究生事。王锐偕他的妹夫小李来，他写的有关我的访问记，已写成草稿，请我过目，并核对事实。他是为中国新闻社写的。

中午，陈思和在此午饭，谈他的学习计划。

1981 年 6 月 20 日

上午梅志母女如约来，在此玩了一天。晚饭后相偕至虹口公园，瞻仰鲁迅先生之墓后别去。一天过得非常愉快。

收到王聿祥信及转来的叶元章信。山口守寄来一包日本有关巴金材料印件，他的信写得亲切热情。

桂英晚饭后去上海看《凤鸣岐山》歌剧。

1981 年 6 月 21 日夜

今天星期日，晴朗。晚，有小台风。上午发《艺谭》信和稿子，寄出柏山、谭启泰、唐金海三人稿；又给张禹一信，附去毕奂午诗稿。

上午唐金海来，带来福建及南京二出版社编辑信。《赵集》在印，印数八千，拟参加马尼拉图书展览会。《巴集》亦付印，八月可出书。

晚饭毕，偕小卞及桂英看罗马尼亚和加拿大合拍的影片《沉默的朋友》。

1981 年 6 月 22 日夜

上午施昌东与卢鸿基①来访。他多年在浙江美术学院任教，五五年也被扫了一翅膀，直至上月二十八日，才撤掉"胡风影响分子"的头衔。他孤身一人，也即是孑然一身：妻子早已离去，党员女儿和他划清了界限——她也是个头脑僵化的可怜虫。

中午在施家吃饭，饭后相偕到我家，为我画了一幅水彩画。晚饭即在此共食，由施昌东、乐秀拔陪坐。章培恒饭前来，送来考试研究生规章，说是我出两门课（专业外语、外国文学）试题，并写出答案，七月二日他来取。

上午发伍隼一挂号信，收到柯文辉信及诗剧印文。晓林来信，大哥未去成日本，因为日本人开会也请南朝鲜，所以不让去了；电视机已在京买妥，日货，花钱四百四十元，四十元由大哥付账。

晚送走客人后，去小卞家看了电视《白蛇传》。上午客来前，杂读早期的论周作人文章。

---

① 三十年代从事木刻的左翼美术家，解放初经曹白介绍与贾植芳先生认识，当时任浙江美术学院雕塑系教授，五五年被划为"胡风集团影响分子"，现已故。

1981 年 7 月 9 日

长远不写日记了，是一种生活懒散性的表现吧。

今天因暑热不好工作，经过多方面努力，才临时找到一个去处——在基建公房里借了一个房间。这是一个空阔的大房间，是临时建筑式的成品，但它的通风设备，却比楼上的"寓所"强多了。昨天天气极为闷热，我们一家三口接续夜不能寐，今天总算得到一些改善，但这是由于我要为研究生出题目的关系，才得到这个"工作间"的。

上午外文毕业班同学叶锋来访，她准备考我的研究生。她说我要招的那两个出国研究生，学校已经公布招生了。这惹起了很大的轰动，为全国文学学科所仅有，在出国热中这成了一根稻草。

得西安陕西师范大学一叶姓学生挂号信，亦是询问招生事的。即写成一复信，明日发出。

下午雷雨，天气转凉。

杂读《艺谭》文。

1981 年 7 月 10 日

上午给大哥一信，晚写晓林与梅志各一信。下午震旦同学孙家臣之子来看我们，并带来新茶一包，留在此吃饭后别去。九时许，与桂英去八舍洗冷水浴，遇暴雨。统战部张才根部长下午来，看望我们是否搬好房子。为了这一间工作室，兴师动众了许多人才算落实，鲁迅先生早年云，在中国这个社会，搬动一张桌子都不是容易的事——这种情况现在尚未成为历史陈迹，且有变本加厉之势，殊可叹息也。

1981 年 7 月 11 日夜

全日在家，下午校浙江出版社为《手记》提的那些意见。写给小江一信，约他带书来校自译的部分。

晚又有雷雨。灯下出研究生试题，这是个劳动量很大的工作，要先做好答案。

收到吕俊君、陈思和及冬生信。

1981 年 7 月 12 日夜 2 时闻火警车声起而记之

礼拜日未出门。上午汾阳中学王教师来，他在汾阳与桂英相识。此人山西大学毕业，也饱经风霜，五八年以"攻击三面红旗"被开除公职下放，现在平反，结论被改写成"攻击党的各项政策"，换句话说，仍然可以被说成有罪，这就是俗语所说"留尾巴"。我国刀笔吏是历史特产，这本来是封建专制的结果，但在解放后却反而更加兴旺并且"普及化"——我国解放后经过历次运动培养和发现的"刀笔吏"，其工于锻炼人罪、想方设法置人于死地，其术之精，亦可谓史无前例、"卫星上天"也。

山西大学一教外国文学的中年教师来访。乐秀拔领顾易生父子来访，谈报考研究生事，留有顾子所写的论文《萨克来和他的〈名利场〉》（中英文各一篇）而去。

1981 年 7 月 15 日夜

上午发信三封：代敏写信挂号寄化隆文教局，寄去收款条并询问安家费数目；寄赵博源和陈思和，他们最近都来过信。

上午去系内抄日本百科全书有关人文主义条目。老潘送来信，在此吃午饭。他带来延安大学中文系学生吴瀚飞来信，询问有关比较文学事，自公开招研究生以来，连续收到来信来访。昨天收到江苏师院学生王铁信，分别都写了回信，明日发出。

下午邵洵美之子邵祖承来，偕一慕名而来的他的教中学英文的同事任君来。他带来一本近刊的《西湖》，那上面有一篇访问他母亲谈他父亲的文章，也算一种方式的平反了。他们四时别去。

施昌东来，他前几天因为吃鱼中毒，去医院住了十天，发高烧至40℃，总算看好了。工会卖沙发，我们买了一双计百元。施家夫妇也买了同样的一对，钱由我们垫付。

1981 年 7 月 16 日晴热，夜

整日未出门，收到山口守信及复制的北京《文学旬刊》目录。

上午，小姚来报考研究生。张孟闻先生来，送还前借的一册《鲁迅全集》，他为了写纪念文章之用——他在二十年代与鲁迅有所接触也。

下午，施昌东夫妇来坐。晚，小张姐弟来坐；江礼旸来，托其校补

《契诃夫手记》。

1981 年 7 月 18 日夜

昨天上午敏和桂英带些礼物进市区去看小陈夫妇,他们新产一子,我给起名为陈亮。中午,小杜约我去他家午饭,因喝酒过量,回家后呕吐,睡了一下午,终觉有些不好过,晚上早睡了。王戎在此吃晚饭,只好由他一个人独饮了。

今日收到大哥来信、魏绍昌来信以及青海师院一个青年学生询问考研究生的信。

写信三封:致梅志,受魏绍昌之托向她索胡公论红学的文章——他们办了一个红学杂志,看到报上载有胡风写过此类文章,特写信给我代为索稿,以光篇幅也;一回复魏绍昌;一致伍隼,谈《手记》出版事宜。

上午师大报考研究生的同学来坐,退还他的论哈代的文章——此文对哈代的悲观主义和狄更斯的改良思想和批判艺术都有独到见地;晚本校中文系同学来,他是个军人,也想报考研究生,给他开了一个俄国文学史的英文书目。

应该集中努力出考题了。

1981 年 7 月 20 日夜

昨日礼拜天,无客来。上午与敏去六舍看房子,房产科已经催了几天了——这真是一反常态,突然热心关怀起来了。我们在楼上"招待所"住了二年多,今年暑热不能工作,经过热心人们的努力,才在楼下后院的基建平房借到一间,算是我的工作室,为此惊动来了官宪,下边才把我的住房问题列入他们的工作里了。我为此对人发了点牢骚:乡下人养个驴子做劳动力为他赚钱养家活命,对驴子很宝贵,天热了,怕它晒坏了不能出力,也得把他拉到树下荫凉处,这叫保卫劳动力——我这个工作堆如山、多如毛的知识分子,难道不如乡下人手下的毛驴吗?……昨天晚上三点始寝。

今日上午,章培恒来拿试题,因未出好,讲妥二十五日前由我直送研究生部,他要出门,不来了。正说着那个中央文件留我尾巴一事,小唐来了,章别去。小唐说,南京出版社的章品镇来了,捎来信要来看我,明后天就来，即和小唐商量备办些饮食招待——去年在宁结识此公，不愧为一忠厚长者。

下午，王戎偕抗生来。抗生写的论《野草》的书，已在陕西出版，赠我一册，在此晚饭后别去。

1981 年 7 月 25 日夜

本日星期天，忙了好几天，三个夜晚没睡觉，总算把研究生的外国文学题目和答案出好了，昨日下午送研究生部。据负责的一位女同志说，本市报考的有十一人，在中文系所招研究生的课程中算报名人数最多的了。去监委看王同志打听敏和桂英的户口事，据说还有麻烦，准备再由校党委会开会讨论后，再给市委打报告解决了。

鲍遴同学下午偕昌东夫妇来看我们，赠我烟三包。

南京章品镇先生来，晚在小唐家便饭。

今日下午去上海文研所，出席讨论上海青年剧院所写的一个有关鲁迅的剧本，人数不多，说了几句话。一家人在淮海路走了半天，在小铺吃了些凉面，乘车回来。得梅志一信，她本约昨日偕晓谷①来，因事不果，推到下个礼拜。

1981 年 7 月 28 日

昨日闷热。昨日下午一场暴雨，门前积水盈尺。今日收到今富正巳、吴奚如、夏嘉杰以及投考研究生的陕西师大同学信，并从《小说月报》上读了王蒙的《蝴蝶》。

今日天未亮起床，去国权路合家吃大饼油条。连发三信：浙江人民出版社编译室、吕俊君、沈剑英。

晚饭后，斯民夫妇来访；生物系强同志来访，送来他的娘舅章品镇的留别信及见赠的《永丰乡人行年录 (罗振玉年谱)》一册。

1981 年 7 月 30 日

上午到研究生部校对试题。收到南师俞润生挂号信，寄来代购的《星

---

① 晓谷，胡风长子，现任北京航空航天大学教授。

海》封面。晚饭时梅志来，七时别去。

给晓林写一信，附给大哥一信，明日发出。

今日天气较凉，夏将逝去矣。

1981 年 7 月 31 日夜

上午发一信，给南师俞君并附胡风纪念鲁迅诗一首，交《文教资料》刊登。收《艺谭》李平信。

晚饭后，王戎偕抗生来，敏给他们下了些面吃，我陪上喝了两盅酒。

记听来的两个故事：

1. 一个女教师丈夫被打成反革命，为妻的下放农村，受到侮辱、调戏不能自活——因为她缺少一切保障，人人可得而侮之。她想嫁一个有学识的中学教师，但此人是"右派"，好事不成，只好嫁给一个副局长。她的两个女儿看不惯局长，一直斗争。"四凶"粉碎后，她的"反革命"丈夫平反，他打听自己的妻子，才知道已嫁。妻子知道丈夫已无事，彼此都想复婚，但副局长不愿意；经商之再三，副局长才答应离婚，但有一个条件，要这对夫妇赔偿他三千元，因为"反革命"平反后得到三千元的退补工资。于是把这笔用多少年的辛苦换到的三千元如数奉还给副局长，他们夫妇才得以团圆了。这个副局长趁火打劫，霸占了别人妻子多年后，还挣了三千元。

2. 某地一对贫下中农夫妇被生产队长诬其偷了自己的二尺布票，因为他的布票不见了，他认为是这对又老又穷的夫妇作案的；这对老夫妇受迫害不过，双双自缢而死。过了一个时期，生产队长的父亲晒冬衣，才在自己"三块瓦"帽子褶缝里发现了那失去的二尺布票，生产队长为此隆重地给这对含冤而死的老夫妇举行了葬礼，要百姓们捐送白布，用白布把这对夫妇的尸体包了又包，包得厚厚的，包了许多层，才把他们埋了；晚上队长打开墓穴，偷去了包这对死尸身上的那许多白布，发了一笔财云。

这两则事实姑记之，如《十日谈》中的故事来也，也算是时代的风俗志吧。

1981 年 8 月 1 日夜

上午十时，中文系叶易的大女儿在国权路被公共汽车轧毙——头部破裂。我也随同中文系人去他们家探望，表示关怀，并就地请于敏为申诉家具的呈文签了字，下午把这份《申诉书》送纪检委王某。

收到范伯群、原房东女儿的信及武汉师院一女研究生寄来的论巴金的文章打印稿。

施昌东晚饭时来，赠我一本新出的论古典美学艺术的论文集，其中收有他的一篇论扬雄文，并跟同我们吃了作为晚饭的饺子。

1981 年 8 月 4 日夜

上午师院张世藩、王惠芳二教师如约来，谈洪灵菲——他们为文研所编洪的资料。华东师大同学戴舫来，他投考本届研究生，送来他译的论文一篇。

接到美国二教师李芸贞、季博思①二先生来信，希望来访问我，他们寓华侨饭店。

下午老焦来，送我们一些他自植的蔬菜。

1981 年 8 月 8 日夜

昨天下午，王戎在此吃饭，小毛头发烧，他陪同小毛头父母到新华医院为孩子治病。收到甘肃师大寄来的《丁玲研究资料》打印稿和信，请提意见。发范伯群、牛汉、路翎信。

今日上午吴中杰引中山大学饶老师三位来访，中午在食堂楼上共吃便饭，由我和吴分担所费。

写信三封：江礼旸、卢鸿基、柯文辉，后两者都是欠了很久的信债。

1981 年 8 月 9 日夜

星期天，下午暴雨。在家读《花溪》所载小说，有些笔墨很好。

小江下午来，校好《契诃夫手记》中有疑义各点。四时许全家去王戎处吃晚饭，老耿及满子夫妇在座，多日不见，他们和我一样，都瘦下去了。

---

① 李芸贞，美籍华人学者，英文名为 Loretta Gibbs，美国加州大学洛杉矶分校讲师。季博思（Donald Gibbs）为其丈夫，美国汉学家，加州大学洛杉矶分校教授。他们夫妇是《关于胡风反革命集团的材料和按语》一书的英译者。

1981 年 8 月 11 日夜

这两天每天下午都有雷雨，有时暴热难耐，有时又凉有秋意。

正忙于往六舍搬家，桂英和小卞正在做打扫整顿工作，上午发陈思和一信，请他来助一臂之力。下午吴欢章与广西大学一教师（本系六六年毕业）来看我，此君也在开比较文学课程。

晚连写三封信：吴奚如、延安大学学生吴瀚飞、江苏师院学生王铁。

昨日收到毕修勺、冬生信。收到本校辞典组付以兰先生信并附英文本《中国建设》近期一本，那上面有一篇介绍上海通用文科大学的文章——几个月前，付先生曾约我去该校讲课一次，因赠此刊一册以为纪念。

1981 年 8 月 12 日夜

上午偕桂英到系内走了一圈，收到李辉来信。

朱声长子自杭来看我，他是杭大历史系学生，他谈了他父亲自缢前的遭遇，令人流泪。

留他在此午饭，与刘北天同食，饭后合照了两张相离去。同学吕俊君兄给我带来广东香烟一条，由他的小女儿带沪，她托小朱转我，她怕没时间来复旦了。

下午搬家，众高邻相助，应必诚夫妇①也前来相助，总算都搬过来了，生活又进入新的阶段。

晚，写给同学孙乃修一信，托他由京回来时把电视机带回。

新居还未装上电灯，这则日记是在洋烛下写的。四周很安静。

1981 年 8 月 14 日夜

迁入新居——六舍五十一号，已然第三天了。这里房子格式完全和五十年代住的五舍五十四号一样，但是经过改修改装，内部已然今非昔比，显得堂皇了许多。想不到经过二十六个年头，我们又回到原处（因与原处一样格式的建筑）。我们夫妇的年纪都老了，房子虽然古旧，内部却焕然

---

① 应必诚，一九五七年复旦大学中文系毕业生，复旦大学教授、博士生导师。邓逸群，一九六〇年复旦中文系毕业生，毕业后留校，曾任现代文学教研室主任、副教授，现已退休。

173

一新，也算一些进步，在我们的精神上投掷了一些安慰。

收到留妹、鲁妹①信，浙江人民出版社编译室信及河南师大信和所编的《抗日时期根据地文艺运动资料》油印本二册。

晚给梅志、江礼旸各写一信，明天发出。

现在是子夜二时半，睡过一觉，醒了写此。

昨日整理了一天，陈思和来，帮忙了整天，书籍由他分类排好，放进两个书架，也算满员了。小杜在此照应了一天，代买菜做饭。小卞老黄帮忙收拾电灯，安好电表。上午师大学生戴舫来访，带去他前次送来的译稿——论现实主义。

1981 年 8 月 15 日夜

礼拜天，天气晴朗。早饭后，全家步行至四平路鞍山新村一带购物，并买得扫帚一把而归。广西大学教师孙景尧来访，他下学期开比较文学课，拟定了教学大纲，提了些意见。他六六年毕业于此间中文系，以家庭关系分配到贵州，后调广西，也是发愤图强式的人。

王戎在此晚饭，据说，有人提出文艺作品为什么不写"真右派"的问题，又云，"文化大革命"初期造反的不算过错云云。

看本期（七月）《小说月报》所选诸文。

1981 年 8 月 16 日夜

礼拜日，天气仍然闷热。上午施昌东来，他自杭休养六天归来，送我们天竺筷子一把。王锐来，他说，他妹夫为中国新闻社写的有关我的那篇访问记，已由该社用电报向外发出，已有几家报刊选用。他想写些人物传记，谈了我对这个体裁的看法。南越夫妇来，南越是来修电表的，他们都在此吃了午饭后才走。南京出版社来信，《巴集》第一卷已付型，二卷他们捡出几篇文章，认为不可用，等这里答复后再付排云。

1981 年 8 月 17 日夜

上午给江苏人民出版社写长信，谈《巴集》出版事宜。小顾偕子媳及

---

① 留妹即贾植芳先生的胞妹贾宜静，鲁妹即贾植芳先生的堂妹贾宜鲁。

孙女来，钱加俊来，在此午饭；小锤夫妇（小顾大儿子）送来蒙古酒二瓶。晚饭后，小朱夫妇来访，朱夫小唐带来从杭州代买的条桌一张，盛意可感，以蒙古酒佐青豆、干鱼相谢。

收到小江、卢康华、赵博源诸人来信。

天气极闷热，为搬家以来的头一次。

1981 年 8 月 20 日夜

这几天仍然很闷热。前天去系内借了一本本年六月份的英文版《中国文学》，这一期刊登了胡风的一首诗《小草对阳光这样说》，加了一条注文说："胡风生于一九〇二年，湖北蕲春人。他是个文学批评家、诗人和翻译家。一九五五年他被指控为一个反党集团的头子，一直到一九八〇年还没有完。所谓'胡风反党集团'一案是错误的。"这大约是对外宣传的。

阎绪德①十八日自京来，带来大哥信和书二册，一册系星嫂的《回忆我的父亲李大钊》，一系哥哥的论文集《新园集》，电视机也同时带来；他们夫妇还给我们夫妇带来酒和油。晓谷偕他的大儿子张捷来，与绪德同在此晚餐。

十九日下午绪德在此吃水饺。收到山口寄来的《季节》一册，那上面有他的一篇论巴金的文章。

今日上午敏和桂英去市内购物，下午校统战部的正副部长来访。

1981 年 8 月 22 日午

昨日上午陪大侄女婿去逛城隍庙，吃南翔馒头和游豫园。

收到王元化来信，谈家常，一如相遇。

下午章培恒来，送来高教局编译的《诺贝尔奖金作家传（一）》，要求提出意见。他说，五四年为路翎在作协发言，他写了篇未被发表的文章，驳斥上海一个叫肖力的反对论点，被当时尚未发迹的刘某从王聿祥口中听到（王和刘是同事，在闲谈中提出赞成自己同学的观点），写了篇题为《感情问题及其他》，参加对胡风的"战斗"，后来胡风升级为"反革命集团"，这位刘某又把他的反胡文章收集成书，题名就是《感情问题及其他》，并在这篇文尾加了个《附记》，说这文中所提到的那几个青年朋友和

---

① 贾植芳先生的大侄女婿。

他的同学，现经查明都是"胡风分子"云。从此这位刘先生升官有道，现在荣任上海市委某部门处长云。

晚，施昌东同在此观电视，故事片不知是什么名字，是新的国产片。这些影片实在是艺术的堕落，那些内容可称之为"社会主义的鸳鸯蝴蝶"或"新时期的才子佳人"，它不同于过去的才子佳人处，在于这些才子佳人还参与有正义的"政治斗争"，即是说，它是"爱情加政治"，实际上是庸俗不堪的东西，既糟蹋了艺术又降低了政治的严肃性。

1981 年 8 月 23 日夜

礼拜日，上午全家陪大侄女婿在阿婆家午饭，他将于明日离沪返京，托他给大哥带去一信和两盒月饼，也给他们夫妇带了些吃食、毛线、裤料；下午三时送他至五十五路车站。应必诚夫妇来访，坐一时许离去。

李辉从湖北回来，在此晚饭。

1981 年 8 月 24 日夜

礼拜一，收到牛汉信。午饭后全家去五角场观看印度电影《奴里》，故事简单，人物有限，但演技很见功夫，包括那只狗演员，也是训练有素。晚，同学孙乃修见访，他系从北京家中来，在京曾去见过大哥。

1981 年 8 月 25 日夜

天气闷热。上午小顾送来代买的《权力学》一部，在此午饭后别去。收到大哥及范伯群自京中来信。正在代看高教局编的《诺贝尔奖金作家传》。

1981 年 8 月 26 日夜

全日未出门，收到王元化信，发夏嘉杰信。中午小江在此午饭，晚王戎在此晚饭。

1981 年 8 月 27 日夜

上午写好关于诺贝尔奖金得奖作家稿意见。下午孔海珠来，问《茅盾专集》事，承赠宜兴壶一把。唐金海自广州归来，赠当地烟二包，并在家晚饭后辞去。

上海师院分院女生汪西卡及本校中文系毕业生陈素英来访。

谭启泰自广州度假归来，带来陈启新夫人信及代买的凉席。收到吕俊君自佛山来信。

上午陈思和送来代购的七月份《新华文摘》。

1981年9月6日夜

好久不写了，缺乏这样的心情——中国的上空，又开始乌云聚集，意识形态领域，又有些风雨欲来之势；好些人物，又发出了叫声。

昨夜工作至早五时——改有关冰心的译文，并给范伯群写了一信，这篇文章是他托人译的，预备用在他编的有关冰心资料集内。

李辉母亲及其友人侄女这两天借住在这里，今天下午离去，返回湖北。李的舅父王姓上午亦到此，加上卢倩，共在此午饭。王系一口腔医生，请他为施昌东诊看了颊肿。

下午晓风来，带来他父亲在三十年代初日本"左联"旧友本多秋五（笔名高濑太郎）来信，代为翻出（口译），晚饭后别去。

夜间印刷厂工人小辛夫妇带小女孩来坐。中文系三年级一女生来，她来过两次，为写近代中国文学与外国影响的文章来此话谈；今天并带来了她写的两篇文章，约在两周后来取。

1981年9月7日夜

早上挂号发出范伯群信，和敏又走到校内，在小店购上海米酒一坛，准备托严修赴日本时带给今富，并买了两只枣泥月饼。敏再到系内取信，我在新华书店相候，看到一册钱歌川编的《翻译的技巧》，因钱不够，后由桂英买来。收到张兴渠、夏嘉杰、人大张慧珠信，及河南师大寄来的他们编的《抗战时期解放区文艺运动资料集》，征求意见。

小卞在此午饭。下午施昌东来坐，他已搬家。晚饭时，章培恒来坐。晚，刘裕莲送来书市入场券二张。

1981年9月13日夜

今日礼拜日，收到张禹信。下午偕敏及桂英去五角场银行领敏的九月份工资，并购得本月份的《小说月报》一册。晚翻读新购得的《鲁迅全集》有关注文。

昨日为中秋节，约梅志母女、炳中、王戎在此午饭，同席有卢倩和李辉，并在门口照相数张留念。小朱之夫老唐后来，陪他喝酒过了一个愉快的节日。

又，昨日午饭间，徐俊西①偕一张姓（本校工农兵研究生，现在上海师院工作）来访，因见众客吃饭，只在门洞内说了几句话别去。据云桂英的户口已由夏老（夏征农）批下，只欠和公安局交涉了云。补记。

1981 年 9 月 14 日

上午着桂英到系内取报，并顺路把赠山口的那本《赵集》交小李，转托外文系的研究生寄出。收到浙江人民出版社信，那里的一个同志又下了番功夫，用俄文本对《契诃夫手记》校阅了一过，提出些意见，并说即将发排云。在我午睡时，小江适来，敏已将原信交他处理。

得淮阴师专小闵信；张禹信，退回毕奂午的诗稿，说是编辑部不愿刊用，恐怕是因为题材是写知识分子的苦难生活，现在已划了禁区之故了。

叶元章来访，在此午饭。下午老鄂来，施昌东来。晚饭时小姚来，在此晚饭，他考研究生，今天考毕。老苏来坐，带来文研所信，两本书的出版处所已排定，一本在辽宁的春风出版社，一本在广西人民印。夜记。

又：今午秦湘来，带来小林二男见赠的上海地图一份，他已于今日下午返国。

1981 年 9 月 15 日夜

早上小江来，送来《手记》补正稿，经我校阅后寄回浙江人民出版社沈念驹。这次是他写的信，对一些俄文注文作了许多有意义的查对，提了些很中肯的意见。

考生叶锋来坐，她说起这次考试专业英语试题有几处打错了，我觉得很遗憾。考生孙乃修来信，也提及此事。

---

① 徐俊西，复旦大学中文系一九六○年毕业生，时任中文系总支书记，后调任上海市委宣传部副部长，后任上海作协党组书记。

午饭时小朱夫妇来坐，送来上次拿去的胶卷底片，又给我们一家照了几张相，两家也合照了几张。留老唐在此喝酒，并将小林送赠的一幅日本印制的上海详图转送唐留念。

收到曹进行女儿信。晚，补读了这些天的大小报，今日出的《报刊文摘》摘登了胡公谈鲁迅葬仪的回忆文章，登在三版头条。

1981 年 9 月 19 日夜

好几天不写日记了。这两天忙了两天，弄好《文研会资料》全书目录；今日上午去系内交给有关诸人，请他们分抄和接洽打印。

收到北京文研所挂号寄来的通报一件。

上午师院童炜钢来坐，在此午饭。他系"文化革命"中中文系的研究生，有兴趣跟我搞比较文学，上次由徐俊西带来介绍过。

午饭后，陈子展先生来坐，谈起历史的嘲弄，真是史无前例。晚看电视《阿Q正传》，陈白尘编剧，加上的阿Q在热衷革命时的梦境一场和结幕时的鲁迅语，觉得编剧者是真正懂了鲁迅了。

晚写今富一信，并附全家近照一幅，预备托严修赴日时带去；并写一信致卢康华。信债欠了很多，真头痛也。

1981 年 9 月 20 日夜

今日礼拜天。昨天夜半醒来，重写了给今富的信。和敏上菜场并领着小毛头，发出给卢康华、曹汉一信。下午又发出给小燕信。

午睡后，老谭来，在此共饮，他已微醉。他是一个老体育教师，也是个患难之交。

老苏来，校对了他抄写的《文研会》目录。三年级女生张某来，给她写的《清末谴责小说与西欧批判现实主义的小说》提了些意见。严修前来辞行，托他带去给今富信、照片及黄酒一罐。

1981 年 9 月 21 日夜

中午徐俊西领程浦林来访，程系六二年中文系毕业生，前曾写过有关鲁迅的剧本《地狱边沿的曼陀罗花》，我参加过上海文研所召开的座谈会。他今天来带来一本发表经过修改的剧本的杂志《新剧作》，要提些意见，并约好在下月五日内部公演时前往观看，还要我为《文汇报》写一篇评论文章云。

午睡后，和桂英去五角场洗澡。购得《斯大林死之谜》一册，系苏联人写的，属于所谓"内部发行"物。

收到晓风信，他们将"打道回府"，她父亲又转回精神病院，说是在他们临走之前，要安排时间让我去看她父亲。

1981 年 9 月 28 日夜

这些天又没写日记。前天陈性忠来寓宿下，昨晨别去。这两天看研究生两门课的考卷，及格者不多，今日下午才算完毕。

收到晓风、陈衡粹①、留妹及济南大侄女信。早上寄出给陈衡粹及罗永麟信。

晚，张孟闻夫妇来访。

1981 年 9 月 29 日

上午小顾来，送来代购的《胡适通信集》第三册，并留午饭。

晚写一信致章品镇。下午小江来，托他代印在门口拍的那些照片，以便分送诸人。

1981 年 10 月 2 日夜

九月三十日是我的六十六岁贱辰，敏备办了一些吃食，约了些老友纪念。满子、罗永麟上午皆来，施昌东偕应必诚来——他们二位为了会满子，正值饭时，大家都坐了下来。下午炳中偕南越及媳妇织织来，王戎亦来，在此晚饭。中午还有小陈来，他还特地定做了南方的过寿礼品——寿桃和定心糕并杜康酒二瓶；老谭也送来生日蛋糕，未入席；他们这后二位都是患难中相识者。

炳中在这里住了两夜。他说，据晓风说张公患了癌症（在脊髓部分），医生已宣布不治，还瞒着梅志。这也就是上海要他们回京的内因了，这真是令人难过的事，也是恨事，现在京中为此已来领导，这个消息很快就传

---

① 陈衡粹，已故戏剧家余上沅夫人。

到文艺界当权者的耳中了，这些人是称快的。但是历史总是公平的。

今日上午偕炳中去申江饭店看骆宾基①。他患过瘫病已扶杖而行，但岁数比我小二岁。他热心地谈他研究金文情况，跑到夏商周时代去了。

午间回来，路上与炳中分手。到家后，小顾一家在候，午饭后别去。小锤夫妇带小女即将离去，到他们内蒙（古）工作的地方去。敏买了一盒好糖果送这个小女儿，送他们一家到车站。

晚李辉带他的前届某同学来家摄影，一块儿照了几张相，黑白和彩色的都有。

前接浙江信，《手记》已发排了。

1981 年 10 月 3 日夜

上午去系内，收到冬生及南京工学院一学生来信。上午托小朱发出三信：给江礼旸、李平，广西大学的孙景尧；下午又写了给钱家栋。信债欠了许多，只好慢慢还了。

下午落雨。晚，金海夫妇来坐，通知十二月开会事。

1981 年 10 月 6 日夜

昨日发了一堆信：吴奚如、毕奂午、张达、曹慧毅（北大西语系学生）、浙江人民出版社（挂号）。今天又发山口一信。

收到梅志信及附寄的载有谷非②兄文章的《光明日报》一张，收到四川西南师院信及寄来审阅的《国统区文艺运动史料》打印本。

上午到系内，借到四巨册日本及香港版的有关中日文化资料书。

早，曹进行来。中午陈宋惠自常州来，桂英和陈思和、李辉同去五角场购得五斗抽屉及圆桌一张，宋惠和思和在此午饭。

晚，去兰心观《地狱边沿的曼陀罗花》，系程浦林作剧，邀往观看，约好为《文汇报》写评论一篇，十一日见报，八日来取稿。幕间休息时，被请至会客室会见陆晶清、马达、石灵（剧团负责人）及编剧导演。十时

---

① 著名作家，四十年代在上海与贾植芳先生认识，现已故。

② 谷非，胡风早期笔名。日记、信札中有时亦称之为张公、胡公、古月、光兄、光人兄等。

许剧终偕徐俊西、陆士清夫妇归来。

1981 年 10 月 10 日夜

约好为《地狱边沿的曼陀罗花》写评论文章，八日工作整天整夜，九日下午完成。报馆八日下午冒雨派员来取，还未写成；昨日方托陈思和下午后送交报馆。这是二十多年来上海报纸约我写的第一篇文章。

昨日收到章品镇、饶鸿竞（中山大学）、抗生、俞某（南师《文教资料》编辑）信及附寄本期刊物二本，收到本期《艺谭》一册、文研所开会请柬一张。

上午买了一张长沙发，由陈、李二生帮同搬回寓中，午间同食。下午王戎在此晚餐。

系里送来二张表，要填写比较文学研究生选赴美留学学校，我不熟悉美国教育情况，写了州立芝加哥大学等三个公立大学，这比较保险些。今日托老苏带去。下午到系内，章培恒为考取研究生事来相谈，上午他们开会共选出五名，征求我的意见取三名，二名赴美，一名留校。并看了考生成绩单。

1981 年 10 月 13 日夜

今日礼拜一。早上全家出动，坐车到龙华病院看谷非兄，他们一家将于月半飞返北京，近十时到医院，诸人已在候，请到一位大夫帮照了几张相，最后我们两家六口合照一幅。他不能多言，但看到我们很高兴，一直望到我们离去，他才去午休。与梅志母女及诸友坐车至曹家渡，在此午饭，算是为她们送行，席上有一条大鱼，由梅志带给光兄一尝。

下午去小顾家，往访陈老师不遇。在此晚饭后回来，有浙江出版社副总编刘先生及老简、江苏人民出版社陈乃祥，在小唐及老卜陪同下来访，浙江并赠了近期出版物《郁达夫诗抄》等书三种。

收到刘衍文、李平及留妹信。

1981 年 10 月 14 日夜

下午出席当代文学资料会议，系北京文研所召开。会毕，陪姚北桦同志在寓座谈。晚萧斌如同志来，在此过夜。老应陪在公安局当秘书的某君来，托其为寻找被没收稿件和桂英户口迁入事。

收到毕奂午、绪德信。

1981 年 10 月 15 日夜记

上午开会（当代文学研究资料会议），听文研所人员报告当代文学研究情况。下午小组会讨论编选作家名单，据说这个名单是在上次北京会议定的——五五年案的人员，竟无一人！依然是老谱的袭用——对所谓的异己者，实行从文学史上开除出去的办法，观此足见老风依然如故。

敏说看到《人民日报》上胡风恢复了中国作协会籍，并加以标题。这大约也有安抚文艺界的作用，因为鲁迅纪念会上党主席的讲话，其中有些激烈的措辞，可能在知识分子群中又惹起波动了。

昨夜上图老萧宿此。晚丁芒来访，他的诗集无处可印，据说现在无人愿意印诗，他想请人写些评论文章以广招徕云。

收到天津百花信，正式说定编《巴金的生活与创作》一书，说是一定得由我署名，以保证权威性云云；所举由邓逸群编曹禺事，他们已承诺了，说是相信我所推举的人云。

范伯群、曾华鹏寄来他们新出版的《现代四作家论》一册，题云"饮水思源"。

1981 年 10 月 15 日夜补记

又，昨日上午开会时遇魏绍昌，将其所索的谷非咏《红楼梦》人物古体诗五首当面交他——他们办一个《〈红楼梦〉研究丛刊》，两次来函托我转请谷非兄写稿；此事拖了很久，前天在病院时，梅志夫人才面交我这五首诗，由我代署了个名字，了此一事。

昨晚为中文系三年级女生张某写的《论清末谴责小说与批判现实主义的关系与影响》这一论文提供些意见。今晚为外文系女同学叶锋的毕业论文提纲说了些意见和参考书。

昨日由桂英将北大学生（西语系）曹慧毅的两篇英文论文复制稿，转给本校外文系的翁义钦同志，该生投考该系英美文学专业研究生，请其为国惜才，作为推荐。

1981 年 10 月 16 日夜

中午约来出席会议的几个出版社人员在家吃饭，算是我和小唐合伙请的。

晚饭后去看从日本回来的蒋孔阳夫妇，谈了些日本生活情况，看了些他们的生活照片，今富同学还让他们给我和敏各带回二件衬衣。

夜间，在灯下读了好些篇香港《大公报》刊载的巴金《随想录》，写得都很真实（在感情思想上），这就是"人之将死，其言也善"吧！

晚饭时，小唐来约为明天的大会发言谈编辑心得，所以大略准备了一下。

收到张德林信及寄赠的《文艺理论研究》一册、毕奂午寄赠的《武汉大学学报》一册、钱家栋长信一封及加印的几张他在上海和我们同照的照片。

晚间落雨，桂英随开会人员去市区看《鉴湖女侠》。

1981 年 10 月 19 日夜

这几天开会，每日宾客盈门。前天在会上讲了一通话，再由四川大学陆文璧女士来家详谈，将作为会议记录。

昨日上午，毕修勺先生偕刘、吴二副教授来访，在此午饭，饭后同访严北溟教授。下午陈子展教授来坐。晚沈阳师院王忠舜偕甘肃师大张姓教师来访，张赠以他们编的《中国当代文学年表》二册。

今日大会举行闭幕式。中午聚餐又照相，和诸与会及本校人员合照分照了好几张照片。会后偕孔海珠往访陈子展先生。

今日福海自北京来，沈剑英夫妇来，在此午饭。留日老同学景振球来，他新买了一架日本相机，为我和家人摄影二张，孔海珠同照。

《解放日报》记者查志华上午在会上送我昨日《解放日报》一份，那上面载有此次会议新闻，文中说到我。

晚，王忠舜来辞行；小唐陪同陈公正来辞行，并引贵州人民出版社编辑莫贵阳同志来访。

今日发王元化一信，收到叶元章一信；卢康华寄来他参加译文的《暴风雨中的儿子》一册、信二纸。

昨日挂号寄襄汾县委信一封；寄静妹信一，内附有致襄汾建设局信一，这是为了交涉古城房产事①。

1981 年 10 月 20 日夜

　　上午贵州人民出版社小莫来访，并约在此午饭。他是河南人，干部子弟。

　　晚，从英译本校对叔本华的《论风格》一文，此文极好，惜文字太古老，译好不易也。

　　四时就寝。

1981 年 10 月 21 日夜

　　下午和桂英去五角场洗澡。她在澡堂几乎昏倒，这大约是由于蒸汽过重所致；外出后买了些水果回来。敏下午去市区购物，六时才回来晚饭。接到小锤信。晚，施昌东、苏兴良来晤。

1981 年 10 月 22 日夜

　　下午晓林从北京来，晚宿此。陈、李二同学及朱老师下午在此讨论《巴金的生活与创作自述》的编目问题。

　　收到魏绍昌、陈衡粹来信，陈女士约我们一家本月二十五日去她家吃馄饨。

　　填好《教师工作表》及本年购书单。

1981 年 10 月 23 日夜

　　上午两个考中的赴美研究生来访。下午去系内听报告，传达的是胡乔木在思想战线会议上的长篇讲话，其中评毛时有云：毛对中国政治人物和作家不理解，因之在胜利后对这些人发动了一次又一次的暴风雨的斗争云。传达到这段内容时，听众有些动容——大概这是新鲜的东西了。遇沈仁山，他说，刚自杭州归来，郁风②问我好，《契诃夫手记》争取年内印

_____

　　① 一九五五年贾植芳先生夫妇因胡风案被捕后，家乡古城房产被非法充公（南侯村房产抗战中被日本焚毁），甚至连贾植芳先生伯父在济南的大片房产，也被作为敌产没收充公。贾植芳先生平反后费尽周折才得以发还。

　　②郁达夫侄女。

出云。他还说，为桂英的户口，他现在负责交涉。

收到王元化、吴奚如信，吴信还附来近照一张。

为抗生在上图借到两种《查拉图斯特拉如此说》译本，日内寄他。

桂英在中文系借来巴黎第七大学出版的《中国当代文学史稿》（一九四九——九六五年，大陆部分），著者三人：林曼叔、海枫、程海。

晓林今日在此停留，明日去太仓开会。

1981 年 10 月 25 日夜

昨日偕桂英与苏老师等一行，去上图查书，看了他们那里的外文书目，英美关于苏联的著作很多，但关于中国的却不多。

今日礼拜天。上午全家如约去看陈衡粹大姐，在她家吃中午饭后同去看刘大杰夫人，由此又去中山公园，在咖啡馆坐谈。晚饭在小顾家吃炒面。七时到家，晓林已在候。

今日给闵抗生寄出尼采二册。收到梅志寄来的《文艺副刊》一册。

1981 年 10 月 26 日

上午去系内，下午仍去系内，帮助朱东润先生批改"传记文学"研究生专业外文。在印刷厂小坐，并接洽打印《文学研究会资料》事。

晚校改《文学研究会大事记》。

1981 年 10 月 29 日夜

前日接梅志寄来的《鲁迅百年纪念文集》及附笺。昨日李辉从上海图书馆阅书回来，带来该馆见赠的《中国近代现代丛书目录》一册。

今日看好同学张化的论批判现实主义和谴责小说的论文。下午《艺谭》编者翟女士持李平的介绍信来访，陈思和送来他们编的《巴金生活和创作自述》的目录与说明。

昨日贵州人民出版社的编辑小莫同志来此辞行，托他带去张兴渠的文稿及新闻系教师陆君的《新闻采访学》一册，介绍他们审阅出版。

晚写信两封，一致张兴渠，一致中山大学饶鸿竞馆长。

1981 年 10 月 30 日夜

上午李正廉①的爱人张来，她是头一次见面，为我们谈了李这些年的遭遇和现况——他现在单身一人，在自流井一个工学院教英文，工资仍未恢复原状。他的第二个妻子因为所求不遂，还向那里的学校当局告他言论不逊，"要求把他管起来"。

徐镜平②老太太和王老太太同来看望。沈元山来，说桂英户口交涉情况，似有所转机。

收到李耿及刘衍文信。

晚校改《风格论》至二时。

1981 年 11 月 3 日夜

昨夜校译《风格论》至四时。上午《经济导报》小高来；陆士清来，通知中山大学数名教师及研究生将来家相访；辞典组的傅先生偕他的儿子（外文系研究生）来访，他的儿子就毕业论文的写作相询；老景来，代照相三张，上次照的曝光了。

下午偕敏如约去望元化，先找到辞书出版社约老郑，他又约定草婴夫人盛君同去。王家住淮海路牛奶棚那一带，对面就是老郑五十年代时期的家，我们已二十多年没到过这带地方了。元化家这期间已搬了几次，这个家是新近搬来的，虽属新建筑，但属于高级一类。

二十多年未看到张可③，她变得几乎认不出来了。她久在病，但仍然扶病做了许多菜，老何已在座，酒够饭够后辞归，到家已七时。昌东来聊，他近中正在进行疗程，借聊天来转移肉体上的痛苦也。

又，前日老郑、老何、老王相继来访，并在此午饭；托老郑给罗洛发出代借的三种书——二种是英文版的波特莱尔诗及法国诗选，一本是法文本凡尔哈伦诗集。

昨日小顾夫妇在此午饭。收到师大一同学的信，询比较文学事。

---

① 四川人，解放后曾为《解放日报》记者，一九五五年受"胡风案"株连。

② 中共老党员，系原震旦大学（即后来的复旦大学）总务长金则人夫人，曾任华东纺织工学院党委书记。当时已离休。

③ 王元化夫人。

1981 年 11 月 4 日

天雨。收到唐金海转来的浙江人民出版社刘耀林同志信、彭柏山夫人朱微明信以及甘肃师大李树凯信。

傍晚三年级女生张化来，拿去代看的她的论批判现实主义和谴责小说的论文。

晚，译改《论风格》，这是一颗硬胡桃。

上午杜高印来，送来陈鸣树著作，约我代为审阅，以便对他进行副教授升级评审，依照规定，升级需要二个教授、副教授审阅论文，写推荐语也。

1981 年 11 月 5 日夜

上午落雨，桂英到同济接来陈大姐①，她带来大鱼一条为礼；中饭时，谢兰郁夫人来，她们二位都是早期女师大同学，正好在此叙旧。陈大姐晚间即宿此。

1981 年 11 月 6 日

整日未出门，收到吴奚如信。上午中山大学陈再光老师偕研究生三人来访。下午陈鸣树来访。晚校改《风格论》至五时。

1981 年 11 月 7 日

今日初晴，大冷，加棉背心于身，午饭前送走陈衡粹老太太。饭后，和桂英去五角场入浴。

王戎来，在此午饭，约好明日下午二时在文艺会堂相聚，为罗洛夫人接风。研究生孙乃修来，赠我《音乐爱好者》一册，那上面有他的一篇译文。小江送来代购的《十日谈》一册。昨日陈思和送来代购的《徐志摩年谱》一册，童君邮来代购的《鲁迅与俄罗斯文学》一册。

1981 年 11 月 8 日

今日星期。早上进行来，接晓林、桂英去浦东他家相坐。蒋孔阳夫妇来访。敏抄好推荐陈鸣树的表后，各吃面一碗，锁门去市内。

---

① 陈大姐，即陈衡粹。

先到小顾家，在他家拿来奥古斯丁的《忏悔录》及美一教授的读书随笔式的文集，算是代购。出门后，又购上月《新华文摘》一册，本月《小说月报》一册。二时许如约到文艺会堂，耿庸、王戎已在候，杨友梅亦如约早来，在此茶点后离去。走南京路为敏购皮鞋一双，近七时返来。夜写信三封：卢鸿基、梅志、陈公正，积压未写的信，"交关了"。

1981 年 11 月 9 日

天冷。上午去系内送去陈鸣树送审材料，去保健科查病，敏和小李相陪，由韩医生诊视，他说先开些药，到礼拜五再检查。

收到文研所张大明赠书《踏青归来》，系他的论著。收到杭大一不识的同学施跃进毕业论文及抗生来信。

下午，中山大学研究生罗尉宣来访。本校外文系日文专业同学范晓平在傍晚来访。每天总是宾客盈门。

晚，未工作，看电视《喜盈门》，早寝。

1981 年 11 月 10 日

午饭后，全家去南京路，为我买短大衣，花钱八十多元；又为山西小外甥买上衣一件。在西藏路牛肉馆候车时吃面，近七时归来，晓林已在阿婆家吃了饭。

1981 年 11 月 11 日夜

午饭后，鲍遽由施昌东陪同来访，谈编报告文学事。

上午桂英带回《巴金专集》卷一，印得较好，全书五十万有余。

收到王忠舜、丁萌来信，东北师大外语系学生范东生来信。

桂英上午还带回小周交她的丁芒寄的《闻捷专集》原稿——他负责审稿，提了些意见。

三时去系内为《文研会》编务开会至五时。

1981 年 11 月 12 日夜

全日在家。昨夜小毛头宿此。中午，王聿祥来，在此午饭。整理《闻捷专集》。收到晓风信。

1981 年 11 月 13 日夜

上午敏陪我去找韩医生看病，又开了些药，并开了个转诊单，要我去长海医院作胃镜。

收到卢鸿基信，他近中将来上海。收到夏钦翰自本市来信，他已到沪就医，寓延安饭店，晚上通了一次电话。

师大王训昭托一女教师带信来，问了些日文有关郭沫若材料。午睡后，李辉、陈思和来，谈编巴金事，并在此晚饭。

晚，唐金海来，谈至十一点钟。

晚给晓风一信，并着桂英抄了一份有关谷非的日文资料目录，明日附信发出。

1981 年 11 月 14 日夜

上午去小铺剃头，每月一剃。修改好《文研会》有关人物访问记稿。

下午，陈子展来；应必诚夫妇及施昌东、乐秀拔来。晚小唐领山东大学刘老师来访。

收到广西大学孙君来信，发出给晓风信。

又：1. 写"文化大革命"，可用这么一个现成题目："红与黑"或"黑与红"。

2. 罗曼·罗兰说："杀害灵魂的凶手，是最大的凶手。"

1981 年 11 月 15 日夜

礼拜天。下午王戎来，在此晚饭。全家人五点钟去看《小街》，写"文化大革命"中两个青年人的遭遇，用的是些进口的电影描写手法。

1981 年 11 月 16 日夜

早上偕老苏和桂英去上图，查阅了大量英日文出版物。美国 M. Goldman 编的《中国的五四时代》，是一本很好的中国现代文学论文集，第一部分，研究中外文学影响。日本出版的六卷《无产阶级文学运动史料》，规模宏大、内容丰富，早期国际无产阶级文艺运动的历史材料（包括中国）搜罗得比较完备。捷克的加里克的《中国现代文学批评史》，也是本有意义的书。

桂英抄了两篇谷非早年发表在《民国日报》和北京《晨报》上的文章（一篇是小说），都是难得的文献材料。

晚七时归来。中午在附近购水仙盆一只，出钱一元二角，因为晓林买得两朵水仙花，是先有花再找盆的。

1981 年 11 月 17 日夜

上午偕敏去长海医院检查身体，一个王姓女医生态度很好，查得很细。她说，像我这么大年纪的人，照胃镜太受苦，吃不住，她开单子要我去查超声波、胸部透视、照 X 光等。超声波检查结果是脾部和胃病都好，照胸部说有肺气肿，说因年纪大了，X 光透视要在二十日进行。

午睡后和桂英去五角场洗浴。

小江中午在此吃饭，他将去杭州，给他写了一封信，去看《契诃夫手记》的责任编辑。

1981 年 11 月 18 日

收到南师寄来的本期《文教资料简报》，谷非的那五首诗登出来了。将其中的一本即寄送梅志，并函简君，请他与梅志寄书。

写二信，一致丁芒，一致陈公正，都是公事，明日发出。史华前妻偕长子下午来访，送来泥土社出版的《论报告文学》及《俄国文学研究》各一册、耿庸书二册。

又，今天物价又涨，酒、烟带头，涨的幅度很大，足见财经工作危机严重之一斑。又记。

1981 年 11 月 19 日夜

接到卢鸿基明信片，他已来沪寓浦江饭店，预备来此住一天，当即复信欢迎。

上午中山大学研究生吴定宇来访，他在研究巴金，谈起巴金的《家》和路翎的《财主底儿女们》，借去日文有关巴金资料一包。孙乃修来，约施昌东夫妇在此和我们一家合照、分照了一些照片，孙即在此午饭。饭后偕昌东夫妇我们两家逛淮海路，晚饭昌东夫妇做东，在老松盛便饭，物价已涨，饭菜价目已变。晚七时归来。

1981 年 11 月 20 日夜

一早空肚子和敏赶车去长海照 X 光，足足照了一个多钟头，查得很仔细，连拍了四张片子，真是前后左右、上上下下都拍遍了。医生说，他知道我的名字，说我是否写过什么重要文章，我只能说，我是个作家。这次看病，病历表上都填有"职别"一栏，我的这个纸糊的桂冠，大约就起了作用，所以看得很细心，照得都很负责。

王锐赠来两盒绿菊。卢倩来取书，在此玩了半天。晓林下午也回来了。

收到耿庸、赵博源信及重庆师院的院刊一份。小顾下午来过，他已见过伍隼，相约礼拜日去他家见面。

1981 年 11 月 21 日夜

上午到系内公干，收到辽宁大学外文系学生黄英利信、陈衡粹老太太信附余上沅传略以及阎绪德信。

发出致章品镇信及代寄的《"美"的探索》。

中午赵博源来送稿，在此午饭。下午王戎买羊肉来，在此晚饭。

1981 年 11 月 22 日夜

礼拜日。上午老景来，送来代拍照片，并放大一张我的写字照，他说可称之为"标准照"。老何、王戎来；老罗①偕新妇王小珍女士来；卢鸿基来，赠我们他家乡海南岛特产椰子一枚，杭州名产榛子一袋；中午在此共餐。午后偕敏去小顾家看伍隼，已有三十多年未见，他来沪看病，寓延安饭店，在小顾家共餐。晚七时到家，杨友梅及斯民夫妇在候，桂英招待他们一行，连同卢鸿基在家用晚饭。

收到老耿、陈鸣树来信。

以下为 11 月 23 日的日记，24 日夜补记

昨日收到房东郗姓女儿自塘沽来信、吕俊君来信及安徽中医学院外文

---

① 老罗即三十年代留日同学罗永麟，时任教于华东师范大学。

192

教师陈健君来信。小陈送来《复旦学报》一册，并在此午饭，赠他们夫妇近照（合家）一张，以为纪念。

写作组老于及一青年同志来谈他们编的外国散文出版事，他们愿意为伍隼的住院奔走。重新写《闻捷小传》。

1981 年 11 月 24 日夜

上午偕桂英去长海医院看拍片结果，多亏了在那里药房工作的小张同志帮忙，晓林才取出医疗卡拍片，因为不开这个后门，就不知要等到什么时候了。又承他介绍"军人诊疗室"看病，老医生很好，他说拍照结果一切正常，只有慢性气管发炎，是吸烟引起的，是"花钱买来的"；又劝我戒烟，并要桂英监督。经过这一次检查，身体情况算摸清了，是一宗大事。

天落雨，午睡后，小朱等三人来定稿；卢鸿基傍晚来；敏和晓林下午外出为我买棉裤，六时归来，共同吃面，济济一堂。

老苏来，送饶鸿竞的《巴金专集》及信一封托他们带上广州。晚又写一致陈启新信，明日交小刘带去。

晚，写信给叶元章，附去夏嘉杰、赵博源译稿各一篇；致姚北桦信，附去小顾论鲁迅文。

二十四日夜又记

又，今日发二信，一致炳中，一致柏山夫人朱微明。

二十四日夜再记

今日报载，胡风补选为政协委员。傍晚，应必诚来访，赠我们他家乡浙江名产橘子一袋，并谈编曹禺事。

1981 年 11 月 25 日夜

天雨。上午去校内查书，收到厦门大学寄来的有关《论语》资料的全书编目；文研所有关三套丛书的有关文件。丁芒及陈公正来信，后者寄赠《花月痕》一册。与伍隼通话，他已于今日上午搬入长海治病。

1981 年 11 月 26 日夜

全日在家，收到大哥信，××夫妇又在打他的主意，想把他们的母亲送到北京家里，给大哥惹气、添麻烦，真令人生气。为此连夜写信给大哥和××。收到张兴渠来信和《群众论丛》寄赠的该刊近期，并收到济南侄女信。晓林昨天已去苏州，为她的小女孩做棉袄，已张罗好，明日寄出，为此附一信给绪德。

1981 年 11 月 27 日夜

昨日至六时始寝，写了三封家信：大哥、森炎、春琳。上午由敏发出。

午饭后，偕敏去看望伍隼，多亏了小张的关系，才能随到随看，不要等到三点钟才排队领牌。中国现在是个没法律的国家，虽然规章制度很多，但实际等于零，或者只适用于百姓。

收到罗洛信、汪西卡信。

晓林今日自苏州归来。下午由卢兄给我们一家四口分照了几张相。

1981 年 11 月 29 日夜

昨天在上图查书，偕桂英同去，去抄谷非的旧作。遇天津来的鲍昌，谈了一些郭老逸事。据目击者说："文化大革命"一开始，"江青帮"曾想借他的人头一用；他闻此后，在政协当众滚在地上大哭大喊，说是愿意把他的书全部烧掉，方免于难。今天遇绿原，他说，郭死后西德《镜报》关于他的记载只有三段：1. 他说要烧书（自己的）；2. 称颂江青为"伟大的旗手"；3. 粉碎"四人帮"后，他那首反"江青帮"的名诗——此外不多加一字。

昨天收到梅志、晓风信，南师俞润生信，及山口寄来的一包复制文章——但无信在内。

今日礼拜天，上午柯文辉偕其同事江君来，在此午饭。收到炳中信，绿原已到沪，偕敏去小顾家，由此再去炳中家，途中相遇，共偕至曹家渡一饮食店吃饭；他带来《白色花》一册及梅志赠我的香烟、酱菜，在沪所摄照片也带来了。饭后共去小顾家吃茶，八时动身回来。收到绪德信。

柯文辉留诗三首（为其友人之作），录之如下：

作家杂咏

鲁　迅

论战文章贵及时，朝花夕拾未为迟。

倘逢统一无租界，何处横眉觅小诗。

郭沫若

背驼不改□□态，采石江边异想开。

高举酒杯呼万岁，帮腔竟要谪仙来。

茅　盾

颂圣惭无郭老才，任他笔折剑沉埋。

茅盾不知何处去，随班应卯雁冰来。

他另写一首赠诗：

赠贾兄

世人争走青云路，踏上青云路更难。

留得丈夫豪气在，无言一笑任温寒。

1981 年 11 月 30 日夜

　　上午去系内，和小周去印刷厂送打印稿，收到山口信、济南侄女信、前妻高婵娥侄女红梅信。下午桂英取回吉林大学李凤吾信、苏南师院寄来的《鸳鸯蝴蝶派资料》（三册，附序言一份）、贵州出版社莫贵阳信及寄赠的《贵州文史资料选辑》一套。

　　借来《山东文学》本年一月号，看那上面受到批判的文章《梦》（小说），"文学不应再作政治的奴婢"——据《文学报》批判说，该《梦》对毛主席不敬云。又借来影印的《申报·自由谈》全书二册，那上面有我青年时代的两篇文章，早已近五十年前的事了。

1981 年 12 月 2 日夜

　　今天大冷，有微雪。昨天去系内，整理好闻捷材料，下午请小周发出。下午应必诚来访，借阅《申报·自由谈》影印本。

今日全日在家。上午陈子展来访，约明日上午请我和老卢便饭。收到冬生来信及杨友梅寄来的两册《收获》。发信给章品镇——因为昨天陈思和带来巴金女儿的口信，他父亲将出版社送他的《巴金专集》送了他的作品法译者，他要复旦给他代买几本送人——为此，请章公代办。

晚，给山口写回信，给广西大学孙景尧写回信。收到许杰、叶至善^①信，他们都是寄回访问记的稿件写信的。……他们都是寄给老苏的，因为稿子是他寄出的。

1981年12月3日夜

上午送老卢去图书馆，由晓林陪同。到系内，又去新华书店，由小周陪着，买科技英文字典不果。中午，中山大学研究生吴定宇来拜访，他说要写关于路翎的评论文章。小唐来，《巴金专集》的稿费已到，商量分配问题。陈子展先生如约来，和老卢我们三人在中灶楼上共餐，由陈老做东。

下午偕桂英去保健科拿药——桂英感冒了。

收到耿庸挂号信，内附老胡在京照片二张及大家在上海相聚时照片。收到江礼旸信。昨日收到杨友梅寄来的《收获》二册，今天给小李一册，签名后，请她送交山口的研究生吴君转寄日本。给杨友梅信，约她本周六来与绿原共叙。

1981年12月4日夜

上午发出给山口信，发出《〈手记〉新版前言》给《艺谭》李平。写信给梅志未发。

收到章品镇、大哥信。

下午与老卢、桂英去五角场入浴。

中午小江来，他新从杭州归来，见到浙江出版社有关编辑。北京来的照片托他去洗。

晚唐金海夫妇来。江苏汇到《巴金专集》稿费七百余元，为这几文稿费，中文系提出需要每个参加编辑的人自述工作情况汇报，然后再由领导

---

① 叶至善，叶圣陶长子，时任南京《雨花》编辑，已故。

研究，再由各级领导开会决定。唐说，这是中文系对集体编书分钱的一种经验。实际上是一种人格侮辱，即严词拒绝写这样的申诉书式的自述，这等于叫花子告地状，是种乞怜行为，领导则近乎旧式地主对雇农——雇农做了苦工，地主再恩赐他几个酒钱和脚钱，真是欺人太甚了。

1981 年 12 月 5 日

上午炳中、王戎、满子、小顾、绿原来坐，午饭后离去。张德林同学介绍师大同学张文江来访，承他赠《读书》一册，那上面有他的一篇文章。

收到苏兴良自广州来信、卢康华来信、杨友梅来信。××来信，他否定他母亲去京事，否定了（歪曲）他媳妇七九年进京大闹事；还说我信里都是无稽之谈，声称是对他的侮辱，他要追查来源，他父亲不会要我写这信等等——一派胡言，像是大字报、大批判。这就是这个时代训练出来的人——睁着白眼说瞎话，还倒咬一口，把黑抹在别人脸上，逃之夭夭。

1981 年 12 月 6 日夜

礼拜天。上午与卢兄一起去看盛华，他们在杭州相识。他正在家中晒太阳，接见我们，只谈杭州事，不谈校事。我提出桂英户口问题，他答应由我写信给夏征农，交他转交。我们辞别时，他送至屋门口，我们还未下楼，他已关了门。卢说，这是个官僚，怪不得他家里冷冷清清，没有上门的。

收到王忠舜寄赠香烟一条及寄还的《茅盾评传》。收到罗洛信。

晚饭前，偕老卢去看了吴欢章①，他外出，由他妻子接待。他们住处布置很好，是用心地经营起来的，但他的妻子衣着却很朴实。

1981 年 12 月 9 日夜

昨日午饭后，老卢离去，由桂英相送。他住此十余日，查阅了不少旧报刊，找到自己失散的数十篇文章，也算颇有收获了。他留下了一篇要复制的篇名，还得找图书馆代为复制，这是个麻烦事。

今日上午《艺谭》柯文辉、王传新和《安徽戏剧》的编者雷风来访，在此午饭。雷是第一次见面，他说五五年因写剧本，领导介绍他和

---

① 吴欢章，复旦大学中文系一九五八年毕业生，时留校任教。

当时的责任编辑张禹相识，为此受到审查；又因为他的名字也叫"凤"，与胡同名，为此又是麻烦。

下午投考研究生的师院毕业某同学来访。同事顾（易生）（忽忘其名，其子考上研究生）来，谈他的儿子考留美研究生事。

收到陈乃祥信，即汇去二十八元，请代购《巴金专集》十五册寄来，其中五本出公账，赠巴金。由桂英交小周发出广州苏兴良信。晚上（加昨夜）写了一堆信：致王忠舜、汪西卡、大哥、刘耀林、××（今日收到他寄的食品，他硬赖学校给他安排工作，殊为气人）。因为没有信封，都未发出。收到炳中信，他约我们一家这个礼拜同去吃羊肉。

陈思和代看了范伯群编的"鸳鸯蝴蝶派"材料，就此写了意见并信。昨夜看完黄文君的毕业论文《五四时期的胡适》，还有两篇论巴金的送来看，工作堆得真像山一样多，信应复也像山一样多。

1981 年 12 月 10 日夜

上午去系内，复制事即请小周代办。

下午和晚上写好给夏征农的信和盛华的信，为了桂英户口，才写了这封申诉书的信，请这里的盛书记转呈上海市委的文教书记夏公。又写了致胡耀邦主席信，催问所谓"历史包袱"的澄清事宜，这事一年了，仍无下文，看来不催动一下不行了。

晚，老应和小杨同来，要去桂英认领材料，说是当晚专去公安局问问，盛情十分可感。

1981 年 12 月 12 日夜

昨日黄文君来，他的毕业论文《五四时期的胡适》我看过了，提了些意见，退给他重抄。

下午，两个考出国的研究生顾放勋、戴舫来访，谈他们考试情况。

敏偕晓林去市内给大哥买点心，晓林将回京。

南京《群众论丛》退回小顾文，约我写些理论文。

以上为十一日记事。

今天一早重写了一封致胡耀邦的信，托晓林带回京中面呈。给夏征农的信，上午由桂英送到他家里，这是两件大事。

收到罗洛寄回的三本外文书，包皮竟拆开了，这和上次日本寄来复制材料也被拆开一样。我们这个国家实在野蛮，邮局可以随便拆人邮件，又不说明。

上午王老太太偕李铁民①夫人陈太太来访。

昨日去学校内碰见陈仁炳②，他提到胡风任政协委员事，说"中国事倒来倒去"。今天桂英的老师王姝来说，她在安徽看到《人民日报》，那上面登了胡的照片，可见此事为国人注目了。

晓林今日回京，由桂英、李辉去站送。

桂英的两个老师来沪出差，介绍他们去招待所寄宿。

1981 年 12 月 13 日夜

礼拜天。上午如约全家三人和昌东一起去炳中家吃羊肉，在此坐了一天；鸿基、王戎、小顾都来了。九时许归来，读了这两期的《新文学史料》。

1981 年 12 月 14 日夜

整天未出门。收到中国作家协会公函，说是该会"主席团第六次会议于 1981 年 12 月 5 日决定恢复您的中国作家协会会籍"，并寄来今年出版的《作家通讯》二本。收到章品镇信。收到李平信，《〈手记〉前言》已在明年第一期上排入。收到陈公正信及同寄来的《臧克家专集》，这是由编委会派给我审阅的。

寄贵州人民出版社莫贵阳信，附寄赵译《舞会》及柯文辉小说《雕像》。发《中国文学家辞典》编者阎纯德信，询问"小传"情况，并补写了一些新材料。寄给沈阳师院王忠舜、上师分院汪西卡信。

---

① 李铁民，三十年代前后留俄学生，时任复旦大学经济系教授，副校长。"文革"中被迫害致死。

② 陈仁炳，时任复旦大学历史系教授。早期留美学生，四十年代民主同盟发起人之一，一九五七年被划为"右派"，"文革"中又被提升为"现行反革命"，在学校劳改。一九七九年"右派"平反时，他是五个不予改正的中央级五"右派"之一（其余四人为章伯钧、罗隆基、储安平、彭文应），但恢复了原来待遇和教授职务。一九九〇年病逝上海。

今天收到收发室转来的学校监委批回的一个邮包单，××竟公然给监委送礼，下午由敏去五角场邮局退回原寄者。这个中年人，真是一个小商人的模样，粘上没完，完全是个为利而动的角色，真是可悲也夫！

1981 年 12 月 15 日夜

早上，跟桂英去五角场代她的汾阳来的同事取汇款，购连环图画《朱元璋》《历代冤案平反录》各一册。

赵博源上午来，送来杂文一篇。

晚阅《臧克家专集》，沈阳师院所编，出版社交我审阅者。编体混乱，说明编者不仅专业知识贫乏，而且态度不踏实——有的选文，竟不见于《索引》中；至于著作及评论文章编目，粗忽、遗漏得很多，甚至作者在自叙性的文章中提到过的篇名，目录也未列入；有的文章，如作者一九四九年十一月写的《有的人》（纪念鲁迅），选文收有作者的有关论文和评论，但在作者著作目录内却未见篇目及作者有关论文目录，评文目录亦付阙如。

从稿本的笔迹看，臧自己对全稿作过校改——他在著作目录内勾去了"反胡风""反右派"的那些文题；在选文中提到这些运动的地方，也一笔勾销了——他在改造自己的历史了。这真是一出悲剧！

今日报载胡公当选为政协常务委员。

这两天报载波兰新闻，那里党和政府已经失去作用，由当权派组织了一个什么民主革命委员会，实行军事管制——这个波兰党已走到人民的对立面了，正如前几天报载，柬埔寨波尔布特的共产党宣告解散一样，这都是历史的悲剧、东方国家在马克思主义旗帜下革命走向歧途的悲剧。这些悲剧的演出，是马克思主义创始人梦想不到的，值得历史家深思，因为这里面包括着严重的教训。

1981 年 12 月 18 日夜

这几天又未写日记了。昨日收到《清明》。晚陆士清来，送来会议照片。昨天（或前天）小唐、小周、小李同来，谈稿费事，这里有些争执，……小李忽然说："你是总工程师，做的工作也不多。"这就是"四人帮"在"全心全意为人民"的招牌下精心培养下的极端利己主义的活标本。昨日小唐又来，送来此次会议记录及《巴集》第二册初校，还有他写的《茅盾小传》。

今日上午敏给王忠舜发出《巴金专集》一册。昨日由系内代发给陈乃祥一信，请他将《巴集》（第二册）原稿寄来，以便校对。

本日下午，偕敏去市内，在四马路旧书店楼上看了好半天书，又在附近剃了个头。收到俞润生及老何信。老何评《人啊，人！》的评文，今天《文汇报》有人反驳。他写得太绝对化了，正好帮了官家忙，而为群众所不满。因为小说作者固系坏人，但不可因人废言，她到底写出了社会历史生活的某些真相，而且由这样的"造反派"人物来写，另有意义。昨日还收到老苏自广州来信，他们已离穗。

从市区回家已六时，桂英说，北京人大教师×××珠持大哥介绍信来访，说是"专诚相访"，即赶至招待所相见。她系五五年南大毕业生，与大哥前在文研所同事。她在研究巴金，在北京曾与巴金通话，巴要她到上海"找贾植芳"。签名送她《巴集》一册。

夜读陈思和、李辉论文。四同学（毕业班）来访，坐至十时始去。

1981年12月19日夜

上午人大×××如约来访，谈了些巴金评论问题。我发现此人所知不多，给她看外文资料，她不懂；后来匆忙中又给她看二集校样，她匆匆离去，答应下礼拜二送来。后来想想，又有些后悔，对这些年在"运动"中长成的中年人，不能太热情。

收到晓林和陈衡粹来信。陈信上说，她在南京见到陈瘦竹夫妇，他们听到我们夫妇团聚情况，表示高兴和问候。去年在南京听说，他为了五十年代初曾和我在锦江饭店吃过一次饭，一九五五年也被纠缠了一番。

中午卢鸿基来，带来他手抄的上图所藏《时代日报》刊载的评《人生赋》文章，盛意可感。午饭后，一块儿冒大风去看伍隼，他已换入小病房，下礼拜一开刀，他的夫人已从杭州前来相陪。回来时，车子太挤，三人一块儿顶风走回五角场，在此卢别去。

晚写信二封：一致陈鸣树；一致老卢，约他改为下周五、六来此，因为复制要在下礼拜四才能动手。

收到今富正巳同学从日本寄来的贺年片。

今天太冷，下午我出去时穿了新买的皮袄。

1981 年 12 月 21 日夜

这两天又没记日记。一天不记，早上的事晚上就忘了，这也因为这两天牙痛——一个牙已活络起来了，牙山还有些肿，这使我想起安特列夫的那篇《齿痛》。

今日一早，着桂英要回借给北京人大×××的《巴金》二集校稿。她随即来家，谈了些北京逸事风尚。

下午小唐三人来此整理《巴集》第三册，这还有许多事要办。

陈宋惠偕其养女来家，他的养女来此考沪剧团，晚间住此。

老苏来家，他们昨天从广州归来，收获不大，承赠桂圆一袋。

晚饭后偕桂英去看子展先生——满子来信，要来看望他，约个时间。陈公要他随时可来。当晚写了回信，并给江礼旸一信，托他查几个俄文条目。

1981 年 12 月 22 日夜

中午全家去五角场看日本电影《风雪黄昏》。下午二时去学校开会，传达人大和政协会议内容，盛华关于学校工作的讲话。这是一次学校头面人物的会，也是多年来头一次参加这样性质的会。

收到山口守的贺年片、卢鸿基来信。

晚重看《巴金资料目录》。

1981 年 12 月 23 日夜

昨晚为校巴金到近五时才就寝。八时醒来，研究生戴舫已在候。他得到华盛顿大学的通知，请我为他填写一份推荐书。何佩刚来，谈《外国理论影响资料》事，给他拿去先看看文研所今年五月会议的打印记录。唐金海来，他已就分稿费事拟了一份报告。

小顾上午来，吃了中饭别去。下午桂英和她的同事小范去学校买回书橱两个，由他们两个一直弄到楼上，实在吃力。

今日报载，谷非被选为中国作协顾问。

又今日报载，阿尔巴尼亚的第二把手谢胡神经错乱自杀，而在前一天他还接待了外宾。今日小报载阿尔巴尼亚不为这个谢胡开追悼会，这里证明那情况的复杂性。近一个时候，有关社会主义国家都出了些大事，它们的性质都直接影响人民的视听，为马克思主义和国际无产阶级革命事业带来很大的不利影响，同时也败坏了这些闹事、出事的国家自己的党。

1981 年 12 月 25 日夜

昨今未出门。今日收到北京语言学院阎纯德来信，并附来他编写的我的小传，即少加修改；晚上写了回信，明天连稿子一同发出。

××来，结算赵、巴稿子账目。账目很不清，显然做了些手脚，这种地方才真能看出一个人的真正品格来。多年的不正之风毒害了一代又一代的灵魂，上行下效，那些损人利己、"放辟邪侈、无所不为"的处世做人手段给我们民族和国家带来的损失，真是无从估量啊！这就是多年来一再喊"剥削有罪、罪该万死""斗私批修"这些堂皇的口号的真实成果。"说人话不做人事"这句俗话概括了我们多年的政风与学风。

中午陈思和和李辉在此午饭，《巴集》第二本即委托他们校对。

晚，三年级同学张化来，谈她的专业方向。

陈宋惠及其女晚上宿此。连写了几封信：给李平，附去赵博源、张某文；给罗洛、卢康华。

1981 年 12 月 26 日夜

早上，桂英和她的同事范君去乘游览船逛黄浦江，家中只有我们两人，幸无客来，一天算是清静。晚饭时，××来，他去巴金家代借来几种外文本巴金作品。和他就《巴集》《赵集》的稿费结算事恳切地予以说明，希望他能在有关金钱的问题上谨慎行事，不要惹出不必要的失误来。他看来理解了我的意见，说像我这样的人现在是不多有了云云。

夜间看黄文君同学的毕业论文，还要写些评语。

1981 年 12 月 27 日夜

过了一个安静的礼拜天，天气晴好，家庭和睦，心情愉快。

上午全家去银行提出《巴集》稿费，预备明天讨论时派用场。午睡后，陈老太太来访，她说现在去美国留学，美国使馆需要保人上税，而且飞机票也上涨了一倍——这大约也是限制外流的一种经济措施。

晚，为黄文君论文写好了评语。睡时已三时半了。

1981 年 12 月 28 日夜

昨天未写日记。今天已把昨天的事忘了个干干净净。

今天阴，宾客盈门，络绎不绝。上午满子、征南、柯文辉来，在此午饭后，小顾辞去，和柯、何同去看陈子展先生。

上午桂英大哥带一胞弟自山西来，他本人晚间宿此。桂英同事范震宇今天回晋，托他给二哥带去一信和一些吃食，又给《山西日报》工作的同学皇甫姜一信和《赵集》一本，托他路过太原面交。

下午与何、柯去访陈老时，桂英来找，说家里来了一大堆人，要我回去。原来是监委的王同志和公安局的张竹均、孔繁宝二同志来找我，送来了《复查决定书》，说是中央、全国文联、公安部、周扬、夏衍以至上海的领导都很关心我的申诉问题。说中央文件（76 号）是根据一九六六年上海公安局的处理意见，他说"那时我们也受极'左'思潮影响"，但这些属于历史，都过去了，希望向前看；说希望早日看到我的新著；又说我是伯乐，培养了章培恒等人，他们都成长起来了云云。

他们送的公文，抄之如下：

（81）沪公落办字第 1877 号

上海市公安局

决定书

关于对贾植芳同志的复查决定书

贾植芳，男，一九一五年生，山西襄汾人，复旦大学中文系教授。

一九八一年三月，贾对原处理报告中说他当过"汉奸"提出申诉，要求复查澄清。

现经再次复查，贾历史上担任过汪伪淮海参议是事实，一九五二年思想改造时已经交代清楚，属政治历史问题。一九六六年三月我局的处理意见中将其以"汉奸"论，是不当的，应予纠正。恢复名誉。

上海市公安局

一九八一年十二月七日

我只在上面签了个字，未说明同意与否。因为它写的这个文件前后矛盾，既然职务属于事实，这个事实本身就是"汉奸"帽子的根据，所谓名正言顺了；现在说是不当，给予纠正，恢复名誉，却又否定了这个事实本身。这个文件绝口不提中央文件，由上海公安局承担责任，这正是官僚主义的一种表现——凡过错都推到下级头上，维持上级的尊严。

他们答应在文教界澄清，说是那个中央文件并未在全国范围内传达过，而文件上把一九八〇年的中央文件，推到一九六六年的上海公安局头上，也是为了尽力缩小范围，为中央留个面子。

公安局人员走后，陆士清来。晚老苏来，谈《文研会》工作近一时。

陈思和、李辉下午来，送来巴金亲笔修改的访问记。

早春三年

一九八二年

1982 年 1 月 1 日

今天又进入新的一年，天气真好，织织来玩，上午一块儿包饺子吃。

午前张慧珠来辞行，送给桂英糖一包。老杜和章培恒来访，大约是代表中文系来拜年的。

收到孙景尧信。

晚为李辉论文写评语，并写了一封信给陈公正，就《闻捷专集》的定稿事谈了一些意见。

昨天中午，由我为主，加上小周、小李同在中灶楼上请资料室全体人员吃饭，只有小朱未到。大家都很高兴。收到《艺谭》本年第四期及今富寄来的日本翻译的任敏编著的《北方土语辞典》三册，书为东京龙溪书社所印，一九七一年版。

1982 年 1 月 4 日

昨日下午，小朱夫妇在此晚饭，共饮竹叶青名酒。卢鸿基二日来此住下。昨、前两日收到陈公正、夏嘉杰、戴舫、范伯群诸人来信。

一早昌东来，赠我《学林漫录》第四册，那上面有他的一篇论文和他的经历简介。

昨日开了个夜车，草完三个学生的毕业论文评语。

下午到系里开《文学研究会资料》编撰会议。收到今富明信片，那上面印的富士山风景就在他家附近。收到卢康华信。巴金着其子送我香港新版的《创作回忆录》精装本一册。

晚饭后偕敏去看望郑子文书记，谈桂英户口事，赠他《赵集》及《巴集》各一册。

为两个出国研究生写专业及外文水平评定至十二时。

1982 年 2 月 5 日

很久不写日记了。过了一个忙碌的年，这也是二十多年来我们夫妇二人过得最好的一个年，还增加了桂英这个女儿。就在年前，她的户籍也得到了批准，亦可说是一喜。

小燕夫妇于年后来沪，接到她的电报后，我偕桂英亲自去车站接他们。时光如流，一九五四年我们把当时才三岁的她从北京带到沪，一九五五年我们出事后，她的幼小心灵也受到创伤，被称为"小胡风"，随着她的聋子哥哥离开上海——二十多年了，我们回到了生活中来，她已是三十出头的人了。她的爱人张为民，人极老实、单纯，深为我们喜爱。

为百花文艺出版社编的巴金稿，经过繁忙的校对后，已于前日（三日）挂号寄天津。

前天戴舫来拜年，为他写的向华盛顿大学的推荐信，他已翻成英文，打在原件上，我正式签了名，他说现在译名按拉丁化拼音，我的名字应为 Jia Zhifang。他送来《师大学报》及《广州文艺》各一册，都载有他的文章。

这两天正在桂英帮助下，校订《巴金专集》第二册，工程浩大，不自己动手不行，也可以借此培养桂英，训练她做我的工作助手。

昨日上午广西大学孙景尧偕妻子来看望我们，带来他的教学大纲、所编书目以及一篇论文，并赠我们菠萝五枚。

上午全家在广中新村同乡李培基夫妇家午饭，甚丰盛。

下午北师大李致远持满子介绍信来访，他为北京文研所承担了编《路翎专集》的任务，给他谈了些有关编务工作的内容和看法，在此晚饭后离去。

收到《艺谭》寄来的《契诃夫手记》一书的《新版题记》校样，晚和桂英校好，今日发出。

收到南京寄赠的本年第一期《江海学刊》。

今天飞雪，整日在家，和桂英校《巴集》第二册。下午陈子展先生来访，施昌东来访。晚，在小卞家饭。

晚，校《巴集》至一时，始寝。夜记。

1982 年 2 月 6 日

上午和桂英到图书馆资料室查书，桂英去系内领工资。下午徐俊西带留校同学颜海平来，他介绍颜跟我进修比较文学——他们上午已来过两次，我都未遇到。颜系《秦王李世民》的作者，下午要去市内开会，早走了；我和徐坐了一个钟头，他说带研究生，除政治、外语、公共课外，专业课的教学，只指定一些书，可以叫学生写读书报告，指导他们写论文。

全家去五角场，本来打算去看《哑女》，临时换了片子，只好退票回来。

收到小锤信，及他们父女的照片。夜记。

1982 年 2 月 7 日

星期日，小雪。上午，全家去虹口公园，约小卞租了个照相机在鲁迅像等处合照、分照了几张相。我和桂英回来做饭，敏和小燕夫妇及小卞又去市内购物，他们三时才回家，又在屋前屋后照了几张相。小燕夫妇来上海住了六天，明日将返京，已托老唐买好了票。

陆士清下午来访，约好下周二下午二时在物理系三楼会议室和英籍华人教授马森座谈。

收到孙乃修告假信，老耿寄来的满子新书《论儒林外史》。

1982 年 2 月 8 日

今日小燕夫妇下午五时离沪返京，因桂英昨晚胃痛，由小卞送他们去站。

上午偕桂英去看病，就便带了些咳嗽药回来。

午睡后，王戎来，在此晚饭，托我写信给姚北桦为抗生调《江海学刊》说项。昌东适来，也在此午饭。

晚间，卢倩来，她寒假归来，她的父母托她给我们带来葵花籽和东北的咸菜。

晚，校对《巴集》第二册。应必诚夫妇因上午见我去看病，晚上特来探病，借去外文书两册。夜记。

1982 年 2 月 10 日

昨日上午广西大学孙景尧自嘉定来访，在此午饭。他带去了三份外文比较文学研究生招考说明。

昨日下午去物理系三楼开座谈会，听英国伦敦大学亚非学院马森教授报告国外研究中国文学情况。收到作协及覃汉川信。

今日上午出席本系指导教师与研究生见面会议。

发出致满子和卢康华信。晚，去周惠生先生家拜晚年，并在此晚饭。

1982 年 2 月 12 日

上午颜海平来谈进修事。陈思和来，在此午饭，分去《巴集》第二册校样。下午唐金海来。晚，施昌东夫妇、应必诚夫妇来。小杜自川归来，送来一些土产。夜记。

1982 年 2 月 13 日

中午在昌东家吃饭，小杜和他母亲从四川家乡归来，带来一些地方食品，由老太太动手，是地道的四川风味。

饭后和桂英去五角场洗澡，接着在学校观看法国电影《蛇》，写苏联克格勃。

看毕电视《李世民与唐太宗》后才吃饭，与桂英在楼下校对《巴集》第二册到二时许始寝。

收到满子信，他下周来校。收到孙景尧寄还的有关比较文学材料，他已启程回南宁了。夜记。

1982 年 2 月 14 日

礼拜日，天阴。上午孙乃修自京返来，赠我年历一本并代购了三斤北京特产甜面酱。他说，他昨天来时听说本届的现代文学及比较文学研究生不能授予硕士，因系初次招生云。

下午，本届毕业生某同学（忘其名）来访，他被分配到文史馆工作。吴中杰来，送来中山大学饶鸿竞的来信，他热心地代查了几条巴金材料。

收到孙景尧挂号信，寄回两份有关比较文学材料。

夜和桂英校《巴集》至一时许。夜记。

1982 年 2 月 15 日

上午何满子来，陪他去看陈子展先生，他去取陈的新著《国风选译》，并一起到家中吃午饭，并约施昌东相陪。

何带来聂绀弩的诗一首，录之如下：

> 不是风流是泪流，此身幸未辟阳侯，
> 谁知吕枕千场梦，尚乘秦坑几颗头。
> 易水寒风悲壮士，双溪小艇怯春愁，
> 英雄儿女胸中事，化作卢河一唱酬。

吃饭间，南京《江海学刊》文学编辑谷天同志持姚北桦介绍信来访，将乃修所写有关郭诗一文交他带去。

午睡间，叶易送来陈子展的《中国近代文学之变迁》一书。本日并借到梁漱溟的《东西文化及其哲学》一书。

敏购来《蒲宁短篇小说集》一本及《西方现代派文学研究》一本、本期《文艺报》一册。满子赠我上海本期的《社会科学》一册，那上面载有他对《祸起萧墙》的文评。

中午颜海平来，交彼有关比较文学阅读书目（未完）一纸。过午，张化来送来她经过修改的讨论批判现实主义与谴责小说的论文。

本日寄中山大学饶鸿竞信及华中师院艾晓明信并《巴金专集》第一册一本。

晚饭后，偕敏去殷仪家送《巴金专集》第一册两本，她给我们吃了何首乌。夜记。

1982 年 2 月 16 日

中午由陆士清相约，陪英籍教授马森在九舍招待所午饭，同席还有章培恒和校外办的二位领导，一男一女，菜甚丰盛。席后，这位外籍教授问我是否和胡风有牵连，我做了肯定的回答。他又问文艺观点是否有所改变，我答以我过去搞创作，不搞文艺理论，理论也和过去差不多。陆在旁忙说：都过去了，我们系里都很尊敬贾先生云。

下午出国研究生顾放勋来访，他已搬入校内。陈鸣树来访，说是他和文艺出版社的葛乃福拟编胡风著译年谱，特来相询。

1982 年 2 月 17 日

上午九时许即偕敏外出访友。先去小顾家，午饭后由他把我们送至淮海中路，找到了覃树谦家，他已卧病在床，不能外出行动，商量了给他哥哥子豪写介绍事；再走至建国西路，找到韩侍桁家，他年已七十五，半身不遂，讲话已口齿不清了，但他还能认识我。

今天一连走访了两家患病的旧友，看起来还是我们夫妇健壮，没有被时代压垮或压歪，值得欣悦。

收到李辉信，他已抵京报到，他去看了黎丁、梅志和大哥，据说胡公已可以自己写信了。夜记。

1982 年 2 月 19 日

昨日补记：

中午陈仁炳来访，带来覃树谦信，并在此午饭。费明君的未亡人及一女儿来。费为一九五五年案病死青海劳改工地；他的妻子及七个儿女无法存活，发配到敦煌后又被赶至安徽，他们为了生活，在安徽卖掉三个女儿，而今天来的被卖的女儿，又卖过自己的女儿。费是翻译家和教授，他的七个子女却都是文盲。最可怪的是他们的大女儿和女婿在"文化大革命"中逃到上海流浪，大女儿在收垃圾中捡到三条黄金，她出于赤诚，向有关造反单位上缴了，自以为清白，甚至是忠诚的立功表现，却想不到为此惹出祸事：当天夜间，门口来了一部车子，把他们可怜的行李扔在车上，强迫他们离开了上海，押回安徽的劳改农场。现在费已平反，但他们

214

的生活仍无着落，真是呼天不应，呼地不应。

在费师母和她的女儿叙述时，陈仁炳谈到自己一家的遭遇，安慰她们。陈的老父一九四九年夫妇俩乘飞机由伦敦回国迎接解放，在北京作为全国基督教协会的负责人受到优遇。一九五七年他被划为"右派"，被赶出大房屋，只借到一间十二平方米的小屋，夫妇入居，陈父终忧愤而亡。陈的大弟弟是南开大学教授、留美博士，一九五一年回国，"文化大革命"中被划为"漏网右派"，在劳动中忧闷而殁。他的大儿子精神分裂，至今成为废人。他的妻子是一九三三年燕大毕业生，因无工作，每月只领十五元生活费。陈的三弟是留美博士，原成都第七军医大学外科主任，"文化大革命"中被游斗，在路中被拳打脚踢而死，被打断七根肋骨，两根肋骨插入腰部……

这些素材，就是中国知识分子命运的写照。

下午去系内开《文学研究会专集》会议至五时许。

今日上午孙乃修来，布置了一些读物，算是上课了。小朱在此午饭，陈思和送来《巴金专集》校对稿。

这两天收到满子、炳中信，昨日又收到李辉信，今日收到卢康华来信。李达三书复印件已寄出。夜记。

1982 年 2 月 21 日

星期日。早上发出给中国作协信及表。

午饭后，合家去耿庸家，看到胡及梅志信——胡可以亲自作书，是一大前进，殊为可庆。

晚饭后，合家回来，收到卢康华复制书。夜记。

1982 年 2 月 24 日

昨日下午参加校党委在中文系召开的座谈会。

今日下午到系内查谷非文章，上午得他的信，《文集》已决定出。收到福建陈公正寄赠《赵树理专集》两册。

晚，李庆云同志来家看望。夜记。

1982 年 2 月 26 日

昨日发出梅志挂号信，附去桂英抄的张公的《秋田雨雀访问记》，以备《文集》第一卷用——梅志前日信说，一卷已向人民文学出版社交稿了。信内还附去照片六张及上海公安局的决定书一纸。

又接福建人民出版社陈公正信及寄赠的《赵集》一册，南京丁芒信及寄赠的《作者手册》一本。

昨日下午到中文系去开《巴金专集》编辑小会，并借来胡公《文艺笔谈》初版本一册，因《文集》第一卷选用其中论纪德一文，解放后版本删去该文也。

今日上午，小江偕新华社记者小张来访，他们准备给我写一个专题报道，发向国外。谈话近两个钟头，并留他们在此午饭。

午前，颜海平来，将李达三书交她阅读，我与新华社人员谈话，她也是旁听者。中文系毕业班同学徐羽厚来，他写毕业论文，题名为《徐志摩与英国文学》，系内指定我为他的指导教师，前日章培恒来曾交代此事。

午睡不久，外文系教师刘宪之来访，送来一张上海社科院入场券，某法国学者明早去该院讲《伊利亚特》与中国古代诗的比较；当场转送接他来访的陈鸣树，他住家在社科院附近，便于往听也。陈已着手写《胡风著译系年》，和他谈了两个多钟头，他作了记录。

接到满子信，并赠我《旧文四篇》一本。接北京文研所徐迺翔信，他说，上海合编的《郭沫若研究资料》，文研所决定由我和他及张大明为责任编委，他们将于下月或四月间来沪开编审会云。

晚间昌东来，谈他的小说创作情况，十二时始去。

敏今日下午去找小顾，为他的女儿说媒。夜记。

1982 年 2 月 28 日

星期天。昨日发去致梅志第二信（挂号），寄去桂英代抄的张公旧文《从〈田园交响乐〉看纪德》。信中建议，为此文写条注文或附记，因这个纪德后来反苏反共变得不好了，现在重印一九三五年旧文，应该加注以防坏人趁机生事。

今日下午周惠生夫妇带他们的小儿子、小顾夫妇带他们的女儿来家相会相识，由任敏作伐，介绍他们一对小儿女结为金玉良缘，并一起在此吃了午饭。

接到曹白、陈衡粹信。晚上和上午都在写信，致梅志（附寄张公为《呼吸》写的《新序》一文）、曹白、朱微明、炳中信，明日发出。

前日接到朱微明信，并寄来本期《萌芽增刊》一册。昨日桂英抄好登在该刊上的柏山遗文《评赞〈天山牧歌〉》，已由系内寄发福建人民出版社，挤进《闻捷专集》。夜记。

1982 年 3 月 2 日

昨日收到吴奚如信，他在生病疗养。

今日上午去系里，送去昨日赶写好的研究生培养、教学计划。收到大哥及燕林信。大哥定于八日动身访日，已买好了机票。又收到《光明日报》黎丁信，他已告退，但报馆留他做特约记者。

下午曹白来访，系首次会面，昨日给他的信，今日收到后就动身来了。他已离休，在组织部挂名。坐了刻钟，带去代他借的旧作《呼吸》，此书一九四三年由胡公在桂林新版印行，是《七月文丛》之一，曹白自己还未见过。

中午施昌东来，持来黄宗英给他的两封来信，她系看了《文汇月刊》关于他的报道后连写两封信来的，说是要他们夫妇去京治病，说是钱不够"江湖上有你姐姐我哩！"使他很感动。

傍晚，陈思和来，在此晚饭。敏和桂英午饭后去看望满子夫人，她因被小青年推下公共汽车，负伤在家疗养。

晚，写信给大哥及小燕，并附去给今富及山口信，由他到东京后投交。

1982 年 3 月 3 日

上午发出给大哥及小燕信。收到梅志信及附寄的《巨人》一册，那上面载有她的旧作中篇童话。收到王忠舜、张德林信以及小燕寄来的包裹单。

上午出版局张德林同志来访，为陈思和他们那篇论文化生活出版社的文章，是巴金给他说明这一情况的。

下午与桂英到五角场入浴，风大。

早上又发出给牛汉信，附寄陈思和和李辉写的论文化生活出版社的文章，他们写的《巴金年谱》也挂号寄至南京的《文教资料》。

晚，给陈思和和李辉各写一信，草好《覃子豪小传》。

1982 年 3 月 5 日

昨日上午市出版局张德林同志来访。

今日阴雨。上午收到朱锡侯信，我们已相违二十多年，都在苦水里浸着——他将于十日由扬州起身去杭州讲学，将路过上海小住，他是去年在京开会才得悉我们的近况的。当即发一信，欢迎他们夫妇光临。

晚，桂英抄好《覃子豪小传》共二千余字。写好给汉川的信，明日挂号发出。

又，汉川前日来讯，赠诗一首如下：

赠贾植芳、 任敏同志

相逢既喜又还悲，往事均成劫后灰。

余息尚存双鬓改，世情反复一身危。

衔冤忍垢存肝胆，泾渭终分见是非。

一片丹心光暗室，闻鸡起舞壮怀飞。

1982 年 3 月 7 日

昨日上午，全家去学校看了印度电影《哑女》，它写一个流浪的歌舞家和哑女的爱情故事，那演员才叫演员。

今日礼拜，上午王戎来，在此午饭。下午王中大儿子来，在此晚饭。

上午寄出覃树谦信，附《覃子豪小传》稿。傍晚，唐金海夫妇来，送来校稿及六十三元，算是补偿了《巴金专集》稿费扣去的上缴费用。

昨日下午，陈子展来访；施昌东、乐秀拔领复旦分校中文系党支书王某来访——王自称我的学生，一九五七年毕业于中文系，二十五年来生活的非正常性，连同他的名字早已不存在于我的记忆了。夜记。

又，今日挂号给武汉师院文振庭寄去《文学的工农兵方向》一书的复制件附发票。

今日上午还有两个军医大学的女同志来访，一系同县人李姓，一系她的同事陈姓。

三月七日晚补写。

1982 年 3 月 8 日

全日在家。下午曹白来访，在此晚饭。收到本期《清明》一册，以及覃汉川小儿子覃小川来的长信。

敏下午去顾征南家说媒，晚饭后归来。

晚，校《巴集》第二册，写信给陈乃祥，谈出版事务。

过午时，上图邵华来，送来她们三个上海单位编的《郭沫若研究资料专集》一大捆。我已被北京文研所任命为《郭集》的责任编委，这么一大堆材料，都需要从头看起也。

1982 年 3 月 10 日

昨日收到覃汉川来信。今日上午到系内，发出《巴金专集》第二册校样并致陈乃祥信。收到艾晓明来信，将于不久来沪。又收到陈衡粹信并附有一青年来信。

晚，写好给徐迺翔信。

1982 年 3 月 11 日

今日下雨，连发数信：东北师大《巴金传》稿、文研所徐迺翔、卢鸿基、曹白、文振庭。

因施昌东赴京事，晚饭后偕桂英去看王戎，在此又饮了两杯，归来已近十时。

1982 年 3 月 13 日

昨日未写日记，也想不起做了些什么了。

今日上午到系里，并去图书馆取回用馆际借书的办法借回来的五本英文书。在新华书店购《苏联现代主义讨论集》一册。

收到梅志、晓风信，并《少年文学》一本；南京《江海学刊》编者谷天同志来信，及附来的他在上海和我们合照的两张相片，一张转陈子展先生。

下午锡侯夫妇来访，二十多年不见，他原形不改，想不到一九五五年他也为我的事受累跳楼自杀两次，幸而获活，但已摔伤，十多年受压，创伤遍体，深可哀也。

晚，写好给梅志信托王戎带京，给大哥写了一信，介绍施昌东夫妇进京去看望他，并托请他对他们多加照拂。夜记。

1982 年 3 月 14 日

今日礼拜，锡侯夫妇留此。中午，小方母女陪敏由虹口公园回来——敏为小方女儿做媒，今日双方相约在公园相会，会毕回来了。

晚，王戎来，施昌东来，他们明日联袂赴京。托王戎带去下列各信：致梅志，并及上海小吃数种，送她们一家；致绿原，附上海所摄照片一张；致黎丁，附《巴集》一本。

得卢鸿基及曹白信。晚，写好给卢鸿基信，将托朱颜[1]兄夫妇带杭，并介绍他们为友。

1982 年 3 月 15 日

早上王戎来，他将于过午偕施昌东夫妇上京，我们要陪同朱颜夫妇去看覃汉川，所以就安排他在施家吃中饭。

十一时许抵覃家，在此午饭。覃的小儿子和《萌芽》的×××为子豪的事接上了头，×××对小川自称是丁玲的外甥，也是我的熟人，说要写覃子豪——这个小川不明底蕴，竟把我写的子豪材料交给了他，为这个小骗子所利用。下午二点钟从覃家出来，与锡侯兄嫂在车站相别。步行至曹白家，吸雪茄一支，他住五楼，住处尚宽敞、整洁，属于高干宿舍。由此又走到建国西路访侍桁，他讲话比上次有进步，敏顺路买了袋茶叶表示个意思。步行至淮海中路，乘车转外滩，归家已七时。

收到上海作协公函，通知恢复作协会籍云。又收到文研所徐迺翔信。

1982 年 3 月 17 日

昨日未写日记，过了一天什么都忘光了。

---

[1] 即朱锡侯。

今日上午，上图老萧及小徐来，谈《郭集》定稿事，在此午饭，唐金海、赵博源同在座。

收到覃小川信及《覃子豪小传》复制稿。南京《钟山》退回了路翎小说，说是不能破例载长篇。南京陈乃祥来信，已收到《巴集》一校，并寄到代买的《巴集》第一册五本。耿庸来信，附寄曾卓赠的诗作一册。中国作协寄来《作家通讯》一册，那上面载有恢复会籍的人员三名：北京路翎、上海贾植芳、浙江冀汸。

1982 年 3 月 20 日

昨日上午收到山口守信，他谈到在东京参加大哥的演讲会情况；下午即接到大哥从大阪发来的急电，说是明日飞抵上海。今日中午全家先坐车至民航售票处，在此雇民航小车到机场；班机二时许到达，因大哥带回一只从北京带去的照相机，被海关刁难，最后相机被扣留，说是写证明来取；全家坐原车返校，路经售票处，订好二十四日机座。

收到覃小川、赵博源等写的信。卢倩下午来过，留书一册，系她父亲新译的《旁观者笔记》（〔苏联〕涅克拉索夫著），转由她赠给我们的。大哥带来君岛久子签名赠送他的译作一册。

雇小车一辆，一个下午收费三十元，是民航的车子，非此种车子不能进入机场，真是敲竹杠也。

1982 年 4 月 2 日

好久没有记日记了，因为生活太难太乱，整日头绪纷纷，实在没有写字的愿望。

这两天在看《契诃夫手记》的校样。今日晚上又为桂英的户口迁入问题，听从校监委同志的意见，给五角场派出所写了个申请。桂英户口本来上海市委已经批准迁入了，但五角场派出所的经办人不明事体，提出要先把她们二人的户口迁入城镇，才能迁入上海的要求——为此，我又找了学校，给五角场派出所写申请，即由此而来。

今天礼拜五，下午去工会礼堂开会，选举校长，出席的都是副教授以上及各级党政负责人。沈元山来，他们编的《外国散文选》已竣工，说是要去杭州给浙江出版社送稿，特来要我写介绍。沈说：下午开了个传达文

221

件的会议，说胡耀邦讲话，要加强反走私斗争，包括反思想文化领域里的"走私斗争"；又提出了防止"和平演变"的问题，说胡耀邦讲话中说到，有的中级干部竟然信口说什么"三十年来上了共产党的当"——由此可见当前思想混乱之一斑了。

1982 年 4 月 3 日

上午去校内，将致五角场派出所信交保卫部蔡部长转致，系桂英户口事。

王戎自北京归来，在此午饭。得悉绿原到沪，午休时，与王戎及敏去满子处，诸友皆来，到此晚饭，归来已近十时。

下午江礼旸来校对《手记》。

发出给大哥信、静妹信，将路翎小说寄贵阳《创作》杂志。

1982 年 4 月 4 日

礼拜日。上午在家校《手记》，夜间校毕，并给责任编辑刘微亮写好回信。

下午，满子、耿庸、曹白、绿原、征南、王戎陆续如约而来，共进晚饭。早上敏特地到中灶楼上请吴师傅做了几个菜。桂英说，这次吃饭是她一年多来所看到的我们家里最丰盛的一次请客。

饭毕，曹白先辞去。八时许，诸人始同偕而去。托绿原带京给各友的上海照片。夜记。

1982 年 4 月 6 日

这两天校《手记》一连两遍。上午小江来，送来本市二月二十七日上海新华社发的电报（对外专用），那是关于我的一则报道，不到一千字。收到朱锡侯夫妇自杭州信，并附他们的照片一张。晚，小李带山西大学两个毕业生来访，他们一男一女都是山西青年，带着山大郜老师的介绍信，并送我们家乡醋一瓶。

1982 年 4 月 7 日

昨夜四时休息，《手记》总算又校了一遍，差可人意。下午刘北天偕马生哲来访，我和马已不见近三十年，他多年在国外为党工作，流动于东南亚一带，长期在西贡，现在落脚在香港。故人相见，真如梦中，我这些年的遭遇，他在国外也略有所闻。此次相见，他也不胜感慨，留他小饮后别去。

晚饭后，领山大同学小薛去看王中，谈他们二同学在新闻系进修事。外文系研究生小傅来，由任敏介绍他与曹亨闻的小女相见，先从交友起步。

老苏在晚间陪中山大学研究生王君来访，并写信介绍他去上图查资料。唐金海下午来，赠我他参加编写的《中国当代文学史》第二卷一册。

收到曹白、黄裳及李辉来信。

晚，写好给浙江人民出版社的伍隼、沈念驹、刘微亮三同志信，预备明天托沈元山连稿子一块儿带杭。夜记。

1982 年 4 月 9 日

昨日发出《手记》校样并致刘微亮、沈念驹信。

上午王聿祥、陈思和来，在此午饭。聿祥已被派为《呼吸》的责任编辑，他昨天和耿庸见过曹白，今日来此，取去《呼吸》校样。

得梅志信及《丑小鸭》一本，那上面有张公在一九七九年居成都时为诗人雷抒雁悼张志新的诗所做的批改和致《诗刊》编者的信以及雷的一篇记叙文章。这一组都是上乘之作，极富于史学和文学价值，雷的文章也是一篇写张公的上好文章。

又接斯民信，他去过杭州，见到过郁飞。郁说，《手记》将印二万册，也算不少了。

阳云自武汉来信，他系子豪三弟，多年也备尝辛苦，说是我写的那篇《小传》一篇复制品已寄回他们家乡四川广汉，为县志所用，一篇寄福建社科院，并附来郭风信，提议将该文发表。

晚，写信给伍隼及曹白、梅志，未写竟。

1982 年 4 月 14 日

从十一日至十二日去东风饭店开了两天会，第一次由敏陪我，余皆由桂英到时候来接我回家。北京文研所徐迺翔、张大明特来主持会议，参加的人还有郭沫若资料的三个单位承包人（上图、上师大、华师大）、中国社会科学出版社的一个编辑以及特约编审陈永志——一个三十多岁的上师大教师，我算是责任编委之一。

张大明同志在会上对我说，他们主编的《中国现代小说选》，预备选我的一篇小说，他已找到了《人生赋》，我请他们自己决定篇目。

昨日下午柯文辉来，送来本期《艺谭》两册。前日已收到两册，那篇为《手记》写的《新版题记》登出来了，只是把我受了二十多年苦这段话内的"二十多年"排成了"十多年"——我对柯说，这是宽大减刑措施，众大笑。

今日上午，文研所的徐、张二位来寓，事先已约好徐俊西、鄂基瑞、陆士清三位相陪，在此午饭。苏兴良、乐嗣炳夫妇等来晤。下午敏去接了余太太来家，在此小住。中文系学生赵祖武来，拿去他的文章。

本日发出致锡侯、范伯群、冀汸各信。收到李辉信，下午写了复信，明日发出，托他代查《文学周报》所缺各期目录——《文学评论》要他去工作，他特写信征求我的意见。又于昨日发出给山西大学郜忠武信及朱碧莲信。昨日还收到曹白和他的夫人同具名的信，约我和"夫人、小姐"这个礼拜日去他家便饭，"菜不好，心是真的"。

小顾今天上午也来过，送来代购的《福克纳评论集》与《海明威研究》，因客人太多，他在午饭后即辞去。

这两天看材料，预备写《记余上沅先生》。

接到留妹自古城来信。托张大明给小燕带回两盒圆筒面，她小产，吃这些比较好。

1982 年 4 月 26 日

这两天晓林介绍来他的邻居龚夏二君来沪旅游结婚，住在家里。今天请他们吃午饭，饭后送他们回京，托他们给晓林小孩带了些糖果，也给小燕带了些蛋面。

上午去系内阅传记文学专业英语试卷，考生六人，由我和顾易生同阅，招考研究生的朱东润病在医院。六个考生最高分数是六十二分。

昨天收到大哥挂号信，寄回《覃子豪小传》，他补写了一段他们在北京的情况，又修改了一些字句。晚上我又加了些材料，嘱桂英代抄，大哥愿意拿到《诗刊》发表。

这几天又在忙于校《巴金专集》第二册的校样，实在忙不过来。晚上又写了一堆信：致卢康华，附寄去孙景尧拟的比较文学参考书目；致莫贵阳，路翎的那篇长篇小说之一章，由我介绍给《创作》——莫前些日子来信，说已决定用在该刊第三期上，告诉他路翎的地址，要他们直接联系；致罗永麟，请他把论民间文学的稿子直寄大哥，大哥愿意为他向出版社推荐；附给朱碧莲一信，请他转交。

唐金海下午来。施昌东晚上来，约他明天中午来家陪王元化午饭——王明天下午来此讲演，约好来此午饭。唐金海问我元化的简历，说是在他讲演前由徐俊西介绍时用。

1982 年 4 月 27 日

上午王元化来，是来此讲演的。中午在此午饭，由施昌东、陈思和相陪。他赠我们新版的《向着真实》一册，回赠他《巴金专集》一册。午后，听了他讲演。四时许，在大门口送他乘车而去。

发卢康华、罗永麟信。购沃罗夫斯基《论文学》一册、英苏记者写的有关匈牙利卡达尔传记一本。

收到卢鸿基、郜忠武以及上海师院一不相识教师来信。

晚饭后，陈子展先生来闲坐，王锐、小张同在。施昌东偕应必诚夫妇来坐。

1982 年 5 月 1 日

这两天发了不少信：北京大哥，寄出重修的《覃子豪小传》；武汉阳云，寄去《覃传》（修改稿）及诗一首（这是我破天荒的诗作，题名为《笔颂》）；本市覃小川（附《覃传》）；杭州卢鸿基；杭大何寅泰，托他代找子豪的诗集《自由的旗》。

这两天校对陈思和译的《风格论》（叔本华），大概还要两天才能校好。

昨日研究生顾、戴下午来，孙乃修晚上来，都谈话很久，就算上课。

今天收到《艺谭》李平信及附来的镇江一读者来信，晚上并写了复信——这位读者看到《手记》新版前言，给杂志社写信说："转告贾植芳同志，他为文学青年做了件好事。"

又收到（昨日）李辉、覃小川信。

昨日柯文辉在此漫谈竟日，他送我一部（三册）香港版的《美国文学》。今日西海夫妇下午来，卢倩来，均在此午饭，卢倩就住此。桂英从昨夜起，替黄老师到第一宿舍看门去了。

1982 年 5 月 2 日

收到王忠舜信。施昌东不良于食，晚饭时约他来此共食，敏特地做了馄饨，做得很清淡，易于引起食欲。

晚饭时，小杜引附中的一个女同志来照相，给我们全家都照了相，我和施昌东合拍了两张，又在书房中为我照了三张工作照。

晚，修改《论风格》。

1982 年 5 月 8 日

好几天未写日记，忙于为余上沅写传。《论风格》又搁浅了。

今日上午周惠生先生来谈，昨日民主党派开会，每个知识分子发了一张登记表，是调查落实政策情况的。昨晚施昌东、谭达华都来谈此事，老周今日一早来也为这事。经过多少年的反反复复，人们往往养成从反面看事情的习惯，所以对填这类表有些放心不下。这真是三十多年来的一大失败。

周中午在此午饭。过午后，桂英去入浴，又和周家老夫妇一块儿去看了五点钟的电影《路漫漫》，写彭德怀事。

收到梅志信，附胡公近照一张，人似乎正常许多了。信上说，他还不能写什么，但可以谈谈了。

收到福建社科院刘登翰信，为《覃子豪小传》事。

收到浙江人民出版社刘微亮信，寄来《手记》一校漏下的清样三张——今早本来寄她一信，附在《艺谭》内。

晚，改好三页清样，并写了回信，明日发出。又写一信给李辉，今日又收到他寄来的几张《北京晚报》。

1982 年 5 月 13 日

今日阴雨，未出大门一步。上午颜海平来，她的剧本《秦王李世民》

获奖，她将于今日下午赴京开会领奖。给她大哥住址，要她去看看凯林，大哥上次在此谈到希望她们两个合作写《李大钊》剧本。过午戴舫来，告以他将在最近结婚——爱人现在西藏工作，他明年出国预备先办好婚事再说，否则，在外六七年让对方空等也不合适。他说即将赴黄山旅行结婚，我祝他们幸福。

施昌东仍不良于食，敏和桂英做了些菜卷，约他来此晚饭。他有些条件反射，在他家用饭往往呕吐，换地而食，似乎好些。

前几天章培恒来告，说是学校要办一个当代文学刊物，系里也决定由我和蒋孔阳负责，蒋身体不好，要我多负些责任。今晚又和施昌东、乐秀拔谈此事，他们说，应从政治观点看此事，这也是信任的表现，拒之反而不美云。

1982 年 5 月 14 日

今日读了陈从周编的《徐志摩年谱》，也是为了为余上沅传找材料和观点。

午后，陈鸣树来访，他带来自己编的《胡风论鲁迅》一稿，说是希望能介绍出版，是他先和王元化谈过后，由王元化要他来找我的。现在的气候，此类书似难有人承印，实际上元化是推给我了；况且《胡风文集》也在编印中，此书又有重复之嫌，这就为出书增加了一个实际的不利条件。他决定先把目录抄一份寄梅志问问她的意思，我即将梅志和奚如的地址告他，因为他说本书也将收奚如的忆胡风文章以之为序也。

费明君的小儿子来访，他今年三十岁，沿街走巷地做木工活，不识一字，谈起他的往历，却颇似中世纪的传奇：他三岁去劳改农场，十二岁时由安徽讨饭到山东，认一推板车会武艺的老人为师父，学会了拳术；他父亲的平反处理，全由他到处走动和活动，虽是文盲，但十分精明，又很正派，绝无粗气和流气。他的故事深深感动了陈鸣树，他舍不得离开，并要了他的地址，预备用他的事例教育自己的儿女。

他们都在此晚饭，饭后，陈别去。施昌东来，他又继续谈他的故事，并拿出他搜求到的一本上海市委一九八〇年十一月印的《宣传通讯》，那上面载关于"胡风集团"的复查报告，显然是那个中央文件的复写文，但却略去原文件给我加的那个历史尾巴，只提出"胡风和一些分子有政治历史问题，但一般属于人民内部矛盾"，只有张中晓有"反动思想言论"云云。又说"一九六五年由中央批准，一九六五年判处胡风有期徒刑十四年，剥夺政治权利六年。一九六六年判处阿垅、贾植芳有期徒刑十二年。其余诸人免于刑事处分，降职降级，党员开除党籍。'文化大革命'中，加判胡风无期徒刑，收监关押。一九七八年胡风不服，向中央提出申诉"等等，这些话（文字）在我是第一次看到，故为之记。

1982 年 5 月 15 日

上午去系内，收到《作家通讯》一本；收到覃小川信及附寄的《覃子豪简传》（录自台湾书刊）及诗三首抄件；收到朱碧莲信。

收到阅卷费一元五角。购《病夫治国》一书，盖从生理病学观点考察当世一些大人物的性格和事业，笔调甚为清新，自有风格。

上午陈思和来，送来一九五○年吴文林印的《巴金与文化生活社》一个小本子，这当也是一件历史文物了。他建议复制。

上午曹进行父子孙三代同来，在此午饭。陈子展来，他说昨天不适几乎翘了辫子，下午来访，想哈哈一笑，因叩门声太轻，你们不开未能进来，所以今天又来之。

孙乃修来坐一小时。

下午三时，章培恒来此候范伯群，范四时许到来，施昌东、乐秀拔亦先后来。晚饭在中灶楼上，由培恒做东，饭毕来家相谈至十时众别去。

晚上章培恒在此说，日本人评郭沫若有两句话：郭沫若的聪明超过鲁迅，鲁迅的德性超过郭沫若。范伯群说：南大的陈白尘说，系主任不是人做的，能做好系主任的不是人——言办事难也。

1982 年 5 月 16 日

中午在家请范伯群便饭，有昌东、应必诚夫妇作陪；小顾送书来，也一块儿坐下吃。

小顾代购了下列各书：《欧美古典作家论现实主义和浪漫主义》《萨特研究》《圣经故事集》以及三月份的《新华文摘》一册。

晚饭在昌东家吃，他请伯群，我们和应家夫妇相陪。

收到杨云来信，他说愿和四川人民出版社管事的杜谷商量出我的小说集。夜记。

1982 年 5 月 17 日

中午在应必诚夫妇家陪范伯群吃饭，我们全家都到了，并有施昌东及蔡传廉二同学。

昌东早上来说，伯群将调回复旦；中午他自己来时也正式说及此事，说胡裕树前些日子在苏州当面和他说要把他和曾华鹏调回。我很赞成这个倡议，这也算落实政策范围内之事，没有一九五五年那个大案，他们不会离开这里——他们如果回来，就大大增强了复旦的现代文学力量，对学校来说，这也是"收复失地"之举，应该自产自用。

这两天看了有关徐志摩的材料为余上沅传找材料和观点。写这类人的文章，下笔不易，既要顾及政策行情，又必须尊重历史，要褒贬适当，不失分寸，更不可失身份。

1982 年 5 月 18 日

在家读李欧梵的《现代中国作家浪漫的一代》（英文本）中的论蒋光慈和萧军篇，以及结论部分。著者从外国文学与这些作家的影响关系上来论，如把蒋在诗上与拜伦、布洛克比，在小说上与杜思退益夫斯基比，对萧则用《八月的乡村》比之法捷耶夫的《毁灭》等等。

收到刘微亮及冀汸信：刘就《手记》译文校样提出两处问题，当即复信说明；冀汸信来自北京，他说十七日可能来沪一晤。

晚，范伯群、章培恒来坐，施昌东随后也来，范将于明日乘飞机去海南。坐叙至十一时吃点心而去。

1982 年 5 月 19 日

上午陈性忠自北京来，他说在北京看到张公，听到他的高论：他说自己搞文学批评弄坏了，倒了一辈子霉；他谈到《红楼梦》颇多新意，他说作者曹雪芹在贾府找不到出路，找到贾府外的人，如刘姥姥、尤二姐、晴雯等等——这些人都不是贾府培养的，（还有薛宝钗的妹子）这些才代表了新的力量；他说高鹗的后四十回全是蛇足，他的所以能存在，只是写了一个悲剧的结局；说现在新印的《红楼梦》版本，最糟糕不过了，它是一个大杂烩……

性忠说张公一边这么高谈，却又往往随入幻觉，忽然又插入文不对题的话，说什么《七月》第六期封面如何如何，等等——但能够这么健谈，就算大有进步了。

电约王戎来，陪性忠午饭，施昌东同座。午睡后，他们别去。

同乡李培基夫妇来访，他们是敏的中学同学，儿子结了婚来送喜糖。

晚饭后，往访周惠生家，他们以英国香烟相待。

校好《巴金专集》，日内发出。

1982 年 5 月 20 日

上午去系内，发出《巴金专集》第二册校样，借来新到的英文书两册。

中午前五角场派出所户籍警王同志送来任敏和桂英的户口迁入证，这是一件大事，办好可真费劲。

陈宋惠请客。晚饭后，全家随他去长江剧场看滑稽戏，又有噱头、爱情、推理、侦探、武打、迪斯科舞，一应齐全——据说已上演一月，卖座不衰，还有一只猎狗出场。

收到李辉、燕林信。

晚写好给静妹信，托她办理敏、桂英的户口迁出手续。给郭风信，附去覃子豪诗三首。给刘登翰信（福建社科院），给覃小川信，附去评覃子豪诗抄件。

上午唐金海来，送来福建人民出版社代发的厦门会议信。陈思和、苏兴良上午来，陈思和明日动身去海南开会，并在此午饭，有小卞作陪。

1982 年 5 月 22 日

昨日没记什么，没做什么可记之事。下午剃了个头，领小毛头从托儿所到家，款待了他。晚上，王力夫夫妇带他们小孩来坐一会儿，别去了。

今天未出门，收到谷非及梅志信。谷非是近三年来第一次自己写的信，从信来看，他的思路很清楚，只是字写得很吃力，但思路和语言都是挺清楚的。

又收到罗洛自兰州来信，彭燕郊近将来沪；并说孙钿现在宁波，预备

230

译出日本诗，要我找些材料。为此，写一封信给孙钿并复罗洛信。

1982 年 5 月 23 日

礼拜日，上午全家如约至虹口小高家，陪冀汸夫妇吃饭，罗洛爱人杨友梅亦来，饭食丰盛，饭后有咖啡。小高夫妇都是五十年代的外语学院学生。

饭后与敏至军大医院看施昌东，他入院已三天，医生说病情还在观察中。

小江弟弟由桂英相约，来此看电影，并吃晚饭。

收到上海社会科学院请柬，明天上午去该院举行当代文学会成立仪式。收到锡侯长信、小川信及济南侄女信，她家房产已发还。

1982 年 5 月 24 日

一早偕敏进市区——她送我到淮海路上海社会科学院门口，自去买东西；我则如约来这里，以来宾身份参加中国当代文学研究会上海分会成立仪式。会议时，我被邀请至来宾席，同席者多是上海文化宣传系统的首长以及一些像王西彦、师陀这样的老作家。

在此遇丁景唐、杜宣、峻青等人。

十一时散会，我请假告退，坐车至小顾家，在此午饭。饭后与敏逛南京路，陪她购物。晚饭后，偕敏去看徐俊西，他刚开过刀，为了慰问，送蛋糕一盒，又和老杜聊天。

本日接济南××一信，这家人又闹着要分××家退回的房产。

1982 年 5 月 25 日

上午看病，并去系内走了一次。收到黎丁的航空信，他将趁厦门开会的机会回相别三十多年的家乡一行，并借机和我聊聊，约我必去。

今富今天到达，晚上赵博源同学去看了他，我们准备明天去看他。

下午张兵来，送来学报一册。傍晚在哲学系进修的厦门大学教师陈某（忘其名）来坐，谈了许久才别去。

写好给谷天的信，附寄去张兵和张化的文章；写好给李平信，附去孙乃修文章——这都是积欠了好久的债。现在文场如商场，青年人登一篇文章比登天还难，我虽有此心向，也只能作近乎无效的劳动而已——这也是多年的

231

"批判"哲学所带来的不正之风的一个显著的后果或创伤，良可哀也。

1982 年 5 月 26 日

早上偕敏去看望今富同学，他已是六十岁人，胖了，但仍然和气如故，一眼便认出了我们。他赠我们座钟一只、茶碗一盒，给敏成衣一件，给我日本烟一条、打火机一只，算是久别相逢的一点纪念。下午，由章培恒相陪来家访问，谈近一点钟，说好后天来家吃饭。

谈话间，由蒋天枢谈到他的老师陈寅恪先生。章说蒋现在整理陈遗著，大部分已出版；说陈在"文革"前被任命为科学院历史所所长，他因郭沫若当院长，不愿屈居其下，辞而不就。"文革"中陈作为反动权威要受批斗，和他同在中山大学任教授的他的学生刘节因为老师年纪大了，愿意代受批斗，事后，造反派问他有何感想，他说，他能代老师挨斗，实在光荣云。章在此说这个故事，颇有其意。

上午柯文辉带两个业余摄影者（双胞胎弟兄）来家照相，适陈子展先生来访，除我们全家和我单独拍照外，他为我和陈先生合照了相，也为陈先生单独照了相。

今富下午来访，也为在座的我们四人照相，又为我们全家三口照相留念。

柯文辉等三人在此午饭，适王戎来，就座共食。

柯送我近作一首，录之如下：

> 清泉一掬聊当撒，惆怅道穷更恋穷。
> 岂为颠危甘婢仆，不因富贵拜鸡虫。
> 冷观老谱翻新谱，笑听南宗咒北宗。
> 清白一身肝胆在，何需片话怨天公。

上午发出致谷天信（附去稿子两份）；致李平信，附去稿子一份。

接到耿庸自海南岛来讯，他与满子已抵达该地，希望能在厦门见面，相偕游他的故乡也。

1982 年 5 月 27 日

全日天好。下午戴舫带他的同学又是新娘来看我们，送来喜糖一盒。

他们到黄山旅行结婚回来了，说是住在郊乡农民住宅内；我说一九四八年我们也在西郊法华镇一个阁楼上住过。他说，我们还走先生的路子。

读了两篇《小说月报》的小说。一篇是一个北大学生写的，写北京小胡同内一个四合院的故事，小说通过市民社会的生活风貌，显示了政治社会的历史性真实，独具风格，朴实可喜。

小李晚间来，取去请她代做的我的衫子料，说起近来报上登的一条丑闻：云南一个有五十年党龄的老干部，竟令他的在上海外语学院毕业结婚有子的女儿和原丈夫离了婚，给一个港商做第三房小老婆。这个女儿是中央一个大干部的外甥女，"文化大革命"中在上外上学时，就坐小车进出云。

今天晚饭，请今富正巳，有章培恒、施昌东夫妇、赵博源夫妇、潘富恩作陪，小周同志掌厨，菜肴尚丰富——这是二十八年后的一次聚餐，殊值庆贺也。

席间，今富送在座男士每人一枚东洋大学纪念别针，我们的一枚转送小周，以为纪念。我们回赠大哥自京带来国画山水一幅，由施昌东题款曰"今富正巳先生回校纪念，贾植芳赠"，为此海关放行少惹麻烦，同时也增加了这幅画的意义和价值。

九时许，尽欢而散。

1982 年 5 月 29 日

上午陈衡粹大姐来访，她写的《余上沅小传》已于四月间由陈瘦竹寄《新文学史料》，她晚间宿此。卢倩下午来，晚间亦宿此。

午过，沈可人来访，他是来送骆宾基赠我的小说集的。他抗战中在上饶《前线日报》工作，与覃子豪相识，现在为上海社科院法学所编《法学》杂志，由复旦出版社印刷发行。

收到上海文艺出版社请柬，该社在本月三十一日举行成立三十年纪念会，约请参加座谈。

晚，去乐秀拔家请他爱人小刘按摩右肩，大约是受风影响，这个部位痛了快十天了。

下午暴风，虽然星期天，上午却清静，余太太和卢倩在吃过早饭后告辞。

看毕业生论文，论徐志摩与英国浪漫派诗人，以雪莱为重点。晚饭后，乐秀拔夫妇陪潘行恭来看我们——他是一九五五年同学，也是株连对象，现在子承父业，在香港经商，给我带来法国酒及英国烟，约他下周二来晚饭。九时不到别去。

1982 年 5 月 30 日

一早坐车去文艺会堂参加文艺出版社成立三十周年座谈会，茶和烟相待，来人不少。王元化在讲话中说，对于创社时做过努力而已故去的同志，张中晓、俞鸿模、王皓等表示悼念——这些话说得好，这些同志都是被极"左"路线扼杀的。

本想趁便看看曹白，因不记得他的住所，找了一阵，绕楼三次而回。到家近十一时，朱碧莲在候，邀我和敏去食堂陪五十年代同学与今富会餐。晚饭参加中文系有关同仁设的为今富举行的宴会，食物丰美。下午陈子展先生送来他和政治文化界人士的通信十多封，嘱转孔海珠，她正在编《中国现代作家书信集》续编。

1982 年 6 月 1 日

约潘行恭来家吃面，临时王聿祥、陈秀珠带今富正巳来，加上施昌东夫妇、乐秀拔夫妇正好一桌。我对今富说，吃家常饭比在宾馆中吃饭更具有精神的因素。

晚，张爵侯送来请柬，一九五四年毕业班同学定好于明天晚上在静安宾馆公宴今富，请我们夫妇及王元化作陪。

顾征南下午来，送来代购的书一册及赠我的本期《文史哲》一本，那上面发了一篇他写的谈歌德的文章。他看见人多，不吃饭就告辞了。

施昌东从医院来，医生检查结果，得出结论说，他的胃部有癌细胞浸润，医院提出要给他开刀，这表示还有希望。他是一个坚强的人，总会在对这个难缠的病魔的斗争中取得新的胜利的。

学报张兵来，送来《哲学专辑》一册。下午写徐志摩论文的毕业生来，对他的论文提出了些看法，要他酌情修改。夜记。

1982 年 6 月 2 日

午饭后，偕敏陪今富看王元化，在那里照了许多相。六时又偕元化夫妇一同到静安宾馆，在此与今富同学吃饭，他们合伙宴请今富，请我们夫妇和王元化夫妇作陪。雇车回来已九时许，张爵侯同行，他来帮今富整理行装，他明午返国。

收到孙钿热情的信、卢康华信。重庆师院寄来学报一册，那上面有一篇论《七月》诗歌的文章，文中提到《七月》创刊历史，提到我的大名。

1982 年 6 月 3 日

上午小杜来，送来昌东在病床写的一篇自述性文章，并给西海信，因西海早约他为《书林》写这类文字。我看了一遍，改了一个字，给西海写了几句，由敏挂号寄出，同时寄卢康华一信。

过午，与胡裕树、濮之珍同车送今富乘机回国，在机场取回大哥回国时被扣在海关的照相机，乘原车于三时许归来。

傍晚，王锐来，谈陈望道，他要为《人物》写文章。

1982 年 6 月 4 日

上午进图书馆，这次允许我入书库，在四楼找出四册日文书，其中两种是诗集，一是《石川啄木集》，一是《日本现代诗集》，即挂号寄孙钿请他选择介绍。

午睡后，由桂英陪同去长海医院看了病，女医生说，是骨刺，是生命的老化现象，不是什么大病。到病房看了昌东，他已写了一首诗——《第五次向死神宣战》，因系内领导诸人相继来访，不及多谈。我离去时，他强忍着眼泪几次要下床送我，但理智命令我，不能在他面前表现伤感，而是要给他加添力量。他的这首诗，晚上由小杜带给了我。他那顽强的生之意志和坚强的生之信念使我十分激动，少加修改，给王戎写信，明日寄去，请他在《文学报》发出，这也是对他的有力支持和鼓舞。

乐秀拔后我从医院出来，他泣不成声地说，昌东托他把一些所谓"后事"和我说——这是文不对题的话，在危险面前，是绝不应该后顾的。如果军队在战争面前首先想到的是失败，那人类就不会有战争，也没有战胜者了！

晚写成给博源及王戎信。

收到南京谷天信及一小女孩信。

1982 年 6 月 16 日

五日动身去了厦门，与敏同行。同车的有小唐、老陆、老萧及川大的陆文璧。翌日下午抵厦，寓厦门宾馆。除开会外，尚去厦大、集美、前沿阵地、鼓浪屿、南普陀寺等处游览。一九三七年九月初，我由日本神户去香港，途中曾在厦门港海中停泊半天，未及上岸，四十多年后，我才登陆上岸，在此住了十天，生活真不可思议啊！

来此开《当代文学研究丛书》编委扩大会，到会三十余人，住宿吃的都算上等。

在此遇画家张人希，他曾和我是苏州革大同窗，并以酒相交。我到厦后，他在此间一大馆子招宴，同席有耿庸、陈禾嘉、厦大某教授夫妇及黎丁诸兄。耿从广州来，黎从北京来，今日又同车回沪。

敏大侄女正巧来常州开会住此，她和桂英在车站相接，雇小车回校。

读诸人来信：孙钿、赵博源、覃小川，及川大陆文璧的留条——她由厦到沪后在此住了一天，今日下午由桂英站送回川。章培恒留条约我们及何满子明午去东风饭店小聚。

1982 年 6 月 17 日

中午，如约偕敏去外滩东风饭店与培恒夫妇及何满子吃饭，由培恒做东。

饭后，在家小憩。偕桂英去长海医院看施昌东，他明天开刀，送了些带回来的吃食，也算一点精神支持。我和他谈话，由桂英部分录了音。

晚孙乃修来，他将于月内回京，托他给小燕夫妇带了一包夏衣，给大哥带去一包桂圆，由敏写了信。小江接着前来，送来他看了一遍的《手记》三校。

收到李平信及《艺谭》一期两本。

晚校《手记》，写了信致赵博源——他来信说吴子敏编的一册《〈七月〉、〈希望〉作品选》拟选入我的《人生赋》，拟请署名改用本名，托赵向我征求意见。他从海南开会毕，来沪时，因我们不在家，赵未引他前来。

1982 年 6 月 18 日

上午去医院看施昌东，他已在八时正式开刀，十一时归。据晚上小韦来说，开刀共用九个小时，切除部分较大，情况较严重，但心脏和肺部情况良好，加上他的意志力，这都是胜利治疗的保证。晚上小杜即宿此。

柯文辉上午来，送来前次的四张照片。陈子展上午下午都来座谈。柯在此吃了午饭。

下午被约请的黎丁、何满子夫妇、耿庸都来，同来的还有尚丁、抗生，金海同志帮厨，吃得很热闹，八时许辞去。

午后曹白来送还《呼吸》，坐片刻，即别去。收到天津文联电报，守梅（阿垅）、芦甸两兄追悼会定期举行，即托满子兄复电，由我们夫妇各送两兄花圈一只。

将昌东新闻稿托王戎送《文学报》。

1982 年 6 月 20 日

昨日未记，校《手记》至夜二时许，算校毕全书，写好给责任编辑的信，由敏连同稿本一起封好，今晨由桂英发出；并挂号发出给西海信，寄去昌东近照，配合他的文章为《书林》用。

昨天孙乃修来，他将离校回京完婚，托他带去给小燕夫妇的夏衣及给大哥吃的桂圆。

昨日早上杜月邨来，坐片刻辞去。山西大学张姓教师来，送他一份《文研会》目录，十一时离去。

今日一早杨友梅来，送我们茶叶两盒，回赠《现代文学作品选》三册一套，午饭后离去。收到满子信，寄来他草写的阿垅、芦甸二兄追悼会悼词一份。

晚，桂英约来小刘为我看病，近几天胃部不适，饮食无常，大约系劳累所致也。

1982 年 6 月 21 日

早上偕桂英去长海医院看病。先看内科，医生说是胃炎，给了些中、西药；又去看骨科，照了 X 光，星期三再看结果。顺路看了昌东，情况还好，稍坐即回。

晚写黎丁信，附寄小唐写的厦门之会的材料。给济南大嫂一信。

接宜静信，敏的户口正在办。

全天无为，身为"病号"了。

1982 年 6 月 22 日

今天客人不多。晚上来过小杜、老应夫妇和小江。收到中央文研所研究生院寄来的李存光编的《巴金资料选目》及天津文联发的阿垅、芦甸二兄的讣告。

下午与敏步行来回去五角场入浴。哲学系进修生陈君在中灶楼上请客，有胡曲园夫妇、严北溟和潘富恩等数人。

寄去给耿庸信。

1982 年 6 月 23 日

上午偕桂英去长海看病。上次拍的片子，据医生检查结果，仍与前次医疗判断一样——骨刺，说这是一种生命老化现象，给配了些药，与上次配的一样。看病后去看昌东，并留桂英侍候他，一个人坐车回来。

同学徐羽厚在家相候，送来了他抄好了的毕业论文:《徐志摩与英国浪漫派》。

午睡较长，中间子展先生及两个女同学都来过，由敏接待。睡起后，散步至周惠生先生家少坐。

收到西海信及寄赠的本期《书林》一本。

想起这个题目"神话与鬼话"——这两种"话"可以形象地概括我国的政治文化生活实质内容，当然是说"文革"之前后的时代。

1982 年 6 月 24 日

上午张化来照了些相，她说她将毕业离校，要求和帮助过她的教师照相留念。今天正好买了些牛肉，又包了些饺子，敏留她在此午餐。

下午徐俊西来谈及施昌东病况，他说去找系工会负责人袁某，商量派人照护施。老苏来，徐辞去。

晚饭后去看王中，托他为山西大学毕业生来新闻系进修事设法，将该女生来信留他处，他问过后再回音。和他谈起遇罗锦的小说《春天的童话》，他说，这篇小说的要害，是真实地写了老干部马培文的形象，此人系"反右"英雄，"文化大革命"又造反，粉碎"四丑"后，又大力提倡思想解放，提出实践检验真理问题，鼓吹平反冤假错案。这个形象牵涉到现在台上的一些人的品质与灵魂，这是被禁的要害所在。

桂英下午去服侍昌东，从王中家回来后，我和敏又去看小杜。

今日寄出致李辉信、百花文艺出版社陈景春信、《江海学刊》谷天信。收到留妹挂号信，附来敏和英的户口迁出证。当即着桂英去五角场正式报入她们二人户口，只是粮油关系还没有转过来，所以又寄留妹挂号信，托她在当地办她们二人的粮油关系。留妹说，她近将携小旦来沪，那就请她带来。

收到刘微亮信，又就《手记》提出一些问题，三校稿她似未收到。

1982 年 6 月 25 日

中午约昌东大哥在此午饭。下午任敏偕小韦去医院看望了昌东，他仍处在虚弱中，中文系已答应派人值班侍候，真是知识分子政策的一大飞跃，值得大书特书。

今天来客：《世界经济导报》小高、小唐；晚间王力夫妇带小孩来；戴舫偕小顾来，开了个条子，批准他们借《金瓶梅》。小江来，校好《手记》（刘微亮信上提出的）。

收到二哥及孙乃修信。整天写了给风兄、梅志信，连同抄件明天挂号发出。晚上又给刘微亮写了复信，也给二哥写好复信。

昨天偕敏去校新华书店购《卢卡齐文学论文集》（二）一册。

毕业班同学下午送来请柬，约我下周二下午参加他们的毕业班合影。

1982 年 6 月 26 日

中午全家在校内看了一场电影《徐九经升官记》，果然是一本好戏，编得好，演得也好，剧本节奏也很紧凑，看不出多余的东西（包括从概念需要出发的东西）。现在演这个明代的故事很有实际意义。

上午颜海平来，借去英国版的《易卜生以来的戏剧批评发展》（英文本）资料书。午睡时，师大张文江来，他已考上施蛰存的明清文学专业研究生。下午周惠生先生来，送来罗洛女儿拟报考的生物系某专业的报考研究生情况。晚上写信给杨友梅，附去周先生抄来的那个纸头。

晚和敏去苏兴良家，送他们孩子蜜饯一盒——厦门礼品。

本日挂号发出给梅志、刘微亮信及二哥信。

1982 年 6 月 27 日

上午王中次子、儿媳、小孙子来。陈子展来访，谈到心理学，他说："自杀是对生命的自我惩罚"，"为了使他灭亡，先要使他疯狂"，"革命是整个社会发昏"……

小顾来，在此午饭，共食者尚有昌东大哥及在统战部工作的张姓同学（李辉同班生）。午睡后，偕桂英去医院看视昌东，他已大有起色。乐秀拔、张灵生同学都在坐，并一同辞归。

收到老耿信，发出给黎丁信，寄去《花与鸟》。给山西大学小钟、《收获》杨友梅各一信。

题目："金色的童年，红色的青年，灰色的中年，无色的老年"

"一个女人的故事"（又名"颌骨灰盒的女人"），"一个男人的故事"（又名"盖世匹夫"）

诗人徐志摩绅士说："我们的病根在忘本，人是自然的产儿。"贾子曰：这位绅士还没有走出动物界，自然不过是人生社会的物质舞台，它是自然的存在，它的职责是服役于人类，人类则是自然的主体。更是历史的主体，我喜欢人类社会，喜欢人类社会在历史长河中演出的各色戏剧，戏剧没有人就不是戏剧，看戏就是看人间的关系和实际，作为一个剧场的看客，他全神贯注的是舞台上的人物变换、场景更迭，而不是舞台本身。花钱（在有交换关系的社会里，钱是媒介和象征，这就是价值法则）看戏，其目的是看戏，而不是为了看舞台本身，虽然这舞台的构筑也影响剧情的开展。徐志摩把舞台当成剧作本身，那是主客倒置了。

1982 年 6 月 28 日

上午乐秀拔来，为他的应用文出版事，当场给管权写了信，由他发出。

邓明以来，询大江书铺事。她说，夏衍对她说，要写一篇大江书铺，当即给她介绍了一些材料并借给她两本资料书（一本系日文）。《解放日报》查志华偕她的一个同事来访，代借来本期《花城》一册，约好后天来专访。她要为我写一篇访问记，这大约也算是一项落实的措施。

晚小杜来赔礼，她还未吃饭，由医院刚回来，昌东已能下地走路、进食。当即给她拿了一个卷饼充饥，这是卢倩在此吃晚饭时烙的，敏给她拿来芝麻酱佐吃。

收到王戎信，《文学报》竟退回来昌东诗，说是领导（他们的）不同意用，大约文中"反胡""反右"又触了他们的痛处了。这些伤疤某些人认为糊一张狗皮膏药就遮盖住了，真不算"好汉"也。恰巧小查来，即把诗交给她，去《解放日报》碰个运气，好在她后天来，登与不登可见分晓。

读《花城》上的《春天的童话》，据说在广州这本杂志因受禁，黑市要卖大洋贰拾元，这真是一个莫大的讽刺——这件事本身就是一篇童话。

封建社会的官吏没有一个不是利令智昏的，但在社会主义文明时代，却是一个悲剧情节。

无论是悲剧或喜剧，都是人和命运搏斗的结论，人生有如树上的叶子，一阵狂风吹来，树受到震撼，有的叶子被吹落在地，化为泥浆，有的仍然抓着树枝，并且经过狂风的侵袭后，更加浓郁起来，显示了生命的美和胜利、喜悦。

1982 年 6 月 29 日

午饭后去校门口和毕业班的同学照相，又去系内走了一次，小李在外文系代借的两本英文书已拿到，托小周复制李欧梵等英文作品两册。遇陈鸣树，他说近得胡公信（由他人代笔），他同意陈所编的《鲁迅与胡风》一书，陈说他已请李何林写序，交由陕西一家出版社出版。

得黎丁信。他回京后已去过胡家，胡近来写了一篇悼念阿垅的文章，寄天津，说写得很好，令人拍案叫绝。

陈梦熊来，在此晚饭，近十一时辞去。他系为公事而来，姜彬带了个研究生，将举行毕业论文答辩，请我出席。

收到外文研究所寄来的《比较文学论文选》目录（选文）一份，系征求意见稿。

收到张兴渠信，已写一复信，待发。

"四人帮"之流所说的"改造与反改造的斗争"，实质上是"毁灭与反毁灭的斗争"。徐志摩诗的题名："人变兽"。

1982 年 6 月 30 日

上午九时许《解放日报》记者小查来采访，她做了记录，整理成文后再拿给我看。下午在系内开《文学研究会资料》会。傍晚，毕业生徐开平等两同学来访，托徐给张文江带去代借的英文书两册。厦大历史系陈老师来辞行，王锐来坐。

收到罗洛、耿庸、朱颜夫人及刘微亮信，及本期《艺谭》一册。

发出致张兴渠信。

1982 年 7 月 1 日

全天在家读遇罗锦的《春天的童话》，这是最近引起轩然大波的一本"实话小说"，曾被下令禁卖，由邮局就地销毁，刊载此文的《花城》被勒令停刊，最后改组了编辑部，才得到刊物的生存权。作品展现了我们的生活现实，可作为时代的风俗画，文笔还好，语言尚精练，这是有生命力的作品，作者说"有些事我还不敢写呢"。

收到罗永麟信，他约好本周日上午来访。北京文研所马靖云来信，寄来她们编的《台湾比较文学论文选》选目征求意见。

敏整天去长海医院陪昌东，晚上才同小杜一块儿回来。昌东病体大有进步，今天可以大便了，也可以下地走个十分钟，精神状态良好，这就是病愈的根本保证。老杜为他的病，深夜抱病来访，足见同志们的关怀热情。

唐金海上午借去有关巴金的材料两册。小李下午来，来此抄我笔记本上的有关文研会的巴金材料。

晚写好给老耿、曹白、王聿祥信，约他们三位礼拜日下午来便饭。复孙钿信。

1982 年 7 月 2 日

上午王戎、陈思和来，在此午饭。午后到现代组开会，分了些书。晚北京大学封、商两位同志来访，他们早就说来，明日将去系内查阅资料，即写便条介绍小刘、小周热情接待。

得陈宋惠信。

1982 年 7 月 3 日

早上陈子展先生来坐。下午去外文系借书两册。晚与赵博源在家共餐。

1982 年 7 月 4 日

礼拜天上午老罗带咸菜来，在此午饭，又晚饭。傍晚曹白、王聿祥夫妇来，与老罗在此共吃晚饭。

收到闵抗生信及山西大学一女生信。

傍晚开始落雨。待客终日。

1982 年 7 月 6 日

昨日未记。收到炳中信，他那天因病未到，信中附来绿原及梅志信。绿原信中说了他们夫妇和牛汉夫妇去天津，参加阿垅、芦甸两兄追悼会情况：他们代表难兄难弟在灵前沉痛志哀，说周扬、巴金、林默涵等首长名流（其中还有舒芜）都送来唁电、唁信、花圈等，由鲁藜主持，天津某负责人致悼词。《天津日报》作了报道，发了鲁藜悼词及李家辉悼文。谷非写了两千字的《我的纪念》，天津不能发，黎丁将发于《光明日报》。……

中午贾鸿猷、张新来访。贾要写余上沅文章，要我介绍他去看余夫人；张新借去 M.Galik 的《中国现代文学批评起源》（英文本）一书。颜海平来，说《解放日报》近日对她的《秦王李世民》剧本有评文。

与敏和唐金海去长海看昌东，他脸色已正常，病势大为好转。

今日早上曹白送伞来，并赠我七宝大曲两瓶，稍坐即去。陈思和、陈鸣树来，朱利英来，共在此吃饭（馄饨）。陈鸣树在此坐了三个钟头，答应为《解放日报》写评昌东作品文。

收到牛汉长信。收到山西作协董大中信，他约我回晋参加赵树理讨论会。

留妹来挂号信。寄来敏和桂英的粮油关系证，由桂英去五角场办理手续。收到陈宋惠寄赠的新茶一包。

思和代买来一册安特列夫的小说集《七个被绞死的人》，系新出版者，为新中国成立后首次介绍（编者这么说，其实一九五〇年平明出过两本）。

下午征南送粽子来，在此晚饭。晚入浴。

又收到鲍蘧信。乐秀拔送来近期《羊城晚报》一张，那上面刊有李辉写的《京华访胡风》一文，文辞简练，结尾尤佳。夜记。

1982 年 7 月 7 日

敏早饭后去市内购物。上午一五六级毕业同学来访，说是"文革"后期在四马路旧书店曾碰到过，他当中学教师，"文化大革命"中曾当过"现行反革命"。

过午，小江来，坐二时辞去。午睡不久，《世界经济导报》小高来，他将于明日赴京，给大哥、梅志、牛汉写了信托他带京，并托他将大哥的相机带去。

收到老耿信。晚王锐来坐。

1982 年 7 月 8 日

收到杭大何寅泰信及照片。下午小唐来，送来福建厦门会议时的合照。

收到陈思和信及吴子敏的《〈七月〉、〈希望〉作品选》序言打印稿。

1982 年 7 月 10 日

昨日收到王聿祥信，李辉信及见寄的《羊城晚报》一张——那上面有他写的《京华访胡风》一文。晚，周惠生在家招饮我们夫妇，事后才知道是他的七十八岁生日。

今天收到今富正巳信及一大堆他来上海时的照片。收到《作家通讯》第三期一本，我写的工作情况，在这期刊登了。

上午陆士清来，通知下礼拜一接待美国教授叶维廉夫妇。

下午小张来，说《党史研究资料》第五期载有三中全会平反冤假错案情况一文，共列举十三件大案，"胡案"为其中之一，登了胡风、阿垅和我的名字及刑期，只是把"植"字误写为"桂"了。

这两天看周策纵的《中华人民共和国文学》（英文本）。

1982 年 7 月 11 日

星期日，阴雨。桂英早饭后去外语学院，在那里陪卢倩住几天。

244

中午，刘北天陪同谢挺宇来访。谢现任辽宁作协副主席，我们从一九四〇年初分手后，四十多年不见了。谈了彼此多年的不幸，他说："我们都是幸存者。"打倒"四凶"后，他因出于正义感，在当地报纸著文揭发了张志新临刑前被割断喉管的惨闻，惹起很大麻烦，几乎也被割去了喉管。他说："我那篇文章只是没有指出这是封建法西斯暴行。"在此午饭后，于三时许辞去，和敏送他们上车。转入校内买西瓜两只，冒小雨归。

晚小杜、老应夫妇来访。收到吴照林信。

1982 年 7 月 12 日

早九时如约去物理楼接待室，会见美国加州大学比较文学系主任叶维廉教授，他来上海访问，由作协诗人王辛笛相陪。王已七十一岁，见面先客套了一番，由外事组人员拍了照，除叶、王外，还有老陆及外事组的小倪。摄影毕，陪同与学生座谈，由叶开讲。讲题是"真实世界与语言"，着重谈了中国道家美学思想和语言观点。又介绍了西方诗人（马拉美、海涅、威普斯等）对真实世界及语言的认识和观点——找到老庄的返璞归真思想。讲毕，由我代表学校致感谢辞。会毕，先坐车绕校园一周，参观校园，再去中灶楼上吃三元一客的客饭，毕，在门口相别。吃饭时，胡裕树赶到。陆士清则在上午八时离去，乘机去了武汉。

收到四川人民出版社杜谷信、莫贵阳寄来的本期《创作》及来信、张兴渠的文章及信。

翻看叶教授赠我的他的著作《饮之太和》，书名即道家语。

1982 年 7 月 15 日

昨日晚饭后，和敏去虹口看韦秋琛，他原系文化工作社老板，与我们在旧社会相识。解放后，他出过我几本书，是出版界朋友之一；从一九五四年以后，再未看到了。他多年在宁夏地区一个县城做中学外文教师，退休不到一年才回到上海，已经须发皆白了，但众多的儿女已教育成人，下一代都成了知识分子。

昨日收到梅志信，附寄《天津日报》发表的胡公悼守梅文章。写出给李辉、徐开平等信，又收到赵博源信。

今日下午偕敏去上海图书馆，我在此开郭沫若会，她去逛街。四川人民出版社秦川携郭沫若资料集稿，与承编单位人员商讨，老萧上午电约我来参加。五时与敏辞出，在四马路王宝和酒店便餐，坐在"雅座"上，点了一个菜、一个面、一瓶啤酒，花了三元多，也算一次小乐胃也。

昨日收到陈鸣树写施昌东文及信。

今日收到柯文辉小说稿。

1982 年 7 月 16 日

厦门归来一个月了。今天下雨，凉爽了许多。

中午厦门大学历史系一同学来，送来托陈老师代买的两件衬衣（代卢倩买的）和来信。

整天未出门，收到文研所徐迺翔、南开大学和上海社科院两青年信。

晚上写好给福建出版局长杨云信及北京文研所科研处马靖云信。

桂英下午去五角场办好粮油手续。从本月起，她们两人开始吃到上海的诸种生活供应了。

发出《解放日报》小查信。致四川人民出版社杜谷信，由敏交系内发出。发出给同学刘开平信（上海文史馆）。

1982 年 7 月 19 日

好几天又未写一字。好几天阴雨不断，气候却凉快一些了。

昨日济南侄女春琳来，她们的邻居老崔把她送来的——这是一个厚道的人，颇有古风的邻居，在这里吃过晚饭，走了。今日收到唐金海自武汉来信、谷天来信。早上发一信给曹白。昨收到老耿信，附寄来一册曾卓朋友周翼南赠的他的小说集《夜雾消散的时候》，花城版——这几天几乎看完了它的全部，有的篇章写得颇好。

卢倩昨日来家小住，同春琳宿楼下。

下午午睡后，颜海平来，前些日子《解放日报》有人写文"批判"她的剧作，又是上纲上线——影射云云。总之还是整人一套的老法术。据说，作者系"四人帮"写作班子人员，历史曲折，这些害人虫，本性不改，又在摩拳擦掌了。人们被个人利益蒙蔽了眼睛，利令智昏，硬是不接受惨痛的历史教训。他们的幸福是以人民的受难作代价的，但混账的是他们却认为这是"革命的""为人民服务的"等等。更可悲的是，他们没有时间观念，好像地球这些年来没有转动过，可悲也夫！她借去《五四时期的中国现代文学》（英文本）原文本及复印本各一册。要她体会这四个字——"道德文章"。天又落雨，她借伞一柄，遮雨而去。

1982 年 7 月 21 日

继续下雨。早上发信给下列收信者：李辉、陈思和、覃小川，附去树谦写的论子豪文。

上午校改《文学研究会大事记》，昨日徐迺翔信催文稿。桂英去图书馆借来一册日文本《赵树理篇》。晚上看了些日文有关资料。

这些年以前的文学创作，可称之为"神鬼文学"：正面人物——神化；反面人物——鬼化；而独独没有人。说明这个社会还不认识"人"——人权、人道、人的尊严与价值、人格等等，都早作为"资产阶级货色"批倒批臭了，兽化与兽性就成为一些假马克思主义政治骗子的"造人"理想——这真是莫大的历史悲剧、民族灾难。

1982 年 7 月 22 日

全天闷热，如坐蒸笼中。上午和敏去医院看昌东，带了些桃子。本拟和主治医生谈谈他的病况（老杜要我代表学校谈话），不巧这位医生忙于会议不果。十一时半离医院，回家途中便顺路去看老杜，托他下午去时找这位医生谈谈。

下午王聿祥来，乐秀拔来。寄出给炳中及罗洛夫人信，约他们礼拜天来。

收到曹白及张文江信。

挽某巨公联：

学秦始皇百尺竿头进一步
效西门庆青出于蓝胜于蓝

白天是个活秦始皇
晚上是个新西门庆

1982 年 7 月 23 日

天仍然阴阴雨雨，但没昨天那样闷热了。

上午孔海珠带她的小学一年级的儿子来，把子展先生所收藏的一些名人书信转交给她，以备她继其父编《中国现代作家书信集》选用。敏又带她去看了陈老，在此午饭后离去。她刚从北京回来，据说金山死于"级别不够"——他发病后（半身麻木）送北京医院抢救，但他是个文艺二级，那里要文艺一级才收，医院拒收，把病人放在走廊内不管，由病家和医院吵嘴，吵了半天嘴，病人已咽气了。中国人的价值现在有等级，因此生命也被划为等级，百姓只好听天由命了，怪不得迷信又盛行了，还是那些老上帝（神祇）能给人以一种精神上的慰藉与希望。

戴舫来，带去叶维廉的论文集和李欧梵的书（英文），约好他们夫妇礼拜天来家午饭。

鲍邃夫妇来访，施昌东本日上午出院回家，他们夫妇去看望了他。

收到留妹和刘开平信。中午去校内买西瓜未遂，去书店购美国人 M.怀特编著的《分析的时代》（《二十世纪的哲学家》）译本一册。收到《北京晚报》数张，这个很少登政治大事的小报，在某日的头版上也像那天的所有报纸上那样，登了四个元帅的玉照，占的版面引人注目——中国现代有些事简直像是谜语，需要发达的猜觉术。

1982 年 7 月 24 日

礼拜六，上午去系内查书，资料室打烊，白跑了一次。

早上二时醒来，查阅吉林大学编的《外国理论和思潮对现代中国文学影响》（第二部），文研所委我和该所的马良春为责任编委。这本材料也用了些力气，但显得凌乱，一百多篇文章，胡乱堆在一起，没有按目录次序排列，等等，只能算个未定稿。花了两个多钟头，才按目录把一篇篇文章排列出来了。

下午顾放勋来，他去美的手续都办妥了，九月初成行。

晚饭后，去看子展先生，他足病加胃病。谈到俄国的肖斯塔科维奇，他引了肖在遗嘱中说的俄国知识分子的价值观是"一双靴子胜过莎士比亚"。莎士比亚的作品还不如一双靴子值钱和被重视，这大约是典型地概括了苏式社会主义国家的知识分子的命运。

收到张人希信。给辛笛写好信，明日交戴舫，当面送去，是封介绍信。

1982 年 7 月 25 日

星期日，未雨。本日宾客盈门。上午，老耿、小顾、小朱夫妇及戴舫夫妇一行，在此午饭，柯文辉兄弟俩看见人多，快吃饭时离去。济南崔师傅在十时来领春琳去逛街。午饭后，杨友梅母女来，戴舫夫妇辞去，王戎来，晚饭是中饭的再版——吃午饭未吃完的面和菜，多亏小朱帮厨，才应付了开饭。

施昌东本日生日，敏一早偕春琳去四川路给他买了生日蛋糕，本来约好全家在他家晚饭，也因家里有客，我们夫妇只好先去他家少吃一点，以示庆贺。

柯文辉赠本期《水仙花》一册，有他的一篇小说，杨友梅赠本期《收获》一册。

收到陈思和信。

忙了整天，客人至七时许散去。老崔送春琳回来已近八时，他少坐即去。卢鸿基的侄女为报考分校事来访，托老崔带她回市内——时已近九时了，少女不敢贸然单身走路。

1982 年 7 月 26 日

中午在昌东家吃饭，两家各吃昨天剩下的饭菜，他病好多了，我很兴奋，连喝了三盅上海香酒。

下午小周来，带来重庆师院寄赠的学报一册，以及文研所马靖云、张禹、陈公正信。上午收到寄赠的近期《长江丛刊》一册，及覃小川信——他父亲吃错了药病危，我们准备明天过午去医院看他。

写好给无锡一年轻中学教师回信，他来信半年多了，还附来邮票，敏去整理信件中发现，我急忙回了信，托小周代发。

晚写好给炳中、博源及碧莲信。

写"文化大革命"时期的生活（回忆录），书名不妨称为"大夜弥天录"，因为这是比中世纪还野蛮和黑暗的"史无前例"的历史时期，是中华民族的空前受难时期，也是人类文明的耻辱，正如法国兰波诗集的题名《地狱的季节》是也。这是文明、文化、科学、人类的良知被残害的受难时期，中国的知识分子和革命者——这些中国的脊梁和火光，被推向灭亡的深渊，走向死亡的边沿，他们过着地狱中的生活，并真如火中的凤凰，又获得了新生，展翅飞翔了。

一个故事：林彪干将邱会作，性喜女色，广采百花而不厌。他忽然看中一个女护士之类，图谋一逞兽欲，但无从下手，乃托一个"过来人"（尝过他的甜头的女子）向她现身说法，劝其顺从，说是邱部长如何如何关心人，只要好好为他服务，就能获得他的提拔（入党、提干以及种种好处——物质的、名誉的）。这个女护士怦然心动，被调为生活秘书或随身护士，邱会作在肉体上占有了她以后，当然不食其言，"言必信"，这个女的被授予"学习毛主席著作积极分子"的称号，入了党，提了干——她的实际职务，实际上是邱会作的情妇或小妾，拿一份高工资，受惠良多云。

1982 年 7 月 27 日

早上唐金海、老苏相继来。将苏写的《文研会大事记》需要修改增补之处，讲给他听，退回他的原稿。九时许，偕敏进市区，先到辞海出版社，在此偕耿兄去小顾家午饭，饭后小息。我们夫妇步行至华山医院看视覃汉川，他已转高干病房，他患有心脏、肾脏各种病症，骨瘦如柴，说话有气无力，劝他静养。和他同房的是原《联合日报》老人胡星原，他现在是《羊城晚报》特约记者，年六十一岁，当场送我《羊城晚报》两张，并约我近期为他们报纸写些诗什么的，我们离去时，他们夫妇送出，晚六时许抵家。

小顾带买来《拉普资料汇编》（上册）和《列宁高尔基书信集》。

收到二哥来信。

1982 年 7 月 28 日

一早五角场派出所小阎来，谈为她小弟高考补课事，即介绍看《古文观止》自学。小查来，带来她为报纸写的我的访问记初稿，核对了些事实，她是从编资料这个角度和需要来写的。陈鸣树写的记昌东文，报馆提了些意见，要她去找陈当面讨论。小江领中文系研究生胡伟民来，答应为他写一信给伍隼，由他去杭时带去——他分配不合意，想找浙江出版社谋职。

晚饭后，覃小川偕他的堂弟（阳云的儿子）来访，带来他家弄来的《覃子豪全集》（三册），以及记覃死时的悼念文章复制品。他说，我昨日去医院看他父亲，同病房的《羊城晚报》胡星原已将我的谈话录了音，打算写一篇我的访问记，要小川代询一些我的工作及写作情况，即给了他一些现成材料，他们九时许才辞去。

灯下翻阅《覃子豪全集》，发现他在台也写了不少政治诗，内容反动。我原来只看到他的一些象征派式的诗，在写《小传》时，还为他洗刷了一番，把他说成是一个出污泥而不染的象征主义或神秘主义者——看来不是这样，他为那个反动政权效过劳，作为诗人，也有些御用性质。和敏谈起，我们和他走的是不同的路，反共的人是我们的敌人，我们虽然解放后被扣上"反革命"帽子，遭到长期关押、判刑和迫害，但我们并没有也不会反共，我们是亲共派，因此，决定给大哥写信，把那篇《小传》要回来不发了，也请福建不要发。我们不能纪念这样的"诗人"——我们曾经是朋友，但我们不能做朋友了，他已站到和我们相对立的反动阵营中了。敏说，这才是个反革命。我们对他怀念的感情一下子就烟消云散了。他的那些反动诗作使我们真实地认识了他的思想和灵魂。

1982 年 7 月 30 日

昨日因晚上疲倦之极未写日记，补记如下：发出给大哥及山西文联董大中信。晚间戴舫来，带来辛笛赠我的《九叶集》一册，为他的考留美研究生事，辛笛说，愿意和叶维廉接头，但要我给叶写信推荐。

今日一早，子展先生来。昨日收到卢鸿基从杭州寄赠的咖啡及贝壳，其中一包咖啡是送给子展先生的，即当面交给他。

昨晚，毕业生张化来。她已被分到上海统战部工作，赠我照相簿一册留念，那上面已贴好前些日子我们一家和她的四张照片。

今日收到碧莲信。昨日上午张德林来。

今日晚老鄂来，为审阅卜仲康编的《陈白尘专集》事。上午给老耿打了电话，小周代为在上图借来《第一击》，约好明日着小顾来取书。他在电话中说，《呼吸》的再版序已刊于《人民日报》（本月二十五日），即着桂英去系内找了一张。曹白在此文中，提及胡风对他无微不至的扶持，和对《呼吸》的关爱，也提及我和老耿为再版奔走之劳——文字不长，写

251

得真实。《人民日报》本不愿刊登，终于给登出来了。

下午研究生胡伟民来，将写好给伍隼的信交他带杭，介绍他去看伍，希望能为这个研究生去杭找工作助一臂之力。

这两天有台风影响，天气凉了许多。

1982 年 7 月 31 日

受台风影响，天气凉快了。下午去系内和几个人开了会，落实《文学研究会》编辑事务。

这两天杂读了《九叶集》和《白色花》，收到张德林寄赠的本期《文艺理论研究》一册和余师母信。

1982 年 8 月 1 日

上午小顾来，在此午饭，托他给老耿带去《第一击》。黄昏时，子展先生来闲谈。晚饭后，五五级新闻系同学王春燕领其女儿来访——她的女儿是南京师院七七届中文系学生，现分派在江苏教育学院教先秦文学，曾插队九年，是个纯朴的女孩，虽然已三十二岁了。

晚上小杜扶昌东来坐，看完电视《天山行》。

今日礼拜天，放晴。读《覃子豪全集》论诗文章。

1982 年 8 月 4 日

今天闷热之极，前两天却凉了许多。

上午赵博源来，他将去杭，求写信介绍伍隼。周惠生先生来坐，他们夫妇昨天自莫干山旅游归来。

寄出散文诗《花与鸟》给《羊城晚报》的胡星原，他前曾约稿。

这两天读了文研所去年流派会议的发言材料；读了索尔仁尼琴《癌病房》，写苏联劳改生活，笔调近陀思妥耶夫斯基。

写一篇一九六六年出狱后的精神状态的小说，题名《下车伊始》，由这次出狱的生活细节、精神状态联系到历史上（旧社会）三次进出狱房的生活场景（细节）和精神感受、波动和激动（不是常说的什么感激之类，因此本篇题目也可叫作《没有感谢》，不过这又太直、太露骨了）。

近来又看了一些有关左翼文艺运动的史料，包括外来影响（日本、苏联）的干预和对于当时的各种文学流派（如新月、自由人、现代派之类）的批判尺度和方法方式。

看一九八一年出的《外国文学研究》，罗大冈谈《罗曼·罗兰——资产阶级人道主义的破产》一书的写作经过和现在的认识，他引用了罗曼·罗兰的话，说是做思想学术工作的人要敢于"一个人反对大伙"（un contre tous），又说"反对大伙，其实仍是为了大伙好"。

这本书出版于"四凶"粉碎初期，它暴露了知识分子的软弱和投机——这种人性的弱点，正是一些政治骗子狡计得逞的一个历史和社会根据，这些家伙正是利用人性（尤其是表现在知识分子的身上更为典型、突出）的这个本质上的弱点（求生和自卫的本能），来残酷地毁灭一切美的东西，即把人间变成了兽圈。

1982 年 8 月 5 日

天气闷热，下午暴雨倾盆而下，晚上就凉快了。

整天杂读日人写的《胡风ノート》，考察了胡的日本时代，作了认真的访问调查，论述了胡在日本的生活和活动，他参加日本无产阶级文化同盟的情况，以及他早年（一九三二——九三三年）的文艺思想。

他早期就支持了冯雪峰对鲁迅的论点。他在当时曾受机械唯物论的影响，首先从藏原惟人的文章中向中国文艺界提出"主题的积极性"——也受过拉普的流行观点影响。

在他被打倒后，周扬在一九五七年给日本本多秋五和一九六一年对江口涣谈话中都说，胡风是国民党员——在一九二九年去日本前已是国民党员这个"事实"，据作者考察，周扬或其他人并未在"反胡风"斗争中或这以后向国内宣布过，这种在外国人跟前信口胡说地诬陷别人，只能由个人的品质说明问题。

老胡正如外国人说的，他在找到朋友的同时也找到了敌人——他在日本时候，就惯于在文艺理论上独立思考，在精神上接近了鲁迅，但也因此得罪了那些千万得罪不得的人物。

历史果然这么证明了。

晚上写了一篇童话式寓言《蝎子过河》，是由爱伦堡的文章启发的。这本来是一篇东方寓言，我这个现代东方人又把它按照自己的人生体验，改造出了新的涵义，说是丰富了它也可。

收到覃小川信。整天清静，没有客人上门。

1982 年 8 月 6 日

上午出版局二同志来访，一男一女，他们查对邓明以写的记大江书铺的文章，并相约为他们要出的刊物——《出版史料》，写点文学研究会的东西。后来小周来，交托给她和小刘来写。

陈思和来，共吃午饭。他代买来近期的三本《新华文摘》和《傅雷家书》。

收到董大中信，赵树理会决定在本月底举行，费用由各单位自理。

晚读《新华文摘》转载的一篇报告文学，写某地一个厂矿的小会计贪污了二十三万元的大案，不仅写了她的作案手法和过程，也写了她的阶级和历史社会根源，更写了造成她贪污如此巨款的种种条件。这简直是一部政治社会史的缩影，它反映了我们这个时代和社会的生活真实，更写了人民的力量，以及那些忘记了人民反而以人民为招牌兼鱼肉的当政的社会政治力量——这三十多年来，人工培养的那些人形的垃圾，那种从我们社会内部产生出来的众多的、联成一片的毒菌，文章写得震人心弦。

下午，陈鸣树带他的一双小儿女来访，托校正几段英译文。小周来。晚，昌东由小杜相扶来家小坐，他脸色好多了。

1982 年 8 月 7 日

早上王戎来，送来借去的那张评《秦王李世民》的《解放日报》，他为这种批评不平，要写文章。听说这个评文的作者是"写作班子"的"笔杆子"，他在评文中说出来的主要观点就是"玄武门之变"是"争权夺利""宫廷政变"，"不存在什么路线斗争"，而剧本把这写成关乎唐王朝命运和前途的政治路线斗争，因此批评剧本把李世民"神化和净化"，反之，则把李渊及建成、元吉"丑化和鬼化了"——它的没写明的主题思想是粉碎"四人帮"的斗争是一场"宫廷政变"，党和人民把"四人帮"丑化和鬼化了，实际上是为"四人帮"翻案，矛头指向中央。这种文章很可能有些背景。

王戎在此借了一本《马恩全集》，和敏与济南侄女一起去了市区——敏是给小姑娘买衣服的。

读《傅雷家书》，不仅文章好，也很真诚。他关于中西文化传统精神的异同的论述，颇有所见，中国知识分子不同于西方知识分子之处，在于中国知识分子对人生的认识和态度是取"超脱"观点，西方知识分子却缺少这种精神传统。我想这种精神要求正是长期的封建专制政治下的产物，人远不能正确地认识自己的价值和尊严的结果，因此，"超脱""潇洒"，这些中国知识分子的精神状态的形容词外国人不会懂，也不能理解——这种精神状态也许是中国社会长期陷于停滞状态的一种因素，它们其实就是"苟全性命"的雅说而已。傅雷的书关于艺术和做人的许多见解，对今天的青年是有益的，我们这些年来只教育青年人做"齿轮""螺丝钉"（或如六十年代称之为"驯服工具"），就是不准教育青年人如何做人。因此听说这本书颇为风行，是热销书，这是可喜现象，恢复人的价值与尊严，应该是拨乱反正的一项重要内容。

中午小卞在此午饭，吃猪头肉，喝酒。

晚上老苏来，谈文研会材料，交还他写的那两份资料稿。王锐来。

收到老耿、济南二侄女、江西南昌桂莲信。敏七时归来，带来从老耿那里拿来的某人写的《曾卓印象记》的复制稿，及阿垅、芦甸在津举行追悼会时发出消息的那张《天津日报》（本月六月二十四号）——报道内容一般，同时刊载了芦甸的遗诗《行动》，以及他的夫人李嘉陵的悼文《无愧于人民的人》。这些材料我都在灯下细看了一遍。记曾卓文写于一九七九年六月，因此带有那个年月的政治气候痕迹——对胡风的描述颇多可议之处，仿佛被打成"分子"很不光彩似的，竭力为曾辩白洗刷。这文章现在寄来看没有意义，某些有关之处，只能引起正直的人反感与不快。

1982 年 8 月 8 日

礼拜日，无人上门打扰。中午全家吃了家乡饭菜合子，并给昌东送去两张——桂英说，他到手后一气吃了一个有半，胃口总算好的。

读杨绛女士的《干校六记》，写得朴实、干净，真是使人有往事历历在目之感。它记录了"史无前例"时期的知识分子的生活和精神风貌，那是些平凡而深刻的悲剧时代生活点滴；又记述了干校四周的农村生活，贫穷、饥饿和野蛮的偷窃风，以及精神上的愚昧，好像历史并没有什么前进，人民还生活在苦水中。

1982 年 8 月 9 日

这几天没干什么，只是辗转读书。这一年都是里里外外的空忙而疏于读书，脑子好像也硬化了，吸不进什么东西，成了一块不毛之地，因此，还得改造这一块不能种植的"盐碱地"，先要施些肥料——必须勤于读书，才能带动思考，活跃笔墨。二十五年的非人生活是一笔宝贵的财富，它的历史意义是极为深刻的，非凡的，不把它们写在纸上留之子孙，才是真正的犯罪——因为历史要前进，人民要幸福，这些生活实际中形成的历史往往就是推动生活正确前进的燃料（能源）。

1982 年 8 月 10 日

昨天记日记的晨光墨水找不到，所以隔日早上补记。

上午小顾来，带来他写的有关胡氏回忆，并在此午饭。下午章培恒来，他说，徐俊西同志要他跟我说，原来要办的那个当代文学研究杂志其中还有一些事，要推迟一下；我说最好另请贤明，我实在没这个能力办这样一个杂志，当代文学纠纷多如牛毛也。他和昌东都被邀参加中国作协，规定要由两个会员推荐，我都给他们当了推荐者。

收到卢康华信，晚饭时他的女儿来此，饭后别去。

苏兴良中午送来他记录的两份文研会人员访问材料——其中有茅盾的一篇，记一九七九年在京与我访茅的情况，写得过于谦卑了。

1982 年 8 月 11 日

收到大哥、伍隼及百花文艺出版社陈际春信，寄出给朱颜及赵博源信。

这几天杂读了许多，如《权力学》——这部苏联禁书，对理解苏联的政治很有意思。

明天起，要赶紧看吉大的稿子了。这些额外的审稿工作，是一种使人望而生畏的东西，只能勉为其难，赶快看完交差拉倒。

下午，老杜为昌东治疗事来访。戴舫来，还书和借书。苏兴良来，拿去访问记稿子。

晚饭后去看昌东，在他家碰到老杨同志，他是政法教师，又一起跟回来闲坐了一会儿辞去。

1982 年 8 月 12 日

上午小陈来，送我一册他装订成书的《浮士德》，董问樵译本。中午在此共餐，食鸭。

台风影响，凉快些了。晚，昌东夫妇、邓逸群同来，小坐看电视。

要赶快给吉林大学看稿子，真是迫在眉睫的事情。

敏中午外出回来说，小毛头昨晚在此吃馄饨，今晨呕吐净尽，好像吃伤了。即于晚饭前带了些苏打饼干和敏去看望，他已经好了，并热情开电扇招待，在地上欢呼跳跃，兴奋无比。小卞地上堆了许多准备卖破烂的书，从中发现一厚本中英文字典，是一九〇三年上海出版的，大约要算顶早的英汉文辞书了，内容编排也很别致，书末附有中国成语英译及佛教语汇英译以及三字经英汉对照文，以及其他项目，编者为英人，校编者为日人，亦一奇古董也——携之归家，也算可喜的收入了。

1982 年 8 月 13 日

天雨，台风影响。

上午小高来，他刚从北京采访归来，在此午饭。

下午蔡国祯同学陪孔镜清来访。她们都是一九五五年学生，孔在杭州大学教书，蔡在徐汇中学教马列，这些年也程度不同地吃了些苦，受了些罪，或者说，受到锻炼和考验。

整天埋头看吉林大学编的资料，问题不少，许多是常识问题。

1982 年 8 月 14 日

天放晴了，又热了。

收到中山大学饶鸿竞馆长信及附寄的巴金抗战初在香港报纸作品目录一份。李辉挂号寄来代抄的《文学周报》所缺各期目录。覃小川来信，那两首诗，胡星原已发给《羊城晚报》了。

忙于看吉大编的材料，毛病实在太多，有些是笑话性质——这就是我们中年教师的学术水平，使人望纸兴叹！

下午小周来坐，将李辉抄件交她。晚饭后昌东来坐两小时，谈往事，谈做人，他的精神轻松一些，有助于恢复健康——桂英说他上午就想来坐，独坐在家里实在太闷了。

晚阅李存光编的《巴金著译年表》（见《四川作家研究》）。

1982 年 8 月 15 日

终日埋头工作——看吉大的《外国文学理论思潮资料集》，晚上写了几张纸的意见书。

天晴又热了。晚入浴，收到留妹、张兴渠来信。晚饭后，和敏去昌东家小坐。

1982 年 8 月 16 日

早上王戎来，在此午饭后回去午睡。

收到陈思和、李辉各一信。

下午乐秀拔回乡归来相望，据说，农民生活大有改善，与过去（粉碎"四凶"前）不可同日而语了。余师母由她的老三用自行车推来少坐，以咖啡相待。晚饭后，斯民夫妇来，和敏相送至站。老苏送来修改过的《大事记》。

昨晚弄到近四时，对吉大的一部分材料写了几张纸头的意见。

写一个女人的故事，文前加了这么几句歌词：

> 泪珠儿流尽了，
>
> 爱人呀，
>
> 你回不回来呀，
>
> 我们从冬望到夏，
>
> 望到海枯石烂了，
>
> 爱人呀，
>
> 你回不回来呀？
>
> ——三十年代歌谣

1982 年 8 月 17 日

昨天清静了一天，收到小燕夫妇寄来的两双北京布鞋。这两天都"一生悬命"地看吉大稿，写了些意见，花力气不少。

今天下午胡曲园先生见访，他已有七十有八，人显得很龙钟了，他说，过了七十岁人就不一样了，说起十年前在五七干校"同劳动"的情况。他那时也是个"审查对象"，但比我这个"专政对象"却高一等了。晚间应必诚来访。

收到梅志挂号信，附晓风信，和复制的本多秋五的三篇文章——一是《胡风的事》，一是《周扬氏和胡风》，一是《周扬与丁玲》。尤其第二篇文章写得精彩，写出了这位"周公"的架势——本多说，好像站在法官面前一样。这是因为本多是胡的老友，不免在此公面前说了些有利于胡的话。本多说，周扬的样子很像日本的三岛由纪夫。周在胡的这位日本无产阶级文艺科学研究会的旧友面前，竟然说什么"胡风从一九二六年以后参加过国民党"，什么"明里反对国民党，暗里和国民党有关系"——这些"史实"却从未见之于国内"声讨"时的官方文书和记载，只能说是他有这个权势和机会在外国人面前肆意地侮辱别人了，这就是他的灵魂的自我写照。

晚给李平写信，附寄去胡的《悼萧红》——这是一篇既有史料价值又是很精粹的萧红评论。

敏下午陪春琳去北四川路买了些点心。春琳将于十九号返回济南，昨托小卞给她买好票了。

1982 年 8 月 18 日

天气炎热，发出给李平信，附上胡公《悼萧红》文。收到曹白来信云："得胡风兄八月八日信，其中有关你的文章，说是，贾兄过去出版的短篇集《人生赋》也是《七月文丛》之一，还出版过囚徒生活报告《人的证据》，我觉得都应该给今天的读者。但因为他自己和出版者熟悉，我没有提过。现在想，他自己也是不愿为自己的事看冷脸的人，也由你向出版者以及他自己提一提。"真是盛意可感，他刚刚恢复健康，就想念朋友的事。

上午周惠生先生来访。中午王锐来，正赶上吃饭。下午广西大学孙老师偕其侄合肥科技大学生某同来，他系自哈尔滨开马列主义文论会回来，由卢倩相陪而来。敏去买了些布丁，烧咖啡相待。他约我们明天去他家（南翔）一游。

王老太太来，她系自青岛归来，已搬了家。

1982 年 8 月 19 日

早上如约和敏去南翔，路经外语学院找到卢倩，三人同行，费时近二句钟（即两个小时），到了南翔。

孙景尧同志和他的两个外甥（一个是中央美术学院学生，一个是合肥科技大学学生）已在站迎候，在他们家中午饭，准备了十多个菜。这个江南小城自有性格，他们的家庭住址，在一条小街上，是个店面房子，他的母亲原为纺织女工，克俭克勤，把六个孩子都教育成才，自立了。

饭后同游古漪园，明代园林，自然精巧，解放后有所扩充，在此食本地名产——南翔馒头。

归来已五时，桂英送春琳回济南去车站未归。晚唐金海来，代交陈公正托人带给我们的白木耳一袋，盛情可感。读汤淑敏来信，这是个性直的女同志，原来《巴金专集》的编辑，她的长信中揭发了出版社某某，说这是个惯于吹拍逢迎、专门打小报告的人，要我们警惕。我初次遇汤女士是一九七九年初在黄山，她在"文革"中也受了些苦，对我这样的"坏人"，却表示了真诚的关怀和敬重，使人感激。

1982 年 8 月 20 日

上午两出国研究生顾放勋、戴舫及其妻小王同来，顾下月出国，特来此合照了几张相，以为纪念。

沈可人、孙景尧在此午饭、晚饭。全家在斯民家吃，归来时打伞，雨忽大忽小。

收到萧斌如信。

1982 年 8 月 21 日

下午，偕敏去看了胡曲园夫妇，少坐即辞出，看了陈守实夫人，在此遇吴斐丹夫人。陈太太新搬了家，去青岛旅游几天，她送我一件贝壳制作的烟灰缸，造型很别致，又送给敏几只贝壳。

吃晚饭时，老焦偕他的第二个儿子来，带给我们大鱼一条，一块儿吃晚饭喝咖啡，他这个儿子新考进天津的民航学院，是个喜事。晚饭后，孙乃修偕他的新妇来给我们送喜烟喜糖，又带回大哥交他带的一部日译本《西游记》（上、下两册），译者君岛久子教授，精美有插图。

读韦君宜的中篇小说《洗礼》，写"大跃进"以后的社会政治生活，还比较有真实感。

1982 年 8 月 22 日

礼拜天，晚雨。

中午乃修夫妇如约来家午饭，是我们为他们的新婚祝福的午餐。饭前乃修为大家照了几张相，给我单人多照了几张，吃饺子，他们夫妇一块儿动手。

晚饭后，和敏去昌东家少坐，归来时天已落雨。

忙于给吉大材料写意见，为此又要翻许多书刊。

1982 年 8 月 24 日

昨天中午全家去五角场观看英法合拍的《苔丝》，此片在上海很轰动，买票不易。

今日中午金海来，山西开会请柬才到，实在过于仓促了，不去又实在过意不去。他晚上又偕沈如松来，学校已批准了，他托沈买票，我说不必买软卧了，两个人坐硬卧也很愉快——这是我接受了厦门回来的教训。我享福，别人受罪，这种等级制实在不应该。

这样，工作一大堆就要手忙脚乱了。

晚，覃小川来，带来子豪逝世照片，是复制品。还他《覃子豪全集》。

收到北师大王老师信、江苏寄来的《李准集》一本。

1982 年 8 月 25 日

中午，出国同学刘开平和他的同班同学张焕民来，约我们在中灶楼上吃饭——他将于日内动身去美留学。同席有蒋孔阳夫妇及周斌武，饭后来我家吃咖啡和合影留念。刘临别时，不胜依依，我说："到了国外，不要忘了我们的祖国。"

为吉大的那些材料写了好些张意见，桂英忙于抄录，日内当可发出。

晚饭后，合家去黄老师家闲坐，看电视《月亮湾的笑声》。这是一个喜剧片，有苦，有喜，又有悲，在极"左"路线下，老实农民的悲喜剧遭遇，令人在笑声中沉思。老农对那个忽"左"忽"右"的新闻记者说："你戴罪立功与我无关，你要让我过太平日子。"——写出了农民的心声和灵魂。"我受不了再折腾了"，这也是人民在极"左"的路线下的呼声！演员也很称职，应该说是有水平的片子。

晚给耿庸写信告别。

1982 年 8 月 26 日

上午敏发出一批信，给梅志、耿庸、李辉、曹白。

下午来客，张兵送来本期《复旦学报》一本。何佩刚、苏兴良、乐秀拔夫妇、陆士清、唐金海来。车票已买好，二十九日的。

收到朱碧莲信和杂志一本。

吉大的资料已写好、整理好了，日内发出，了此一宗麻烦。这真是个费力的勾当。

上午译好陈鸣树托译的三段译文，由敏连信发出，也是了却一宗杂事。

杂事如此，做不完的杂事。

1982 年 8 月 27 日

忙了整个早上，由桂英相帮，把吉大的三大包稿子包扎好，用墨笔写上包面，又由她送到系内，托小刘关照发出，算是了了一件大事。同时，挂号发出给编者吉大李凤吾信。

中午陈思和来，在此午饭。下午小顾来，带来老耿信，晚饭后走了。

小刘下午下班后来坐。晚上胡奇光、徐俊西来。小唐来，送来换的粮票，交给他二百五十元作为用费，由他经管。山西又打来电话，问什么时候动身。

收到辽宁大学西语系一女同学黄英利信，她去年来过一信，晚上写了回信。给周冀南写了信，耿兄要我把他写的曾卓的稿子（小样）退给他，他前此寄赠我小说集一册，但这篇记曾卓文，有些关于胡的记事，却使人看了很不舒服……

写给大哥一信，通知他下月初到京。

1982 年 8 月 28 日

看了一天赵树理。上午昌东送来他和潘富恩合写的书《中国古代辩证法研究》篇目，托我带山西找出版社。晚，乃修来，老苏来。托乃修去抄写国外定书单，将《文研会大事记》稿交老苏。小唐晚上也来，已买妥票，明日下午五时多的车，三时许即要动身，要近半个月才能回上海。

《解放日报》小查下午来电，她们报馆明天上午派人来给我照相。

晚上看电视，上海的"四人帮"八人被判处有期徒刑，最多十八年。从电视上看，这八个人身体都很好，说明他们的监禁生活是优待的，不同于一般犯人，按照罪行都算重罪轻判，与我的无罪而判真有天渊之别了。这就是中国法律的特点，等级性，内外有别，但这已算一个进步，"四人帮"总算判过了。他们之所以被"重重举起，轻轻放下"，正也说明了中国政治之复杂性，前进一步要花极大的力气与努力。

1982 年 9 月 10 日

昨日上午十时，由京乘机归来。离家十余天，补记如下：

八月二十九日，偕小唐离沪。翌日上午到济南，办好转车手续，相偕至三弟家，在此午饭，由春琳陪同游了大观园。晚上五时乘车，翌晨五时到太原，山大郜老师和小钟在站迎接，住入迎泽宾馆。赵树理会已开了四日，只剩下两天了。这两天是大会发言，在最后一天，我被邀作第一个发言，有录音和照相。晚上聚餐，山西文化宣传系统人士互相敬酒，他们对我说，不要忘了家乡，要常回来。当晚看了晋剧青年演员的专场演出。

到晋后，赵树理夫人和女儿都相见了，他们才知道我也是山西人，更加亲切。

九月二日，随同开会人员专车去五台山旅行，去了十几个大寺院，照了不少相，于四日下午返宾馆。冬生来，五日偕小唐、冬生乘公共汽车至汾阳，去到敏的家里，二哥在喝酒时流泪不止，他们的生活多年来都极贫困，但都是些善良的人们，一九五五年他也无辜被关押八个月。

在汾阳停留不到两个钟头，即坐班车返太原，先到小钟家里息足，这对小夫妇已捏好饺子相候。饭毕，山西文联派车送至三晋大厦休息。第二天早晨，任飞来访，他也为一九五五年事受株连，一九五七年又被打成"右派"。七时许，文联李国涛、董大中驱车来送，站台相别。当天下午六时到京，雇车至演乐胡同，大哥外出未归，即住大哥房内，小唐在客堂搭一行军床休息。第二天上午，买好飞机票后，由凯林陪我去看胡家，谷非已健好如常，小三为我们照了几张相。和凯林一起在此午饭，谷非很兴奋，也陪着喝了点竹叶青。午饭后，凯林去上班，再由晓风陪我看了路翎和晓风家，她直送我至演乐胡同。翌日上午，由小燕陪我和小唐先去人民文学出版社访绿原，他新从西德访问归来。少坐辞出，逛了几家外文新旧书店，购书三册，中午在东来顺吃馅饼，并饮啤酒。回家坐车途中遇晓林带小女孩来看我，晚饭全家聚餐，侄女儿们又为我买了些带的北京吃食。昨日清晨由凯林、长林和森林送我们至民航，凯林、长林送至机场才别去。乘的是国际航线，由北京到东京的波音班机，中途在上海停留，机中很有秩序，供应冰激凌、咖啡等饮料。十时到上海，雇小车返校。

今日同村干部李福新来访，敏在下放时很得他的照顾，留他在此食宿。下午王戎来此晚饭。

下午陈思和来，赠我本期《新文学史料》一册，那上面有他和李辉合写的文章。

上午发一信给罗洛。晚写好给梅志信。

1982 年 9 月 11 日

上午乃修、思和来，商定了《外来思潮》的编辑方针和内容，并初步订了编辑工作的人事分工。苏兴良来，请他通知有关人员，在下礼拜六在工会开碰头会。他们和我同吃中饭。敏早上陪老乡李福新去逛上海大街。

黄昏时，卢情来，帮助做饺子。她去黄山游历了几天，给我们买了一小袋茶叶，其意可嘉。

晚顾放勋来，送来同摄的照片。他已买好本月十八日的机票去美，约他们父子下礼拜一来家吃午饭。

收到吉林大学李凤吾、广西大学孙景尧、山西大学小钟、辽宁大学一外文系同学等来信。小钟代寄回的书籍已到，明天着桂英去邮局取回。

1982 年 9 月 12 日

礼拜天。下午和敏去五角场买面条，同乡李福新同行。

下午、晚上都有老同学来坐。桂英从五角场取回山西开会时发的书籍和材料。读了其中几篇文章——青苗、刘金笙、戴光宗，这后一篇文章作者是上海师大研究生，据说此文曾引起山西那些人士的不满，要他"不要紧张"云。

1982 年 9 月 13 日

上午小江来，王戎来，约好顾放勋父子吃中饭，即由他们作陪。同村李福新同桌，也算正式宴请他，以报他多年在家乡做干部时对敏的照应和帮助，即所谓报德也。

收到丁芒寄赠的《读书便览》一册，那上面登了一则《巴金专集》的广告，有千余字。

1982 年 9 月 14 日

中午，全家去学校看了中日合拍的《一盘没有下完的棋》，用的倒叙、回忆的手法太多，反而使故事的脉络模糊不清，减低了它的艺术效能。

下午三时，王戎来，领同村的李福新乘船上温州。票太难买，小贩太多之过，王戎好容易才托一个在轮船上做事的亲戚开后门买到。福新在我们家住了几天，他为人忠厚，一口乡音，我们感谢他在敏下放时期的帮忙和照应，应该报答他的好心。

四时许，昌东来赠以载有他的文章的《文学评论丛刊》一册。秀拔来，说是聿祥来信，串连同学为我祝寿做生日，已定好日子，征求我的意见。我和敏听了十分感激，这样的师生情谊在这个时代真比黄金可贵，人性是什么暴力都泯灭不掉的，徒然暴露了这类仇视人性的凶残者的兽性面目而已。

1982 年 9 月 15 日

上午打了两个电话——萧斌如和老耿。在门房桌上看到一本新出的《文学评论》，那上面发表了陈、李二人写的论巴金和法国民主主义的文章，感到喜悦——这是我看过的他们的毕业论文，总算拿出来了。晚上思和来，送来十三期的《文学评论丛刊》，那上面也刊载了他们合写的《巴金与俄国文学》。

午后合家去新华书店，买了新出的《中国大百科全书》的《外国文学》卷。这类辞书在我国是创举，但编例不统一，还有些教条气味，编法也不如外国辞书，连个索引也没有，查阅很不方便——这部辞书的编法，是不符合辞书的编辑体例的。

上午写好给襄汾县委和房产委员会的信，连同给留妹的信，挂号寄出，为了古城那几间被非法没收的房子。

收到山口守寄来的他的两篇有关巴金文章的日本杂志，一篇是关于《巴金小说》，一篇是《访问巴金》，还附有一封热情的信——他正在译《鲁迅日记》。

桂英从系内取回六本台湾出版的文学书，翻了其中的刘绍铭作的《涕泪交零的现代中国文学》，只能当材料书看。

晚上和敏去看了子展先生，才得知他在散步时摔倒骨折，住在华东医院了。

又，本日发出给莫贵阳信，寄去昌东的诗及哲学论文目录，希望能在贵州出版。

1982 年 9 月 16 日

中午后，敏去上海外国语学院找卢倩同去看韦秋琛女儿。她们两个青年都志在考英美文学研究生，由敏介绍她们相识。

上午寄出给凯林信，附去三元，请她去北京中国书店代购旧本《契诃夫手记》日译本，并给她寄去《戴望舒诗选》一册。

午后萧斌如来访，赠我们杏花楼月饼一盒，给她写的《郭沫若小传》提了些意见，要求她写文学作家的郭沫若，不要写成政治家的郭沫若。其实，这人是打着文艺学术招牌的政客："文革"中，他是九大、十大中央委员；"文革"初，他首倡烧书；粉碎"四凶"后，他又以受迫害者自居。他既是敬神的蜡烛，又是送鬼的馒头，都是实用品也。

小周、小刘黄昏来。小周陪老萧在此同吃晚饭，然后相辞而去。

乃修、小张晚间来。

本日《文汇报》登的纪念冯玉祥的历史生活照，有一幅是冯在重庆纪念鲁迅会上的留影，同影的有叶圣陶、冯雪峰、郭沫若、周恩来、邵力子、柳亚子，还有胡风。胡以此种形式出现很不一般，也算一种平反的宣传方式了。

1982 年 9 月 17 日

下午和敏去看耿庸，王戎、小顾先后而到，在此晚饭后相别。

小顾代买了两册苏联政治历史读物，都是西方人编写的，一为《布哈林案件》，一为《三十年代斯大林主义的恐怖》。后一书定价两元多，足可见内容之多，它依据苏联各种出版物汇编了三十年代死于斯大林"肃反"政策中的苏联党政军及社会各界人士，等于立一个碑，刻下了那些牺牲者的姓名，每个人都在材料许可的情况下介绍他的生平和案件，充满了"处死"两个大字，这两个似乎还在滴着血的大字。我看，如果 Marx 在天有灵，看见这两个用血和骨堆积成的大字也要痛哭失声的⋯⋯

哎，历史！

收到曹白信，他问我和赵树理谈得如何——这位仁兄真是"桃花源"中人，"不知有汉，何论魏晋"了。晚作复书一通明日发。

1982 年 9 月 18 日

上午去系内送去外文购书目录。下午有间歇雨，收到堂弟贾学忠信及新出的《鲁迅研究动态》。晚老杜来访，乃修送来照片。

杂读新买的《三十年代斯大林主义的恐怖》编者的序言，很有所感触，马克思主义在不发达国家往往变形变质，是一个值得深思的历史课题。这在西方成了一个新的研究学科，因为这是人类史上冒出的一个新的历史现象和文化现象。

寄出给霍士廉信及曹白信。

1982 年 9 月 19 日

礼拜天，下午下了点小雨。收到本期《艺谭》，那上面有一篇朱微明写的记柏山文，从侧面材料说清楚了胡和鲁迅的交谊，是一篇有益于世的文章。收到老耿信，提到博源的译稿事。为此给博源通了个电话，说明情况，请他给彭燕郊写信，要出本书，不托人就难办。

过午××来，他受小辈夫妇欺侮，一个人又孑然一身了，连吃饭也没地方了。这一代青年是吃狼奶长大的，不懂什么叫作人，只讲赤裸裸的个人利益，实际是已经兽化了，是动物本能式的生存，他们就只有这一根神经（这就是前些年喊叫的"阶级斗争这根弦"的本色或内涵）支撑着生命——个人的眼前利害，其他非所知也。

1982年9月20日

上午系干部高天如送来江西大学某人评教授的论文，要我阅后加评，说好礼拜六来取。

收到北大黄修己信，问赵树理外文材料。

下午睡后，去昌东家小坐。秀拔上午来过，他昨天如约去市区和王聿祥、陈秀珠夫妇计议，合伙为我祝寿，共十八位同学参加，定于下月十日举行，真使我感奋莫名。这些发起和参加的老同学，一般都程度不同地被我的一九五五年案子株连过，吃过多多少少的苦头，而他们仍能正确而坚定地认识和信任历史。

1982年9月21日

上午老陆来通知，老管到沪，约我们九时半到他家相会，到时去了陆家，桂英也上学去了。中午和老管去中灶楼上吃饭，路过家门口，桂英说，我们刚出门孙钿就来了，看不到我们，留条而去，明天就要离沪。急忙给老耿打电话要他四处打听，但老耿下午未来电话，大约无从找起，这真是一件憾事。

下午陈梦熊送来文研所研究生花建论文和该所聘书，约我参加毕业生答辩委员会。王聿祥来，送来曹白信和朱微明赠送的柏山小说《战争与人民》。

收到余太太和原房东女儿信。

夜写信给吴奚如、李辉，明日发出。

1982年9月22日

读陈子展的《中国近代文学之变迁》及张星烺之《欧化东渐史》中有

关思想输入之章节。

为思和查了些日本作家的姓名——英译者发音不准，多有误译之处，而有些日本无政府分子亦被当作巴金提到的日本作家，殊为荒唐。

晚抄外文购书目，本已送呈，今又退回，说是要加译名和出处。这张外文书单从去年夏天抄起，这是抄第四次了，仍未见到一本书，总是吩咐要抄、抄、抄、抄、抄……官僚主义的最大罪行就是浪费，视民力如草芥，这也是一种封建性的表现，在一个社会主义国家理应无置身之地。

1982 年 9 月 23 日

下午在工会和承担《外国思潮理论影响》的中青年开会，布置编书任务，讲了许多话。一直开到六点半，和思和、乃修回到家里吃面。

收到李辉、耿兄信。挂号发出给北京文研所徐迺翔信（公事信）。

1982 年 9 月 24 日

这两天集中力量和时间阅读上海文研所研究生花建的学位论文《论巴金小说的艺术方法》。写得颇见功力，不仅能旁征博引，而且长于思考和分析，在思想和艺术分析上都有所开拓和前进，能将问题提到历史的范围内进行研究和评价，说明年轻一代的迅速长成，已脱离了那个梦呓似的时代印记。

晚上，小刘陪他的在法国讲学两年回来的爱人小徐来看我们，赠我们巴黎铁塔、凯旋门及教堂的铜像一座，法国香烟一包，并复印的三份有关"文研会"英文材料。

收到杨友梅来信。

1982 年 9 月 25 日

昨天天亮就寝，为看上海社会科学院文研所研究生花建的毕业论文，花了很大功夫。本来写了十多张纸头，把评语写成文章，但这又不合评语规矩，弄成评论文章了。今天晚上花了些时间，写了一张纸完事。

还有江西大学评教授的材料日内也要写好，够忙活的了。

晚上老黄送来收录机，重听了和哥哥及几个学生的录音，甚感亲切和快意。

1982 年 9 月 26 日

上午张泽琛同学来访。我和她二十多年未见面，她现在邯郸教书，已经是两个孩子的妈妈了。请她在家中便饭，午睡后别去。

陈思和夫妇下午来，带来了节日礼品，晚饭后别去。

晚又开夜车为江西大学邵鹏健同志写教授学术鉴定。

1982 年 9 月 27 日

今天又忙了整天，写成江西大学副教授邵鹏健提升教授的学术论文审评，由桂英送给杜高印同志，他又送来酬金二十元。花了整整一夜看完邵的一本编著《外国抒情诗歌选》，两篇文章《论于连·索黑尔》《意识流浅探》，学术性虽然并无突出之处，但我还是给他说了些美言——这不是"助人为乐"的故谈，而是着眼于这些年来中国知识分子坎坷而艰辛的命运：多年来的极"左"路线视知识分子为异己，千方百计地加以打击和侮辱，能活下来就不容易，对于这些活下来的同类，好不容易等到"三中全会"，才扭转了多年受践踏的命运，对这些备尝辛酸的同仁，应该以心度心，给以援助，使他们能活得像个人，为社会做些事情。

收到戴舫信，他在广州学习。

1982 年 9 月 28 日

今天算休息，未干什么活，给罗洛和一个杭州不相识的大学生写了回信。给罗夫妇的信附在寄去的三本生物学书里，那书是给他女儿的。收到莫贵阳信、山西吕梁师专教师李旦初寄赠的文集《引玉集》、江苏人民寄赠的《艾青专集》，收到本期《江海学刊》。陈鸣树中午来赠我他新出的《鲁迅杂文札记》一册。

下午王戎来，在此晚饭。中文系新生晚会，送来电影票，偕王戎、小毛头母子和我们一家人去看，是《三家巷》。这是欧阳山五十年代作品，宣扬的是"血统论"（旗号是阶级论）——这是"文化大革命"中"清理阶级队伍"的舆论准备，它告诉人们：剥削出身的人没一个好东西，阶级本性决定了他们迟早都得反革命，这些人一个也不能留，不能饶，统统地……这就是这本小说的政治主题，也是它为当时政治服务的贡献——这是数典忘祖，马、恩、列就都是知识分子，没有知识分子就没有共产主义学说。

1982 年 9 月 29 日

收到老耿信，附绿原信——他在沪匆匆几天，即陪外宾回京，所以不及晤面。收到上海文研所信，研究生论文评审会定在下月六日举行。

傍晚陆士清、鄂基瑞先后因公来访。小顾女儿下月二日结婚。桂英跟小杜进城修发。

晚读完陈子展的《中国近代文学之变迁》一书，明日同《欧化东渐史》一书同寄黑龙江大学卢康华兄供他参阅。

昨日读《解放日报》转载《解放军报》一文《一篇有严重错误的文章》，说八月二十八日《解放军报》（和《解放日报》同日发）发了一篇赵易亚的文章《共产主义思想是社会主义精神文明的核心》，赵文是以"反资产阶级自由化"为名恢复极"左"观点——那文里说："林彪、'四人帮'的反动并不是因为他们的文化低，张思德等英雄人物，文化水平不高，也可以有崇高的思想品德"，换言之，照此说法，还是知识越多越反动的老调重弹，文化知识和思想品德是互不相容的；此文把邓小平的四句话"有理想、有道德、有文化、守纪律"改为"三句话"，削掉了"有文化"——这显然还是老调重弹，重复多年仇视知识文化的农民意识，这种"保卫"，实质上是保卫特权，老子所谓"民之难治以其有知也……"，维护封建特权统治，是以蒙昧主义为前提的，方法就是愚民；此文仍说，一切要作"阶级分析"，连"自动生产线"也说成是资产阶级的东西，说明他反对一切科学和文化，就是反对现代化——这篇驳斥的文章写得好，说明革命队伍里的顽固派已转到人民的对立面去了，他们还在做高踞在人民头上的梦，反对中国的现代化，继续仇视知识分子，实际上已变成反动派，因为他们已成为阻碍社会前进的东西。

下午和敏粗略计算了一下，《手记》送书数目在一百本以上，因此给出版社的责任编辑刘微亮写了封信，请她代定一百五十册《手记》。

1982 年 9 月 30 日

上午去教师阅览室翻阅了一些日文版辞书，查了些有关条目。

收到李辉、钟启元信，钟信附来一张我和青苗（山大教授）、小唐和她在五台山上的照片。收到《江海学刊》，谷天寄来的张化文及修改意见，即写信通知张化来谈。

毕业生徐羽厚中午来拜节，赠我们月饼一盒，适我不在家。

下午沈永宝来，询问有关左翼文艺运动材料，他在研究"左联"文艺理论问题。晚乃修来，谈比较文学及泛论文艺学习，谈了两个钟头，算是上课。

下午写信给安徽人民出版社的张保真，他写信来询问考研究生事，他女儿想试试——也是个不相识的人，信上说，他早在北大读书时读过我的书云。

收到戴舫寄来他的关于论郁达夫的译文稿。

1982 年 10 月 1 日

今天是国庆又是中秋。《文汇报》一篇杂文说，除过造反起家等五种人外，人人愉快，因为生活上有了改善和希望。

发出给戴舫信（附去给饶鸿竞信）、山口守信。收到小外甥信，他们母子于二日动身来沪——我这个小妹子，已有四十年未见了。

上午和敏去看了小唐夫妇，送去在五台山拍的照片。路过陈太太处，她送给我们好几个山东送她的苹果。

晚上看王戎请代发的论阿 Q 长文，感到难办——这些内容近乎杂文，文体又类乎论文，内容庞杂，论点也有些似是而非，寄给学术性杂志，只能是浪费邮资而已。

全日无客来。

1982 年 10 月 2 日

早上全家外出做客，先到曹白家，再至小顾家，在此午饭，与老何、老王同坐。今天是小顾女儿喜日，晚上吃酒席，中午先吃便饭。

中午后，与敏去华东医院探望子展先生，他前些日子摔了一跤，住入医院。医生云"保命不保腿"，这么大年纪，只好听其自然了。

晚饭去曹家渡一饭店入席共坐，桌上除上午中饭诸人外，有老耿、许思言夫妇、柯文辉父女，团团一桌，大吃大嚼。归来已近十时，看夏衍编的《上海屋檐下》电视剧。

小顾代买卡夫卡的《审判》一册、本期《读书》一本。我和敏去华东医院路经文艺会堂，在此购买过期《开卷》一本，香港刊物。

收到广西大学孙景尧代我复制的有关比较文学中外文章五篇。

跑了一天，确实很累了。

1982 年 10 月 3 日

全日在家，杂读，寄朱锡侯信一封。

下午荣华带她的小儿子来，在此夜饭。

1982 年 10 月 4 日

午睡后，余上沅夫人来，在此晚饭，并宿于此。黄昏时，陈启新的小儿子陈宪来访，带来他的信和四张照片。我与他相别已四十余年，真是别来无恙，都是花甲老人了。他的小儿子陈宪在广州一宾馆工作，衣着朴素，举止文雅，完全没有时下所谓"高干子弟"的"气派"和"架势"，而且头脑也很清楚，并不偏激。二日和曹白儿子谈话，也有此感，下一代好青年不少，这是主流，也是中国的希望所在。他们生于忧患，这成为一种促进他们健康成长的营养品或补剂，此为"始作俑者"所意料不及也。

收到孙钿来信，写了复信。收到杭州一青年工人来信，询投考研究生事。我已暮年，但从这些陌生或与他们父辈有些交情的青年的来访和来信中所流露的认识、思想、感情和品质，获益不少——这是一种鼓舞力量，使我免于僵化，更没有掉入悲观主义；它们更新了我的生命力，使我在精神上还能像个青年，有些朝气，有些锐气，还能思考。

1982 年 10 月 5 日

上午收到凯林的长信及代买的日文旧书——《契诃夫手记》。凯林的信写得真诚和恳切，使我深受感动。

下午宜静妹偕她的小儿子来沪，我们四十多年未见，暮年相逢，说不尽的欢乐和感伤，她已五十多岁了。十多年来，孤儿寡母总算熬过来了。

晚上小张来，赠我本年第五期《党史研究资料》一册。那上面有一篇《十一届三中全会以来重大冤假错案平反概述》，列举十三大案，所谓"胡风反革命集团案"刊名第十三，那里面提到此案判刑的三个人——胡风、阿垅和我，但把我的名字印成"贾桂芳"。小张说他已写信去请更正。一个"内部资料"性的刊物，印刷竟这么马虎，党风、学风、文风之不正可见一斑了。

收到本期《作家通讯》。

1982 年 10 月 6 日

早上，上海文研所老陈驱车来接去该所，参加姜彬研究生花建毕业学位论文评审会，同席的有许杰、钱谷融、王道乾。中午在附近大同酒家吃饭，由文研所做东，菜肴精美。饭毕，复由老陈驱车送我回来。

收到罗永麟信，随即作复邮出。

晚与静妹叙谈，他们母子来了，家里热闹了许多。

1982 年 10 月 7 日

整日在家，昌东来。他看了凯林的信，说这是一篇小说材料，从一个青年的精神发展中反映了历史的复杂性。送他石榴一枚，据说此物有抗癌效用——带它来的静妹说，这是父亲在世时在院子里栽的；父亲在世时，它没结过果子，父亲死后，它才稀稀疏疏地每年结果。

傍晚，秀拔与秀珠来访，为筹备十日为我举行祝寿事。感谢同学们的热情，他们为我吃了许多苦，但能正确认识历史和人生。

给北大黄修己写好信，并抄好有关赵树理的外文条目，明日发出。

上午敏偕静妹去市区逛街，晚七时回来。

发出给上海文研所费万龙信，抄出英文书目一纸。

1982 年 10 月 8 日

上午收到尚丁寄赠的他的新书《仓央嘉措》并通一信。下午小唐送来海珠赠我的她父亲的遗编《现代作家书简》新版本一册。

下午来人：唐金海、陈思和、张化、苏兴良。

发出给北大黄修己信，附外文赵树理材料；又给莫贵阳信，外寄缎子被面一条，贺他结婚。两信皆挂号寄出。

1982 年 10 月 9 日

今日得广西大学孙景尧信，约我在十二月份内去那里讲外国文学对中国现代文学影响问题。得卢倩信及耿庸信。曾卓将于十一日到沪。

约陈启新儿子陈宪晚饭，谈得很好，约十时许辞去，托他带给他父亲信一通、照片几张、竹叶青一瓶、蛋糕两盒。

小外甥和他的同伴晚间去南京公干。

晚乃修来，给他拿去看广西大学复印的四份有关比较文学材料及 Goldman 的《中国文学的五四时代》（英文本）。

1982 年 10 月 10 日

今天礼拜天，天晴，留沪的五十年代同学在家为我祝寿。上午秀珠、聿祥夫妇、秀拔就来料理食事，晚上入座，分两圆桌，有二十余人，由爵侯给大家照了些相，以为纪念。这样的盛况，在复旦大约可称为创举了。

收到文研所寄赠的《丁玲研究资料》一册。

1982 年 10 月 11 日

上午《世界经济导报》小高来，昨天会餐时还剩下许多菜，因此，"借花献佛"邀他同吃午饭，也约了小卞、小杜母子同食。

饭后，全家去静安寺。在小顾家得知，曾卓今天未到，要在明天来，在此又遇小高，一块儿去南京路逛逛。好久未逛马路了，在"又一村"大家吃了些饮食，乘车回来。

收到卢康华信。晚看孙乃修译的苏联西蒙诺夫论鲁迅文。

1982 年 10 月 12 日

下午小陈来，送来代装订的老英汉字典和英文书，留他在此午饭。午后，偕敏进市区去看望曾卓——先到小顾家，与小高见面，又一块儿去找老耿，然后合伙到国际俱乐部看曾卓，同在的有他的同伴田野和他的儿子，江汉大学学生。在此遇姚奔和张文宥，后两人都是四十年代的复旦新闻系学生。归来已近八时，赶紧吃饭。

收到曹白、孙钿、覃小川信，及安徽人民出版社张保真信和寄赠的该社两本出版物：《艺文杂谈》（朱光潜）、《海妖的传说》（鲁永典）。曾卓带来李辉信及照片两张。

1982 年 10 月 13 日

下午如约偕敏去参加公请曾卓宴会，地址在文艺会堂，每人交费十元，有元化、耿庸、小顾、姚奔、尚丁以及郑北渭夫妇和数个《文汇月刊》同人，还有丰村。曾卓说，他在北京碰到刘北汜，嘱问我们好——北汜现在故宫博物馆工作，编两个刊物，还是研究室主任云。

收到元化赠阅的他的近译《论文学风格》和他的夫人张可译的《莎士比亚研究》。孙钿寄赠我旧书《近代中国经济社会》一册，系三版本，书中作了许多校误，足见他阅读时之细心。

收到王忠舜信。

1982 年 10 月 14 日

上午由小高陪同曾卓及田野如约来访，曾的儿子小薛亦自己赶来，老耿、小顾、西海小夫妇续来，午饭坐了一圆桌，由小高、小张、小杜帮忙弄菜，居然弄得很有排场。饭后稍息，诸人陆续散去。

下午由西海和王继权，陪同江苏人民出版社老顾和他的弟弟与该社的一个青年编辑见访，带来章品镇索稿口信，即将陈思和、李辉的《巴金研究》①一书目录提要交他们带回审阅。章品镇又要将他们已退过的昌东、富恩的有关中国哲学史论文稿件要回，说是重新看稿。

西海赠本期《书林》一册，上面有昌东文，谈他治美学经过。

收到罗永麟、春琳来信。

这两日陆续看杨宪益的《零墨新笺》，里边很有些材料，有益于比较文学在中国的研究。

1982 年 10 月 15 日

全日在家。上午敏和宜静去人民公园看花展。江苏出版社一青年编辑由潘旭澜陪同再次来访，询问路翎的《嘉陵江传奇》的发表处所和日

---

① 即《巴金论稿》，后由人民文学出版社在一九八六年出版。

期——六月间，我在厦门曾与该社负责人章品镇提及此书，并建议出版也。

小周陪她的一中学女同学来访，请我代为打听这位女同志的一位男相识者（名薛范）情况——据说此人残疾，但富于才华，曾译过俄文歌曲《莫斯科郊外的晚上》和日本电影《人证》，"文革"中被监督，一九八〇年落实政策，但安排在弄堂内补鞋，现隐入宁波乡间，不愿与外人来往，云云。

晚，中文系教师袁越领一外文系进修生来访。

下午陈鸣树来访，送来上海鲁迅纪念馆工作人员编的《胡风著译年表》草稿，并编者给我的一封信。

1982 年 10 月 16 日

上午无锡一青年来访，他曾和我有通信关系，系干部子女，南院美院毕业，有志于比较文学者，十二时许辞去。乃修来，修改他的译文。

午后看了一场电影《魂系蓝天》，无聊透顶，庸俗之至，可谓艺术的堕落。

下午山西大学一进修女同学来访。

晚，小旦从南京归来。兴良来，送来《文学研究会资料》目录稿。

1982 年 10 月 17 日

上午卢倩领她的女友某进修生来家做衣服。应必诚来访。午睡后，与敏动身进城，去曹白家就餐，只我们夫妇是客人，菜肴丰美，抹过嘴告辞，他们全家相送至楼下大门口。

去曹白家途中遇荣华，跟上去她家小坐，斗室之内，只有两床一桌，破敝不堪，说明一家母子三人的艰苦。

从曹白家出来，绕道至覃树谦家，他已从医院归来，有所恢复，坐片刻即辞出，到家已九时许。

收到余上沅夫人、吴伟民及覃小川带来的他父亲的长信——小川下午来过，久等才去。

1982 年 10 月 18 日

上午李培基夫妇来看留妹，她刚好和敏去逛淮海路，不遇，稍坐即告辞。昌东来，桂英自系内领回两册上图编的《郭沫若著译系年目录》，即送他一本。徐鹏领一九五五年同学张景德来访，已有二十多年不相见，他在《光明日报》做记者，来南方出差，由他给大家（我、昌东、徐鹏）合照了三张相。送他《赵树理研究资料》一册为念，他送我《光明日报》两册纪念本，分给桂英、小旦各一本。

收到刘大杰未亡人李先生寄赠的刘的遗著《中国文学发展史》一部，三册新刊本。收到中国社会科学院哲学研究所急信，约为他们正在编的《人名录》写材料。

晚饭时，偕敏和留妹如约到唐金海家便饭，菜很丰富。

改好《文学研究会资料汇编目录》，弄了两年多，这本书总算定稿了。

这个日记本写到这里，这是近三四年来我的第三册日记本。

1982 年 10 月 19 日

今天是我的生日。六十七年前的今天，我头一天来到这个世界，开始了自己的人生路程。我今年六十七岁，已在远离家乡的江南大城市生活了近四十年，吃过新旧社会的各一次政治官司——旧社会一年半，新社会十一年，外加"劳改"十三年，即是说有二十五年半，我过的是非人的生活，但我却都是历史的胜利者，整我的那些人都早进入历史垃圾箱了，我还是我，一个大字写的"人"！

前几天同学们已预祝过我的生日，所以今天无什么准备。中午约小卞夫妇，晚上约小卞儿子一同吃便饭。晚饭时陈思和来访，邀他一起吃饭。

收到天津来的原嘉善路房东女儿的一封信和照片。

这几天，许多时间都用在和留妹的闲话家常——姊妹们暮年相见于异乡，真是悲喜交集，亦人生一快也。

1982 年 10 月 20 日

上午下午都张罗着和留妹照相留念——上午请小卞租了个照相机照了一卷胶卷，下午请周惠生的儿子又照了几张。

留妹将于明晨返乡，今天给她送行。她来上海住了十多天，给我们带来了欢乐和家乡的信息。

小唐约明晚为学生上巴金课，正为讲些什么忙乱。想讲巴金与俄国的几个作家——托尔斯泰、屠格涅夫、阿尔志巴绥夫、路卜洵、杜思退益夫斯基，以及法国文学的左拉、罗曼·罗兰、卢梭。

巴金和他同时代的作家：鲁迅、郭沫若、阿英、胡风（与"左联"文坛的论争）。

巴金的朋友：丽尼、陆蠡、缪崇群、曹禺、靳以。

1982 年 10 月 21 日

早上一早，留妹一行离沪返乡。她在上海住了半个月，了却多年心愿，带给我们许多安慰和温暖，使我们的生活丰富了许多，增添了快乐。

晚上由小唐陪同给本系三年级学生上了两节巴金研究课，为此，今天上午做了些紧张的准备工作，阅看了些材料，做了些笔记。

收到江礼旸信和寄赠的《文汇通讯》一册——他已到职工作了。

1982 年 10 月 22 日

早上，小卞送来给留妹和我们合照的相片，旋由敏连同底片寄晋。上午陪敏去医务室看病，韩医生说她的手麻是高血压现象，照过 X 光，良好，明天再去验小便和心电图。

挂号寄出给中国社会科学院哲学研究所的中国社会科学人名录复信，回答了他们提出的两个问题：我的学历和解放前的学术活动。

收到罗洛信。

1982 年 10 月 23 日

上午陪敏去校内看病，检查了小便，作了心电图。韩医生说，可以确定是高血压，但应去医院查血。各个部位检查过后，更放心了。

看毕病，又相偕到系内，收到《创作》一期，上面登出路翎的小说和该刊编者马迅来信。又收到浙江人民出版社寄赠的《茹志鹃专集》一册、陈启新信一件，以及辽宁大学外语系一不相识的学生来信，询投考比较文学研究生的事。

午睡后和敏去看望周惠生，送他家乡的午城酒一瓶，谢谢他儿子为我们照相。

发出给马迅的回信，通知他们路翎的地址，以便他们寄稿费和寄书。

1982 年 10 月 24 日

礼拜天，天冷，一件毛衣已经不行了。全日在家，上午老罗夫妇如约而来，在此午饭后离去。

收到范小梵信，锡侯仍在病中，但已搬入新居，调来了女儿，有个着落了。

下午收到老耿信。

读一九二三年的《晨报副刊》合订本，那时的报纸屁股，倒是有质量很高的文章。

1982 年 10 月 25 日

一早全家动员去军医大学，在小张同志帮助下，联系到一个老军医，给敏查了血压，比前两天有了降低，又查了眼睛，发现有一般情况的动脉硬化情况。明天再空腹来查血液——胆固醇。

午饭时，柯文辉父女偕安徽一黄梅戏刊物编者刘君来一块儿吃了午饭。

昨夜看了以叶辛小说《蹉跎岁月》改编的电视剧，写"文化大革命"中知识青年下乡，着重批判了反动的血统论（以阶级论面貌出现的一种反动思想）给青年一代带来的灾害和失去了做人权利的这种封建立法，最后以一个高干女儿出走家庭结尾，仿佛又回到了巴金在三十年代的《家》的结尾——两个时代的两种和旧家庭决裂，巴金写的是老封建家庭对下一代的毒害和腐蚀，以及下一代的觉醒和反对；这个新的决裂却也反映了新时代的反动与进步、光明与黑暗之争——历史的内容并无本质的区别，封建主义，这就是中国社会长期动乱和停滞的总根源，是中国前进的最大障碍。

1982 年 10 月 26 日

早上陪敏去长海验血，要大洋四元，礼拜四才可看结果。去五角场往访张孟闻先生，坐一时告归。

晚上看赵燕侠剧团的三出戏：《狮子楼》《武松打虎》《断桥》。

收到王辛笛信及重庆师院见赠的学报一册。

夜读郭沫若各时期的论文。

1982 年 10 月 27 日

下午开始落雨。整天足不出户。读 M.Goldman 的《中国文学的五四时代》（英文本）。收到卢鸿基自海南岛来信，彼将于近日到沪看法国画展。

1982 年 10 月 28 日

今日上午敏和桂英到医务室看病，张化送来她修改后的论谴责小说和批判现实主义的文章。昌东送来本期的《文学报》，那上面发表了《解放日报》小查所记的我的访问记一文，并附照相，登在《园丁录》栏内。

思和中午来，商谈外来思潮和影响的选文问题。到系内开了有关文学研究会资料的碰头会，又和小周去印刷厂商量打印问题。

在系内借来三册新到的英文出版物：《勃留索夫日记钞》《苏联美学的哲学基础》和《马克思主义意识形态和文学》。

晚饮咖啡，看张化文。

1982 年 10 月 29 日

全日在家。上午有雨，着桂英上午在系内呈送有关桂英安排工作的申请，并找回昨天开会失去的雨伞（她连跑两次，总算找回来了），同时又借来一九八〇年的《北京大学学报》和一九三九年的《文学季刊》，以便我查找有关资料。

收到碧莲寄赠的她和别人合编的《杜牧诗文选注》和信，据信上说，这本卖价两角八分的小书印了五年才印出来。傍晚昌东来坐；顾易生先生来，送来他们儿子顾放勋自美国华盛顿大学写给我的信，谈了他到美后的生活和工作情况。

今日为敏公费医疗事，代她写信给青海化隆文教局，挂号发出。

昨夜喝了一杯咖啡，至三时才眠。看了半本《勃留索夫日记钞》（英文本），此人是俄国象征派头脑，"十月革命"后入党，诗作渐少，而从事于译述工作，他又是法国象征派大师们的俄译者。

1982 年 10 月 30 日

上午戴舫自广州归来相访，他参加出国集训，本年底又官费外出。午饭后别去。

收到莫贵阳信，感谢我们对他新婚的祝贺。

傍晚，分校殷老师来探敏病；乃修来谈功课，坐二句钟始去。

1982 年 10 月 31 日

礼拜天，阴。下午去孔海珠家赴宴，她的母亲（另境同志的爱人）已自青海返回；同座有陈梦熊，约有施蛰存，因事未到，一再嘱海珠向我们问候。梦熊在席间谈了近来在杭州举行的鲁迅会的见闻，鲁迅之孙投靠台湾一事，香港报纸记之甚详，还登了结婚照片——这小子真是个不肖的子孙，丢人败兴，莫此为甚！

十时归来，收到《解放日报》小查信及附寄的本期《文学报》两张及该报记者史乔摄的我家的照片四张。

1982 年 11 月 1 日

桂英借回本年十月十九日的《羊城晚报》，那上面发表了我的那首散文诗《小鸟和它的新居》——这是昨日听孔海珠说的，所以今天找回来了。

下午和傍晚来了一大堆人，都是些常来的人。

1982 年 11 月 2 日

整日在家，为唐金海等编选的《茅盾专集》审稿。晚上给他当面交代了一下我认为需要修改补充的地方。

收到内蒙古师院孙桂森来信及附寄的一块儿在五台山的摄影。

寄出给辛笛信及张德林信，张信内附去孙乃修、张兵的文章。张兵下午来过，带来本期《复旦学报》一册。

接到通知，明天上午八时半在党委开座谈会。

收到外甥小旦信，他们母子已平安到家。

1982 年 11 月 3 日

一早去党委办公室参加座谈会，到会约十二人，多是中年教师，由盛华主持，我也作了些关于图书资料供应问题的发言。

午睡后，全家散步到五角场买菠菜籽。

收到上海出版局、《艺谭》编辑部、上海作协的公事信。

1982 年 11 月 4 日

发出给安徽《艺谭》的作者调查表。收到宜静妹及泽甫二哥信，都是家书。

黄昏，徐俊西同志来访，谈颜海平进修和出国事，他托我代她找一较合适的美国戏剧学院以便她能有所进益。他说桂英的工作问题，学校已在研究。

1982 年 11 月 5 日

间有雨，阴。上午卢鸿基偕女儿来家，他去海南岛家乡住了一阵子，这次是来看法国画展的。他给我们带来了他家乡的特产，椰子皮制的罐子、珊瑚树、贝壳，午饭后辞去。

收到文振庭信，晚写好给耿庸信。

1982 年 11 月 6 日

阴雨。上午着桂英去辞书出版社找老耿，代广西大学买《辞书研究》，和找小顾买《中国大百科全书》的《外国文学》卷。

下午全家看美国影片《冰峰探险队》，甚佳。

晚写信给李辉、孙景尧，明天发出。

1982 年 11 月 7 日

星期天，阴雨。上午王戎来，同乡进修教师张泽清如约来，在此午饭。

晚王戎又来宿此，明日返南通。

收到张泽清带来的山大教师同乡刘金笙的信。

1982 年 11 月 8 日

上午王聿祥来，午饭后去。

收到伍隼信，《手记》已印出来，已寄出样书一册。

收到高农信及《榕树文学丛刊》近期一册。收到本期《鲁迅研究动态》一册。

王戎早饭后别去，乘船去南通。购入《契诃夫文集》卷二，一册。

1982 年 11 月 9 日

天冷，报上说是降温。天气很不清朗，阴而多风，加上衣服，晚间又披起了旧棉袄。

昨夜写好给福建人民出版社管权、陈公正、高农的信，唐金海明日赴福州，托他带去。今天上午又查阅了学生送来的译稿和外文书册，编成了《国外论中国现代文学和作家》一书的目录，托金海带给老管，商洽出版手续。估计下来，我辑译五篇文章，约七万字有余。

收到伍隼寄赠的《手记》样书，和他们新出的《梦》（莫泊桑小说）。《手记》装潢还好，只是封面的人名字太小了——这也是多年以后出的第一本译书，全家为此都很高兴，当成一个胜利。

晚收到兰弟小舅子王世敏来信及诗稿。

下午赴校内新华书店看内部书，买了两册北京大学的出版物——苏联文学资料书：一本是《西方论苏联当代文学》，一本是《爱伦堡文选》——这个大学出版社倒是办得很有成绩和特色，出了些有分量、有学术意义的书。

1982 年 11 月 10 日

上午和敏去看病，韩医生病了，请一个女医生（其实是个护士）看，敏血压正常了，上一百三十，下九十。我也量了量，医生只是说很正常。要了治咳嗽伤风和湿气药，又到中文系转了一圈，回到家里。

午睡后又和敏去看了校书店的"内部书"，买了一本国外社会科学提要（《文艺学》），一本台湾版的《郁达夫南洋随笔》。

收到刘微亮信，为《手记》版税买书事，晚上写了回信。

上午又去外文系替孙钿借来两本日文的日本现代诗集，晚上给他写了信，明天连同《手记》并这两本日文书一块儿发出。

1982 年 11 月 11 日

上、下午都去了学校，上午买笔，下午在"内部"买书——买了一本《论社会主义民主》（［苏联］罗伊·麦德维耶捷夫著），一本英国洛克的

《论宗教宽容》。这两本不同历史时间的书，都有惊人的相像的主题思想，作者都是统治阶级和集团的"改革派"或"维新派"，但这里面也说明了他们立足的那个现实制度的本质的痼疾！缺乏民主和前进，或者说因为没有民主，那个现实的制度，必然停滞、腐乱，而不能真正地前进和兴旺发达。

发出给孙钿信，寄去两本日文日本现代诗集和一本《手记》。给百花文艺出版社写了信，催处理那部巴金稿子。给浙江出版社刘微亮信，答复稿酬和购买书问题。

陈思和上午来，在此晚饭。

晚重读旧译《俄国文学研究》，打算把其中的论果戈理收成一本印印，或许再加上几篇新译文，弄成一个专册。

收到赠阅的本期《长江丛刊》。

1982 年 11 月 12 日

收到陈宪（启新的儿子）信、江苏出版社陈乃祥信。

杂读。翻看了山西（吕梁）师专李旦初赠阅的论文集《引玉集》，有些文章其中评论三十年代的文学论争（创造社文艺思想，左翼批"第三种人"和"自由人"），写得颇有见地，虽然还不免有些方巾气。

晚给梅志写了一信，明发出。上午寄路翎一信。

本日《文汇报》登出评论员文章，关于纠正对知识分子的"左"的观点的影响——说明落实知识分子政策实在不易，因为从农民和小生产者的观点来看，文化科学知识分子都是异己力量。这几十年的教育，又深入骨髓，要扭转过来是个历史过程。

1982 年 11 月 13 日

下午陈宋惠自常州来，在此晚饭后，邀我和敏去虹口群众戏院观看该市滑稽剧团上演的《三十七计》，至十时归来。

收到路翎信，他精神仍不健康，信上说"总之没办法""很悲观"，使人可悲——这样一个活蹦乱跳、写了许多作品的人，竟给践踏成这副样子。

今日报上说，阿尔巴尼亚的霍查——这个被封为"欧洲一盏明灯"的混蛋，在讲演中说，他的四十多年的副手谢胡，在战前就是帝国主义国家的代理人，受命要谋害他，现在"被党和人民把他的头击碎了"，而在一九八一年，该国公开报道却说，谢胡是"因神经失常自杀身死"——出尔反尔，随心所欲地编造事实，大概是一切假马克思主义政治骗子的共同特征，他们实在愚蠢，不仅目无人民，而且连自己的体面也视为等闲，把欺骗当饭吃。这实在是人类文明的耻辱，历史开出的"恶之花"。

陈宋惠还带着他的大儿子和常州的橘子——他的大儿子在武汉建筑工学院任助教，是跟先生来上海参观学习的，小孩很好，都是没有被污染的纯真的下一代。宋惠在常州文化局创作组，已经因人事纠纷离开了滑稽剧团。

1982 年 11 月 14 日

昨日未写日记，今晨补上。

上午在昌东家吃饭，同席有鲍蘧夫妇、长海医院医生（鲍的同学，为昌东治过病）以及秀拔。因饮酒太多，有些醉了，晚上闹了一夜，呕吐两次，今天早上算好些了。

昨日下午吴中杰陪山西人民出版社编辑张成德来访，张说上次在太原开会碰到我。为朱碧莲稿子被退事托了他，希望能再考虑予以出版。

收到刘微亮信，《手记》稿费及书已寄出，稿酬千字算七元，《前记》算九元，据说此书在她们社内很受欢迎。

收到陈宪寄来的他服务的那个宾馆的彩色明信片一张，是个结合中国园林特色的现代化宾馆。启新这个儿子很纯真，正像三十多年前的他，是个"出污泥而不染"的下一代，看到这样的青年，心里亮了许多，中国前途还是光明的。

1982 年 11 月 15 日

昨夜胃内不适，连续两次呕吐，又吐不出什么来，只是一种反胃表现。今天好些，晚上由秀拔、桂英到医务室拿了些药。

收到吉林大学李凤吾来信，及寄我审阅的稿件，并赠我一册他们编的《中国现代文学大事记》。收到黑龙江克山师专寄来的征求笔名函，他们在编《中国作家笔名索引》，下午写了校阅的复信，明日发出。

早上发出给碧莲信，要她和山西人民出版社联系。收到唐金海自福州来信，托他的事都办了。

傍晚戴舫来，他已报到接受出国外事训练。吴中杰夫妇来，赠我一册吴新出的《鲁迅文艺思想论争》（山西人民版）。收到彭燕郊寄赠的《湘潭大学学报》关于民俗学专刊。下午苏兴良来。

1982 年 11 月 16 日

收到梅志信及在京与谷非合照四张，收到叶元叶寄赠的他的有关施耐庵考证的打印稿；发出给老耿信及南京谷天信，寄出张化文。

上午偕敏去看病。晚上着手看吉林大学的稿子，错得厉害——这样的水平敢编书，真是胆大妄为，不知高低。

傍晚颜海平来，刘玉莲来，与施昌东同吃晚饭（饺子）。秀拔爱人小刘来问询我的病况，潘富恩来，都在黄昏前后。

1982 年 11 月 17 日

上午在家看吉林稿子。下午和敏去五角场入浴，长久不洗了。

晚饭后，陈宪自广州来，给我们带来蚝油两瓶、菠萝两个，坐至十时，告辞。

收到上海作协寄来的观赏电影票两张。

1982 年 11 月 18 日

收到老耿信、覃小川信，及山西大学高捷信和一张和他以及另外几位同游五台山时的照片。

昌东上午来，送本期《文学报》。谈起"文化大革命"中的见闻，他说，林彪死后，他在四川看到一次抓人游街，游犯头上顶着一个篮子，篮子上绑着一只鸡，说这个人是个投机犯——我说这个倒是一件象征派创作，在过去的政治运动中，真是帽子展览会，有些"天才"，更是挖空心思，起帽子名称，这些名称其实是泼妇骂街的人身侮蔑，人们对此习以为常，而不以为怪，说明我国人民的愚昧，给一些坏人坏事以广阔的用武之地。

1982 年 11 月 19 日

天气不好。早八时和敏进城，先到老耿处，由此坐车去华东医院，受到闭门羹的待遇：上午不准看病人。在路口碰到毕修勺，立谈片刻。到小顾家吃饭，路上买了两元多的熟菜。老耿已在坐。饭后我们和老耿一块儿去儿童剧院看两部美国电影，五时始出场，三人在街上小吃后相别而去，到家已近七时。

收到朱碧莲信，及寄赠的《中国历史上的逻辑家》一册，其中收有沈剑英的论文。

晚上，看桂英今天从上图抄回来的一九四六年登在《时代日报》上的小说《草黄色的影子》。

1982 年 11 月 20 日

上午到系内，浙江书已收到，共十大包，提回一包，下午又提回一包。

收到江苏人民寄赠的《贺敬之专集》一册，及《清明》本期一册。

晚上分好给安徽、广州及上海几个相熟人的赠书，预备请明天来的老耿、陈思和、柯文辉带走。

读《清明》本期的两个中篇。

1982 年 11 月 21 日

上午乘校车去文联，参加"郭绍虞从事教学工作七十年和九十诞辰茶话会"，到会皆上海文化界名流，茶点招待，照相两张，归来时已近十二时。

老耿中午在此午饭，由昌东相陪。下午陈宪来，在此晚饭，昌东、秀拔适在家，邀同共食。陈宪晚间宿此，下午和敏在小店买了三包麻糖，家乡酒一瓶，《契诃夫手记》一册，托他带回广州，聊表寸意，并托他带去给他父亲和饶鸿竞信各一封，附《手记》一册赠饶，一册赠吕俊君。

1982 年 11 月 22 日

早上桂英送陈宪回广州，先到他住的招待所算账，再送上火车站。他说广州鸡蛋要两毛四分一只，自己买了三斤，装在皮鞋盒里，为此，借给他一只竹篮，这样提回广州，保险些。

收到唐金海信，他回不来，要我帮他上礼拜四的课；他的爱人小张也随着而来，谈起此事，送给他们夫妇《手记》一册为念。又收到《江海学刊》曹明信，谷天已离职，稿子（张化稿）交文艺编辑，胡公文，他们和姚北桦研究后再说。

晚饭后和敏去看应必诚夫妇，赠《手记》一本，适徐俊西在屋，谈了近一句钟辞归。

看老耿昨天送来的冯牧本年十月在华中师院教育部召开的《中国当代文学》教材审稿会议的讲话，他在第四部分谈到"如何反映当代文学发展历史上几次重大事件和思想斗争"时说："当代文学发展史上的几次重大事件和思想斗争，实际上都形成了程度不同的运动，或者叫群众运动，或者叫政治运动，或者叫阶级斗争。比如，批评胡风问题到后来就变成了阶级斗争，进而扩大化而成为对敌斗争。这是我们文学史上，也可能是世界文学史上相当少有的现象"——这个历史认识是正确的。此文此节第三部分为关于"反胡风"斗争问题，结语说："几十年来，胡风同志和其他一些同志为革命文学事业做了有益的工作，但长期以来，他们在政治上受到了冤枉，吃了苦头，难能可贵的是，不少同志在受到这样的打击之后，他们对祖国、对党和人民事业并没有失去感情和信心。他们对自己的遭遇，很少怨言，他们关心和积极参加力所能及的工作，就胡风本人来说，作为一位有成就有影响的老评论家，应当在当代文学史上取得应有的地位。"这篇论文（讲话），虽然仍在文艺思想理论问题上有许多纠缠［如肯定对"讲话"持否定态度（基本上），对延安整风、对反对主观主义也是基本上持否定态度；又认为胡的反对"题材决定论"实际上是宣扬"体裁无差别论"，认为这对于当时在大后方生活而又渴望到前方或敌后去、渴望深入到工农兵火热斗争生活中的文学青年，实际上是产生了消极影响等］。但是算承认了"胡风同志和他周围一些与他同观点的同志在三十年代、四十年代、五十年代中的艺术实践当中所做的有利于革命的事情，或者说，在几十年中，对左翼文艺运动和社会主义的文化艺术事业所做出的贡献，在不同的时期都有过不同程度的贡献，这却是客观存在的事实，是不应该抹杀的"……这些历史评价比较过去那些言论，都有很大的进步和提高，接近客观实际，对此应表示欢迎，甚至感谢——应该由历史的、发展的眼光看问题：这就说明时代前进了，人的认识提高了，历史的教训，总有程度不同的回响了。

1982 年 11 月 23 日

收到江西《百花洲》约稿信（回忆文章）及桂莲来信——她在南昌进修医学，她的丈夫是个军医，现在要离休了。

送了好些书：小韦、鄂基瑞，晚饭后又去送老杜和徐俊西。小张送来党史资料及一本历史知识，也送这个勤奋的青年工人一本。

老杜说，江西此次开孔尚任学术会，干部外出，竟有鸣锣开道、摩托前导、静街现象，和他们四川本年出了个"真龙天子"做过七天皇帝一样，这些封建玩意儿，竟然在有三十多年的社会主义社会中出现，值得深思。贫穷和愚昧，必然产生这些怪物，这就是我们这些年路线不正的自食其果，实堪长叹！

给抗生、孙景尧写了信，让桂英给王戎写了信，附寄书发出，给孙的信还附寄了一本替他买的《中国大百科全书·外国文学》卷——这部辞书教条气太重，重论不重事，收录范围不广，说明极"左"东西在文学治学中的余毒、余波源远流长也。

培恒下午来，送他《手记》一册；他谈到给我调配助手事，我举出陈思和；又托我为应必诚的文艺理论研究生出外国文学试题。他还说××是个很厉害的"造反派"，他是专案组的头目，现在"四人帮"倒了，没有"文化大革命"了，所以显得老实了——这真是人不可貌相。

1982 年 11 月 24 日

上午陪敏去看病，她的咽喉是一般的上火，血压也正常，买了些药；我也看了一下胃部，拿了些药。

思和来，在此午饭——吃饺子。给他看冯牧的有关当代文学史讲话。

午睡后，南宁师院讲师唐小平来公访，谈比较文学事，给她写信介绍广西大学的景尧。她抄去了一些外文书目。

收到陆士清自福州来信。

寄出给景尧的《中国大百科全书·外国文学》卷及《手记》一本。寄去王戎信（桂英写）及《手记》两册，一册请他转赠抗生，附信一纸，答复关于屠格涅夫散文诗问题。

本日《文汇报》刊载了夏衍忆潘汉年的长文——潘已平反,是一九五五年错案之一。

1982 年 11 月 25 日

收到路翎、内蒙古师范学院孙桂森、《江海学刊》曹明信。翎信上说,胡公在本月十八日八十大寿,曾约京友十余人吃饭,颇是热闹;南京陈乃祥已给他写了信,江苏人民出版社愿意给他出个小说集。

天小雨,下午在工会开"外国理论思潮影响资料"编辑会。晚上为三年级同学上了两节巴金研究专题课。

1982 年 11 月 26 日

全日落雨,滴滴答答地下个不停,天气又冷了。从昨夜又穿上了棉袄,全身冬装了。

桂英整天去徐家汇替我抄旧社会报上的文章。晚上给小说集编了个目录,共得十三篇,写作时期从一九三六年到一九五一年,共十三四万字;如果再编入散文,或可得二十万字吧。

整天写信:给顾易生父子,并附赠《手记》一册;给梅志写信,附赠书七册,请她那里分赠京中诸难兄。本月十六日是风兄八十大寿,敏找出她在乡下的作品——剪纸"寿"字,又新剪了几张,预备连同信和书一块儿寄京,为风兄祝寿,祝他健康长寿。我们一家和他们一家在新旧社会都是忧患相共,古云,人生得一知己足矣,就是这个意思了。

又给凯林和大哥写了长信各一封,附《手记》一本同寄;又给南京《江海学刊》曹明写了信,附《手记》两本,一本请他转给姚北桦;又给老耿写信,托他向人民出版社打听陈守实教授的遗著《中国土地制度史》稿的审阅情况——这本稿子送去两年有余了,仍无回音,这样拖沓的出版家没有一点责任感,使人可叹!

收到尚丁信,对赠书鸣谢。

1982 年 11 月 27 日

继续落雨。昨夜写信至三时,今日又连续写信。发出给梅志信及书、

291

凯林信及书、大哥信、耿庸信，下午又发出给杜谷信及书、南京《江海学刊》曹明信及书三册——请他自留一册，外送姚北桦、汤淑敏（附信）。又写好给陆士清信、陈公正信及丁芒信，礼拜日发出，后两信都是赠书——江苏人民及福建人民两出版社有关友好。给厦门张人希信及书，并请他转一册给陈乐嘉。收到浙江汇来的《手记》版税，总得五百元，扣去购书费八十多元，还剩下四百多元——江礼旸可得三百多元，下午已电话告他明天来取款和书。

1982 年 11 月 28 日

礼拜日落雨。上午小顾来，陈庆楣来——他是解放前的《大公报》记者，与我在一九四八年有一面之交，那时他们夫妇即将去解放区。多年不知讯息，现在才知道：他在一九五七年定为"右派"，与妻子划清界限——是妻子与他划清界限；一九七九年改正，现任《工人日报》驻上海站长——真是"穿上袈裟事更多"，他解放前入党后，竟走了这么多弯路，今年已经五十六岁了。

小江偕他爱人和小孩来，将稿酬和书交给他。他请我签了二十多本的名，说是有的人要我的签名本。

送小顾父子、陈庆楣《手记》一册；托小顾带去两本，请老耿寄交鲁藜和李嘉玲，托老陈带去一本，请他转给《工人日报》总编岑铁权。

收到卢康华寄赠的《国外社会科学著作提要》第九期一册，那上面有几篇他的译文，还附有他一篇热情的信——他和孙景尧合编的《比较文学论文选》，请我署个"现成"的名字。

上述诸人在此午饭后离去。

傍晚，汪西卡来，送来她哥哥译的日本阿部知二的《同时代的人》译文。送她《手记》一本，并托她转交焦万顺一本。

1982 年 11 月 29 日

阴天，刮风，冷，我早已棉衣上身了。

未外出，傍晚和敏接小毛头来家吃饭——这是我们很喜爱的一个小男孩，聪明、豪爽、有感情、通人情，很有"男子气"。

写信和寄书给湘潭大学彭燕郊、厦门张人希和陈乐嘉，并寄陆士清一信、江苏人民出版社丁芒信及书三本——丁芒、章品镇、陈乃祥。

桂英给陆士清家及吴欢章家送书。

晚准备研究生外国文学试题。

1982 年 11 月 30 日

天气转晴，但是冷了。下午剃了个头，收到李华飞从成都寄来的地方文艺刊物《海棠》，那上面有他写的一首怀覃子豪的诗。

为了给山西带书，上午写了许多信——给青苗、高捷、刘金笙、钟启元、邰忠武等等计七人；还有一本给王中青未写信，预备托人带到山西。

给山东济宁王世敏寄书并信，给余上沅夫人、给杭州伍隼、胡伟民寄信。

下午高文塚在此晚饭，卢倩同食。

给小高夫妇一册，并托他送一册给姚奔，另两册给上海文研所的陈梦熊和孔海珠。

晚上潘富恩陪一九五五年同学宋玉珩来访。

准备试题，看有关现代派材料。

1982 年 12 月 1 日

整天忙于翻看材料，为研究生试题忙碌，直到凌晨四时许，总算出好两道题目和答案，又写了两个副题。

中午思和交来李辉的译文，他要访毕修勺，托他带去《手记》一本。接老耿信，《文汇月刊》也欢迎胡公那篇文章，还得给北京写信通知。

晚上应必诚来小坐。卢倩午饭后回校。

收到家住虹口的一个不相识的青年热情来信——他拿过三张大学文凭，却在弄堂工厂做不需要文化的正式工。

1982 年 12 月 2 日

昨夜工作到四时半，才完成了外国文学试题的出题和答题的任务，两个大题：论《十日谈》、分析俄国文学的"多余人"形象（五个人）。今天桂英抄了一天，最终完成了任务，只等看试卷了。

收到张人希的来信和在厦门的照片，收到曹明信和查志华的信和附寄的两张《文学报》。

这样算过了一天。寄出给梅志信和寄出赠骆宾基书和信。

1982 年 12 月 3 日

中午刘北天来,午饭后一块儿去虹口看景××——好久没见到他了,他本人正在埋头苦睡。谈起来,原来他那个神经病老婆在他落实政策后,竟然在别人挑拨下向法院告他要离婚,实际上是同居而分食——他气得说:"这个家伙荒淫无耻,自以为是一朵鲜花,本来不是个好东西,大概早就不守妇道了。"这也是奇闻,老年夫妇尚如此。

一块儿去四马路逛书店,在小店各吃馄饨一碗,敏又在虹口为我买了一件秋衣。

晚,昌东带一九五五年同学潘慎偕他的同难马君来访。潘当了二十年"右派反革命",判过刑,刑满后"强迫留场"(这个是法律名词),现在太原师专工作;马君是一九五四年北大学生,也是"右派",又升级为"反革命",坐了二十二年牢房,直到一九七九年平反后才结婚,现在吉林师院,在此进修——他说一九五七年反右,北大学生有八百"右派",清华有九百"右派"!真是漪欤盛哉!真是丰功而又伟绩了。

收到抗生、李辉信。

1982 年 12 月 4 日

一早和桂英去徐家汇报刊部查阅了四十年代的《时事新报》和《时代日报》,《时代日报》一九四七年九月十九日登了我们夫妇被捕的消息。找到三十年代北平民国学院刊行的《黄钟》,那上面有《风格论》译文,但不通之至,着桂英抄出留念。

五时出馆,在淮海路走到底,给桂英买了一条裤子,我买了一盒河南特产麻片——三十多年没吃过了。中午在徐家汇的地下防空洞改成的餐室吃馄饨,是一条长街式的笔直的地下建筑,有壁灯,也很整洁。

七时许归来,收到元化赠书两册、思和信、钱家栋信和陈大姐信。

很累了,看电视美国的《动物世界》——狮子,这种野兽有母子之爱,也有友邻之爱。想起前几天报上登的云南新闻:一猴子报案,替主人报仇的故事——这些动物比人还更像个人。

1982 年 12 月 5 日

礼拜天，骤冷，全身冬装了，敏已换了棉衣裤。傍晚昌东、秀拔来约洗澡，风太大我不去，为昌东加入中国作协写了介绍意见。

上午鄂基瑞父女来，这个女儿考入本届中文系。

傍晚李平来，带来柯文辉信，说是《艺谭》李平等八人今晚到沪，准备在九日借复旦工会开座谈会，谈了些该约请的人。

写出给牛汉信，附去思和和李辉论巴金的内容提要，作了推荐。给思和信，给虹口曾建国信，寄出给春琳的日语课本。

收到梅志信。

送李平《手记》一本，并托他代送赵景深一本。

1982 年 12 月 6 日

整日在家。下午思和来，拿走借来的十种巴金著作的外文版，已然借来好久了。

收到广东连山县委宣传部陈乔清信，提了些要回答的有关所谓文艺人才问题。收到景尧挂号信，附来他们编写的《比较文学导论》提纲及康华信，书已接近写成了，要我写个序。

发出给路翎、绿原、思和及请系内发出给福建人民出版社陈公正等六人赠书及信。桂英购回《爱之路》（屠格涅夫散文稿新译本）一册。

晚上通过电视看京剧《六月雪》，窦娥在冤案问斩被押往法场的途中及到了法场后有大段唱腔，公开喊冤，冤天冤地，演员表演得也很认真。通过张志新临刑前被割断喉管之事，说明在那个异族统治下的元代社会司法活动中，犯人在临刑前还有冤天冤人的权利保证（她这段唱腔不亚于屈原的《天问》篇，真是词意悲壮、气冲斗牛也），比所谓"四人帮"旗号为社会主义的天下里还有很"高度"的民主：在那个反动社会，统治者还把犯人当人看，而"四人帮"这伙封建法西斯，在他们的血腥统治下，"犯人"（就是人民）却不被当作人——他们割断"犯人"的喉管，不准"犯人"在死前说话，说明他们实在愚不可及和做贼心虚的反动本性；他们没有"人"的观念，说明这是一伙畜类，有五千年文明的中国竟然在"人民"的旗号下出现这类东西，真是中华民族的奇耻大辱！这些假马克思主义政治骗子把历史倒退到原始社会，甚至连原始社会还低级的洪荒时代了——这伙披着人皮的畜生、两脚兽，将永远被钉在耻辱柱上，"虽孝子贤孙，百代不能改也"。

借了一张前几天的《解放日报》，那上面有李一氓的悼潘汉年文章，前几天看了《文汇报》登的杨帆和某人文章，才对所谓一九五五年的"潘、杨反革命集团"案件有了个补课理解：杨帆（解放初上海公安局长），一九五五年一月被捕；潘汉年（当时上海副市长，政法书记），数月后被捕（比"胡案"发动得还早）；一九六五年杨先以"内奸反革命"罪被判处有期徒刑十六年，剥夺政治权利终身；潘汉年也以同样罪名被判处有期徒刑十五年，剥夺政治权利终身，"文化大革命"中加判潘无期徒刑；潘一九七七年死于湖南劳改农场，其妻于一九七九年亦亡故——据杨文说，这是康生责任，这又是历史的曲笔了。所谓"胡案"也是这个时期判的，胡在一九六五年被判有期十四年，剥夺政治权利七年，阿垅和我一九六六年各被判有期十二年——据《党史参考资料》上说，是"在中央批准"下判的，这种说法，就比较实事求是了；但"潘杨案件"今天可在报上公开作文平反，"胡案"却一直未见公布，这又是一宗怪事了。

今日还发出给家栋信——他前日信上说，乃父方然杭市统战当局准予由市政协出面开追悼会，要照天津阿垅、芦甸规格，不准亲友来参加，悼词也要由官方撰写——为此，给家栋写信，要求在《浙江日报》出个追悼专刊，争取我们夫妇能去参加，殊有"分子"代表能在灵前志哀也。

1982 年 12 月 7 日

全日未出门。下午戴舫来，他将于本月下旬去美，约好十二日在家小吃，为他送别；送他《手记》一本，又一本请他转送王辛笛；他也将去他处辞行，晚饭后离去。

中午系办公室来人询问装红外线取暖器事，按规定四级以上教授可以安装，我这个没有级别的教授，将和四级以上的教授给予登记，再由学校考虑装与否——一九五五年"反胡风"后，为了安抚知识分子，曾在一九五六年评级加薪，又是"关于知识分子的讲话"，又是"百花运动"，一时煞有介事，过了一年就是"反右"，这一切又烟消云散了，但赶上一九五六年热闹的却都得到了一些实惠，那时我却坐在班房里。记得那时看陆定一的关于"双百问题"的讲话，以及周恩来关于知识分子的讲话，都有一句"除胡风和胡风分子外"对知识分子一概要优礼相加，准许讲话，算是"人民内部矛盾"——那目的显然是要孤立胡风这"一小撮"，是一种策略措施，而我当时正是这指定的"一小撮"内，所以到现在还拿的是解放初任职的工钱，二十五年也没拿过工钱，"只算政治账"，经济上的损失相应不议。只是这次新宪法规定，凡国家机关人员侵犯公民权益的应作经济赔偿，在这以前"文化大革命"中被"四人帮"打倒的所谓"走资派"之类，在平反后却分文不短地得到经济补偿——这就是所谓"灵活性"的运用了。

寄给山西师范学报尹世明《手记》一本。

下午王戎自南通来，在此晚饭后离去。

中文系数人来访，谈我和施昌东的师生情谊，现在又要尊师重道了。这是好现象。

收到张人希自厦门来信，他在那里遇画家方成谈到我，方说原有来往，现在贾恐怕忘记了。

晚，收到余师母的《余上沅小传》，删去那些俗不可耐的政治套话，拟交《艺谭》发出。

上午得小顾电话，明日下午《艺谭》在文艺会堂开座谈会，约我去参加。

1982 年 12 月 8 日

整日落雨不停。上午与王戎同访辞书出版社，在此又相偕耿庸至小顾家午饭，并去看望余师母。

下午同去文艺会堂参加《艺谭》座谈会，遇到王若望、许思言、唐湜、冯英子等人，《艺谭》有八人参加，完艺舟、李平、王建新、柯文辉等。茶点招待，照相又录音，我讲了两次话，敏在旁吃瓜子，旁听。

五时许散会，与何、耿同在小弄堂吃面后相别。坐车访曹白，稍坐即辞出。七时到家，又吃了一碗面，改余师母写的《余上沅小传》，看了带回来的《余上沅年谱》——这个年谱有很多与现代文学史、戏剧运动有关的材料，值得发表。今日穿布鞋外出，回来时，连袜子也湿了，濯足。

1982 年 12 月 9 日

　　阴雨天。上午《艺谭》李平、小翟来访，在此午饭，请这里的李平相陪。饭后，《艺谭》的王建新、完艺舟等相继来。二时，他们一块儿去工会召开座谈会——我昨天说过话了，所以未再去参加他们在学校里开的会，送客至门外相别。陈女士的《余上沅小传》经我润色后，连同余的一幅照片一起交李平，希望他们审阅发表。我和余是解放后的同事，这也算为纪念故人尽一点心意吧。

　　下午，王戎来，小周来，同在此晚饭后离去。小周的爱人收到东京大学某教授来信，约他去那里的"湍流"研究室工作——小周译成汉文，也给我过目一下，改了一些语句。

　　晚，思和来，他是班主任，今天上午学生宿舍失窃，他为此忙了一阵，上午没有顾上来。托他给上图的萧斌如带去一信，并《手记》一本。

　　收到江礼旸信及三张滑稽戏票；收到《南京日报》张增泰信，他系一九五五年新闻系同学；收到陈梦熊信及见赠的他的打印文章《鲁迅与芥川龙之介》，他信上说，我上次赠书上把他的名字错写成"孟雄"。

　　晚上翻阅思和代购的本期《新文学史料》。又，昨日下午与王若望相遇，他说一九六六年他"顶替"了我——原来我在南市第一看守所判刑，押回学校监督劳动不久后，他的"右派"被升级为"反革命"而被捉将官里去，我那个遗留的犯人代号"1783"由他"顶替"了。今天和李平谈起一九四七年之狱，被捕时我们是邻居，我们被捕后，是他"通风报信"，才把消息在《时代日报》上登出来，使许多人免受牢狱之灾，我对他说：一九五五年我因"胡风案"被关押，在华东公安部的看守所牢房碰到一九四八年来审讯我的一个中统大特务——此人是个叛徒，曾参加二次党代会，三十年代北平市委书记，后被捕，叛变，解放后，由潘汉年介绍至上海公安局当审讯员，一九五一年镇反被捕——这是从同监犯中听到的零碎情况；他那时（一九四八年）指名要我带他们捉拿胡风作为释放我的条件，当时我是"犯人"，他是"法官"，现在（一九五五年）我们却都戴着"反革命"帽子，坐在一个牢房里；他那时要我捉胡风作为"赎罪"机会，而这时的"人民法官"也同样为了我是胡风的一个朋友把我捉拿进来，要我在胡风身上"立功赎罪"，为此我坐了十一年监狱，判刑十二年，监督劳动十三年——历史竟是这么荒唐！

1982 年 12 月 10 日

上午，陈鸣树来访，赠他《手记》一本，退回他拿来的《胡风著译系年目录》，提了一些意见。他在此午饭后别去。

全家穿上雨鞋，带了伞去市区，先到华东医院看望了陈子展，他已可以下地了，但还不能走动，养胖了，比上次来看时大有进步了，赠他菠萝一枚，日本茶食一袋。再至覃汉川家，汉川也脱离了病境，正在埋头写信，他的小儿子送了我们一些玻璃用具——果盆和酒杯。六时许辞去，乘车到大世界，在一家小饭馆吃饭后，步行至中国剧院观看杨华生主演的滑稽戏《可口可笑》，十时散场，归家已近十一时。

收到老耿信。赵博源来。在市内购新出的波特莱尔《巴黎的忧郁》一册，亚丁译文。

1982 年 12 月 11 日

天冷。收到江苏人民出版社章品镇、丁芒的谢赠书信——章有意为我出散文集，丁问我是否有什么作品可以收入该社明年出书计划，盛意可感。又收到朱锡侯女婿寄还的两本借书和信。

五时，全家去校看电影《仇侣》。

晚写好致今富正巳和山口守的贺年片，敏今天下午特地进市区买来的。又收到陈公正信及赠书《柳青专集》一本。

1982 年 12 月 12 日

礼拜天，大冷。九时许和敏去邮局发信，真是迎着烈风前进，人得缩着脖子保暖，这算是入冬以来第一个冷天。

两封寄日本的贺年片，用了邮费两元五角（今富的一元九角，山口的六角），一天的伙食钱（全家三口）算花掉了——中国知识分子的工资待遇，不仅没能力购买外文图书，连给外国寄信也负担不起。我想国外邮资这么贵，大概也是"政治挂帅"，寓禁于征吧。

阎哲吾来，在此午饭，送来一份他写的有关评论余上沅戏剧思想的文章。从他那里听到许多异闻奇事：一个年逾七十的老剧界人士，妻子在

"文革"中上吊，他的住房被女儿女婿占去，据为己有，他被扫地出门，现在是一个人住在一个八平方米的亭子间里。

徐俊西来，他传达党委意见，凡图书馆藏有的我的著译的副本，可以无偿地送我一册，无副本的，可以复制，我花很少代价即可——这种认真精神使我们感激！

丰华瞻来，谈起编他父亲的资料事，赠我他们夫妇编的他父亲丰子恺的遗著《丰子恺散文选集》一册。

晚，工人小张同志来，纵谈他的家世——他在整理军队建制、资料，我劝他编一册《中国军制史》。

寄出给一九五五年新闻系同学在《南京日报》工作的张增泰信。收到阎哲吾信，张化信——他随信寄来三张玉佛寺香花券。

1982 年 12 月 13 日

太冷，晚上又加穿了一件背心。桂英抄好了那篇童话——《蝎子过河》，看来文字还好，纵笔成趣，信手而写，还似乎有些哲理，但这样的作品怕发表出来不合时宜会被人东想西猜，还得让它继续在抽屉里睡觉——因为社会还处在半睡眠状态，不够清醒，有些还在做糊涂梦的人，也为数不少。

收到武大毕免午信，发出给罗洛夫妇信及《手记》，给晓林夫妇的信也发出了。晚上又写了一信给江礼旸，写好给武汉师院文振庭信，拟连书寄出——敏说，邮费又涨了，所以未发出。

听说小朱病了——骨折，下午敏和桂英买点心去看视，并带去《手记》一本。

读上月的《新华文摘》，那上面转载的一篇《安徽文学》的《部长家的枪声》，写得很好，发人深思——多年的"阶级斗争"使我们自己腐乱了，由上一代到下一代，变得不像个人的样子……

1982 年 12 月 14 日

天晴，未出门。上午聿祥来，在此午饭，托他带去《手记》若干册，分送给同学好友。

收到骆宾基、舒芜、汤淑敏信——这封舒芜信使我们很出乎意外，但本着"君子爱人以德"的古训，晚上写了一短信相复。一九七九年在《安徽文学》看到他的几首旧诗，知道他从一九五七年以后，日子也不好过，"文革"中妻子横死，女儿自杀，也是家破人亡的下场——这真是作法自毙，损人不利己，也如常人所说"害人如害己"了。

思和来借书，说是前天去了医院看望巴金，带上我的问候，巴金也在临别时一再嘱他向我问好。

收到外甥小旦来信及复洗的一堆照片——古城的房产，山西的省委批示襄汾县委"抓紧认真办"，看样子可以发还了。

唐金海下午来，送来讲课费八元——他从福州给我们带回一个电子表，只值十元，又拿去二元。买了这个电子表，我戴在手腕上，到晚上交给敏戴——我这是一九六七年以来第一次戴手表，也算是个"史无前例"的盛举。

晚饭后，与敏访乐嗣炳先生。他行年已八十有二，大小便失禁，但壮心不已，仍积极活动，恢复党籍，这好像也是一种身后的安排。

今天又继续看吉大的稿子，编得乱七八糟——我真佩服现在的中青年那股自不量力、不负责任的"干劲"。经过多年动乱，人心不正，学风扫地。兴良晚上来，又说现在新上任的资料室主任要塞人进来编资料，这也是"利益均沾"的流行作风——这代人把工作看成简单的名利手段，并没想到工作本身，是"流氓加市侩主义"，当严辞拒之，抵制这个已形成习惯的恶习。多少年来的运动，只为社会造成了一批批的寄生虫和害人虫、白蚁式的微生物，这真是民族大劫、"四化"的绊脚石、人民前进中的负担。这些废品（有毒的）的处理，应该是前进中的一个关键性问题。

金海送来一百张卡片，是我要填的学术档案。

1982 年 12 月 15 日

一早全家动身去玉佛寺，在香烛缭绕中进寺看了玉佛和大殿，又在寺内食堂吃了素面和点心。烧香的云集，不仅有虔诚的老男老女，更有众多的青年男女，他们虔敬地跪拜行礼，而这是在有了三十多年社会主义教育的上海，却是发人深思的事——这一现象就是多年来的路线不正的后果之一："文革"中造神的结果，是恢复了和发现了旧神的"可信"，没有树立的新神却给旧神广为招徕，使他们香火更旺，一反解放初期的冷落情况。

下午三时到家。唐金海来结两次出差的账。杜高印送来浙江师院两位教师的学术档案，要我审阅、评价他们的学术水平——每人各有三篇学报论文，其一人蒋姓，是艾青之弟。

长海医院小张来，给我们送了一些药品。王永生来，赠我一册他们编的《现代中国文论选》和油印的《现代文学批评史》提纲，并说过几天他们全组人要来看我，并要我讲点什么。

晚上开始先翻阅了艾青之弟的三篇文章，它们一般都是史料性的堆集，缺乏分析与评价，水平不高——因为它们言之无物，就是对于史料（关于鲁迅）的引用分析，亦矛盾百出，不能自圆其说。

小杜代买了一本有关生物化学的书，为此夜间给罗洛夫妇写了信，预备明天随这本书一块儿发出——书是给他们考这里研究生的女儿买的。

晚上看电视新闻，其中报道说：广西地方森林滥伐严重，中纪会派工作组调查，当地干部竟将非法采伐的木料秘密转移，对抗中纪会的调查——这使我想起前些日从广西大学讲学回来的人说的"故事"，广西地方极"左"人物猖狂，几乎没什么变化：一个"文革"中吃过人心的区委副书记，现在只是调任公社书记，因此那里的教书的知识分子有办法的都纷纷走了，说这个地方难弄，新换的有朝气的领导很难开展工作。今天的新闻，又是一个证据，农民走现代化的社会主义道路是一个艰巨的历史改造过程——"严重的问题是教育农民"，这句话还是正确的、清醒的理论。

1982 年 12 月 16 日

全日在家。桂英在学校借回阿英编的《现代十六家小品》，为章品镇所嘱事，代他开些散文篇目，做些准备材料的工作。要概括地开一张有影响的现代散文篇目，是一种繁杂的工作——解放后，尤其是这几年，虽然出了一些这类选本，但由于"左"的影响，重政治、轻艺术特色和个人风格，多以题材或作家本人的政治面目为准，这就失之偏颇，不能代表历史真实面目，歪曲了历史的内容，倒是解放前的一些选本（如阿英本书或《新文学大系》，由郁达夫、周作人编的两个选本）还全面些，既注意不同流派风格，又注意各异的题材和文体，无论思想或艺术都不偏重于一方，还近乎理想客观一些。

收到高农信及寄赠的《榕树文学丛刊》（儿童文学专号）两册、陈公正信及寄赠的一九八三年日历一本、安徽出版社张保真信及赠送的明年日历一本、文振庭信及上海作协通告一件。

发出给文振庭信及赠书（内有一册转送艾晓明）、给罗洛夫妇信及生物化学书一册。

小陈和焦万顺中午来，托老焦转交李庆云《手记》一册。李系五十年代中文系支书，一九七八年我回系时任组织部长，那时"胡案"尚是悬案，他还特地来小楼看我，并说："从现在看你们问题越看越清楚，至多是思想问题，那时并不是看不出，只是中国缺乏民主传统，无人敢说话罢了……"——尚不失为一个革命干部的朴实风度，这样的干部可敬，他们身上还保留着优良传统。

早上和敏闲谈起：一九三九年在陕北黄龙山旅行中，由于饥饿（失窃的结果），和"游娼"同行，她们都是老弱女人和幼女，看到我的狼狈，曾在一次打尖时请我吃面，晚上息店，我发现了她们的悲惨职业，第二天我再也不忍吃她们用皮肉换来的食物了——我不是怜悯她们，更不是蔑视她们，而是对她们的非人生活感到窒息和愤怒，这种精神上的负担甚于肉体上的饥饿……

前日晚上看夏衍写童年的回忆录，我想到写回忆录或自传，用散记体，从童年家族历史写起，题目不妨定为《金色的童年》。

1982 年 12 月 17 日

上午到系内办事，借来两册《中国新文学大系》的散文集。在校内碰到图书馆的老孙，他正好按照校党委的批示，在翻箱倒柜地找我在图书卡片上发现的我的八种译著——他说找来找去只找到六本，还差两种；说一九五五年上面有文件，这些书都处理了。图书馆还算每种留下一册，多少年的变动；有的就无从找起了——学校批示，凡有副本的送我一册，如无副本的，需要复制，在费用上学校可以补助一些，这样的处理真是通情达理，使我感动！现在既然六种都没有副本，我只好先借回来看看再说。

在系内楼梯上捡到十元，送交办公室老于招领处理。

中午约戴舫便饭，算是为他送行了——他将于本月二十九日赴美，去密西根大学就学——由思和、乃修等相陪，都很欢乐，饭后离去。

收到曹白问候信。

晚兴良来坐，谈将于明春去昆明支援兄弟院校教学一学期，来向我征求同意。他还送来张大明、陈福康答"文研会材料"的意见信。

这几天传说纷纷的是关于知识分子增加工资事，据说建议遭到工人、干部的反对，现在干部也加（十一级以下），工人明年加，算是摆平了。外面有民谣云"老九上了天，老大靠了边，老二分了田，不三不四的人赚了钱"——反映了对提高知识分子待遇和地位的不满和抗议情绪。这都是多少年来煽动工农与知识分子对立、歧视和打击知识分子的极"左"路线和政策的结果，因为科学和民主相连，是封建专制的死敌，更是造神运动的莫大威胁。这种反知识分子的逆流在我们这个农民社会上是有广阔市场的——这也就是社会停滞和倒退现象的本质原因，"文革"这场史无前例的民族灾难的总根源。

1982 年 12 月 18 日

下午培恒来，谈公事，他已被选为中文系主任。

给梅志写去一信，并附寄《现代中国文论选》一册。代南京汤淑敏的舅母代购系内油印的有关语言学翻译一册，直寄大连。

晚上全家去看电影《开枪为他送行》。

1982 年 12 月 19 日

礼拜天，好天气。一早敏和桂英与黄志麟的爱人一块儿动身去看小楼上的邻居阿公阿婆一家——我们倒霉的时候，这家人不歧视我们，并多有所照应，这么相处了好几年，我们不能忘了人家，否则就是背叛了自己，与禽兽同类了。敏他们晚上才回来，在人家吃了两顿饭，说是昨天老张对小赵说起他们今日要来，所以已经准备好了菜肴了。

我中午在黄志麟家吃饭喝酒，晚上被秀拔拖去在他家吃羊肉又喝酒，全家一天没开伙。

收到礼旸信。又收到方管（舒芜）信——一九五五年那个大案，他充当了孔老二说的"其无后乎"的角色，我想他原意无非是想自己出头，使大家触些霉头，却意外地授阴谋者以柄，在这上面达到蓄谋已久的"宏图"，想杀这些人的头，借这些人的头给猴子——中国的各色知识分子个颜色看。当时这个计谋也着实得逞了一阵子，虽然这把沙子并未迷着所有中国的智者的眼睛，而这个方管却落了个草菅人命的罪责。记得四十年代我给他写信，往往不经心地把他的芳名"方管"写成"方菅"。他来信曾抗议过，说是把"管"改为草菅人命的"菅"了，实际上却在若干年后变成了生活的真实——那当时我的笔却是神来之笔，写出了历史的预言，我无心插花，却长出森林！历史真是好开玩笑，不可思议了。

看了些散文，梁遇春写的一篇 vagabond[①]的文章，很有些内容——他说大文人都有些流浪汉的气质和经历，而因为有流浪汉才能真正体会和理解人生，把他们对人生的理解和情感变成文字——这种无拘无束、不迎合时尚和流风的文字，它的最大价值是真实；他们有本色的东西，就是作为大文士的一个基本成因；他们不自欺，也不欺世；他们是真实的人，才有真实的文，这就是足以使他们不朽的原因。

今日报上登了聂元帅给《红旗》写的文章，说是还要和轻视、歧视知识分子的思想作斗争，说明这个问题的重要性——这是多年来培养成的一种传统力量，我们民族为此付出了巨大惊人的代价。

发出给萧斌如信。

下午街上遇徐俊西，他关照说：你女儿的工作，人事处说他们现在忙不过来，顾不上，要你们自己去附近想办法。前两周他特来通知说，学校已决定把她安排在校内，正由人事处研究，怎么到现在还是这么"朝令而夕改"，说话出尔反尔不算数？这怎么能在人们中恢复威信，重振朝纲？历史教训难道还不够吗？这虽是小事一宗，但内涵却大，因此不可不记上一笔，这不是某人的品格问题，而是一个执政者的信誉问题，这是生命性的事务哩，历史上这么一笔一笔地写着呢！

1982 年 12 月 20 日

下午全家到五角场洗澡，购得本月份《小说月报》一册。一个多月没洗过澡了，也没剪过脚指甲，今天算是个大清理。

收到梅志、李辉、卢康华及罗永麟信。

---

①vagabond，即流浪汉。

晚去昌东家，借书两册，少坐。十时后，喝了一杯咖啡工作。写好给吉大李凤吾信，下午写好给文研所马良春信，都是公事信；写好关于吉大编的《外来思潮和理论影响》的插图意见，共两页，着桂英复写了三份，明日请学校发出；又给李辉写了信。

1982 年 12 月 21 日

上午萧斌如来访，在此便饭，小周、小唐，也来寓与萧相叙。她借去一本《丁玲专集》，辞去。敏说，她带回我那留存的仅有的一张青年时代相片代为复印。

下午去系内开职工会，宣布每人发四十一元，由陆士清后来替我代领送来。

收到马良春信，约我下月去京开文学流派会议并作报告；这个会结束后，再主持吉大编的《外国思潮理论》的定稿工作。彭燕郊来信，寄来他主编的外国散文、外国诗的拟定书目。朱微明信，谢赠书。伍隼寄赠明年古画月份牌一本。

写好给汤淑敏信。敏下午发出给卢康华信和《中西文化之比较》一书，给方管信及书。

寄马良春、吉大李凤吾、《北京晚报》李辉信，下午由系内发出。

1982 年 12 月 22 日

比昨天冷——早上出门闲走，兼倒垃圾，殊有此种感觉和感慨。

下午为《外来思潮理论》一书编务，在工会开了个小会，应到会的有两人未到。思和已就查阅到的报刊上的有关文章，按照体例和内容的要求编了个目，把文章分门别类排了个队。乃修开完会后来家，在此晚饭——吃饼，谈起俄国文学中的多余人形象和社会主义思想，由此谈到郁达夫小说里的知识分子形象——出身旧阶级，对现实有清醒头脑，但在行动上有软弱，又不愿投降于传统势力和当时的当政者，因此成为在生活中找不到位置的彷徨者和飘零者——这点上，正与俄国的多余人有某些共同之点；但是俄国那些人却是贵族家庭，不乏衣食之资，而中国的这类人，却多半是家产破落的破落户子弟，需要自己谋求衣食，所以又有它的特色——中国社会和历史的特色或特殊性。

收到满子信，约我们在"犹大出卖的那个人的诞生之日"去他家吃饭。礼昀信及校过的《手记》样本。老耿信和退回来的兰弟小舅子的诗稿。陈衡粹大姐的明信片，那上面有她新作的一幅彩色画，又兼作贺年片之用。

在读郁达夫为新文学大系选散文的序文。今晚电视上播送了杨帆访问记，他是所谓"潘杨反革命集团"二号人物。电视预告曾说，还要放写"右派"的《雁南归》，但改了片子，大约也是要贯彻新的文艺方针的缘故——这类题材使人容易回忆那些过去的血腥恐怖年代（我们自己加工制造的）。今天报纸上有夏衍序《于伶文集》的序文，文中引用了列宁的话："忘记过去，就意味着背叛。"——似乎又与忘记过去的文艺理论号召大相径庭，有点不对劲了。

不敢面对现实（包括历史的现实）是弱者的表现，而革命者应该是强者。本日《参考消息》载尼克松回忆戴高乐的文章，说是戴曾劝当政者要做强者，要有自信心，首先独立思考，要不为他人所左右。这个资产阶级政治家是个精明而有气魄的人，尼克松说，此人富于魅力，大概就是指的他这些政治家的品行而言。

发出给汤淑敏信。

1982 年 12 月 23 日

收到《艺谭》李平信，他们已决定录用余师母的《余上沅小传》，即写信给余师母谈有关事项。寄梅志一信，说明我们要去京。

晚上看阿英编的《中国新文学大系：史料·索引》，集录了一些材料，为外来思潮理论之用。

1982 年 12 月 24 日

上午孔海珠来访，在此午饭。午后与敏相偕去何家，老耿已在座，小顾随后也到，菜很精美，真正的四川风味。老何送我一册夏志清的《中国现代小说史》（中文版台北出版）。

九时到家，应必诚、戴舫在候。戴来辞行，他将于二十九日动身赴美，就读密西根大学，对他做了一番勉励，送至屋门口相别。

灯下翻夏著小说史，他将我的名字写成贾冀汸，但从他第二次提到被

307

政府（南京国民党反动派）囚禁的胡风朋友"贾冀汸"，说明这是指我而言的。

收到思和送来的上图老萧信，及沈钧儒的诗集《寥寥集》。

收到广西大学寄来的代垫的书费二十五元。

上午在家看李辉译的论何其芳文章，其中引何的小品《老人》中的一句话，深有所感："人生太苦了，让我们在茶里加一些糖吧!"——说明三十年代的何其芳还是很懂文学和人生的作者，对人生和生活有思考能力的作者，他后期成为棍子一条，则是环境和个人品质造成的个人命运。他只能算是一个滑稽剧中的角色，一个丑角的文士。

想到写回忆录题目可定为：《我所过的日子》（*Living My Life*）。

1982 年 12 月 25 日

今天是圣诞节，天冷。整日未外出。读夏志清《中国现代小说史》中论张爱玲部分——解放初，这位女士还在上海，记得上海第一次文代会，夏衍曾邀请她参加，这本书上说，当时中共看不起她，不合事实。我却未蒙邀参加大会，为此，谷非很气愤，曾出面问夏衍说，贾植芳难道还不如一个张爱玲吗？这位女士是日伪时代上海的红作家，解放初列入团结对象，六十年代初听邵洵美说，她五十年代初去港，由此转美发表了一本反共小说 *The Red Dynasty*①，曾获美帝文学奖金一万元，受到国外反动派的喝彩——夏志清著作中未提到这本书，却说她写了《秧歌》一书，也是反共作品云。

收到王戎、孙钿、陈秀珠信及刘思慕信。

发出给余太太信，晚上写好给刘思慕、马良春信，明日再发。发出给杜谷及山西人民出版社张某信，为萧斌如编的郭沫若找买主。

人道主义就是人的觉醒的产物——由对于自己的人的存在和价值的发展和认识，认识到他人的存在和价值的意义，因此为了坚持和发展自己的人的性质和价值，维持自己人的尊严和权利，对于封建道德践踏和否定人的意识、"把人不当人"的言行，奋而斗争，而这种斗争，自然和关怀国

---

① 此处所记，与事实不符。*The Red Dynasty* 可能指张爱玲小说《赤地之恋》，英文本名 *The Naked Earth*。

家社会的命运、改造阻碍人的权利和价值的社会生活现实的努力取得一致，对个人和国家命运的同情和关心，就是中国现代作家的最大创作思想特色——感时忧国情怀的根源，也是中国现代文学在哲学和道德意义上的最大贡献，这也就是所说的"五四"传统，也就是"民主"和"科学"的实际内涵。坚持和发扬这种传统或否定和禁止这种传统，就是中国的光明和黑暗的斗争的焦点，也是当代中国知识分子和作家的悲剧命运的根源，而否定和反对这种"五四"精神，是一切形式的封建专制主义的根本任务。这是关乎中国之命运的伟大斗争，悲剧的要求之喜剧的胜利前境和信心。因为历史是一种前进运动，倒退，一切神圣名义下的实质性倒退运动，才是真正的悲剧，甚至不是悲剧意义上的悲剧，这些人物是历史的丑角，因此历史地说来，他们是些滑稽戏中渺小之极的丑角。

1982 年 12 月 26 日

礼拜日，大冷，有太阳。收到李辉信，寄来的一张《北京晚报》，那上面介绍了《手记》短短几行，也颇有意思。

寄去给卢康华信，要他注意梁启超《翻译文学与佛典》这篇有名的谈古代中外文化文学交流和影响的文章，为他写的《比较文学导论》提供历史材料。

全日读完夏志清的书，这是一个反共文学史家，政治上对中国现实持仇视态度，但在文学分析评论中也反映出一些西方现代性的观念，值得注意。

1982 年 12 月 28 日

昨日未记，晚上忙于为浙江师院两名教师蒋海涛（即艾青之弟）等二人看学术评审论文（共六篇），开了夜车，未记昨日日记。今日又忙活了一天，总算完成了任务，晚饭时交卷。

收到今富正巳、鲍遽夫妇贺年信，张德林、陈衡粹、王愚（无锡二十二中）诸人信。下午桂英去曹家渡保温瓶厂取回陈宪从广州托该厂一老师附带来的信及广州糖果、洋桃。

昨日从内部书店花大洋两元八角购来一套（两册）《春风化雨集》（上海通讯编辑室编，群众出版社版），这都是这些年来历次政治运动及

"文革"所制造的各式冤假错案资料汇编，这是一本血泪书，间隙时看了两篇——那些被称为"四人帮"的爪牙，其残害人民，无恶不作，想方设法地以蹂躏人民为乐的兽行与暴行，比较起来，解放前后唱的《白毛女》中的恶霸黄世仁、宣传一时的收租院的刘文彩，比起这些号称"全心全意""完全彻底""为人民服务"的"勤务员"来，简直是小巫见大巫，不足道哉了。

这本书的出版功德无量，它将教育人民，永远记着这些血泪仇恨；这本书的出版，也说明了这就是从人民利益出发的具体表现，也是共产党大智大勇大德的表现，我深深地衷心地表示感激！

收到本期《艺谭》一册。

1982 年 12 月 29 日

上午思和来，送来代购的《管锥编》四册，刘开平自旧金山寄来的贺年片和信。

收到《艺谭》寄来的两张年历，小高在座，敏送他一张。

下午和敏到北四川路闲步，买帽子一顶，吃馄饨一碗，当夜饭。

看小报上说，美国从一九七七年到今年，只有六人判死刑，某州十八年来只是本年判死刑一人。

给郭风写信，推荐邓逸群论冰心稿。又给彭燕郊信，报了《勃留索夫日记钞》的翻译，他主编《外国散文译丛》的稿。

上午着桂英去上图给老萧送还沈老的诗集。

托思和带给张文江《手记》一本，托秀拔带去给鲍蓬《手记》一本。邻居部长赠我们他弟弟翻译的南斯拉夫小说《二神父》一册，据说这本书稿从寄稿到出书前后共二十四年，回赠《手记》一本。

间读《春风化雨集》，那些暴行令人咬牙切齿。

收到丰村信。我们访候了谢兰郁老太太，她正在卧病，将丰村信交她，因这是为她的儿子调上海文化局系统工作写来的回信——我为此写信托过丰村，他倒热心，打听过了。

1982 年 12 月 30 日

未出门，桂英忙了多半天，把楼下彻底打扫了一番，有些旧貌换新颜的感觉。

上午收到方管信及寄赠的《说梦录》一册，他要我看看序言和开篇《难解其中味》一文，说是可以了解全书，大约就是指了解他自己的说法。下午和敏去内部书店，买了一本作者名为"冉欲达"的《论情节》，因系新华出版社印行——专印内部政治性读物的出版社印文学书，有些好奇，花了几角钱买回来了。

上午看完邓逸群的论冰心文，代寄福建郭风并附去一信，代她投稿。又寄出李平信，附去阎哲吾的《论余上沅戏剧思想》一文和余上沅照片，他们愿意发表余师母写的《余上沅小传》——这位老太太为了给不幸死去的丈夫亮相，把希望寄托在我身上。其实余在戏剧文艺界桃李满天下，其中不乏热门人物，但就是不愿意帮这个忙。多少年的教训，市侩主义、势利风行，这是官僚主义的亲兄弟、衍生物。因为这个官僚主义不同寻常，是头上长刺的一种东西，这几年虽然一再声讨，但由于根基深厚，老百姓甚至本身是官的人，也还是心有余悸，不敢"乱说乱动"哩。余上沅可称为中国戏剧教育事业的开山祖，这样的英美式绅士，解放后没有远走高飞，情愿留在国内工作，这点爱国热忱也还是应该受到尊敬和纪念的。

寄出给大哥信。晚上写了一堆信：给丁芒，谈请他们能出版正在编的《国外论中国现代文学和作家》一书；给莫贵阳写信，请他们能重印我的《契诃夫的戏剧艺术》，并附去小散文诗（《花与鸟》《蝎子过河》）两篇及毕奂午先生的诗一首，希望能作《创作》补白之用；还在继续给章品镇回信，答复他询问的现代散文选目。

1982 年 12 月 31 日

今天是一九八二年的最后一天，一年又过去了，我从明日起开始迈入生命的第六十八个年度，又虚长一岁了。

收到山口守贺年片及信；收到罗洛信，及惠寄的《巴黎的忧郁》《徐懋庸回忆录》及《译林》一册；收到本期《作家通讯》一本；发出给丁芒信。

昌东来了两次，他已收到中国作协的会员证。下午人客不绝：颜海平来，为她的本期学习计划签字，看了她的那篇译文；兴良来，金海夫妇来，都是送电影票的。

　　汪西卡来，带来她的侄儿，送我们一束蜡梅。她的父亲随后来，他在火车站工作，是个干部，一九五七年被判为"右派"，把儿女教得都不错，只能说划他为"右派"的人才是真正的"右派"。

　　乃修来，正值我们吃晚饭，吃春卷，敏要他陪我们吃几只，他是吃过饭来的。

　　章培恒来，约我们和何满子明晚在他家吃饭。王中偕他的儿子、媳妇及小孩来坐，他是头一次来我家相访。

　　兴良带信来，图书馆托他转告我，我的那本旧小说已经找到了。

一九八三年

1983 年 1 月 1 日

一九八三年的第一天，天阴，偶有小雨。下午尚丁夫妇和他们的外孙、老耿和西海夫妇、小顾夫妇、老何夫妇和丽丽陆续到来，在此午饭后，卢倩来。晚饭和老何夫妇与敏一块儿去章培恒家吃。热闹了一天。

收到内蒙古师院孙桂森信。

1983 年 1 月 2 日

天冷。下午全家去看英国电影《三十九级台阶》，根据小说改编的片子，演员甚好，演的是一个在非洲生活了二十多年饱经艰险锻炼的海军上校，在第一次大战前夕，在英国与德国间谍中周旋的故事。这个片子使人想起歌德的一句名言："不拿你的生命去冒险，你的生命就不值一文钱。"这使我又想起三十年代在日本看过一次的英国电影 *Storm Children*。

收到杜谷、文振庭信，王聿祥信和附寄的朱微明赠书，柏山的《战火中的书简》。

李辉从北京来沪出差，在家晚饭。

晚小张来，这是个一心向学的青年工人。

1983 年 1 月 3 日

　　未出门，天晴。

　　收到汤淑敏、曹予庭（上海出版局）来信，吴奔星寄赠的《茅盾小说讲话》和李锡胤寄赠的日历，郭瑞三（河南人民出版社）来信和赠的《文学知识》一册。

　　本日借回《人的证据》一口气看完了，觉得十分激动，眼睛几次地湿润了，决意把它全部收录在《小说选》里，已着桂英通知图书馆，全部复制《人生赋》。晚上又看了桂英从上图抄回来的《时代日报》上登过的小说，希望在寒假间能把小说集编好，第三季度可以出书。

　　晚上写了一堆信：给罗洛夫妇、郭瑞三、孙景尧。今日发出给胡征、吴奔星的赠书，胡书中附去短信问候。

　　又收到武汉师院徐福钟信，给"文研会材料"提了些意见。

　　《人的证据》中，有几个地方都写到敏，我对她说：你不是和我结婚，而是参军，我们多少年的生涯，是兵士式的斗争生活，我们共同和人生作战、和社会的黑暗势力作战。

　　想写一副对联挂在墙上：

　　　　　壶中有酒可待客
　　　　　穿上袈裟事更多

1983 年 1 月 4 日

　　天阴，傍晚小雨。下午去系内开教授会，系主任布置硕士研究生课程填表事。余太太下午来此，晚饭后由安东接去。她已八十二岁，健康呈每况愈下了，为了她丈夫余上沅的"出头露面"，她不辞劳苦地奔走，她是在尽一种严肃的人生责任。她送我们一小幅自己手画的花卉画。

　　发给罗洛信、孙景尧信和书、郭瑞三信及书。

1983 年 1 月 5 日

　　天阴。接大哥信，他已知我们将去京，等我们去后长谈。他已退居二线，回到书房，脱离官场，可喜可贺！

下午全家去市区参看三联书店的展览会，会上展出了生活、读书、新知三家的书刊，《黎明》也在其中。会场卖书打九折，买了一堆书，有《知堂文集》、《闲书》（郁达夫）、《美化文学名著丛刊》，又购得一九八一年旧的《读书》三册、去年十月份的《新华文摘》及本期《小说月报》。会场出来，漫步南京路，在一个小铺吃水饺，并购得一些食品归。

晚兴良来，校他写的《大事记》。

1983 年 1 月 6 日

未出门，天阴。收到阎哲吾信，随即作复。收到济南大嫂信，说是今春可能来沪看我们或着侄儿森炎来。

晚上开夜工，完成吉林大学编的《翻译书目》的审稿工作，写了六张意见。

上午小高、昌东来坐。晚孙乃修来还书和借书，要他开出在外系听课情况，并交本学期论文一篇，以便上报。金海夫妇来，送来卜仲康的贺年帖，是一个精致的寿星印像。秀拔来。

1983 年 1 月 7 日

昨夜工作至五时许，为吉大的材料写意见，共九页，今夜由桂英抄写完毕。

上午李辉来，在此午饭和晚饭，思和下午来陪李辉晚饭。

收到上海作协函送电影票两张。

1983 年 1 月 8 日

大冷，南方冬天的味道来了。收到范小梵、丁芒、郭风诸人来讯。丁芒说，这里编的《国外论中国现代文学和作家》已列入江苏出版社计划。寄郭风《手记》一册及信。

晚饭后和敏同看巴基斯坦电影《人世间》，甚好，演技、摄影都好，比我们水平高多了。

晚看"文学研究会材料"。

1983 年 1 月 9 日

今天礼拜，很冷。早上八时许，如约去系内加班，几位参加《文学研究会资料》的同志都来了，整整弄了一天还没结束——这是一部内容极丰富又极复杂的资料书，不花力气不行。

下午五时许，在路上碰到敏正送陈秀珠——她最近摔了一跤，又重感冒了一场，现在算好了，头上多了一个疤。上午正收到德林信，想不到下午她又来了，这对夫妇一九五五年都蒙受影响，现在都升了副教授，常发表些东西，算有成绩的。

晚上，昌东抱了一纸箱他的小说稿来，真是积稿盈尺，约有六十万字，是在病痛中花了大的精力和毅力写出来的。灯下看了头尾各章，认为这部作品：首先是作者感情的真诚、朴实、有激情，这是作品的最基本因素；文字也还行；主题是歌颂党的，是积极的，虽然写的是苦难重重的生活史，但并没有阴暗、消极的东西，是一部乐观的、战斗的作品，很能概括中年知识分子的生活和命运、经历和品质。它里面积极的向上的力量居支配地位，只是因为生活线索的真实性，往往连许多细节上的艺术加工，也会被看成真实的，但也只有在复旦现时的环境里一些熟悉或半熟悉他的人，才会按图索骥地加以人物附会，从整个时空关系说，这关系究竟不大，在目前开放体系内，应该是可以出版的。

还得细细地从头到尾细读一遍才行。

1983 年 1 月 10 日

天冷，上午读昌东小说，把头和尾都看了，基本上好。

收到家栋信及朱声追悼会讣文，他的追悼会改到本月二十五日举行。信上说浙江两报连报道都不愿登，冀汸在《江南》上可能出个特刊，希望我也写点什么。为此下午给老耿打了电话，约他能共同去杭州开追悼会。

思和、李辉在此晚饭。为了托李辉给武汉带书，写了些信——给曾卓、阳云、毕奂午；又给大哥一信，也托他带京。文研所通知仍未到，会期可能延下去了。

收到黎丁信。中午小唐来，下午秀拔来，晚昌东来，由李辉给大家照了七张相，我们全家也照了一张。

1983 年 1 月 11 日

阴雨，很冷。下午全家去五角场入浴。整天忙于为吉大的稿子校改。

收到大哥航空信，他要我把车次、时间告诉他，准备去站相接。收到陈衡粹明信片、文振庭信。

1983 年 1 月 12 日

天冷，但晴了。上午去系内和小周一块儿去印刷厂办交涉，并看了小陈，拉他到家里吃饭，抵家时，乃修夫妇已在候，午饭也备好了。饭后，乃修夫妇辞去，将他们带来的一盒茯苓饼转送小陈。

下午潘旭澜陪江苏人民出版社的朱建华编辑来访，相谈近一时许辞去。晚，吴中杰来座谈。

收到梅志信，及上海作协的两张电影票。

1983 年 1 月 13 日

天冷，报上说，在零下 2～4℃。午饭后，萧斌如来，带来代抄好的毕奂午所要的古文抄本和致牛汀①信，至三时离去。小高来，在此晚饭。昌东、秀拔来坐。小张来，送来去年的《党史研究资料》合订本，说有几篇文章可看。我这两天咳嗽，小张送来药，昌东也着小瓯送来药。

收到史瑞芝信，当即写了复信。

晚间，写好给厦门大学苏景昭、庄钟庆、孙立川信及赠书，还有《厦门日报》陈慧瑛信及书，托他们照应孙乃修夫妇；又写了给陈公正信，托他在福州照应乃修夫妇——这些信和书交乃修带去。

唐金海来，送来他给《萌芽》写的论巴金的文章，请我看。晚间他们夫妇同来取去文章，说了一些意见。

陈子展儿子送来上海书店重印的陈老旧作《中国近代文学之变迁》一本。

晚间，看完吉林大学的稿子，还要写些意见，日内发出。

陈鸣树晚饭时来，借去英文本《中国现代文学批评的来源》一书及乃修的一篇译稿《茅盾为现实主义和马克思主义而斗争》，他说本年马克思逝世一百年，要他就文艺方面（即马克思文艺理论在中国）作一报告。他送来明天苏联电影票一张，并约明天看完电影后去他家晚饭。

---

① 即诗人牛汉。

317

1983 年 1 月 14 日

中午与敏及昌东去艺术剧场看苏联电影，分上、下两集，演了四个钟头。剧本以"十二月党人"事件为题材，倒像涅克拉索夫的叙事诗《俄罗斯妇女》中的情节，主要写了"十二月党人"的妻子，去丈夫流放的西伯利亚劳改工地探问的故事。有一个妻子在劳改的矿洞内伏身吻丈夫脚上脚镣的场面，实在动人，它闪烁着俄罗斯妇女的高贵纯真的道德政治品质，很有概括意义。演员、画面都很好。俄国现实主义艺术传统深厚，斯大林并未用"革命"的手段加以摧残和破坏，所以还能有真正的继承和革新的成果出现。

看电影毕，一块儿去陈鸣树家晚饭。他们一家五口三代人，同住一个房间，小孩们做功课，不得不坐在小凳上，这就是一幅中国中年知识分子的生活写照。他们简直在受难式的环境中生活。

晚间，桂英抄好另一份对吉大稿件的意见书，准备于明日发出。

看电影毕，在剧场门口碰到老耿、斯民、张德林以及元化爱人张可——她说元化奉命去了北京。外间传言，他将出任上海文联书记。

桂英说，下午王戎从南通来沪。在家晚饭，陪客为小毛头。

1983 年 1 月 15 日

天仍然很冷，今日还有些毛毛雨。这两天有些伤风咳嗽，服了昌东送来的广西药品。

中午颜海平来，谈她的出国进修事。下午卜仲康自苏州来，在此晚饭。晚，王锐来拿他写的《张孟闻小传》，提了些写作上的意见。

收到华中师院艾晓明信、覃小川信、留妹信及路翎信。

吉大的稿子及我的审阅意见，今日上午由桂英送到中文系发出，直接寄给文研所马良春。

1983 年 1 月 16 日

天阴，礼拜天。上午看孙乃修译文，从他对原文的理解和文字的运用上看，这都需要加工。

中午应邀到金海家吃饭，陪苏州来的老卜。二时和桂英去校内看了场电影。李辉来家，在此晚饭，把给北京、武汉带的信和书以及稿子都托他带走，他将于十九日返京；李欧梵的那本论著复印本也交给他，希望他能译些出来。

1983 年 1 月 17 日

天雨。午饭后，敏和桂英进市区看作协的电影。朱利英来，为昌东买人参事来找昌东。阅同学们的译文。

收到文研所催进京开会的电报和卢鸿基信。

晚上写了一堆信，明日发出：给大哥、文研所马良春、覃小川、少儿出版社朱产、华中师院艾晓明（今日收到她寄来的她们学院的学报和铅印的冯牧讲话）。

1983 年 1 月 18 日

桂英上午跑了半天，把出差的公事批件办好了，用社科院经费，借了四百元。下午小唐、老卜来，又托小唐去弄车票，大概得三四天才行。时近年关，行旅拥塞，买车票是大难事。

下午来了许多人。李辉来，托他把小周送的汤团粉分了一半多带给梅志，北京这类东西少。小高来，拿去托他往杭州带的书和信，方然的追悼会我们去不成了；为此，晚上又写了一堆信，给冀汸、卢鸿基、朱锡侯、钱家栋——他二十二日来拿。

江苏出版社编辑朱建华来取稿，送他八篇译文作为"样品"，并给丁芒一信，又托他带给同出版社的刘坪、顾关荣《手记》各一本。

曹进行来沪，在此补吃晚饭，他在西安教了半年学，前天才回来。

收到曹白信。

1983 年 1 月 19 日

天晴，很冷。上午和敏去看病，又去系内走了一次。

下午陆士清来。张兵来，送来本期学报；晚上又送来他的论文一篇，托我带北京《中国社会科学》杂志。

《巴金二集》已出书，小唐送来两册。

卢倩下午来，在此住宿。

收到张兴渠信。晚写好给杜谷信，卢鸿基、张兴渠复信。

1983 年 1 月 20 日

天冷。卢倩在此过生日，下午与敏一块儿去市区。

思和上午来，在此午饭，带去鸳鸯蝴蝶派资料和 M.Goldman 的《五四时期的中国文学》（英文本），送他《巴金集》第二卷一册。

下午章培恒来借书，昌东送来小鱼数条。发出给杜谷信和《手记》，附去萧斌如信；发出给张兴渠信和赠书。

晚上，草写研究生培养计划至二时。

1983 年 1 月 21 日

早饭后，全家外出，在淮海路购置皮棉鞋一双及糖果等食品。中午在思和家吃午饭后去小顾家。桂英去看电影，敏又去静安寺购物，在顾家晚饭后才回来。此次进京，食品一项花了近五十元，也算盛况空前了。

收到彭燕郊信及张孟闻先生赠阅的他的近著《四灵考》。

1983 年 1 月 22 日

忙了一天，下午桂英和小唐才从上图取回车票。买了一张硬卧和一张硬座，明天下午上车再换成一张软卧。

晚上写好给章品镇长信，又写了两封信：一封给一个安徽的读者，一封给本市的出版局。

上午桂英把研究生一九八三年的教学计划送系内。晚上桂英抄好研究生培养计划表册，明日送上。

收到田野赠的散文集《海行记》一册。

小周托人带来本期《四川大学学报》一册，有王兴平一篇评《赵树理专集》的评文。为此晚上给小周写了一信，此文很下了些工夫，只是有些脱离实际。

明日进京，日记不带，回来再记了。

1983 年 2 月 8 日

今早从北京回来，时值春节，车站不卖站台票，桂英又把李辉打的电报看走了样子，没有去接，多亏了解放军工作人员把行李代为背到门口，才解决了一大难题。站外，又花钱雇了两次人，才找到小车子，回到家里。家里堆了一大堆信件和寄到的书刊。先写了两封急需回的信：给朱微明（为柏山稿子事）、覃小川（退回小孙的文章及少儿社朱产的复信）；又给老何一信，约他们夫妇和小姐来吃年夜饭，并请代约老耿和小顾夫妇，梅志还给他们各带了些吃食；梅志另外又带来（晓风送来）烤鸭、英国烟、郎酒，我想大家一块儿享用，梅志信上说，算是他们参加我们的春节聚餐。

午饭后，去剃了头。走到系里，因小周中午来过，他们几个人正忙于"文研会材料"编页和校订，需要在此"关键时刻"看看。由系内又去了印刷厂，和小周办理油印手续。途中遇小唐，他把中国作协的一份通知给我，原来要我填表，说明今年的生活写作计划，仿佛我还是个专职作家。

晚饭后，小姑娘带小毛头来，小孩挺高兴，又很亲近，敏给他在京买了木刀子和木枪，这是他最喜爱的玩意儿。金海夫妇来，思和来。京中半个月记事如下：

二十四日抵京，大哥、凯林、小彤来接车，文研所让吉大的李凤吾来接，他们昨天都来过，又是把拍去的电报看错了。在演乐胡同休息后，下午凤吾又用车子接到开会地点——和平里国家计划招待所。马良春、徐遒翔在候，他们说原来认为马的信就算正式通知，以为老先生出门自由，没什么手续，这样把第一个会就耽误了。我到京后，第一个会已结束，只有开审稿会了。从二十五日起，我一早由家中乘公共汽车到和平里，开了整天审稿会，晚即宿此。第二天早饭后，由此去梅志家，敏已于前一日由李辉陪同到了他们家，夜即宿此。在胡家午饭后，由晓风陪同去看了路翎夫妇。又由此到晓风家去看了她的公婆一家人，路上买了些吃的，即在她家吃晚饭，北京的炸酱面。又由晓风送到东单，才步行回家里。以后这几天，由李辉陪同去看了舒芜，他变得我已完全不认识了，见了面得问贵姓，在此午饭。隔日舒芜来家回访，并约好牛汉、绿原，由他们三个做东。隔了两天，约我们在前门饭店午饭，早上由牛汉接我们去，饭后又一块儿逛了琉璃厂、中国书店。舒芜居所也很整脚，他自号"天问楼"，敏说，可改为"天晓得"。他这次很积极，牛汉说，这是向我们请罪了，众人只是敷衍而已。

321

大哥患了俗称的"缠腰龙"一类的病，给他看病的即是潘开沛的爱人，陈姓——他的老婆换了，不是李木庵的女儿了。由此得知潘的地址，由大哥约好，另日我们一块儿去访问了他家，潘因患脑血栓已不能语言，右手也不行了，用左手写字，成了一个瘦老头，但记忆清楚，还清楚地记得往事，由此又得知他哥哥开滋住址。由潘家一块儿去了老胡家，大哥自动要去看看胡，胡很高兴，同开车老吴一块儿去他家吃了晚饭水饺辞去。

　　另一日由李辉陪同，去看了开滋，他就住在北京晚报社对面——一九七九年萧军说得不错，这是一个陋巷的陋室，只他们夫妇二人，分到的新房，给孩子们住了。开滋身体很好，仍然健谈，他已离休。后来梅志说起，一九五五年事件发生后，只有开滋还去她家，他对胡写的自我批判不同意，认为讲了些自己并不存在的错误东西。在潘家午饭后辞出，他们夫妇送我们到巷口。

　　从牛汉处得知北汜住址，电话联系后约我们去他家。先到他的工作地点故宫博物院，他是这里的研究室负责人，编两个刊物，其一名《紫禁城》，在香港刊行。到他家后，徐真完全出乎意外，和任敏拥抱了起来。在此晚饭，他们尽其所有地拿出吃食来。他们过得安稳，这些年没受多大的风浪，在这里已住了二十多年了，原是《大公报》宿舍。我和他喝了不少酒，我给他带去了一本《手记》，他赠我重印的小说集《谷》，并送同去的李辉一本。从他家出来又在晚间顺路去看了黎丁，他家以咖啡相待，老黎一直把我们送到车站。

　　临行前两天，我们又如约去了梅志家，路翎、罗洛同去，在此晚饭。小三照了几张相，第一次来时，他已经给我们照过几张了。

　　四日由凤吾来接去文研所开了小半天会。我不服北京水土闹了胃病，所以在昨天起身回来，敏也买了张软卧，大哥全家十口站送。

　　此次京中之行最大问题是大哥的婚事，为此费了不少唇舌，还没结果。

　　归途中，在车中听广播说四川殴打小学教师情况严重，近来（或近年来）统计有千余起，人们说打了贫下中农了不得，打了"臭老九"没啥了不起——"文革"的流毒可谓根深叶茂也。

1983 年 2 月 9 日

　　天冷刮风，北京回来屋里没取暖设备，就更有这个感觉了。

上午陆树仑带苏德昌及一北大德语系女生来访，谈考比较文学研究生事。晚朱利英夫妇、应必诚夫妇来访，闲坐。

胃仍不适。寄出给施昌东、陈衡粹信。收到曾卓信，吴奚如因受不了儿子取闹，已避居女儿家了。

1983 年 2 月 10 日

天冷。胃仍然不舒服。敏和桂英午饭后进市区购物，五时归来。袁越引一忘了其名的进修教师（外文系）提前来拜年，并送来许多葵花籽和木耳。晚，兴良夫妇来。收到莫贵阳信及本期《创作》、朱碧莲夫妇信及附寄的《老人》杂志约稿信、覃小川信。罗永麟信，约定礼拜四来访。江礼旸信及附寄的苏联人论巴金的译稿。森炎信，他的大女儿一胎连产三兄妹（二男一女）。外甥毛景明信及由铁路托运的红枣、木炭的托运单。

阅《读书》各期文。

1983 年 2 月 11 日

今天胃病大好，可以正常饮食。中午，乃修夫妇来，小何将回京，托她给大哥带去一信和给小彤的手表一只。下午覃小川来，晚饭后离去。发出给江礼旸信及稿。

1983 年 2 月 12 日

今天是旧历除夕夜。上午老耿来午饭；过午满子、小顾夫妇、小高夫妇和两个孩子先后来，由小高掌厨吃了一顿丰盛的晚饭——席上有我们从北京带来的梅志送的烤鸭、郎酒，她们一家也在精神上和物质上参加了今天的欢乐。

客人走后，我读了老耿为阿垅的报告文学集《第一击》写的长篇后记。下午又看了小高从杭州带回来的方然追悼会的材料——阿垅、方然两兄都死于一九五五年之狱。看了各地的友人追述他们战斗的一生和悲剧的结局的材料，我只有愤怒。我憎恨那些披着马列主义革命外衣的政治恶棍，他们无所不用其极地迫害和侮蔑同志和人民的滔天大罪，已彻底地揭发了自己的丑恶而卑贱的灵魂——历史和人民不会饶恕他们，他们已背叛了革命和人民。

1983 年 2 月 13 日

今天大年初一，诸凡顺遂。早饭后全家乘车去尚丁家，在此午餐，食客除满子夫妇、小顾夫妇、老耿外，还有王元化——他是当今上海新贵，上海文联书记；据市局消息，还将出任上海宣传部副部长。饭后到车站领回外甥从家乡托运的木炭和红枣，雇机器三轮车回寓。

吴中杰夫妇、老杜来拜年。晚兴良夫妇来拜年。乃修来，送来水果一袋，他的爱人将推迟回京，嘱明午早点来吃饭。

收到《山西师院学报》两本及主编尹世明信——这期《学报》为《契诃夫手记》登了个推荐介绍，文内标明译者是"我省襄汾县人"，也是故乡人民抬爱的意思。

1983 年 2 月 14 日

旧历正月初二，午后迄晚间来了几伙拜年的客人。上午孙乃修夫妇和张泽青在此午餐。下午陈思和夫妇在此晚饭。陆士清夫妇、鄂基瑞父女、刘裕莲夫妇、朱利英夫妇、斯宝昶夫妇及叶易等同志来拜年。

收到本期《清明》、彭燕郊信——《勃留索夫日记钞》已列入他主编的《外国散文译丛》，湖南出版社将由李全安直接联系。

发出给森炎信。颜海平上午来过。

1983 年 2 月 15 日

整日外出。上午全家如约去北四川路沈可人家午饭，遇范泉共食。由此又乘车去赵博源家，在此晚饭。饭后由博源相陪去建国东路看了梅林，他已七十六岁，但身体精神都比我去年给他拜年时有所进步，他住在这里几十年了，退休多年好像已为人们所遗忘了。收到夏嘉杰明信片。寄去给朱微明信，柏山六篇论写作的稿子，代为投给河南的《文学知识》。

外出前，应必诚夫妇来拜年。在宿舍门口碰到副校长徐常太，他说来家拜年，彼此在路上互为致意，也就算拜过了。

1983 年 2 月 16 日

微雨。上午章培恒来拜年，赠我他整理的新版《拍案惊奇》上、下两

324

卷。他说邓绍基前次来沪说：文研所决定今年秋季召开比较文学研究会，美国出席十人，中国十人——这十个中国人中内定有我，要我早日准备论文。

罗永麟夫妇、沈剑英夫妇来拜年，在此午饭。孔海珠夫妇带两个孩子来拜年。晚饭在小卞家吃，与他的父母同食。

1983 年 2 月 17 日

今天是正月初五，还有节日气氛，上午蒋孔阳来拜年。收到阎哲吾的贺年信、黎丁信、王愚毅信。

下午二时出发，先到小顾家，由此少憩又乘车到新乐路，看望了柏山夫人朱微明，她正在病中。送了这位马列主义老太太新寄来的《闻捷专集》一册，那上面收集了柏山一篇讲稿，也是表示纪念的意思——我们虽然并不相知，但谊属"同案犯"，他又是个被迫害致死的牺牲者，因此值得同情，要想方设法使人民了解他，这也是为人的道德。

在小顾家吃晚饭，老耿同席，菜肴简单而别具口味。八时半回来，得昌东信，他将于初七离家回沪。

早上周惠生来访。寄出给外甥毛景明信，收到他寄来的木炭和红枣。

1983 年 2 月 18 日

九时后，开始来客。唐金海全家四人和他的老母亲来，他带来福建寄来的《闻捷专集》分给我九本书，赠他母亲蛋糕一盒，聊以为意。无锡王愚毅来，赠他《手记》和现代组编的《现代中国文学作品选》（四）各一册，他借去去年研究生试题。徐俊西来，他前日才从苏北家乡回来，又把桂英工作事托他。乐秀拔来，他回浙江老家安葬亡父才回来，约他明天陪来拜年的五十年代同学吃午饭。王愚毅在此午饭后别去。下午张文江来，他已写好《诗歌比较研究》一书十万字，借去《饮之太和》和 *Western and Japan*，此书第二部分论及中西文化关系。故乡霍县三个出差的青年持外甥毛顺明信来访，并带来家乡的胡桃和酒枣。晚工人小张来坐。这些来客把一天时间塞满了。

寄出给莫贵阳信，附去《手记》两册，一册赠该社党委书记刘耘仆。附去我的两首诗和晓山的译文——《美国农业概况》全书提要，推荐给他们出版。

收到江礼旸信。陈宪信，他服务的那个合资宾馆还没开张，已亏损不堪。我国现行的人事制度，离现代化要求太远了。

1983 年 2 月 19 日

上午乐秀拔来，在此午饭。饭后，章培恒坐等上海要来拜年的同学。三时左右，凌云宝夫妇、陈秀珠、王聿祥、张爵侯、乐秀拔先后来到，秀拔又去找来培恒小坐。培恒因家中有客相候辞去，余人即在家晚饭，大家很尽兴。爵侯送来十月间为我祝寿时的照片。六时许诸人辞去，我们全家即赶到朱利英家如约去吃晚饭，十时许归来。

收到山口守、李锡胤、朱锡侯及山东大学孙宝林信，当即复信给孙宝林，他要来校查鲁迅资料。

送章培恒、朱利英夫妇《闻捷专集》各一本。

1983 年 2 月 20 日

礼拜天，大冷。上午穿了皮大衣和敏陪同培恒夫妇去满子家吃中饭，菜肴色香味俱佳，很有性格。饭后和敏乘车到四马路购《杜月笙正传》及一月份《新华文摘》各一册，六时许归来。昌东已回沪，即前往探望。晚殷仪引一王姓青年来访，系殷仪代桂英物色的对象。

收到卢鸿基信。

1983 年 2 月 21 日

上午昌东陪同叶鹏来访，叶是一九五七年学生，也是"五七战士"（"右派"），现在洛阳师专工作，赠他《手记》一册为念。中午老焦父子来拜年，在此午饭。饭后和敏去五角场入浴。

收到湖南人民出版社编译室李全安信，直接联系《勃留索夫日记钞》出版事。

傍晚乃修来谈本学期课程，兴良来谈《文学研究会》编务。

1983 年 2 月 22 日

天冷，仍然烤火盆，未出门。收到戴舫自美来信，说那里的学习压力很大，根本没有时间休息，但确能学点东西。陈衡粹来信，即作复，并给陈思和一信。收到福建人民出版社赠书《文艺描写辞典》。夜间连写三信——给梅志、大哥、凯林。明日发出，都是重要信，每封都写了好几张纸。

收到江苏人民出版社汇来我名下的稿费一百零二元，是思和、李辉译，我校过的《俄国文学对巴金的影响》稿费。敏已取出代为存起，思和来时给他们分去——他们初入社会，这点钱有点作用。

1983 年 2 月 23 日

有微雨。下午西海来，在此晚饭后与昌东一块儿去看应必诚夫妇。西海是来组稿的，九时许别去。

寄去北京信及曹白、耿庸、王聿祥信，约他们本周六来寓小聚。

1983 年 2 月 24 日

上午山东大学研究生孙宝林来访，他要查有关鲁迅资料，即介绍小周帮助他。午睡后，学报的王华良、张兵来访，他们昨天黄昏就来过，未遇。王华良提了些关于昌东小说的意见，认为对于主人公有美化或自吹自擂之嫌，因主人公是美学家，他赞扬自己的理论，使人感到作者本人的专业。他认为，对人物的精神世界的变化和感受挖掘不深，应该重视人物，在一定的残酷的命运打击下的精神的丰富内容；又说他写的人物典型意义不够，那些众多的人物缺乏发展，有些用之则来，挥之则去，仿佛是作家手里的工具，不像生活中真实的人；又说他写的几次婚变也有些雷同重复（应注意情节之不同或各异，主人公当时的精神感受之变化多姿多彩）等等——认为这只是就事论事，堆积素材，艺术创造性不够或不足。他是个老编辑，看法未可全部否定。

晚饭后去看陈老太太。武汉师院一位在物理系进修的女教师持文振庭信来访不遇，桂英说她是侯马人，还是老乡哩。

思和中午来，把江苏寄来的一百零二元给他，请他和李辉平分——他一再谦让，我说为你们校对，是当老师的应尽的责任，你们初入社会需要些钱。

收到晋东南地区行政公署文化局苟有富信，他识我于去年九月太原的会议。收到阎哲吾信，询问他的稿子，当即写信给李平退回我代寄的阎的文章，又随即给他回信。寄出昨夜写的一堆信：给顾小锤、王进珊、彭燕

327

郊、方管（即舒芜本名）、聂绀弩（附《手记》一册）、梅志（附去《闻捷专集》一册）。

赠思和《闻捷专集》一册。

1983 年 2 月 25 日

又忙了一天。上午阎哲吾来贺年，在此午饭。接着范泉和金韵琴（孔另境未亡人）来访。又接着武汉师院的物理系教师在此进修的邢荷芳女士来访，她是文振庭介绍来的，原不识，昨天曾来过，因为知道了我们是山西人，所以今天又来了。她是山西稷山县人，本校一九五三年物理系学生，又是"五七战士"，半生也饱经"锻炼"，即是说，进过人生的炼狱。

据范泉说：他在一九五四年入党，一九五五年胡风在《意见书》中提到说他是南京的"坐探"，为此被立案审查，他给弄得走投无路，想跳楼自尽；一九五七年被划为"右派"，充军到西宁，改行绘画，在一个县文化馆做事，现为青海师院教授云。

收到曹白、陈衡粹信。牛汉寄来本期《新文学史料》，我那篇《覃子豪小传》给登出来了。

晚，昌东送来章品镇信，他们欢迎出我的小说集和散文集，说是先出个小说集，但要快，因为几个月后，他要退居二线，不能"一朝权在手，便把令来行了"——真是盛情可感！

傍晚唐金海偕卜仲康、何寅泰来访，他们由此去访巴金，送何《手记》一本。

晚上军大小张来访，赠敏药物，回送他《闻捷专集》一本。

送走客人后，我们吃卢倩赠给的西安羊肉（桂英下午取回来的）。饭后，我去门口散步碰到吴中杰，随他去他家小坐——为此，急坏了敏和桂英，他们四出寻我，弄得怨声载道。

陈鸣树午前来过，送来出版社赠的年历本，陪阎哲吾吃过中饭后辞去。

午夜记。

1983 年 2 月 26 日

礼拜六。下午老耿、聿祥、曹白夫妇相继如约来寓，敏和桂英忙了两天治菜，吃毕前后辞去。

收到浙江师院审阅教授学术水平费四十元；江苏人民出版社朱建华信及寄回八篇译稿，说是决定印行——这部翻译论文，可打开现代中国文学研究的一个窗口。

收李平信，退回余太太文。收天津原房东女儿信。

1983 年 2 月 27 日

礼拜天，下午及晚上有些小毛毛雨，悄悄地落着，像人蹑足而行。

下午，鲍蕻、蔡国祯来拜年，晚上和他们一块儿在昌东家吃饭。

晚上金海夫妇来，金海和老卜前周去看过巴金，他说，巴金盛赞这套资料书在现代文学上的重大意义。他们向他替我问了好，他问起小唐，我现在干些什么工作，看来他对我们编他的资料是很关心的。他说错字比解放前的还多，说明他都仔细读过。

晚上动手改《以血还血》《人的斗争》两旧文，江苏答应出小说集，要加紧把稿子弄好，争取章品镇在职时定下来，不负他的盛情。

1983 年 2 月 28 日

上午敏到市内买布，去年的布票快过期了，她下午回来，买了床单及被面等。

唐金海下午来，送来江苏寄来的编辑费，并在此午饭。

收到北京鲁迅博物馆寄赠的《鲁迅研究资料》一本，《鲁迅研究动态》两本。由桂英去系内，请系里发出给北京文研所徐迺翔的英文本《1937—1945 的上海和北京的中国文学》一书，借自上图。

下午去学校新华书店购书数本。

晚，读一九二二年的《晨报副刊》，周作人在《自己的园地》内写的评《阿 Q 正传》和评郁达夫的《沉沦》的文章都是佳作，两篇都涉及外国文学影响的问题，后者提出弗洛伊德的精神分析并应用之。

下午安徽《艺谭》小瞿夫妇来访，他系新婚者，已三十二岁矣。

1983 年 3 月 1 日

天阴，读昨日购来的陈独秀被捕资料。这本书编得很好，从一个人看见一个时代的曲折内容、一个中国知识分子的坎坷的悲剧生涯——陈在狱中谈文学的一段颇有意思。

曹进行傍晚送酒一瓶。

收到王进珊信。

桂英代抄旧小说，晚上灯下又改动了一些，写《题记》未成。

1983 年 3 月 2 日

早上和桂英去徐家汇查文，他们这里的报纸只到一九四九年五月上海解放为止，所以《人的斗争》就无从找到了，但却从《大公报》该年五月四日上发现了我在青岛写寄的文章《旧时代的回忆和告别——关于〈尼采传〉》，这是我译的 Edward J.O'Brien 的 *Son of the Morning—A Portrait of Friedrich Nietzsche* 一书的前言，现在看来，里头有些观点也颇能站住，前日看陈独秀在狱中读尼采，觉得颇有英雄所见略同之感。但这本稿子本身却在一九五五年之后失落了，一直还没有下文——真想不到把尼采骂成法西斯祖师爷的英雄，却干出焚书坑儒的暴行，并把这个罪恶披上马克思主义，真是欺中国太无人了。

中午在附近小铺吃面，又在一个乡镇式的旧式小茶馆饮茶，六时出来搭车回校。卢倩来家，她说她的外国语学院一个俄国文学副教授廖某和他的研究生要来看我，他们在办比较文学杂志，和我要认同行。

收到伍隼信，说本年二月的香港《文汇报》有一篇两千字的介绍《手记》的文章，文内说这个译本是贾植芳成为"胡风分子"以前译的。收到唐湜信，并附来一篇登他的写诗经过的文章的小刊物。孙景尧、赵博源信。

1983 年 3 月 3 日

下午有雨。上午广西大学青年教授张兴劲持许敏岐信来访，他们承担文研所的委托编《胡风文艺理论争论资料》，给他提供了些材料。午饭后，又由桂英陪他去图书馆复印材料。

上海文艺出版社沈仍福来访。

下午二时去工会开《外来思潮》碰头会至五时。

晚上，唐金海来谈分稿费事，说已和徐俊西谈过了。

收到《文学知识》一册以及编者郭瑞三信。收到中国社科院新闻研究所王庚虎信和附来他的舅父杨荫亭信——杨是个旧式商人，在旧社会曾在经济上给我们帮助过，都是不应该忘记的人。

收到本市学林出版社《出版史料》编辑部曹予庭短笺，附来该社建社一周年电影招待会电影票两张。

1983 年 3 月 4 日

收到大哥信，他为家庭问题真是四面楚歌，我们真为他担心。为了一个女人，这个代价太高昂了。在我们人生的暮年，这不应该是我们追求的东西。他为官多年，精神上恐怕也太空虚了——这也是政风不正的一种反射。

下午和敏去新华书店购《中国大百科全书·外国文学》第二册。上午陈思和来，下午王戎来。

晚和敏去看《人到中年》，影片中那个马列主义老太太的言论、那些新官腔，惹得观众哄堂大笑——在前几年，这些"理论"和言辞却都是正面的东西、不容置疑的真理，曾几何时却被视为笑柄了。历史真是无情，人必自侮，而后人侮啊！

1983 年 3 月 5 日

早上全家去大光明观电影，是学林出版社招待的，一个捷克片，一个上海片。遇老耿。十二时在"又一村"吃简单饭后，桂英去上图查报，我和敏挤上车子回来。

三时许到家，卢倩引上海外语学院的外国文学语言研究所副所长廖副教授和他的助手（忘其名姓）同来，赠我他们已印的《比较文学与外国文学》期刊两册。他们说要在上海办一个《比较文学》杂志，约我为编委，相谈二时许别去。

收到彭燕郊信。

小朱送来评《手记》的那期香港《文汇报》剪报，作者为海旸，有两千余字，文中多引用了我写的《新版题记》的话说。

1983 年 3 月 6 日

上、下午小唐来，着手补正《巴金三集》。这个工作拖得太久了，内容繁杂，还得我一一动手，别人只能帮着抄写。晚上又和桂英干到一点，补进了不少中外新材料。

晚上和敏去看《张铁匠的罗曼史》，是一部发人深思的好影片，虽有交代不够明确之处（如，"文革"中正面人物牛书记，如何要张铁匠老婆阻止张铁匠在"四人帮"的唆使下去打霸占他的妻子的夏书记——这两位书记是什么关系，他牛书记能看到"四人帮"是个"过者化也"的东西吗？又如，夏书记是个受"四人帮"严重迫害的干部，他已和铁匠老婆结婚了十多年，为什么在粉碎"四人帮"后，他允许已成为自己的老婆的原铁匠老婆去和铁匠恢复夫妻关系？张铁匠能接受吗？因为夏书记对铁匠老婆从她做闺女时代就倾心已久，为把她弄到手，由铁匠老婆的哥哥出面，最后以把铁匠打成"坏分子"的手段才弄到手；他在粉碎"四人帮"后，作为一个受过严重迫害的干部应该加官又晋爵，起码官复原职，他在品质或情面上能允许她自由地去找自己的原丈夫而不加干涉吗？影片对这些要害的影响毫无交代），但影片没有交代一贯迫害铁匠的夏书记和他的帮凶铁匠老婆的哥哥，却是很有深意，因为这些人还在台上不便写，更不能把他们当成"四人帮"爪牙来写，不交代就是最好的交代。但这个影片还是出色的，因为它把笔触伸入到"文革"以前的"大跃进"岁月，透露了或者严正地指出了那个历史时期的人民苦难和官吏横暴，发人深省。这部影片按题材和内容说，应该是"夏书记的罗曼史，张铁匠的苦难史"才对，但是这么命名，那就演不出来了。文艺反映真实，是我们文艺理论一贯深恶而痛绝的理论，被称为"修正主义"或"资产阶级"的"反动谬论"，这里能多少接触到一些真实，就算很大的突破和前进了，就值得庆贺——观乎近来那些莫名其妙或有名其妙的电视剧，这点更可珍贵了。演员、画面、摄影、音乐效果均佳。

晚上又给大哥写完信。另给伍隼写好信，谈重版《手记》事。今天小唐说《文学报》也有评论文章。

1983 年 3 月 7 日

这几天又投入编辑《巴金》第三册工作，这是最后一本，也是最繁杂的一本，基本上由我唱独角戏。

收到梅志信及本年二期《人民文学》一册，那上面刊载了胡风的文章

《〈写在"坟"后面〉引起的感想》。她说，在我离京那日，《人民日报》同时登了胡的悼念江丰文章和周扬的悼念立波文章，中央电台为此还加以广播，这是有些内容的举动，说明形势不错。即着桂英去系内讨来这一张报纸，那上面还有梅益的文章，成鼎足而立之势。她说北京的八个受株连的人，也呈请中宣部给他们加两级，认为多年来大家都没有加过级，贺敬之已批准，送呈国务院了——当即给耿兄打了个电话，希望大家如法炮制，也来个请求，你不说话，就没有人会管的，看来"斗争哲学"在我国还是一门尖端科学，凡事非此莫属。

敏上午去五角场碰到于敏说，已由市内给桂英在公交系统安排工作，学校进不来，青工太多了——大概干部的子弟不存在这个问题，这就叫不正之风还刮个不停，百姓们还是"鳖姓"。

又收到路翎信、无锡王毅敏信。太原小钟信，托人带山西的九本书，她将分头送去。又收到曾华鹏信，也是三十多年不相见和通讯了，他也是一九五五年重点受害者之一，信上的感情还是感人的。收到军医大小张信和文稿、戏剧学院徐景东信、陈思和信。

昨发出给刘北汜信及《巴金二集》一册，给大哥信。今日发出给艾晓明信及《巴金二集》一册，给伍隼信。

晚上沈永宝送系内分的三本书。他在分工编《中国现代文学辞典》的几个"分子"的传记，即给他写信去看朱微明（柏山材料）、老耿（守梅材料）及舒芜，由他附信发出。

晚桂英给培恒送去《巴金二集》一册，她带回来他从北京带来的冀勤赠书《元稹集》一部（二卷），由冀勤校点的本子。

上午为《契诃夫手记》的再版写了《附言》，预备再添一个年谱，想以旧译 A.迪尔蒙的年谱为底子编成一份，附于卷末，这又是一项工作。

1983年3月8日

下午出版局陈同志（女）来访，她是来会小刘、小周他们两位，答应为他们的刊物《出版史料》写的文章——关于"文学研究会丛书"的史料。据说这个刊物第一期日内可印好，登了一篇老胡忆俞鸿模的文章，他们也约我能写篇同性质的回忆。

小唐约小周、小李来开《巴金二集》的分钱会议，以我拿百分之四十，余由他们分用，定下来了——因为我算主编，按学校规定，主编人应拿百分之五十，我自愿少拿些，不能在金钱上和中青年计较，这应是一条原则。

上午外文系进修生葛军来，下午颜海平来。

收到山西大学郜忠武来信，带的书收到了。

1983 年 3 月 9 日

上午唐金海来，他将去杭州，开编审会，托他带朱锡侯一信，附去湖南人民出版社的两个丛书的选目。王戎来在此午饭后别去。

傍晚，苏兴良来，"文研会材料"已编好页码，打印本可分订六册。客人走后，与桂英继续编补《巴金三集》。昌东、秀拔来，谈工资改革事。《巴金》编至午夜二时，又上了楼改好《人的斗争》，副题改为"一个人的记忆续篇"；又着手改《人的证据》，拟改名为《在亚尔培路二号——一个人的记忆》，读来仍十分激动。

发出给戏剧学院徐景东信及南开大学曾广灿信。收到天津百花文艺出版社寄赠的公文包一只。

1983 年 3 月 10 日

全力投入校改旧作品的工作，我年轻时代特有的那种诗意和激情今天仍然使我感到新鲜、亲切，仿佛那就是我的"哗哗"地流着的血液的响声。

敏下午去参加了本校高知家属座谈会，前天是妇女节。

这几天每夜都要喝咖啡，喝白兰地，这好像也是工作本身。

1983 年 3 月 11 日

全力进入小说选集的校订工作，由桂英抄写，拟在不日内寄出版社。这几天很紧张，几乎连报纸都放在一边不能看。

上午中文系语文教师刘饶一、图书馆工作的青年（外文系的工农兵毕业学员）王祥来看我——这个青年据法文《欧罗巴》杂志译了鲁迅逝世后宋庆龄、茅盾等人给罗曼·罗兰的信，他说还有一篇罗兰与中国的文章（这封信就是从这篇文章中节来的），我鼓励他译出。陈福康来，他现在上海文艺出版社，参加《新文学大系》二集的编辑工作。他说，上图的胡风著作都给借光了——看样子，在中国的文艺理论界，将会掀起一个胡风研究热潮。陈思和来，代购一册《肖洛霍夫研究》和鲁迅《摩罗诗力说》。

晚昌东在此看《茶馆》。其中对民族资产阶级命运的描写，似乎因受极"左"观点影响而破坏了艺术真实——据一种学理或政治要求来描写生活没有不失败的。"左"的那套文艺戒律，正是放在作家头上的刀子——中世纪的宗教裁判所中，只虐杀异教徒，却未听说虐杀天主教徒；而中国在宗教裁判所却远而过之，主要虐杀进步作家。这就是鲁迅在三十年代所说"在马克思主义里发现杀共党"中的生活真实——"文化大革命"中，这个再真实不过了。

1983 年 3 月 12 日

上午睡到九时起来，去系内和老苏、小周一起去了印刷厂。他们抱着大捆蜡纸，由我出面交涉印刷——我在这里"劳动改造"十年有余，当了那么些年的油印工人，人头熟，沾了这个光，印刷厂的管事答应给加速印出；又到各车间走了一圈，花了近一盒烟，才功德圆满。

敏和桂英去看电影，由小周陪我到家，她下了两碗面分而吃之。

饭后在家睡觉，有三次起来：一次小江来电，一次小周来电，一次是我给小江去电。

傍晚，中文系在学的三个同学来访——两个山西人，一个是安危的儿子——坐至九时离去。

收到朱微明信，曹白信附来他写的悼念孙冶方文，唐金海、老卜、老何三人联名写的杭州来讯——桂林的会期定了，在四月中旬以后。

晚写好给江礼旸信，附寄去曹白文章。

敏说，她昨天去开高知家属会，听说数学系教授陈传璋夫人（中学教师）在"文革"中丈夫挨斗时，夫妻曾跪在地下发誓：除非给打死决不自杀，谁要是想自杀，就应想到这个誓言——结果都活过来了。

1983 年 3 月 13 日

礼拜天，有风。上午九时去看郑子文同志，送他《闻捷专集》一册为念。这个老同志为人厚道，以事业为重，他谈了一些学校存在的问题和发展远景。对知识分子知道尊重，使人敬重。即对桂英工作问题再次托他，他随手记下来了。学校正在调整，可能还得一个时候的等候。乘车到小顾家已十一时许，老何已在候，老耿后来。午饭后，小顾去文艺会堂找来王戎，关于工资级别调整事，以请元化转陈为好。晚六时归来，秀拔在候，谈了学校工资调整情况，学校可能已考虑到我的问题，不必再陈请了。

收到小高信及山西大学小钟信，并附来去年秋天在五台山的十三张照片，托她分送的书都送到了。

拟请老何为《小说选》写个序，他也欣然同意，就这么办。

1983 年 3 月 14 日

收到山西大学高捷信、武大毕奂午兄的信和他的一张近照——他的信简直是一篇美丽的散文。

午后徐鹏来，约好后天上午去系内阅研究生外文试卷，我推举思和陪我同阅。

和敏去五角场入浴。刚进门，小唐来访，已经七点了，他刚从杭州开会回来，说是"当代文学资料"编委会已决定下月十八日在桂林开，东道主广西师院已准备好一切了；又说老卜去桂林开文研所召集的今年文科重点项目出版会议，会上对当代文学很有非议——王瑶说，编这些当代作家的研究资料，等于要"回家"，承认他们是作家，值得考虑；钟敬文说，当代文学不过一堆废纸，再编印它们等于继续散布毒素等等——一派否定口吻。老卜他们看不出来，认为是和编这套丛书的单位的中年人过意不去，有意打击，为此他很受刺激。其实在骨子里，这些议论就是直截了当地否定"三十年"的文学，否定了那条文艺路线和政策指导下为当时政治服务的文学思想，就是对延安文艺座谈会的一种看法的反映。听说唐弢也到会了，但没人反对这些论调；而唱这种调的人，除过钟敬文是"右派"，这些年没有发言权外，像王瑶这些人都是过去的文艺路线的积极唱赞歌、颂德的人——他开国初间写过一本文学史，还比较近乎历史真实，一九五五年却在《文艺报》上要我检讨，还把我说成是"阶级敌人贾植芳"。看日本人材料，日人翻译他的《中国新文学史稿》时，他特别嘱咐不要译其中那章论"七月诗派"的，后来这部文学史好像收回不印了(以后改版印过没有不知道）。曾几何时，这些人翻脸不认人，又攻击起他们过去佩服敬仰得五体投地的东西，俨然又是个正确者，敢于为天下先的角色，但从此也可见当前时代精神之一斑了。历史真是无情啊！

这几天报纸上纪念马克思，胡耀邦有大篇讲话，中心是肯定知识和知识分子的历史作用，可见拨乱反正要花多大的力气，要清除这些年来对知识和知识分子的反动观点，并不是轻而易举的——中央政策回到真正的马克思主义路线上来，就是国家兴旺的一个转折点，这是使人喜悦和感激的。

1983 年 3 月 15 日

早上和敏去学校检查身体。

小卞来，他工伤，一只手烫坏了，当一块儿走到八舍小卖部时，买了两罐炼乳送他补养。这个工人和我们一家有感情，我们在困难时期——就是我还戴着"反革命"帽子时期，他不嫌弃我们，我们永远感激。

今天查了血液，明天送大小便，顺道给敏量了血压，正常。

晚饭前，桂英如约去那个求婚者家里。晚章培恒来谈起调资事，北京八个"同案犯"最近给中宣部写信，请调升两级，我们这些人二十多年有案在身，历次调级评薪都没有份儿。听说中央宣传部已批准，并上报国务院，即结合这一情况，写了一份报告给校当局，要求他们此次调资时能参照北京受株连者的意见和中宣部批示精神考虑我的定级定薪问题。"胡风事件"迄今尚未公开平反，如果这次调级我还摊不着，外面还认为有什么问题——这倒不是争几块钱的事，我出身剥削阶级，要是处处计较个人物质利益，在铜钱眼里翻筋斗，那就不会走现在这条充满苦难的人生道路了。这个报告明天呈送。

晚上继续修改旧小说。收到大哥及伍隼信，王聿祥信及转来的朱微明托他赠我的《奇婚记》一册——这是匈牙利作品，朱前次信上说，这是在彭柏山受难时期她翻译出来，用它的稿酬供子女受教育的。

1983 年 3 月 16 日

早上，又着桂英抄好给学校当局的信，九时去学校阅研究生外国文学试卷时交给了办公室。整日阅试卷，由陈思和陪同。下午桂英将老耿信送来阅卷处，信内附有满子信和他起草的给市委信，即领头签名，又给王元化写了几句话，请他直接送市领导。

收到刘北汜信。晚，写信给曹白。

1983 年 3 月 17 日

又看了一天研究生试卷。大风扑面，多有寒意，考卷共三十二份，今天下午总算看好了。

收到陈衡粹和小查寄来的照片和代购的那本"出问题"的《花城》。

桂英从校内买回皮椅一把、小书架一只，算是多了一些财产。

晚上校完《一幅古画》，小说选集的校订工作算结束了，日内桂英抄好，即可寄出。

上午发一信给老耿、老何，发一信给曹白——他那篇《纪念孙冶方同志》已寄到《文汇报》。

晚上给朱微明写了信，明发。

1983 年 3 月 18 日

天气比昨天晴朗，不刮风了。全日在家，桂英抄《一幅古画》，她抄一张我改一张，这篇旧作品，我看还有些认识意义，在艺术上还有其特色，人物的思想波浪的描写，颇见细密，把人写成了人，而不是思想符号，他们还像些活人。一九四七年发表这两篇写国民党军人和社会生活的小说，现在读来颇值得深思：历史原来是打着圈子前进的，它往往有回复表现，有可惊的相似之处，正像革命导师所阐述的。

收到李辉信，他已回京。发出给阎哲吾信。晚上给晋东南地区专署文化局的苟有富写了一封长的回信，去年九月去太原见过面，他和别人合写过《赵树理的生平与创作》这本书。赵树理的作品，其实是一种新的民间文学，正如他说的是"通俗小说"，虽然他不同于其他作家，他在照政策写作时，还有独立思考能力和勇气，也敢于写些生活中的真实的东西（人和事），但归根结底，还是在一个框子里，为一个时期的政策和需要服务，这样必然限制了生活和吸取题材的范围，只能从作品中认识政策的性质和意义，却限制了对生活面的广阔性和复杂性的认识，人物形象当然就会不够丰满。赵在这群同类的作家中仍不失为佼佼者，但从美学角度来看，到底是个通俗作家、政治作家，还不能说是个艺术家。

兴良晚上来，送来他写的"文研会作家简介"文稿。中午图书馆王祥来，他懂法文，托他代查法文报刊辞书中的巴金材料。他送来在第二医学院代借的卢梭的《一个孤独者的漫步》的法文本，为此给锡侯写好信，预备明天随书发出——我推荐他翻译此书，它尚无全译本也。

1983 年 3 月 19 日

收到文研所李葆琰信，他因《周扬文集》来沪收集材料，希望来看看我，即打电话约他来寓小谈。又收到青苗信，及附寄的他的三篇论文打印稿。又收到曹白及江礼旸信——曹白文章《文汇报》退回，下午王戎来，由他带去托老耿转《光明日报》。收到本期《复旦学报》一册，寄去给晋东南文化局苟有富信。将王祥借来的卢梭的《一个孤独者的漫步》附信寄挂号给杭大的锡侯。桂英加了个夜班，抄完小说稿，今晚编好页码复查了一遍，写好给章品镇信，明日发出，请他们定夺。这个《小说选》约十八万字，也算一个总结了。章信附去晓山所译《美国农场概况》内容介绍，请他能推荐出版。

编好《小说选》，又算完成一大任务。

晚上乃修偕一同学（晋人）来坐。乃修说，厦大的孙立川来讯，日内将到沪。那个同学谈他的毕业论文写作问题。

1983 年 3 月 20 日

早上发出小说集和寄出给曾华鹏书。收到艾晓明信，附寄她小儿的照片两张。杨云信，已收到《手记》。

上午文研所李葆琰来访，带来马良春信——他们组成了一个编《周扬文集》的班子，是该所"流派丛书"之一；他们还将编著《中国文艺思想发展史》，其实就是这套资料丛书的条理化或概括化。上午十时许李辞去。

唐金海上、下午都来过，搞《巴金三集》。乐秀拔夫妇下午来。鲁建国来，这是个残疾人（腿部不良），因家庭关系，还在街道工厂，受到基层干部的打击和歧视，而据说他本人一九六六年毕业于师大中文系。他下午骑车而来，坐一小时辞去。

早上还发出给江礼旸信。

1983 年 3 月 21 日

收到安徽本期的《艺谭》，那上面发表了他们在上海开座谈会的纪要，其中也引用了我的一段讲话。柯文辉挂号寄来一九五一年出版的《契诃夫的戏剧艺术》，非常难得，也是个纪念了。

早上斯民来访。下午小李来，送来她抄写的材料。给高农打了个电话，约他明天来吃晚饭。晚上和桂英补《巴金三集》。

厦门大学孙立川来信，彼将于近日过沪进京开茅盾会，要乃修去接他，并为他预先买票。为此下午乃修来家，即给他先拿去四十元，以便先把票钱垫上。

1983 年 3 月 22 日

天阴，刮风，下午有些微雨。上午桂英发出给杜谷信。午睡后来了几帮客人：文研所的李葆琰会同文艺出版社社长丁景唐，由吴中杰陪同来访；接着潘旭澜陪百花文艺出版社的谢大光，以及去年本校中文系学生（在《萌芽》工作）来访。李葆琰由金海陪同吃过晚饭后辞去，谢（谢大光）等则坐至十时才离去。高农托李带来一信，他心脏不好，不能如约来吃饭；谢大光系山西运城人，天津生人，是个弄报告文学的。中间施昌东也来过两次。

下午，写好给戴舫信，他到美后已来过两信，直到现在才作复，明日着桂英到系内发出。

1983 年 3 月 23 日

天雨，有风，整天未出门，也无客来，清静了一天。上午敏去学校发出给戴舫信，发出给梅志、王宁信；下午发出给彭燕郊、湖南人民出版社王寅虎、杨萌亭信。信债欠得太多，只能慢慢来还。

收到曾卓信。

契诃夫说："一个人愈是接近真理，他就愈是朴实，愈是容易被人了解。"

1983 年 3 月 24 日

上午桂英从系里回来，带回交系里发出的寄美国学习的研究生戴舫信，说是发此信要经过系里批准再由外事处发，并要留下复本才行。这也是一种农民官僚主义的表现，实为可笑！清规戒律过多，对我们的事业只会起束缚和限制作用，这恐怕也是近百年中国社会总陷在停滞、倒退的一种人为因素。我和敏说，不麻烦他们了，省得我俩浪费时间，给他们再抄一份，下午我们自己上邮局发出。

下午和敏去长海医院看望了周惠生，他患心肌梗死，住院有十多天了。

晚，乃修接厦门大学孙立川来家夜宿，他是路经上海去北京开茅盾研究会的。

收到老耿信，曹白的文章退回来了。

1983 年 3 月 25 日

桂英早上送小孙上车站。邓明以上午送来她编的《陈望道文集》第三卷——她毕业于一九五六年，"文革"前当了陈的七年秘书，这几年搞陈的资料，并写了陈的小传。

下午昌东和潘旭澜来坐，潘赠我他新印的《艺术断想》一册，天津百花文艺出版社印行。

唐金海中午来，送来章品镇的便札——他说稿子已收到，谢谢我的"支持"，并说下月十日来沪与我们结伴去桂林作四日之游。

收到礼旸信，他得了一身病，原因是中年知识分子太苦，他都四十好几了还没一间安家的房子，住在报馆里——上次他来取《手记》的《补遗》的稿费近四百元，竟说"长了这么大，还没见过这许多钱"。

接到学校通知，明天下午去长海检查身体。

寄去给李平信，附去曹白文。礼旸信上说，看了本期《文学评论》上发的吴子敏为《〈七月〉、〈希望〉作品选》所写序言，才晓得曹白其人；这篇文章原来寄《文汇报》他们那里的理论部主任，因对曹白无知，竟然以"内容一般"把稿子退了，为此才又转给《艺谭》。曹白从四十年代以来就在文坛上销声匿迹，不为人所知，或为人所忘，因此写了封长信说明了一番，否则他们也会蹈《文汇》的覆辙了。这些年编现代文学史，从政治和宗派观点出发，作家越来越少，"五四"以来所开创的文艺大军竟只剩下小猫三四只。

今天系里送来研究生试题和阅卷费十五元五角。

卢倩晚饭后来，夜宿此。

1983年3月26日

上午唐金海来为《巴金三集》工作。

中午刘北天来，他因一九五五年被捕受审案件，要求落实政策——他解放初在中华工商学校当过教授，一九五一年"镇反"被捕；释放后，转任中学教师；现在他要捕他的机关恢复教授级别，为此他多次以留日关系找盛华活动，活动已有三年了，还不见成效——他由我们这里去办公室找盛华去了。

随中文系教师（讲师以上）去军大检查体格，是一次知识分子的健康普查，据说学校为此花了一万多元，这才是件"为人民服务"的好事。检查结果没啥毛病，得暇再去看皮肤科。

夜校订《手记》，下礼拜内无论如何要寄出去。

晚上老苏来，谈了编翻译文学书目工作，他对此还是初学。

1983年3月27日

早上，中文系教师陈某（福建人）送来俞亢咏的一张字条，打听费明君的情况，说是解放初他们合译过高尔基的小说，谈到过我。

晚上作了答复：费在一九五二年由我介绍到震旦大学任教，思想改造后派到华东师大正式给以副教授职称。一九七九年听许杰说，费一九五五年也涉嫌（"胡风分子"），被捕后虽审清楚不是"分子"，却以历史上的罪名被判有期徒刑八年，旋在青海劳改地方发狂而死。他的全家——妻子和七个孩子全被撵出上海，或青海或安徽凤阳（朱皇帝的故乡）。那里无法生活，把三个女孩子卖掉换了饭吃，这三个被卖的女孩又卖了自己的女孩——孩子们都是文盲，大女孩从外地潜回上海（"文化大革命"中），夫妇以捡垃圾为生。"文革"中偶然拾到三条黄金，自以为成分虽不好，但不能私吞这笔黄金，她带着虔诚的心肠把三条金子上缴给里委会，为此大祸临头。

当天深夜，他们就被押送出境。"胡案"平反后，他还留个"免于追究"的尾巴。孩子（一个最小的男孩，十二岁讨饭到济南，跟一个拉板车的老头学了一身武艺，现在当走街串巷的木匠）为他们的父亲到处申冤，去年竟被赵总理接见，赵听了这个家庭的遭遇（原来约定谈话十分钟，结果谈了半个钟头）后，竟不禁说："中国还有这样的事情！"由于"上头"过问，去年华东师大开了一个全校性的平反大会。——由于复俞的信，我在这里写下了这个"传奇"。

小唐下午来补《巴金三集》。

收到青海叶元章信及《青海师专学报》，本期有顾征南文章。又收到王宁寄赠的《青春》两册，刊有戴舫的小说。

今日小杜生日，全家如约去吃饭，也是为小杜与桂英和解。她们两个为一句闲话，失和快一年了。

晚张泽青来，她在新闻系进修。

1983 年 3 月 28 日

整日忙于校《手记》。收到陈衡粹信，敏下午买了些吃食去同济看她。收到本期《江海学刊》。

小卞烫伤好几天了，敏买了蹄髈送他补养，他们父子二人晚间在此。

军医大学的小张晚上来，拿走他的小说稿，提了些意见。

由系内发出给吉林大学李凤吾信，并寄去日文本《世界无产阶级文学运动史料》目录复印件。寄去给俞亢咏信，他问讯费明君情况，其实费早死了十多年了。

1983 年 3 月 29 日

上午王聿祥来，据说《呼吸》本年七月间可见书。他写了篇介绍，由我给李平写了封推荐信交给他，连同他的文章发给《艺谭》。他中饭后离去看罗平。

晚上修煤气的小张来，他说养母在海外，他想把她接回来略尽养子之谊，但无住处——他们全家八口人，共三代，只住了一间房，他本人只住不到一平方米的阁楼。他写了个呈文要求给房子，以便迎奉他的养母。他的文笔不行，即请桂英给他代笔，写好后寄去。

还在修改《手记》。

收到孙桂森信。

王戎下午来，晚饭后离去。

1983 年 3 月 30 日

全力编《契诃夫年谱》，通宵达旦。

收到陈乃祥信，《小说选》他们答应立即发排。收到路翎信，他已搬家到北京中国文联虎坊桥宿舍。收到朱微明信。

收到桂林开会通知，徐鹏下晚班时特来关照。

上午昌东来坐。傍晚秀拔来坐，又请他回家拿来一册《苏共党史》急用。

敏和桂英上午去市内购物，我一个人在家工作整日。

1983 年 3 月 31 日

下午着桂英给何满子兄送信和稿子，请他早日动手为《小说选》作序。桂英回来说，他很是高兴，说这两天就动手写。

收到梅志信和我们在京时与他们夫妇的合照照片，是晓山照的。我们离京前一日在她家晚饭，有路翎、罗洛作陪，又照了两张。晓山说："给你们这老一代无产阶级革命家照个相。"

收到陈梦熊信，借一九三一年前的 New Masses。李平挂号信退回曹白稿子。

晚上唐金海来结《巴金二集》账目。吴中杰来坐。晚饭时，苏兴良来，拿来丁玲去年十二月的来信，说老陆最近才交给他，压了三个月，不该他拆开的信他拆开了，还剪去邮票。这个时代，道德和法律都是奢侈品，是应该砸烂的"资产阶级的东西""束缚无产阶级革命精神的东西"——我们民族几乎被这种号称革命的谬论断送了，真使人激愤！

梅志信说，胡又生病住院，她也有些病，都是多年非人生活的后遗症。

晚上又喝了咖啡，编《契诃夫年谱》。

注意：《小说选》三校时必须改的地方：

关于《歌声》的一些修改：

1. "我们没有忘记你"，"我们"，这"我们"是些谁呢？……

　　啊，我们，我们，我们啊！……

2. "咱们又没有屈原的本事"，后加"条件"二字。

3. 陆清的眼里重又放出青春的光辉。……

过去，即是说，历史的回忆，往往给人们以新的力量和勇敢，把人从迷惘中解脱出来，认识到生活的责任、自己的价值和生命的意义。

1983 年 4 月 1 日

收到湖南人民出版社信，他们同意我为他们译《勃留索夫日记钞》。收到江礼旸信。

上午去学校查材料，借到 *Oxford Chekov* 第八卷一册。这是一套十卷本的英译契诃夫，出版于一九六五年，也包括《手记》在内。

晚，写好给伍隼信，将随《手记》寄去。

1983 年 4 月 2 日

上午去图书馆，找到了一九三一年的 *New Masses*，并托小乔到上图去借一九六三年牛津版《牛津契诃夫》（十卷本），这里面收有新译的《手记》，还有几种西方新出的契诃夫传记。

下午萧斌如来，她说，又要开郭沫若讨论会，说外面把郭贬得太低了，要提高一下——其实，这种贬低正是"群众眼睛雪亮"的缘故。她送来代翻拍的那张我一九三六年在日本的照片，想把它用在《小说选》里，也算个纪念。她晚饭后离去。

收到上海外语学院内部印的《比较文学与外国文学》第三期。陈宪寄来他服务的那个白天鹅宾馆的彩色广告，他前信说，这个宾馆还没开张，就赔累不堪了。

1983 年 4 月 3 日

礼拜日。上午收到朱碧莲信，附来《老人》杂志约稿信。她要为这个杂志写一篇记我们夫妇的文章，苦于所知不多，要些材料和一张合照。她在一九五五年也受牵连，吃了不少苦头，总算熬过来了。

下午，小江陪《文汇报》的朱大路来访。他们从比较文学谈到我的生活和工作情况，提了一连串问题，认真作了记录，共有三个钟头，五时才辞去。敏以咖啡、蛋糕、白兰地款待他们。小江带来他译的苏联彼得洛夫论巴金的译文一部分，他说《手记》的《新版题记》，《解放日报》要转载，他代抄了一份寄去了。

小瓯①下午来过，说他爸爸今早发烧到 40℃，已送到长海医院急救室去了。敏为此找来秀拔要他先骑车去看看，他回来说，温度稍稍下降，还要吊葡萄糖打针，人还清醒，就是没有精神。明天我们全家再去医院看他。他从乡下回来后，体质一直不佳，情绪也低沉，所幸他意志坚强，自信心足，总能冲过生病的大关的。

桂英下午去买回一本新印的汝龙译的契诃夫《醋栗集》，那里面也包括有《日记》和《题材·凝想·杂志·片段》（他译为《主题·思想·札记·片段》），晚上和自己的译文对照了一遍，觉得他的译文平凡，缺乏契诃夫的风味和光彩，读后觉得他并不懂得契诃夫，只是千篇一律地照字面往下译，而在现时代，这位同志却像把持了契诃夫的翻译权。我看，中国的译本要进步，必须走竞赛道路，像我们惯常的"独家经营"的商业体制，只能造成停滞和短缺，不利于社会和事业的前进和发展。

1983 年 4 月 4 日

上午去系内和老杜谈了昌东患病情况，他表示支持——在经济上。下午全家去长海医院看昌东，他的温度已由 40℃降到 38℃，有所进步。在此又遇老杜。同时去看了周惠生，他已转至急救室，精神很衰弱，正在吊葡萄糖。

鲍蘧上午偕女儿来过，下午又从医院看过昌东和小杜一块儿来，送我四川大曲酒一瓶。

下午颜海平来，送来她的译文和要我签字的两份美国大学入学英文本推荐信。

收到老耿信和本期的《作家通讯》一册。

----

① 施昌东的儿子。

346

1983 年 4 月 5 日

上午《文汇报》摄影记者王君来寓，为我们照了几张相。晚上沈永宝和小乔来，谈他们编路翎资料事，为他们提供了些线索，至十时辞去。

收到文研所寄赠的《比较文学论文选》一册。《文学知识》来信，退回柏山那六篇文章，说是不符合他们刊物的性质，只好另找户头了。

晚，写好《小说选》的《编后记》约两千字，尚满意。

1983 年 4 月 6 日

下午起落雨，昨天大概是清明。

收到晋东南文化局苟有富信，河南郭瑞三寄赠的新出的《文学知识》以及王祥来信。

上午师院一虞姓同学来访。午后，敏的同乡王姓母女来访，女儿在印刷学校就读，以眼力不合标准为由被退学，其实她的眼力经医检验并没有不合标准事情，恐怕是该领导从中作弊，黜去外地学生换上自己的亲友儿女——这在现在是司空见惯的事，有权就可以随心所欲，专门利己，毫不利人。

从昨夜起，写好《小说选》的《编后记》，自己反复看看，也有些水平。下午桂英从上图借回李译《契诃夫独幕剧集》，那上面的年谱太少了，晚上根据 *Chekhov and His Russia*（作者 W. H. Bruford, London 1947）上的材料，改好《年谱》并给伍隼重写好信，抄好即可发出，了此一事。

收到南京师院寄赠的近期《文史资料》两册，有梅志写的关于《七月文丛》的介绍文章，附有书目，她删去了"文丛"中舒芜的那本《挂剑集》。这期还登了一组有关"七月诗派"的材料文章。

1983 年 4 月 7 日

《小说选》的《编后记》忙了两天，总算定稿了。今天着桂英抄写了三份。收到老何的信，他说序言很难下手，下午老耿给他电话，约这个礼拜天上午来——他已约好元化，老耿约好小顾同来，届时他或许可以交卷。

过午赵博源来，他随即和秀拔一块儿去长海看望昌东。晚饭在这里同吃菜卷。

1983 年 4 月 8 日

上午同乡王姓母女来访，送来她为退学事的《申诉书》，恰巧《文汇报》的朱大路来送照片、报纸和他写的访我的文章，将这起案子托他去打听。他听了母女的陈述后说，这大概是把这个外地女生的空缺顶了后门了——吏治腐败，竟至于此。

下午任飞自常州来，桂英从车站上接回来宿此。

收到李葆琰、史瑞芝、鲍蘧、留妹等人信。

又把《后记》作了校改。

1983 年 4 月 9 日

上午敏和她的侄儿任飞进市区游玩和购物。收到汤淑敏、张登泰、徐逦翔、赵博源、李辉等人来信。

下午王继权来访，赠我他新出的两本书《蒋光慈文集》（卷一）、《郭沫若旧诗词注释》（上）各一册。

傍晚，于敏来，谈桂英工作事。她要我给校系写一报告，以便学校向劳动局要一指标名额，为桂英安排工作准备。

晚写好给学校报告和复汤淑敏信。

1983 年 4 月 10 日

礼拜天，上午老何、王戎、老耿、小顾如约来寓共进午饭。老何带来他为《小说选》写的《小引》，写得不错，颇具特色。晚上由任飞抄了两份，连同我的《编后记》以及照片一幅、手迹一张和给出版社责任编辑陈乃祥的信一块儿封好，明日发出，了此一事。

桂英晚上也抄好了《契诃夫年谱》。又给伍隼写了两张信纸，推荐朱颜为他们译卢梭的《一个孤独者的沉思》。晚上，也连同《手记》的订正本与送给他的《红楼梦研究集刊》一本一块儿封好，明日发出，又算了了一宗大事。

收到锡侯寄还的法文本卢梭书和彭燕郊拟的外国诗和散文译丛书目，锡侯对他写了些意见。又收到一同学（在上海法院服务）来信。

下午，老耿他们快走时，敏的同乡印刷学校小王的母女以及她们的同乡空军的一位军人同来访，老耿他们满口答应为她帮忙。

曹进行下午来，送来四张杭州歌舞团票子，他二儿子在那个团里做提琴手。

傍晚，小唐夫妇来，带来陈乃祥信，信中也催问《小说选》事。唐在此先拿去二百元，作购车票之用。

上午写好给襄汾县委陈书记信及静妹信，为房子事。今天星期天，虽然来了几帮客人，但总算结束了两个题目，安慰不少。

小顾赠我本期《北京文学》一册，那上面有他的文章。下午，研究生（已毕业）朱立元夫妇来访。上午乃修来。

晚上还写好给朱建华信，给老何信——附去他的《小引》的复印件，他准备投寄《光明日报》，先宣传一下。

1983 年 4 月 11 日

全日工作，把《小说选》的《后记》又重写了一遍，改动了一些带刺的字句。把一九七九年写的以解放后的受难为题材的《歌声》剔出来了——正如老何说的，这一篇的内容，在全书的题材上有对比的强烈意义，为了照顾到章先生的好心，不使朋友作难，我把它拿下来了，这样全书的题材上一致，格调上统一——这是为了照顾出版社的现实。全书弄好后，重新写了给责任编辑陈乃祥的信，下午亲自发出，同时发出给伍隼的信和《手记》的校正稿，包括自己编译的《契诃夫年谱》。今天算完成两项"伟大"的任务。同时发出给静妹的信，内有致襄汾陈书记信；发出给老何信，附去他写的《小引》复印件。下午去系内一次，又去印刷厂跑了跑，文研会的材料已装订好两册（共六册）。

收到解放军文艺社寄赠的《刘白羽研究专集》，彭燕郊信及油印的他的两本诗抄。北京文研所通知，说是夏季将召开丛书编委出版会议云。

1983 年 4 月 12 日

天气晴朗。中午博源打来电话，询问曾华鹏他们是否来沪——据秀拔昨天从潘旭澜那里得来的消息说，据说本月十日在沪举行的现代文学理事会停止开了——即如此回复了博源。

上午，桂英去车站送任飞回山西，他在这里住了两天。他十三岁参军，一九五五年因曾说过我是他的姑父，而被山西公安局拘留审查，一九五七年又被划为"右派"受苦——他说，这些年来，他干过"工农商学兵"，当过"地富反坏右"。时代的激烈的、非正常的发展，使他这一个排级干部也饱经沧桑，"丰富"了生活内容，反映了历史的曲折性和复杂性，真是一滴水反映了一个世界，或者说一个社会。

中文系研究生梁永安来，约好明天晚上带外文系一个三年级对俄国文学有兴趣的同学来看我。

小唐中午来，借去百元，他又拿出二百元，即着桂英去上图送给老萧，为南京来的江苏出版社章品镇等三人买去桂林的车票。唐说，章给中文系来了电话，他们十四日到沪。

收到伍隼信，他问讯契诃夫年表和《手记》校正本情况，说是近期《文艺报》对《手记》有简讯介绍，读者纷纷写信给出版社买此书云。又收到文振庭信，托为他们那里的一个外国文学女讲师来此进修想办法。

晚饭前和敏去五角场散步，买甘蔗一根。这几天连续工作人有些累，到底上了岁数了。

桂英晚上又把改过的《编后记》复写了三份，再校了一遍。

1983 年 4 月 13 日

今天来客络绎不绝。上午陈梦熊偕张元济先生的儿子来访，这位"小张"先生已七十八岁，原在新华银行任职，现已退休。梦熊请他来翻译 *New Masses*，因他是早期留美学生，精通英文。他说，"文化大革命"中，他最大罪行就是给人教授外语，被说成是"训练特务"，理由是"要里通外国，必须懂洋文才行"——这真是"造反派"的逻辑，可以入《笑林广记》；也真是如契诃夫所说："从自己卑劣的高度，来俯视人世。"——小人之心也，小人之见也。他们午饭后辞去。

小唐引华中师院两位同志来访（忘其姓名），一位为副脘长，一位是中年教师，他们来上海看校样，来此查了一些材料。

徐俊西和徐鹏来访，谈桂英工作已定好，先去图书馆做临时工，再经过招工手续正式定工；并说将在系内正式宣布，派陈思和为我的助手。胡裕树、王运熙、蒋孔阳，我们这档"中老年"教授四人同时派助手。

章品镇先生兄妹来访，坐三小时。我的《小说选》他已带来设计好的封面，是南京艺术学校某副教授设计的。约他明天晚上来寓便饭。

中文系研究生梁永安带外文系一陈姓女同学来访，谈研究俄国文学事。

陈思和上午来过。小卢晚上住此。夜间，给王愚毅、卢康华写了复信，该回的信一大堆，在去桂前，总要拣重要的回几封。

1983 年 4 月 14 日

天气不好，晚饭请章品镇、陈乃祥、潘旭澜、孙立川、唐金海、陈思和共食，由卢倩帮助做饺子，坐了一圆桌。

陈乃祥说，《小说选》已请人画插图去了。孙立川刚从北京开茅盾讨论会回来，谈了那里开会情况，会上有沈阳来的代表说，贾植芳说过，茅盾小说中有色情描写——被算作一条罪行了云。

收到老耿信、学林出版社寄赠的新出的《出版史料》一册及编者曹、陈二位的便函。

寄出给凯林、王愚毅、卢康华、李锡胤信。

1983 年 4 月 15 日

天雨，又冷。孙立川昨宿此，午饭后别去。

上午桂英发出伍隼信，附寄去为《手记》再版写的两页《补记》。

下午参加学校的教授会，推荐优秀的中年党政干部——由校党委书记、副校长到处长一级。

收到文研所公函一封。傍晚一研究生来，送来三份国务院学位委员会的表格要填，我被列入准许招收中国现代文学硕士研究生的导师名单。

晚上写好给梅志、朱锡侯信。

《新文学史料》汇来三十元稿费，桂英领回补发的工资二百零四元，每月加薪大洋二十九元。

思和赠我《中国现代文学研究丛刊》一册，那上面有他们两个的论文。购入高行健的《现代小说技巧初探》一册。小唐夫妇晚上送来去桂林车票软硬卧各一张。

1983 年 4 月 16 日

天气转晴。晚饭时，我们夫妇和老陆、小唐等做东，在中灶楼上宴请江苏、福建两出版社同去桂林开会的同志，临时我又约好培恒——我和敏说，我们要出一半钱，否则，等于向徐俊西、章培恒两位敲竹杠了，这不像话。

填好国务院的招考现代文学硕士研究生表格，共三份，一份要亲笔存案，另两份由桂英抄写。

收到小查信，她的报馆没批准她去桂林。桂英借来今年第三期《文艺报》，本期的"文学书窗"栏内介绍了《契诃夫手记》，作者为高纪十。这个小书竟然有这许多反应和赞美，实在非始料所及，大概人们对我这个"出土文物"感到好奇或表示同情吧！因为一本译书像这样地得到报刊反应，是近年少有的现象。

今日发出给梅志和朱锡侯信。晚上写好给艾晓明和陈景春（天津百花文艺出版社）信。

王祥上午来访，送来代借的《萨珂与凡宰地书信集》（New York. Vanguard Press，一九三〇年七月初版）和 Thomas de Quincey 的 *Confessions of an English Opium Eater*（昭和十年，东京研究社第三版）。桂英从图书馆借回向北京图书馆代借的 *Chekhov：A Life*；by David Magarshack（伦敦，Falber and Falber，一九五二年版）。给昌东写了封鼓励信。

明日下午我们夫妇随同众人启程去桂林，日记不便携带，只有回来续写了。

1983 年 4 月 29 日

十七日动身去桂林，今日早晨归来，去时与章品镇同车厢，今日又一同归来。晚间，约章在此吃炸酱面，陈鸣树作陪。木斧（杨莆）饭中来，即坐下同吃——他在四川人民出版社工作，诗人。在此次桂林会上相逢，他也是一九五五年受害者，还有一个胡天风（长江文艺出版社副总编）也属"同案犯"——为此，在桂照相留念。

到桂后，住湖滨饭店（原市委招待所）。开会的有百余人，我讲了两次话，同游了七星岩、漓江等处，行前当日下午又给广西师院教师作了一个关于比较文学的报告，匆匆忙忙讲完即直接乘车进站。大约由于喝酒和水土关系，行前一日胃部不适，昨日在车内没吃什么，晚饭时请餐车煮了两个鸡蛋，也味同嚼蜡，无食欲；今日到家，吃了几颗山楂丸算是能吃些东西了——正像年前去北京时的情况一样，或者是翻版或再版。

回来后，看了一大堆来信。

1983 年 4 月 30 日

上午去校内走了一圈，到印刷厂问"文研会材料"印制情况，又到系办公室。陆士清说，有一日本副教授来进修，请我来带；又说校庆报告会是否参加报告（学术），即报了个题目："漫谈比较文学"。

发出给伍隼信。晚上又写好给两个不相识者信：济南军区政治部创作室李颖捷、重庆基本建设委员会郭文英，都是问买《手记》的。又发出给方管（北京）信，询问张兵文章下落。

下午和敏去长海医院看望昌东和周惠生先生，两人病情都有好转。

上午去阅览室看了本年第四期《文艺报》，那上面的"作家近况"栏里，登有张兴渠写的我的近况，说我把新的研究生带入美学，主编"当代中国文学资料丛书"——都与事实不符，他是信笔胡写。

下午，天开始落雨。晚唐金海来。

1983 年 5 月 1 日

上午，王忠舜来，在此午饭，托他带回沈阳给谢挺宇信。

午后，和敏去市区，买了治胃病的山楂丸、茶叶、咖啡这些生活品；在上海书店购《东林始末》一册；在附近邮局购第四期《文艺报》一册；近六时返家。据桂英说，有好几起来客。卢倩在此晚饭，宿此。中午上海师院小汪来，并帮着做水饺，饭后辞去。

上午吴中杰、王继权来。吴说，前天徐俊西去看他提起一事，学校将创办一个文学杂志，由章培恒拟订好编辑人员，由我任主编，贾鸿猷等二人跑腿，组织一些人做编委，由一常任编委（等于副主编）负实际责任，已决定由陈某负责，但吴认为，如陈任此职，他不能参加编委，潘旭澜、吴欢章也有这个意思。吴说，陈是吕布式人物，是"三姓家奴"——他在"文化大革命"中出卖过"恩师"李何林，来校后也出卖过蔡尚思（是蔡把他调来的），从一九五四年起一路打棍子，又好汇报，因此，与此人同

353

事日子不好过云。

桂英说，下午我们外出后，徐俊西来过。

1983 年 5 月 2 日

今天是个有阳光的日子。上午，克山师专的教师钦鸿同志来访，他们在编《中国现代作家笔名录》，提了些问题，谈了些意见，十时别去。小高来约到他家午饭，他刚从湖北回来，带了一瓶那里有名的"贡酒"，约我们品尝。十一时半到他家，小菜精致，小高是个头级厨师，酒也很不错，可惜我的胃口不行，只吃了半小杯，饭后回寓。下午三时湖南人民出版社李全安同志远道来访，他是那里的外文编辑，为那本约我译的《勃留索夫日记钞》而来，即说明了一些有关情况，五时别去，约好明天再来。随即与敏同进市内斯家吃晚饭，同席有郑兄、王戎、杨友梅，菜肴丰盛，尽欢而归，已十时矣。

下午写了一封给朱锡侯信，明日发出。

题目：福地（写监狱生活）

论翻译：

马克思对译者的警告："翻译者"（Traduttore）很容易滑为"背叛者"（Tradittore）。

刘禹锡为当时的译者鸣不平："勿谓翻译徒，不为文雅雄。"从唐朝迄今，翻译仍不为人重视，不配入于文人雅士之林；

林纾最恼人恭维他为翻译家，严复以"雅"字来提高翻译的分量；

歌德把译者比喻为下流职业的媒人；

苏格兰诗人彭斯把蹩脚翻译比之为谋杀；

英国诗人蒲伯译《荷马史诗》，别人劝他"这样一个好作家是不应当充任翻译者的"，为之惋惜不已。

1983 年 5 月 3 日

天气有小雨。上午发出给锡侯、孙钿信，收到莫贵阳、顾小锤信。晚写好给莫贵阳的复信。

上午思和来，他已译好凡宰地一九二七年在美国波士顿监狱写给巴金的信，帮他校正了一些误译和不妥之处，这也是一篇有价值的史料。托他

复制 *Chekhov: a Life* 一书的《索引》（契氏作品篇目），此书借自北图，需要及时还去。

下午湖南人民出版社的李全安同志如约来，在此晚饭。中文系一研究生来，要我填写申请招收比较文学博士、硕士研究生的表格。思和还说，学校要我成立比较文学协会。

应必诚在晚饭间来，一块儿坐下共食。他通知我本礼拜六上午九时去物理楼接见日本一代表团，我系中文代表；又说要来进修的日本副教授姓铃木——他给我看了表格，这位副教授专攻郁达夫、创造社和"孤岛文学"，能听懂、看懂中文，进修时间从本年十月至明年三月。

工作堆得越来越多，加码不已，我这个老牛破车，只好拉到哪里算哪里了。

1983 年 5 月 4 日

天晴。下午进行来。小高来取走曹白的《悼念孙冶方同志》，他们的《世界经济导报》准备刊用。

收到江礼旸、曹予庭信。

老耿将去京，写给梅志信托他带去。

晚写好给莫贵阳、曹予庭信，还有给刘微亮信，托他改正《手记》的一条注文。

1983 年 5 月 5 日

上午晴，傍晚下起雨来。西海夫妇来此玩了一天，吃过晚饭才走。给梅志带去一信、一瓶补酒和一瓶龟膏，请老耿带京。

发出给江礼旸信。

1983 年 5 月 6 日

早上敏随小卞进城，给小卞父母祝寿，晚饭后归来。上午高文塚来，午饭后辞去。

下午徐俊西来，谈办杂志事。中年一代互不相服，原来的人事安排打乱了，他希望我能出面和他们接头，以自由组合形式组成编委会。这些年来的不正常政治运动，把人与人的关系搞糟了，人们互相怀疑，彼此拆台，这都是"文化大革命"造的孽。

傍晚喻薇来，他受人之托，约我明天去市内参加一个会，为民主党派的《团结报》出主意和写稿。因已约好明天上午接见日本一个代表团，只好婉辞了。

发出给朱大路信，写了十多张材料，请能用在专题访问记中。

1983 年 5 月 7 日

上午如约去物理楼接待日本"人文社会科学交流协会"第四次访华代表团，他们共五人，其中之一是日本法政大学文学部教授小田切秀雄。他和我谈话，由苏德昌翻译，苏向他介绍了我的一些情况。他说，他和胡风文艺观点一致，反胡风时他是外国人，在日本，要是在中国可就糟了。他提出一个问题：马克思主义文艺理论已在日本被排斥在文艺之外，马克思主义是否还有生命力？我说，马克思主义要和生活实际结合才有生命力，如果从模式出发脱离生活实际，只能是庸俗社会学和机械唯物论。他说同意我的意见。至十一时在物理楼前照相留念。

下午剃了个头。刘锡弟、张德林来，在此晚饭后别去。

1983 年 5 月 8 日

胃部总是不适，昨夜三时起来，填写了招收博士、硕士研究生表格，今日由敏抄好。

上午小顾、柯文辉来，午饭后离去。下午蒋孔阳的研究生姜庆国来访，谈比较文学，他说《文汇报》上发表的批何满子关于浪漫主义的文章就是他做的。

收到刘微亮信，当即回复，希望《手记》能早日印出，扩大印数。他信上说《年谱》已收入。

收到孙钿寄还的三本日本诗集。强义国送来章品镇信，老何为《小说选》写的《小引》已发排。

1983 年 5 月 9 日

早上和敏去保健科看病，医生说是胃炎，给了些药。

收到解放军文艺社赠送的《魏巍集》和本期《长江》。陈乃祥来信，

《小说选》将于六月发排。

上午朱大路来，他为我写了篇访问记，改正了一些个别处所。

下午收到章品镇先生寄来的日本研究晚清小说的明信片及两期《中国文学》（日本出版）刊物。老耿和盛天民上午来，吃过午饭后，同访了朱东润，他们计划编《中国文学大辞典》，向朱征求意见。

1983 年 5 月 10 日

上午桂英接她姐姐和小侄儿来寓。收到朱微明信，当即作复。又收到广西大学许敏岐来信。

下午张兵来，约为学报写点什么，用在本年第五期。

晚饭后，长海医院瞿医生来。他说，昌东经胃镜检查，发现癌又复发，如果要开刀，难度很大，长海技术力量不够，最好转上海胸科医院。他已看过记录，认为只有找我向学校反映，只有单位大力支持，才有开刀希望，因为普通人碰到这种情况，医生就不会冒风险了——他的盛意使我们感动！即去找了老杜，又找了秀拔，希望老杜明天和党委谈，秀拔去找农工党上海市委谈，多几个渠道支持。这使我的心情十分沉重。

1983 年 5 月 11 日

上午济南崔君来，他是兰弟的同事和邻居，谈兰弟骨灰回乡问题。

下午张爵侯带邯郸师专一同志来，为张泽深学历问题来校调查。泽深虽有大学毕业证书，但当地掌权的却认为她只读了三年毕业不能算大学生，不在加薪一级之列，为此特派人来取证明——干部无知，往往闹了许多笑话，劳民伤财。

徐俊西、杜月邨先后来，为昌东事。

收到广西大学小张及孙钿、伍隼信。

今日胃部仍不舒适。和桂英谈话竟日，敏和桂英去市区购物。

1983 年 5 月 12 日

天雨。下午开了个"外国文学理论思潮资料"会，决定本月底派陈思和、孙乃修进京查阅材料——这本资料能在明年二月内弄出个眉目才好，因为这套丛书的编委会将于明年底结束。

收到朱微明、朱碧莲及湖北社科院一青年研究人员黄南山信，当即先给朱碧莲夫妇回了信，他们礼拜六下午来家。

1983 年 5 月 13 日

上午和敏先去看老杜，商量昌东看病问题。他的癌病又复发了，可能要第三次开刀，像这样难度很大的手术，需要各方面力量的配合才能完成。接着到医务室看病，韩医生检示的结果认为是慢性阑尾炎的急发症，他为我开了一个去长海医院的急诊单。午饭后，长海检查结果认为不存在这一病情，给了些药。去看了小朱、昌东和周惠生先生，五时许归来。

晚王戎、老杜来坐。

敏今天下午去长海由瞿大夫做手术，拔了一个废牙。

1983 年 5 月 14 日

上午如约去保健科复查身体，原来是皮肤病需要治疗。由此也去了印刷厂，看"文研会材料"印刷情况。十时归来，朱碧莲带他们的女儿海燕来，这个女儿要为杂志写我的特写，前后讲了五个钟头（下午午休后继续谈），录了音，以迄下午剑英来，讲到一九五五年之灾才停止。蔡国祯来看望施昌东，来不及去医院；碧莲一家另有约会，晚饭前辞去；留秀拔在此晚饭，相陪国祯，饭后辞去。

中午《团结报》的许宝骙和邓云乡来访，约为他们的报纸写稿。许来自北京，邓住本市。这个报纸属于统战性质。

收到朱锡侯、孙立川来信。

1983 年 5 月 15 日

星期天，风雨不已。桂英姊妹早点后进城购物。和敏去看了小杜——昌东病情，长海不赞成开刀，改成用中药治疗；小杜说，昌东有些悲观，要求抓紧转院治疗。看样子，还得找老杜催学校。

读美籍黄仁宇的《万历十五年》，这是一本别致的历史著作，写法很特别，另有一格。他说万历皇帝曾在看戏时想到《左传》上的话："政由宁氏，祭则寡人。"对亲属青年婚事，也应作如此观。

1983 年 5 月 16 日

上午由小唐陪同去长海看病，恰巧他认识的那位内科医生出差，去看了皮肤科，打了一针，领了些药。现在长海门禁森严，不能去病房看昌东，只能找到瞿医生询问情况，看来病势不善，得采取紧急措施。回校后去找老杜，他说学校已去人，等和长海谈好后再决定。晚上老杜来，说是学校出面和肿瘤医院会诊，看病情和体质决定医疗办法，如西医不行，再转院看中医——这样全心全意为人民着想的干部，令人喜悦和充满信心与希望。

晚颜海平来，她出国手续已办妥，九月初成行，要读博士云。

收到木斧、卢康华信。

1983 年 5 月 17 日

天晴，仍处于养病状态，近乎无为。校译颜海平译文。晚吴中杰来谈，下午乐秀拔来坐，都是围绕昌东的病情，叹息不止，更希望他能在和病魔的恶斗中最终获得胜利——他的良好的精神状态，使大家感到安慰。

收到北京文研所寄来的《郁达夫研究资料》一套两册。

1983 年 5 月 18 日

上午续改颜海平译文。……

下午和敏去五角场入浴。小高来，曹白文章已付排，他带来清样，即给曹白写了介绍信，文章发表后由小高送到他府上。

卢倩夜间宿此。

1983 年 5 月 19 日

上午开始和小唐校订《巴金》第三集，争取本月完工交稿。

下午鲍正鹄来访，已面团团为富吏。一九五五年他面孔一变，可很出了一阵风头，此后，鸿运高照，一路顺风地成为新闻人物。

思和下午来，晚饭后离去。王戎晚饭后来。送走王戎后，往访应必诚，就昌东转院事和桂英工作问题和他相谈。

收到覃小川信及本期《江海学报》。发出给河南人民出版社郭瑞三信，为昌东小说稿出版事宜。

1983 年 5 月 20 日

上午与小唐校巴金资料，王聿祥来中止，聿祥午饭后别去。

午后，杜月邨、顾易生来，顾送来他的儿子放勋自美来讯。

晚与小杜同访老杜、徐俊西，不遇。

1983 年 5 月 21 日

礼拜六。下午莫洛自温州来——他和我同龄，一九四九年解放初，曾在当时我寓居的新亚酒店相晤，和伍隼一同——一别三十多年，他一九五五年也被扫了一下，"文化大革命"中，以"漏网胡风分子"被斗，一九七七年从杭大退休。

上午小唐在此同补巴金资料，四时后一家全去他家吃饭，饭后同去看了香港电影《情变》。

晚，孙乃修来，把他的"贵重行李"存放在这里，他将于二十四日进京。张德林来。

晚，与桂英同补巴金资料。

1983 年 5 月 22 日

早上应必诚来，谈昌东医病事。下午老杜、徐俊西来，也谈这个问题。

中午和敏去小顾家午饭，王戎同在，桂英姊妹去逛公园，顾家午饭后即回来。晚上桂英和我同校巴金资料。

收到顾易生信，告放勋在美住址。又收到王忠舜信、王笃祯信。

晚间杨奉琨来，托为他校译的《无冤录》找出版社，赠我他出版的《洗冤集录校译》（[南宋] 宋慈作)、《折狱龟鉴选》（[南宋] 郑克编著）各一册。

小顾代赠《布哈林与布尔什维克革命》一册。

1983 年 5 月 23 日

早上和小杜同找老杜，谈昌东医病事。晚，老杜和徐俊西同来，继续商量昌东治病，由于长海医院不许病人外出另看医生，由我开具假信一封，伪称某地出版社来沪商定出版手续，由他持此向医院请半天事假，借此机会去找中医钱教授诊视。事势所迫，只好如此。

中午一新闻系教师朱某来访，他系一九六〇年此地毕业，在青海十八年，已调回，和罗洛友善。他说，五十年代那里刮过一阵风，说我已到青海了。他说那里有一个德林卡农场，在那里劳改的都是上海、北京的高知和高干。

乃修下午来，明天和思和动身进京。

收到大哥来信，说日内将去西安开会。

1983 年 5 月 24 日

桂英姊妹早饭后去上海购物。

上午，陆士清谈二事：一为暑假的中国当代文学研究会讲课，答应讲一下从比较文学看中国当代文学（新时期文学），主要讲在粉碎"四人帮"后兴起的比较文学的意义、理论、流派、方法——这一学科的重新提出，就是文学在新时期的新现象之一，标志着中国当代文学研究领域的开拓，和文学批评的多角度发展。陆又提出，明年（一九八四年）由我招收中国现代文学和比较文学研究生各一名。

中午卢倩来，送来代校的巴金著作外文译本和国外批评文章篇目索引，并在此午饭。

老杜和理论组支书某女士来，并请来小杜，商量明天派车送昌东去请中医诊视的办法。

晚，校巴金著作，由桂英帮忙。小唐上午来过，他忙于写分配给他的一章当代文学史，不能参与校巴金著作了。

收到思和、曹白、朱利英信，曹白《悼孙冶方》一文已由小高在《世界经济导报》刊出。收到张兵寄赠的本期《复旦学报》一册，他们说，要我在八月份内交一篇文章，登学报第五期。晚上，去看了黄志麟夫妇，也是旧邻了。

1983 年 5 月 25 日

在家校改《巴金三集》。上午吴继耀来，下午与敏往访鲍正鹄，回访也，礼也。

昌东今日由校派车由长海去中医学院看病，情况良好。

1983 年 5 月 26 日

继续校改《巴金三集》。

收到文研所通知，七月一日起在广州肇庆开会。

收到高农寄赠的《榕树文学丛刊》一册。

晚章培恒来，中午聿祥来。

　　　　神已死亡。

　　　　　　　　——尼采

　　　我在人间比在禽兽里更危险。

　　　　　　　　——尼采

1983 年 5 月 27 日

整日在家，全力校《巴金三集》。

收到河南人民出版社郭瑞三信，他们愿意先看看昌东的小说稿，即写信给昌东征求他的意见。

收到天津百花文艺出版社寄回来的巴金稿，他们准备下月来谈修改意见。

曹白下午来访，送来刊登他的《悼孙冶方》文章的这期《世界经济导报》，喝了些酒后，因为唐金海来，陪同喝酒，他即匆匆别去——他怕生人。

王聿祥来访，《呼吸》将延期至十月份见书，他写的那篇介绍文章被《艺谭》退回，说是怕登在该刊三期误事，聿祥因书稿出版延期，又寄了回去，并把他给李平的信稿寄给我看。将昌东小说稿分三包寄郭瑞三，并附了信。

1983 年 5 月 28 日

忙于校《巴金三集》，由桂英抄外文评论目录，我抄外文译本目录。

下午鄂基瑞来，他也将去广州开会，约他同行并委托他办理一切应办手续（包括来回飞机票）。

收到夏嘉杰、施昌伦及昌东从医院写回来的信。桂英姐姐今天回晋。

1983 年 5 月 29 日

礼拜天，微雨。

下午黄和材（现名为黄华山）由刘北天陪同如约来吃晚饭，自一九五〇年调京后再未谋面，他今年已七十二岁了，这些年也有些不算小的生活曲折。他现在仍在中调部——一九五七年被划为"右派"，下放山西二十年，"文化大革命"中又升为"反革命"；他的自印尼归来的哥哥被打成"私通外国"；他的一个大儿子原在"北钢"上学，"文化大革命"中被打成"现行反革命"，判刑十年，在湖南劳改——只是三中全会后才先后平反，他才回京。此次自广东来，为他的哥哥平反奔走，路经上海回京。他本是一个正统人物，初解放口口声声宣传改造，想不到他如此遭遇——他一进门就说："简直是一场梦！"晚八时别去。

收到出版局曹予庭信及萧斌如信。

1983 年 5 月 30 日

午饭后，由桂英陪同去南京路上图查材料，并抄了一些有关外文书目。由南京路一直步行到虹口公园才乘车归来，已六时许。好久没逛马路了，这些日子太紧张，也是借此散心，看看街景，购五月份《小说月报》及《读书》各一册。

晚上，长海医院瞿军医由小杜陪同来访，又同访了老杜。这位军医为昌东的病出了大力，是一个"可爱的人"。昌东近来病情趋于恶化，呕吐、发烧、夜不能寐，种种征兆使他陷入绝望。西医又不起作用，只有求中医，如此还不如回家疗养，倒还好些。

收到浙江出版社寄赠的《莎士比亚研究》及《汉娜太太》各一册。

夜，补巴金研究资料至一时始寝。

1983 年 5 月 31 日

中午全家去小顾家，老耿自京归来，加上何满子大家相聚。二时返校，去图书馆查资料，并托小乔去上图借书。

收到老耿寄来的《新文学论丛》一册，有他一篇为鲁藜诗集写的序文。

1983 年 6 月 1 日

仍在进行有关巴金的外文资料整抄工作。

午后三时同桂英去长海医院看昌东。回来又看了老杜，谈论了他的出院问题。

晚，和敏同访陆树仑，送去《文学研究会研究资料》打印本（六册）。今天下午桂英和小周把最后装订好的两本从校印刷厂拿回来了。

收到太原师专中文科张谦清来信，他说去年在太原开会和我相识，并寄来一张同在五台山的照片；又说，我在赵树理会上的发言已收入《纪念文集》，约七、八月间可出版。

1983 年 6 月 2 日

天雨，上午去学校查材料，忙于《巴金》第三册的最后校订工作。收到梅志、汤淑敏、朱碧莲信及寄赠的本期《老人》（创刊号）一册；收到一卷《团结报》，系民革中央刊物，前此来约我写过稿，开始赠阅该报。

1983 年 6 月 3 日

天雨，整日在家，全力校订《巴金三集》，并写了一篇编后记，我自己签名。

收到太原师专中文科张谦清寄赠的他所译的日本釜屋修的《赵树理研究与小野忍》一文打印本。

昌东今日下午从医院回来。他由病势所使，已在医院无法安身，只好听他的主张接了回来。

桂英这两天帮我做《巴金三集》整理、剪贴工作，每日都熬到深夜，她经过前一段的"异化"发展，这两天好像又正常一些了，家庭也在表面上恢复了旧秩序，但发展如何，尚难预料。……

1983 年 6 月 4 日

整天在家忙于《巴金三集》，小乔从上图借来外文书四本，颇有用处。

收到杭大一同学来信，询投考比较文学事。《解放日报》小查来信，附寄来几张代照的相片，并立即复一信，附回那册《花城》。

晚，给李辉写一信，附去巴金作品日译本及评论书目。

傍晚，两毕业班同学来，送来请柬，约在本月十日参加毕业班合照。

1983 年 6 月 5 日

天气晴朗，可是身体不适——胃部又不舒服，缺乏食欲，为此，又重新服用胃药。

写好《巴金三集》编后记，约二千五百字。收到章品镇先生托他的外甥带来的信和赠送的他们出版的朱彤的《美学与艺术实践》一书。

上午去看昌东，他回来后情况良好。下午鲍蘧夫妇来看昌东并顺路看望我们，送我竹叶青一瓶。晚，小杜领瞿医生夫妇见访，他们热情地关心昌东的病，帮了大忙。

收到留妹的信，家里房子仍未解决，还得给新换的山西省委写信。范伯群来信，他和华鹏为昌东的病不安——五十年代的同学，富于人性，重感情，重道义，懂得做人，现在这种学风近乎失传了，所以弥足珍贵。

1983 年 6 月 6 日

上午去图书馆查了一些材料，收到本期的《文学知识》和江苏人民出版社寄来的《小说选》初校——这本书是五月六日发排的，五月三十日就打好了清样，算是坐直升飞机的速度了。

收到小黄寄赠的何士光小说《似水流年》。又收到戴舫自美来讯。又收到陈思和自京来讯。

下午唐功儒、朱利英夫妇见访，晚饭后别去。

给老何写了封挂号信，寄去他为《小说选》所撰写的《小引》清样。

晚，校《巴金三集》毕。

1983 年 6 月 7 日

今天和小唐加班一天，编好了《巴金》第三册的页码，计近六百页，约三十万字。继续校《小说选》，也得赶一赶，争取本周内交稿。

收到上海书店赠的《古旧书讯》一册。唐湜来信并寄来他写的《我的诗作探索过程》（载《文学青年函授创作中心讲义》）。

敏买来陀思妥耶夫斯基的《群魔》一部，这本书能出版，也是出版开放的一个标志。

1983 年 6 月 10 日

两天没写日记，是胃痛不已，每天都早早睡了，但工作仍忙碌，弄好《巴金》第三本，校改《小说选》日内可完工。

今早由小唐相陪去长海，经瞿军医介绍，详查了胃部，说是慢性胃炎，严禁喝酒，从此只好与酒告辞。约定不日再去拍片，拍片费要三十四元，据说是最新式的进口设备。

下午，参加毕业班学生在校门口照相。

昨日收到赵正信，这是我青年时代朋友，解放后迄未通讯——他在陕西师大做干部，最近见到大哥，谈起我才写信问候，他已离休，即复一信，写了些淡话，寄了张照片。

收到谢挺宇长信，他写了五张，劝我无论如何要写小说，说中国少一个教授不要紧，少一个作家关系大，说带一百个研究生不如写一部作品贡献大——真是肺腑之言，友朋对我期望之殷也。

赵博源下午来，晚饭后离去。

下午在内部书店购得四川印的《梼杌闲评——明珠缘》写明监魏忠贤。

又收到卢康华信。

1983 年 6 月 11 日

午饭后，敏和小卞去市内购物，我和桂英去上图查材料。四时许从上图出来，雨越下越大，踅到四马路上海书店，购一九五五年批胡的文章合集三册及上海作协印的批判文集一册，这些都算古董了，再不买就买不到了。

为了避雨，在延安路剃了个头，已六时许，和桂英吃了牛肉水饺，步行至北京路乘车，八时许到家。

今天已校完《小说选》，晚上又增补了巴金材料，准备礼拜一发出，并给陈乃祥写了公事信。

收到文研所开会通知。朱微明来讯云，王元化将出任上海市委宣传部长。

1983 年 6 月 12 日

礼拜天，阴，未出门。

收到满子信，寄回《小引》校样，即速同《小说选》全书校样径寄江苏人民出版社陈乃祥，附信一封。

又，最后修校了《巴金三集》，日内发出，了此一事。

下午老鄂来，学校已批准出差，但由于近来劫机事连续发生，买机票限制更严。

1983 年 6 月 13 日

今天发出《巴金三集》。上午老苏等人包好外送的《文学研究会研究资料》六十余册，又由他们车送到五角场邮局，听说邮资用了四十余元。又了了两宗心事。

收到大哥信，他已返京。乃修信，报告在京工作情况。卢康华寄来他在天津会上的发言打印稿《比较文学课程的设置与教学》，文内也提到我，是捧场的意思。

发出给刘微亮信。

晚上，瞿军医来，送来照 X 光的通知，定期在礼拜四早上。毕业生同乡人来，送来他的毕业论文《论现代派小说》。

1983 年 6 月 14 日

上午，小卢陪外语学院廖、谢二位来访，就办比较文学杂志事相商。谢天振新近去了一次杭州，和伍隼谈好，由浙江人民出版社发行，先办丛刊，再发展为定期刊——我说，再发展为丛书。他们提议以外国论中国文学为杂志的主要项目之一，这也算开阔一个新领土，也成为杂志特色之一。廖、谢先辞去，小卢午饭后别去。

晚，章培恒来，谈桂英工作事，他已和人事处说好，把她安排在他负责的古籍整理研究所工作（管复印和作些资料工作）。他设想得很好，等于代我们安排了她的一生——因为这是一个事业，不只是一只饭碗。应必诚后来，也是关心桂英工作。昌东六弟来，他从金华来看昌东，诸人先后冒雨离去。

收到凯林长信，她说人生除过吃饭，还得有一盘菜——这个对人生意义的体会很好。

晚饭后，全家去看了乐嗣炳先生，他从大连回来后已进了医院。

小唐上午来说，周扬新近在一个内部会上，对丁玲、胡风颇有议论。今天《报刊文摘》说：《文艺报》有批判《人到中年》的文章，说是该片是虚假的，违反生活真实，把主观感情取代客观现实，从主题出发做文章——这个论调，也是老调重弹，黔驴之技耳。最近人大会议上又强调反资产阶级自由化，强调社会效果，说明新的文艺气象，又在刮风了——这样对现实生活的掩饰回避态度、鸵鸟政策只能是一种没出息的倒退态度，不承认严峻现实的生活的人，必然受到生活的无情的惩罚。

1983 年 6 月 15 日

天雨。上午天津百花文艺出版社陈景春来，为此约了朱利英、邓逸群夫妇，同在此午饭，今天端午节，吃粽子。陈来谈他那里出版作家自述丛书编辑事，因此约有关人员同谈巴金这本书，他提了些修改意见，约定八月交稿；邓那本曹禺，约定通讯商谈。这些书稿由于他们出版社内部纠纷，搁了好久才能着手处理。

收到陈乃祥信及他们编印的出版预定书目，《小说选》被刊入，作了一些广告性的介绍，云有插图七幅，定价八角五分。又收到上海外语学院寄赠的《比较文学与外国文学》杂志四、五两期。

1983 年 6 月 16 日

早上，全家去长海，我滴水未入地空腹而去，为了照 X 光片。七时到放射科，瞿军医稍等即来，由他介绍了一个相熟的军医给我第一个先照，由敏在旁观看（像电视那样可以看到腹内的活动），照得很仔细，费了约半个钟头。军医结论说，是十二指肠溃疡，胃部健好。预定礼拜六再去看片子，找医生。

坐车到五角场，步行到校，敏先回家，我和桂英先到人事科交上桂英在乡下教书的证明（原学校补开的）。接待我的沈姓干部说，先要报到教卫办，再转到劳动局——公文旅行，大概还有一个时候才能批下来。

一个人到教师阅览室借阅《金瓶梅词话》共十一册，翻阅了八册。这个版本，笔触较精细；这部书是末期腐乱的封建社会的生活画卷，由朝廷到市井细民，包罗殆尽，写来细腻，关于性行为的描写，则简直是西方自然主义的祖宗，但采用象征、暗喻的诗体形式，则为民族独创，充分显示了封建传统心理和文字的民族性构造特点。

午饭后全家到上海散步，一直走到外滩公园才坐车回家。

留妹来信，为房子事要我回山西处理，地方官混蛋，有法不依……

1983年6月17日

天晴，礼拜五。

上午在图书馆继续翻阅《词话》本，作者功力就在于能从广阔的社会生活环境出发，通过西门庆的生涯，概括了那个时代的丰富的生活面貌——人物都在生活中行动，就是性生活的描写，也能就不同对象、不同时间，写出它们各自的独特场景，富于变化，而少雷同，因此，它的"诱惑性"是从它的真实性来的——它写得自然实在，富于个性，全书共二十四册，笔致比一般流行本自然不同。

上午小卢带着她同学在家内和校门口照了一个胶卷，在校门口照时恰巧碰到外语学院的廖、谢两位，就请他们同照了一张。小卢带来了俄文本费德林编的苏联翻译评价中国文学的书目，着桂英去学校复印了它的有用部分，晚间并电约小江星期日来对它进行必要的翻译，用在《巴金》三册内。

陆士清下午来，要制定从现在到一九八五年的科研计划。

晚饭后老苏来，说是学校要分给我们新房，全校还有四个教授未分到新房，我是其中之一，有三幢新盖的宿舍，可由我们这四个人先挑选。因此全家又和他一块儿去第二宿舍看了一回房子，比现在住所宽些，有三十八平方（米），我们决定搬。

斯民中午来，要他的推荐评语，约定明天晚间送去——他已征得王元化同意，由他联系，并带来一册元化新著《文学沉思录》。

晚，看完斯民的三篇论文和早期的一些文学作品，但评语仍未写就，已十二时了，明天早上赶完。

长海送来照X光的检查报告：十二指肠溃疡。拟明天去诊断，抓药。

1983年6月18日

上午（一早）和桂英去军大看病抓药，九时许回来。大约昨天吃了甲鱼，今天大便不通，为此，中午看过《爱德华大夫》后，又找医务室开了些利便的药物，敏又煮了碗番茄，吃过药物和这些东西，还有一瓶橘子水后，晚上总算大便通了，解除了严重的精神负担。

整天集中力量给斯民写副教授推荐文章，下午写了三页，桂英抄好后送去。斯民大约等急了，又跑来了一次，坐到九时别去。

晚间，卢倩引一她的日语系同级同学来座谈，这是一个河南来的高干子弟，但颇有理想——他研究川端康成，已考吉林大学研究生，十时许才别去。

收到青苗自屯溪来信，他在那里开会，预备二十日到沪。余师母信，作协新出的《作家通讯》一本，及上海作协的电影票一张。

傍晚徐俊西来，谈桂英工作及搬房事。

1983 年 6 月 19 日

礼拜日，天热。

早上全家看了房子。十时前后，小顾夫妇（顾征南）偕山大《文史哲》编辑刘君来，江礼旸、王戎亦先后来，饭后别去。

下午入浴。写好给西海、思和及乃修信，思和信内附给牛汉信。

收到本期《艺谭》。

1983 年 6 月 20 日

天雨，上午吴中杰带丁尔纲来访。丁在《茅盾全集》编委会工作，带有伯群介绍信。

从今天起，和老苏给《文研会资料》定稿。

发出给乃修、思和信，寄赠章品镇《文研会资料》一套。

1983 年 6 月 21 日

在家工作，为文研会材料定稿。

收到汤淑敏、青苗信。

晚，复汤淑敏信。

1983 年 6 月 22 日

天阴，仍忙于文研会材料。

收到韦秋琛信和西海信及稿——他说，已找到《写作》，愿意发表柏山的六篇遗文，因此给他立即写了回信，附去柏山文；又给朱微明写了信；我的那篇西海退回来的《小说选》后记则写信给江礼旸，请他们报纸能早为刊用。

朱利英夫妇晚上来，赠我水果罐头两个、保温杯一只，回赠青海酒一瓶，水果罐头一瓶转送昌东。

晚改好论尼采文，拟交西海。

1983 年 6 月 23 日

昨日下午去上海汽车站接青苗，他自屯溪来，丰村亦驱车来接——从下午三时接到六时半不见人来，只得怅然而返。回到家里，吃过为客人准备的饺子，九时许即睡，感到疲倦不堪。现在是翌晨四时，起来补写日记。

昨日天阴，微雨。收到姚北桦信，福建稿费二十六元、四川人民出版社赠书两册、方平的《和莎士比亚交个朋友吧》、谭兴国的《巴金的生平和创作》。

思和上午来，他回来已两天了，查到不少材料，带回乃修信，午饭后辞去。

发出给礼旸信附《小说选》后记、致朱微明信。

1983 年 6 月 24 日

礼拜五，天雨。上午青苗来，昨天我们空接一场，原来他坐旅游车来的。在此中饭后，由桂英送他去文艺会堂招待所住。

思和中午也在此同食。

发南京姚北桦信，收到杭大一女生来信。

晚电视放京剧《击鼓骂曹》。祢衡是一个标准的中国式知识分子，他的悲剧一直在中国大地上重演不已，说明中国社会进步之迟缓、停滞性和反动性——几时中国知识分子不受难了，中国就像一个新式国家了。这许多年来，虽然当权者换用或打着各种金色招牌，但中国知识分子的命运却每况愈下，正是社会本质未变的最好注脚。

1983 年 6 月 25 日

天雨——似乎进入雨季了。礼拜六，人客不断。

上午姚青苗、高捷来，在此午饭。

下午吴中杰领中山大学吴思、陈再光二教授来，约去穗后在中山大学讲课。潘旭澜领叶子铭、吴子敏、曾华鹏来，吴、曾即在此晚饭，由乐秀拔、赵博源作陪。杜月邨来，谈昌东病。晚二同乡同学来，华中师院二研究生（一男一女）持艾晓明信、照片及食品来。……

发出给章品镇信，收到卢鸿基信，彼日内到沪。卢康华、孙景尧同在天津会场来信。

又写好给夏嘉杰信，明日再发。

1983 年 6 月 26 日

天雨。上午中雨，敏冒雨去市内，为艾晓明的儿子买衣服、食物和玩具，托人带武汉，下午四时才赶回来。

昨晚及今晨都趴在桌上写信——还信债，信债一如血债必须偿还。写好和发出给下列诸人信：范伯群（附《巴金二集》《闻捷专集》各一册）、梅志、施昌伦、李平、唐湜、曹予庭（附《文学研究会资料》一套六册）。

下午，卢鸿基来，和他去看了昌东，晚上即宿此。看他写的忆雪峰文印件。

下午，老鄂来，送来赴穗的来回机票，买的是二十九日下午七时起飞的机票，当给陈启新打一电报，请他派儿子机场相接，即托老鄂明日发出。

下午吴中杰来，说是二十九日夏志清来访，要看看夏的书，准备准备，即着桂英去王继权处取回《中国现代小说史》，由她送吴。夏的这本书，论及胡风时提到我，不过把我名字写成"贾冀汸"了。M.Goldman 的 *The Dissents of Literature in the Republic of China* 一书中也如此误写。盖外人不明华情也。但夏的这本书政治观点反动，"对着干"，不过也有它一得之见，又不同于我们的"大批判"的信口胡扯、造谣侮蔑、血口喷人这种流氓战术，是其可取之处——因尚顾及自己的体面也。

1983年6月27日

天仍雨——间歇地。上午武钢有两个外调的问徐州时代住在我家的一个小孩管××的历史情况，此人一九四六年被我收留（他交代说，我教他学文化、读书），后因偷我东西被我撵走了。外调的人说：此人自学成才，一九五〇年已成为三级工程师（建筑），搞过些大设计项目，工资一百五十元；一九五五年因历史问题，又无学历，被降级使用——他一直不服，向上申诉，现在落实知识分子政策，因此找我证明云。即写了三页材料，由桂英抄好交卷。

陆士清下午来，要我填工作量表。他说，美籍教授夏志清夫妇二十九日上午来访，要我接见。下午据老耿说，北京文联等单位因此人政治上反动，有反对邀请他的表示。

午后，与敏及老卢去小顾家会耿庸。他是本届政协委员，新自京归来，就在小顾家晚饭，菜肴精美，他小儿子烹调的。坐至八时许，与老卢及敏辞归。

据说，京中近兴起反鲁迅热浪，某理论巨头重提出林彪的"四个伟大"；夏衍闻之，说了另一种性质的"四个伟大"。乔木化名在《人民日报》著文反对提倡人道主义，以南朝鲜人道主义地对待劫机犯来论证人道主义的反动性，周扬曾为此吵上胡门去。

此次政协有人提出给"文革"前的冤假错案经济补偿问题，以为不该罚这些人钱——财政部答称，需要一百个亿才能偿清，现在国库困难，还在研究补偿办法云。

晚，写好给大哥信。上午写好给艾晓明信，并与敏昨天给干孙子买的衣裤、玩具、饼干，托一同学送至华山饭店黄纪曾教授，请他带回武汉——为此给黄写了一封问候信。

江礼旸托一在该报实习的同学（山西人）带回一信，说《小说选》后记已交该报《笔会》编辑余先藻（女）同志，要发表可能会删一些，小样会送来过目云。

收到干儿子顾小锤信（呼和浩特）。

1983年6月28日

天晴。上午去学校看书。收到章品镇信，他说《巴金三集》的有些篇目（索引），还需和巴金商量一个妥善办法——这些条目大约指二十年代巴的那些反马克思主义、反苏、反共的政治性译著。中国经过多年的实用主义政治统治，坚持历史唯物主义往往是一句空话。

下午，青苗与山西人民出版社张成德来，姚赠他关于人道主义论文打印稿，张则来组稿。

傍晚，医院小张来，赠我胃药一瓶。他自《书林》来，说那篇关于尼采的文章，《书林》准备近期用。

发出给大哥信。

敏忙于为我整理行装，明日此时（晚十时）就在广州了。

1983 年 6 月 29 日

半阴雨，九时到物理楼外宾接待室等候夏志清教授（Prof Hsia T. C.）。他准时由文研所人员陪同到了，一块儿接见他的有陆、吴、王三位，外事组人员照料了一下就不见了。

由于此人政治思想观点反动，接见规格放低了，由上午九时到十一时半，既未留影，也未赏饭。

谈了许多文学事务，他问："周扬讲话还有人听吗？"他敬佩钱锺书，当他看到我写的名字时，大吃一惊说："贾植芳，你是'胡风派'吗？了不起的人物！"——这后一句话显然是从他的反动立场说的。这时吴中杰插话说："夏先生，你的书里把贾先生的名字写错了。"陆士清忙不迭地说："贾先生曾被划为……"他说起胡风："他现在病危。"——这显然是他在北京时听说的。又问起路翎，提起《财主底儿女们》，这时陆说："夏先生，时间大概差不多了，我们参观一下图书馆吧。"——他想把话题扯开。众人起身，夏又过来和我重新握手，连说："贾植芳，贾植芳……"说："你们姓贾的有名的人物……"我说："是的，最有名的是贾宝玉……"大家哄然笑了，气氛转过来了，陆紧靠着他，谈说不已。在图书馆转了一圈后，陆说："我和夏先生坐车子校园转转，你们回去吧！"于是会见结束，我们三个走了回来。

午睡后，二时不到雇的小车来了，我和老鄂上了车，由桂英相陪，开到延安西路民航办事处。在此遇魏绍昌，他也是同机走的；他当场拿出两本新作送我，早签了名。这个地方正在陕西南路转角，原来就是旧时代的亚尔培路二号门口，一九四七年九月间我曾羁押此处，国民党中统局故址。

五时许，乘民航大车到机场，入口并未有什么麻烦，在此遇安徽大学方铭，也是开这个会去的。还有武大的陆耀东，华中师院的黄老师（曼君）、副教授——就是我把名字写错了的那位先生，是为了托他给艾晓明带东西，才写这封信的，当场道了歉；他们二位是等机回武汉的。

七时起飞，是三叉戟，坐得满满的，多是外国人。九时不到抵广州白云机场，启新父子、杨家华、刘复英三位留日同学相迎，都是三四十年不见的老友，都入老境了。

坐启新车到他家，夜即宿此。

1983 年 7 月 5 日

今天是七月五日，住肇庆松涛宾馆东楼 201 室。一日乘车到此，两人一房，与鄂君同屋，据说房间每日每人租金三十元，伙食很好，供应上等——每餐有南国水果供应，也算养尊处优的日子了。

二日正式开会。三日外游，在一僧寺午餐。饭后游瀑布，与薛绥之合影，前此在寺门口与王瑶夫妇诸人合照。归途路经市区寄出给敏及章品镇航空信，购单人草席一张，由此地师专黄校长讲价以三元五角成交。四日上午到肇庆师专给中文系师生百余人讲课两个多小时，文研所马君（女）旁听。据说这个会全是该校张罗，才有此优惠招待，去几个人讲讲，也是聊表寸意了。

昨日开编委会，今天开大会，都发了言。这套书看样子，要修成"官书"，诸人对随意篡改历史（说这是倾向性的表现）颇多激愤之言，但也有卫道者——世事本来复杂，但书生意气，也给人希望和光明。

晚观《甘地》，天太热，未终席退出。给西海写了一信，请他把尼采的两句话加进寄去的那篇谈尼采的小文里：

> 神已死亡。
> 与其生活在人间，还不如和野兽过在一起好些。

——这是尼采对当时丑恶的资本主义社会现实的绝叫，他的个人性反叛，但他终因不能科学地认识历史发展道路，所以把自己的出生认为是

"悲剧的"，他由绝望以至疯狂而死，像一匹负伤的狼。而他的理论中的某些面却被真正的狼——希特勒之辈当作蹂躏人类、灭绝人性的思想武器——思想家的悲剧正在这里，观乎"四人帮"之流，用鲁迅当作砸人的石头，真是何其相似乃尔。

1983 年 7 月 5 日夜记于松涛宾馆

1983 年 7 月 6 日

今天仍住在松涛宾馆，是最后一夜了。

上午开会人众出游，陈国雄来访，他是魏国尧、陈启新老战友，现任地区艺术馆馆长，画家。他谈了魏国尧的情况，魏牺牲于一九四四年，他已成为当地历史人物，有《智擒八凶》《珠江怒潮》等文艺作品记载他的战斗故事。陈国雄"文革"中任某县委宣传部长。下午遇师专熊校长，才知道陈是他任县委书记的那个县的宣传部长——他被挂上"大叛徒""文艺黑线总头目"的牌子，他的画被撕毁四百多幅；他有一幅裸体儿童的画被批判为"恶毒攻击三面红旗"，说是其用意是，因人民没有布票，没衣服穿。他的妻子儿女四年前已去美定居，岳父是百万富翁，他舍不得自己一千多幅草图，所以不愿去美。

中山大学中文系四个中年来访，谈新诗歌会。

下午开闭幕式，许觉民谈总结内容，提到我在会上提议应把编资料当作学术工作，应算作科研成果，答应由文研所给中央有关部门写个报告，但他又说"希望不大"。

晚饭会餐，喝啤酒。

发出给西海信。

1983 年 7 月 7 日

早八时离开松涛宾馆，中午回到广州仍寓流花宾馆。下午与老鄂、常君实等同伴去高第街——这里是一条商场式的街，小饭店鳞次栉比，顾客如蚁。买了两把雨伞，各八元二角，给桂英买了一件白色连衫裙七元五角，又买了四包竹子牙签，即乘车返宾馆。晚中山大学饶鸿竞、吴宏聪来访，约明晨来接我等去中山大学。

下午发给敏一信。

1983 年 7 月 8 日

上午九时，中山大学饶馆长及中文系吴主任来邀。即偕同魏绍昌、王景山等人坐车去中大参观了图书馆，抄了一条台北出版物（孙陵：《我熟识的三十年代作家》）的巴金材料。中午在该校一餐厅吃饭，由五位研究生相陪，菜食丰美，有广东特色，如冬瓜盅、芝麻小方形肉饼等，并备有广东水饺。饭后由饶馆长送我们到宾馆。

午睡后三时许，一个人乘三十路公共车到越秀路，走了一大段路才到陈家。在此晚饭后，与启新在凉台吃荔枝，留东同学曹瑞石来——他比我大一岁，多少年来也苦不堪言，现在名挂在文史馆，但妻离子散，生活上依靠在香港大学任教授的侄儿供应。

九时许由陈宪送我回宾馆。收到敏的来信，信寄到陈家，桂英并另附信给陈宪。

明日下午即将离此回沪，今夜也是此次广州之行的最后一夜，匆匆而来，也将匆匆而去。

一篇小说，写两个相遇的朋友的故事，为每人历史，这么写：

于是，他们一再地握了手，在沙发上坐下了。

这地方（房间布置水平），这两个人的仪容描写，简洁交代后写正文：

一个七十多岁瘦而挺有精神的教授说……

此位说完，另一位微胖的离休干部说……

两个人说完，在沙发上又互相握着手，朗声地笑起来了。他们不幸的而又幸福的生活命运，漫长的四十年的岁月就轻轻地埋葬在这阵笑声里，只是在笑声的尾巴里，像一阵轻烟在空间——历史的空间，仍萦绕着徘徊着，占了历史的一个粒子。一粒沙，它发着自己的光，又像一根针，尖而亮，不会死亡，反而会随着时光的流逝，使它发挥出固有的力量，使人类的子孙永远记忆下去。

1983 年 7 月 10 日

昨日晚间，由广州乘机到家。

补记昨天的事：

上午托李福田同志买表，据说涨价了，连续交易三天都节节看高，即托他无论如何要买，多出几个钱不要紧——因为这是我的经济学原理：世界上最不值钱的东西就是钱；钱非命，命乃钱也。

上午十时，一人乘车去陈家，由此与启新、杨家华等同学坐车至东山，在一家饭店与留东同学十二人相聚。见到王叔廷，有的人已不记得姓名了，大家以菜代酒，吃了些菜，照了些相。二时左右辞出，由家华陪同到宾馆途中买了些杂物和荔枝。三时许，由宾馆出发，由陈宪送我到宾馆斜对面的民航，由此雇小车到机场，同行的除了老鄂外还有魏绍昌、方铭。六时左右起飞，抵上海机场已八时许。由此雇车回校，到家时已近十点，看了一堆来信。终夜和敏谈话，天甫明即起床，睡不着了。

记今天的事：

午饭后思和来，谈百花那本书的问题。发出给章品镇信，约他来沪。

苏兴良来。着桂英给昌东送去一些带回来的食品。

接到鲍蘧、章品镇挂号信。

整天未做什么事，需要休息。

1983 年 7 月 11 日

上午去看了昌东，他的身体仍很衰弱，大部分时间只能伏在写字台上休息。

应必诚上午来，送来今秋来此进修的日本横滨市立大学副教授铃木正夫（Suzuki Masao）简历表两张。

午后，全家去市区北四川路散步，食冷面。六时到韦秋琛家，九时许归来。唐金海来，谈广州开会情况。

收到陈纲寄赠的茅盾讨论会材料打印本一大捆、孙桂森信一封。

1983 年 7 月 12 日

上午叶文玲来访，她系叶鹏妹妹，受《时代的报告》之托，来沪采访施昌东与有关人员，准备写报告文学。她在河南，来前已看过昌东小说稿，我发表许多意见——各式各类，她都作了记录。

江礼旸来，姚青苗来。

午饭，留徐羽厚共食。

饭后全家去小高家吃晚饭，冀汸自杭州来，将于明日去大连，同来有何满子、姚奔、杨友梅诸人。晚八时辞出，与冀汸一起到家，他即宿此。

收到大哥信及附寄的王振基稿，收到杭行寄赠的宁夏出版社三本书及附信。

夜，读巴金《真话集》。

1983 年 7 月 13 日

上午满子夫妇、姚奔、王戎等先后来，陪冀汸吃中饭，由小高掌厨。邵家麟是姚奔他们的同学，也敬陪末座。

饭后，诸人别去，王戎留此吃晚饭后别去。

晚叶文玲宿此。

写给章品镇一信，托冀汸带到大连。

思和下午来了一下，带来代购的六月份《新华文摘》，它转载了《解放日报》刊过的《契诃夫手记》的序言。（节录）。

写给上图萧斌如信，介绍思和去查本年度的香港二报。

昨天在高家宴会上听说，王元化已正式宣布任命为上海市委宣传部长。听说，此前，前任的陈沂部长曾向中央告他有两条不适于任部长的条件：1. 王曾是"胡风分子"；2. 王患过精神分裂症。官场风云，大抵如此。

1983 年 7 月 14 日

叶文玲昨夜宿此。上午又和她谈了半天话，她都认真地记下笔记。

施昌东入党被批准，令天又是他的生日，小杜来邀小叶和我们一家去吃饭。桂英去买了生日蛋糕，同席的还有潘富恩。

收到今富正巳寄来的《人生赋》和《热力》的复印件——《热力》出版于一九四九年六月，正是兵荒马乱的时刻，加上一九五五年之后，国内很少见到，我们找了好久，也毫无结果，所幸今富存了一本，它又回国了。因此，全家为此高兴。

下午和参加文学研究会资料的同仁开了个碰头会。

收到彭燕郊信及附寄的两本翻译诗集，是他主编的外国诗译丛中已出版的两种：卞之琳译《英国诗选》《戴望舒译诗集》——装帧尚好。

1983 年 7 月 16 日

昨天倦极了，十时即寝，未记日记。

中午叶文玲在此午饭，卢倩作陪。

今日下午落雨，转凉。

这两天除过和叶文玲谈话，未务正业。集中读了这一个时候的大小报纸，今日又开始翻阅《团结报》，是统战性报纸，由该报赠送，惜无文为谢也。

1983 年 7 月 18 日

昨日未记日记，也无什么大事可记。这两天杂读一些书刊，算是休息。

昨夜大雨，今日下午放晴，收到河南人民出版社、浙江人民出版社刘微亮、孙桂森、陈国雄、徐立等人来信，还有夏嘉杰信。今天复了孙桂森、徐立信。下午又收到浙江人民出版社寄赠的《世界文学三十年代优秀作品选》上、下两册。

下午王戎来，在此晚饭。

1983 年 7 月 19 日

早上和桂英去徐家汇查旧刊物，她替我抄了一份一九三七年我发表在《国闻周报》上的作品《神户急行列车》，约五千字。我看了几种旧杂志，尤其是全份《学衡》。

四时出来，经淮海路回寓，已六时许。

孙景尧自广西来，谈此次天津会议事。

小顾下午来，送来一本《橡皮》译本，和一张记吕荧饿死的散文——这是一篇大胆的好文章，虽只有千字，但那历史的内容丰富，很有概括性，它称"文化大革命"开始时的《人民日报》社论《横扫一切牛鬼蛇神》为"臭名昭著"，是头一回看到。

寄陈鸣树一信，托他找一九三六年《留东新闻》上我那篇追悼鲁迅逝世的散文诗《葬仪》。

1983 年 7 月 20 日

大热天——35℃，人像热锅上的蚂蚁那样地受煎熬，不知如何是好。

人又回到自然了。

上午，潘富恩满面愁容和哭着的小杜一起进来，昌东的病近乎垂危状态。因此说起癌细胞的破坏力的可怕，但昌东的病都是由政治性的癌病引起的，这种政治癌细胞多少年来吞食了多少中国知识分子的生命，危害了整个民族和国家机体的健康，真是罪恶滔天——滔天大罪，令人言之发指！因此，又说起一个名潘慎的同学，他在太原关了十年，每碗只有二十四颗米，看管人员以吊打或罚犯罪人跑步消遣取乐，是一群披着人皮的兽类、兽种——"文革"式"积极分子"的本相。直到现在，还有人在"拨乱反正"中为这些兽类缓颊、掩饰，美其名曰"忘记过去"或"向前看"，这种忘记过去，实质上就是卷土重来的先声，他们只要喘气方定，还想这么干——这是他们的性命所在、安身立命之本，因为只有在人民的苦难呻吟中，他们才有安乐和幸福，他们革的是人民的命⋯⋯

下午，景尧来，在此晚饭。陆士清来，约定下月十八日上午去当代文学学习班讲课。内蒙古民族学院曾广裕来访，持孙桂森信。

收到李辉信。

热不可耐，简直无从工作，真想回到树林里去。

1983 年 7 月 21 日

天气炎热，简直无从作为。

上午上外廖、谢二君来访，商谈《中国比较文学》创刊号篇目设想，派给我的任务有两类：1. 组织几个人弄个《笔谈》，我也算一名，交一篇千字以内的稿子，八月内交稿；2.《国外论中国文学》一栏由我主稿，每期选一二篇。随后景尧来，参加座谈。廖、谢十时许别去，景尧在此午饭后离去。

午睡后看了昌东，他送我《治学篇》一册，内中有他的选文。

收到满子信，约本周日在他家相聚。收到陈鸣树信，他近来骨折，所托查《留东新闻》文章事，已代为进行。

1983 年 7 月 22 日

天气酷热，无为而过。

收到章品镇自大连来信，即复一信。他收到我托冀汸带的信，并见到梅志——她也参加了这次作协组织的休养。

又收到王祥信。

下午全家去五角场看了一场新闻电影。焦万顺父子中午来，吃过午饭别去。王戎晚饭后来闲坐。

中文系本届毕业生刘先林来访，他被分配在中国民研会，要求给大哥写信介绍，当写好简单介绍信，着他明晚来取。

1983 年 7 月 23 日

整天未出门，发出给大连的章品镇信和陈鸣树信，答复了老陈询问的郭沫若《凤凰涅槃》的副题中的"科美体"的解释——他左脚骨折，问候了他的疾痛。

收到江礼旸信，《小说选》序已决定在《文汇报》上的序跋专页发表。

早上连看了柏山的文学理论文章，是他的教书讲义，没有现实的理论意义，只能当文献材料看——又看了大哥寄来的王振基写的纪念希腊一作家的文章——都得考虑个发表的地方。

下午武汉师院来此进修的外文系的教师杨爱唐来访，系文振庭介绍来的，她在中文系教欧美文学，但外语不行，想来外文系进修——我还得为她找个人情。

晚饭后，看了昌东，他仍极虚弱。

1983 年 7 月 24 日

上午章培恒来说，前几天副校长邹剑秋曾来看过我，不遇，还要来——说是邹有意让我任校图书馆馆长，徐俊西要他说服我云。

过午休息后，全家去何家，郑已在，王后来，就浙江人民出版社愿意承印《文艺理论小论丛》事，进行了商谈。

发出给木斧、张谦青、白榕（谭之仁）、江礼旸信，收到卢康华、江礼旸信。

卢倩昨夜来辞行，今早由此去京，她已在外院毕业，分配在轻工业学院工作。她来沪四年，形同家人，临别时流出泪来。

将王振基论某希腊作家的稿子交老耿转西海《书林》。

1983 年 7 月 25 日

上午与敏去学校买了些零碎，又去中文系拿了邮件。董大中寄来《赵树理学术讨论会纪念文集》两册及信，《文集》收了根据录音整理的我的讲话，并附有照片。

收到唐湜、刘北天、文振庭信。

1983 年 7 月 26 日

全日开始审阅《文学研究会资料》，先从外国文学部分看起。

上午思和来，带来为天津百花编的《巴金创作生涯》改订稿，约三十五万字。午后翻了一遍，和敏捆扎好邮包，明天发出。

昌东今天入了党，这也算是多年的政治追求的实现，他的心是纯正的。

收到赠书：本年第四期《复旦学报》、同期《江海学刊》。

1983 年 7 月 27 日

天气仍然很热。读了本期学报上章培恒论《金瓶梅》的文章，觉得很好——能从中国小说史的角度来论述作者的艺术特点，尤其关于色情描写的分析，也很新鲜，把男女色情，看成人的本性的自然要求，因此着力描写，冲破了儒家的传统观点。

晚，与敏随同徐俊西同访邹剑秋。他们劝我任图书馆馆长，即答应考虑，当面回绝，不够礼貌也。

早上发出百花社稿。

1983 年 7 月 28 日

天气热极，没有风，据说，还要这么热三天。

发出给大哥、王宁信，及给江礼旸信附《小说选》后记校样。

收到白榕、徐洒翔信，及山西文联稿费二十元。

上午江礼旸来，送来《小说选》后记清样，他要为《文艺报》写一篇有关我的近况报道，说了些情况别去。随即将校样删改了一些，挂号寄他。

下午五五级同学鲍蓬、蔡国祯来访，与本届毕业生小韩一块儿在家吃水饺后别去。小韩明日回晋，分配去京中工作。

大热，不能有所作为。

1983 年 7 月 29 日

大热天，无所作为。

小江上午来电称，《小说选》后记校样已收到，即照我删定的载用。他又谈了为《文艺报》写的我的近况的介绍。

晚饭后，山西大学教师崔某来访，持青苗来信。这个教师是来参加当代文学讲习班的，我也将去那里讲一堂课。

1983 年 7 月 30 日

仍然大热，无来人。

收到康华信。

晨，动手改山西印的有关赵树理讲话。

上午小唐送来桂林代拍的照片及代购的《马君武诗选》复印本。

杂读各期《新华文摘》消遣。

1983 年 7 月 31 日

仍然大热，无所作为。

小顾上午来，带来罗飞寄赠的绿原诗集《人之诗》(续集)，中饭后，于下午二时许辞去。

收到小江信，附寄《小说选》后记的大样两张。收到路翎信及老耿挂号信，附寄路翎小说稿。

1983 年 8 月 1 日

大热天，无事能为。

上午徐立来电话闲话。九时许去物理楼参加上海文艺出版社编辑《中国新文学大系》二系小说选目讨论会。

下午大睡，吃西瓜。

收到静妹信。

1983 年 8 月 2 日

热气继续作祟，落了阵大雨并无减色。

仍然不能有所作为，杂读。

晚，景尧及西昌师专一唐姓教师来访，赠景尧美国雪茄一支。

上午房产科负责人老杨来访，谈住房事，他们预计分配我的房屋在九舍黄楼，也算本校二流宿舍。晚饭后，全家从五角场散步回来途中，去九舍访问了吴斐丹夫人金如玉，吴已去世经年，门庭冷落——五十年代我们邻居，多有往还，此后即变成互不相识的关系，绝了往来了。

收到昌东转来的叶文玲来信。昌东病已呈危险状，他妻子晚上来说，昌东要她告诉我他的病的危险性，听之凄然。

1983 年 8 月 3 日

上午去外文系查书，在中文系收到江苏人民出版社寄来的二校《小说选》稿。中午参加宴请张炯等人的中餐，吃饭的有十余人，我和敏一块儿参加。

收到冀汸信，他已于昨日返杭。

下午昌东弟弟夫妇来辞行，我们全家又去看了昌东，他的病势加剧，为此又在晚间去找了徐俊西、老杜——为此晚上两次相访。

内蒙古民族学院小徐来访，带来孙桂森信及赠我们的黄豆。

晚，管权及陈曙（福建师大教师）相访，并赠茶叶两盒，他们将结为夫妇。中午席上，同仁为之祝贺。

1983 年 8 月 4 日

天气有些凉爽，但中午仍然那么热气腾腾。

上午陪敏去医务室包脚——她的脚背被蚊子叮了，有些感染。在新华书店购《文明小史》及北大印的叶赛宁诗及评论。

思和来，带来代购的七月份《新华文摘》。华中师院程君来访，带来艾晓明信及发表她论巴金的《文学评论丛刊》一本。

晚间来了许多客人：孙景尧、杨女士（四川西南民族学院）、老杜、老徐（俊西）、应必诚。

1983 年 8 月 6 日

昨日未记，也无要事可记。

今日发出给江苏人民出版社陈乃祥信，附去《小说选》二校。发出给青苗信，附去小说《歌声》，请他转《山西文学》，在家乡亮相。

又收到浙江人民出版社退回来的给伍隼信及附寄的《〈契诃夫手记〉再版附记》稿——因信皮上的伍隼名字，以"查无此人"见退，乃给刘微亮信并附去原件，希望来得及排在《手记》后头。

下午，景尧领外文系留法教师林女士来访，她出席过国际比较文学协会会议。

晚，西南民族学院教师杨女士相访，为她写了一封介绍信，给朱微明——因她编东平资料，需要找有关人士了解情况。

早上，四川西昌师专唐老师来，带来耿庸信，即写了复信，请他今日带给老耿。

1983 年 8 月 7 日

上午与秀拔去看昌东，他已体力消耗殆尽，只能喝些流汁，甚至坐起身都感到吃力，他紧紧地握着我的手不动，空而大的眼里流出了泪，声音低微地说："贾先生，你对我胜于亲生的父亲……"他好像有千言万语，但说不出来，我坚强着自己，不使自己感情激动……下午着桂英去五角场买了一桶口服葡萄糖，由敏送去，也不过增加他一些体力，多延续生命。

夜间，徐俊西来访，说是邹剑秋同志说，盛华同志还是坚持让我任图书馆馆长，说是选不出人来，要我先干它个两三年再说——这真是尴尬，本来认为已经谢绝了的事，却并未了结，即约好下礼拜三上午与邹详谈一次。

思和下午来，说是当代文学讲习班原定我在十五日讲课，现在有变动，改为后天下午，参加作家座谈，那天上海的杜宣、胡万春、峻青、哈华、姜彬等人都来。

收到青苗自北戴河来讯；王祥来讯，已查到法国拉罗斯百科全书赵树理条目。

今日天气比昨天又有回升。

收到老耿信，附来杜谷致满子信——杜来过上海，因时值酷热，所以匆匆而走，不获与我们相叙。

1983 年 8 月 8 日

看比较文学材料，未出门。

收到天津百花陈景春信，那本巴金生活自述的稿子，他们拟十月发排，或争取早一些。

发出给山西作协董大中信，及《赵树理纪念文集》改订本；给小江一信，请他译一些俄文有关赵树理材料。

下午王戎来，孙景尧及西南民族学院杨女士来。杨已看过朱微明，朱托她给我们带来一包新茶。他们三人在此晚饭后并吃西瓜才辞去。

1983 年 8 月 9 日

早上小杜哭着来说，昌东病急要送医院，当即与敏同去她家，老杜、老徐、陆树仑、李平都先后来了，蒋孔阳随后也到，即由昌东的弟弟背上昌东到楼下救护车旁，再由众人相扶上了车子。

下午去当代文学讲习班，今日上海作家杜宣、哈华、丰村、菡子、胡万春等人座谈，由我做会议主席，众人讲过话后，我也讲了几句比较文学，即在此陪客人照相吃饭。

傍晚，景尧、四川民院的杨老师及西昌师专唐老师相访。

1983 年 8 月 10 日

上午到系内等徐俊西，不遇，又转到他家里也不遇。下午四时许他来了，一块儿去党委看了邹剑秋副校长，他说经过研究，还是得我任图书馆馆长，说是干上三四年再由中年人接班——下礼拜就开始工作，先暂不公布，等报呈上面批复。

收到山口来信及寄来的樋口进的《巴金与安那其主义》一书的复制件。收到徐立、孙桂森、覃树谦信。莫贵阳信上说那篇《笔颂》已发表在《创作》本年第四期，十一月可出版云。

1983 年 8 月 11 日

上午小杜来，得悉昌东已住在病房。……

收到山西大学高捷信，说是襄汾县的领导人物都去太原开工作会议，他已向他们谈了我家的房子事，他们答应回去办，也算有了小眉目。晚上给静妹写信告知并附去高信，要她们安心。

为昌东事，上午徐俊西、章培恒来过了，下午杜月邨、应必诚也来过，中文系的同志为此算尽了最大的热诚了。

晚饭在小唐家吃，菜肴丰盛，同席有卜仲康、四川师专的一位教师、新疆人民出版社的两个编辑——后三位都是来参加当代文学学习班的。

看了路翎的长篇《战争，为了和平》的第十二章，给它加了个《在流过血的道路上》的题目，晚上给莫贵阳写了信，推荐给《创作》。

晚上又给路翎、凯林各写一信。

1983 年 8 月 12 日

收到文研所肇庆会议纪要、梅志信及礼旸信。

下午桂英和秀拔去看了昌东，他更衰弱了。

晚间去看了子展先生，他在华东医院住了半年多，最近才回来，精神很好，说一回来就想来看我们。

晚，何寅泰父子自杭州来访，赠我们杭州的土产——藕粉和茶叶。

读《江南》上的小说。

1983 年 8 月 13 日

收到留日同学曹磊石信（广州），说启新病发入院，抢救稍愈云。卢鸿基自杭来信，也进了医院。下午全家去长海看昌东，他因癌细胞攻入胆部，皮肤已变黄，近于不能饮食，在此遇苏步青、郑子文等校领导干部来看视他。苏说，他和我算是一同劳动的"难友"；郑要我像苏老那样再工作十八年。在此又由小杜陪同去军大宿舍看了徐军医，他谈昌东病状，据主治医生说，还可拖二三月，挽救已无望。小杜路上说，昌东昨日已给她交代了后事，听了使人凄然不已。

收到余师母寄赠的刊有《余上沅年谱》的广州出版的《戏剧艺术资料》一册。

老杜为昌东事上午又来过。

读《江南》上刊的《鲁迅传》，它详细记载了鲁迅晚年的著译活动，但跳过答徐懋庸信，避而不谈。我国以权威为真理标准，这种封建余毒实在是祸国殃民的玩意儿，但又不能须臾离之，殊堪浩叹也。

老苏、四川西南民院的杨女士晚上来访。

1983 年 8 月 14 日

礼拜日，中午约何寅泰父子、四川西南民院杨女士便饭，由唐金海相陪。为了这一顿饭，全家天不明起床去排队买菜，真是好苦也。明天请范伯群父女便饭，又得多半天张罗。

老杜下午从医院回来说，昌东已不能吊葡萄糖了，因为血管破碎，针头扎不进去。如此说来，他等于完全断了伙食，使人浩叹！

晚上小杜姐姐来坐，谈起她令妹的任性，我们真为她以后的生活和工作担心——她这样的性格作风，将何以立身？

收到章品镇信，他已自京归来，《巴金三集》事由文研所给江苏出版局写证明或可解决。我们多年来的路线和作风，对历史的实用主义态度，对学术研究的破坏真是创深痛巨，流毒难清。

看了茅盾在《新文学史料》上的回忆录——《"左联"的解散和两个口号的论争》一文，他对胡风仍然咬住不放，梅志为此在信中问我该怎么办，为了答复她，需要先看看——"来而不往非礼也"，应该写文章澄清事实，不能对于他的信口雌黄加以容忍，使得它以讹传讹地流布开去。但这篇文章还有一个特色：它从旁佐证了鲁迅对胡风的坚信不疑，同时，文章也对周扬的为人作风作了些揭露，这些地方却有益于文学史的研究和评价。

1983 年 8 月 15 日

中午徐立来，她系为在安徽人民出版社出版《外国文学译丛》奔走，要我任主编，只好姑妄应之。从情况看来，她认识一些人，懂些外文，想译点小说解决生活，并非想争名也。

十一时许，范伯群父女来，卜仲康、吴中杰亦先后来，即请上述诸人在寓午饭，在中灶楼上叫了些菜。送范伯群女儿笔一支，要她子承父业。

下午四时许，唐金海驱车来接我去当代文学讲习班参加集体留念照相。相毕，又偕潘旭澜、徐俊西到中灶楼上，潘上午来约我在此吃晚饭，相陪北京来的陈建晨、陈骏涛及苏州来的范伯群父女，相约作陪的还有章培恒、蒋孔阳、陆士清。少饮汾酒半盅。

晚入浴毕，小杜姊妹来告知，医院正式通知昌东病危消息，劝了小杜半天。

收到曾华鹏、春琳和她的舅舅来信及最近的《清明》一册，又收到《艺谭》李平信。

1983 年 8 月 16 日

整天在家，收到阎哲吾信，当即复信，寄回他的有关杨帆的文章；又收到吴照林信及编写的中学教材。

下午王戎来，西昌师专教师冯某来访，他们在此便饭，王戎带来一些猪耳朵下酒。

晚，四川西南民院教师杨淑贤来，谈起徐某在美学讲习班上胡拉八扯的讲话，众人气愤——这人其实是个乞乞科夫，学风不正，此类怪物，可以飞黄腾达，到处招摇也。杨女士在编东平材料，受她之托，写了两封介绍信给她：梅志、杜谷。

整日近似无为，杂读。

1983 年 8 月 17 日

上午杜月邨来，谈昌东的后事，使人难过。

中午和徐俊西、章培恒等去长海看望病危的昌东，他已完全脱形，拉着我的手紧紧不放，仿佛这就是最后的一握。早上按他的意思，我给《时代的报告》某编者写了封信，寄去昌东的三张照片，用在叶文玲写的报告文学内——这是叶来信（给昌东）提出来的。

在医院回来和敏在五角场购物，买《牡丹亭》新版一册。

收到山西作协董大中信及寄赠的三册《赵树理纪念文集》，上海书店寄赠的《古旧书讯》一册。

1983 年 8 月 18 日

上午着桂英跟小杜去医院看视昌东。他的大哥上午来说，看样子就是这一两天的事情，他要求让他六弟来——为此，我和敏上午又去看了老杜，他即起身去系内，用中文系名义给施昌秀所在单位（金华）去了电报。

晚，祁龙威来访，他是三十年代前震旦老同事，现任扬州师院历史系主任。他说"文革"前，他不敢教帝王将相，教农民起义，"文革"中受批判，被说成是要煽动农民起义。这么多年利用工农的无知搞运动，当领导，只能大批地制造冤假错案，把人民推向苦难的深渊，以革命的名义蹂躏人权，这条历史经验，也算"史无前例"的"伟大创举"——说起来，真是创深痛巨，但又被列为禁区，不准研究，美其名曰"向前看"，其实"隐瞒是不能持久的"，只能是自我欺骗，或自欺欺人而已。

下午给梅志写了一信，明日发出。附寄《赵树理纪念文集》一册和游桂林的照片两幅。

收到曹白信及山西人民出版社寄赠的《抗日战争时期延安及各抗日民主根据地文学运动资料》（上）一册，系《中国现代文学运动·论争·社团资料丛书》之一，我是它的编委之一。

孙景尧早上来，送来他草拟的《比较文学论文选》篇目，即写了些书面意见；他晚上又来，又口头谈了许多，由体例到编例和选目。他催我为他们编著的《比较文学导论》写个序，即说明我的观点和论点内容，就请他做捉刀人，再由我校改。

1983 年 8 月 19 日

中午应邀去五角场淞沪饭店午饭，是徐俊西、章培恒、蔡传廉、应必诚、陆士清等人做东，宴请六十年代的同学，北京来的两个客人，由我和蒋孔阳作陪。宴请的还有范伯群父女俩，伯群父女下午回苏州，昌东如有不测，他再来沪。

发出给梅志、章品镇、杨云信，收到路翎信。

下午宾客众多，覃小川领锡侯大女儿新地和她的同学小韩来，她是今年南京医学院毕业生，仍分配在扬州工作。晚饭约请祁龙威和唐老师（西昌师专），即由他们三位临时来的客人作陪。

读《十九世纪文学主潮》，不愧为名著也。

新地送我们宜兴造的骏马一只（陶瓷），它扬首长啸，造型古朴。

1983 年 8 月 21 日

昨日未及写日记。晚饭又参加当代文学讲习班的结业聚餐。归途听培恒说，上午开校行政会议，已公布我任图书馆馆长。

傍晚，山西大学崔老师来辞行。改好《比较文学导论》，有二千余字，接着又改写《赵树理在国外》文。

今日早上，小杜自长海来电称昌东病危，全家即偕老杜及徐俊西前往医院探病——他已处于弥留状态，神志昏迷，张口喘气很短促，据说若不是昨天打了强心针，早已过去了，这时，又是凭输氧和吊盐水维持。九时许从医院出来去市区，晚上归来在门口听应必诚说，昌东已于上午十时零五分去世。昨天听他弟弟说：他在神志昏迷中一再呼叫"胡风分子"，说明一九五五年对他精神摧残的残酷，使他在临终的昏迷中做出呼喊。

中午在小顾家吃饭，有何、郑、王及柯文辉，饭后在顾家睡了近两个钟头。去看了曹白，又去看了覃汉川，忽降暴雨，即在覃家晚饭。归来已八时许，学校一带都未落雨。

归来在门口听到昌东死讯，接着敏和桂英去看望小杜，我没有去。

收到张德林、乐秀拔留条及陈鸣树来信。

1983 年 8 月 22 日

整天未出门。晚上，敏因为祁龙威着他的助教送来一张电影票，去看电影了。西昌师专的唐龙潜来辞行，因为昨天听覃树谦说，李华飞在那里编《凉山文艺》，所以写了封问候信托唐带回，李在今年寄来过一册地方文艺刊物。

下午章培恒来，说是因为按昌东的级别，不能在报上发新闻，系里要我写一篇悼文上报，起些新闻报道作用，也不宜太长，即慨然允之。

傍晚，叶易与他的书稿责任编者吴德润来访，就叶易的有关《近代中国文学论稿》提些意见；并送来一包稿子，说是月底要提副教授职称，下月初必须看完。

深夜改好桂英抄好的为《比较文学导论》所写的序文，又作了文字加工。

收到小韩自京来讯，及朱微明信。收到叶文玲寄赠的她的小说集《长塘镇风情》。

又在夜间看了一些有关昌东材料。

1983 年 8 月 23 日

忙了一整天的应酬，施昌东亲属上、下午都来。应必诚来给我看了昌东祭文。

上午孙景尧来，把序交给了他，又把抄好的另一份由桂英送交学校。思和来说是《文汇报》也托他向我约文，他和景尧在此午饭，景尧别去后，我和他谈了写悼念昌东文的内容和写作要求，就请他先打个稿子。天黑时，他写好了，约五百字，我加了个题目《为了不能忘却的纪念——哭昌东同志》，加改了些字句——文章写得干净，有感情，也包罗作为一个讣文应有的内容。

收到莫贵阳信及罗庆仆信，并附寄的两张《中国青年报》，那上面有批戴舫小说《挑战》的长文章，并附有编者按，看样子有些来头。太疲倦了，昨夜只睡了不到两个钟头，今天要早点睡才行。

1983 年 8 月 24 日

全天未出门。上午思和来电，说是已和《文学报》说好，昌东出殡那天他们派记者来写报道，下礼拜四见报。

早上着桂英把文章送给培恒，后来碰到老杜，他说大家看过了，有感情，已交《文汇报》。

上午吴中杰、林帆前后来访。

下午王聿祥来，他到青海跑了一次，进门听说昌东死了，他立刻哭出声来，哭了好一会儿。晚饭后别去。

王戎接到讣文亦来了，说好礼拜五去参加葬礼。

孙乃修回京归来，带来他找到的一九三四年我用鲁索笔名发表在天津《大公报》上的小说《相片》，两天登完的——这真难能可贵。

收到思和信，内容他昨天来时都谈过了。

1983 年 8 月 25 日

天雨。上午鲍薇、乐秀拔、潘富恩来，为昌东治丧事忙碌和议论，中午在此便饭。

陈鸣树爱人下午来，因鸣树脚病不便于行，由他妻子送来唁信。

晚曾华鹏、范伯群分别从扬州和苏州赶来，参加昌东葬礼。章培恒赶来，章说明日追悼会上列入我发言的节目，因为事先没通知，只好临时写了两张纸，作为明日发言的底子。我还建议由范伯群代表同学讲话。

昌东三兄弟来访，商谈丧事、小杜的工作和小瓯的培养问题。

1983 年 8 月 26 日

上午落雨，下午转晴，今天是星期五。

早上，为在昌东追悼会上发言，写了个草稿。九时，全家同王戎等乘校车去西宝兴路火葬场。灵堂设在大厅，送花圈的有九十多个，参加的吊唁者近二百人，大厅内外挤得满满的，要不是时间匆忙，花圈和吊唁者一定还要多。这种盛况，恐怕出乎一些人的意外。

邹剑秋副校长主祭，章培恒致悼词，我代表生前友好讲话，垂泪同哀者不少。桂英参加会务，照料小杜。

十一时散场，约市内外来吊唁的同学来家便饭，有范伯群、曾华鹏、王聿祥、赵博源、宋玉珩、鲍蘧、蔡国祯、乐秀拔、张德林、朱碧莲（沈剑英因去开会未来）、潘富恩等以及西海，即在中灶楼上同餐，章培恒后来赶来，饭后一起到家座谈。至四时许，诸人辞去。

晚饭我和桂英到小杜家吃，同席的还有秀拔和徐军医，也是安慰小杜的意思。敏则参加章培恒请范、曾的宴会。

晚和范、曾谈办杂志事，他们出了个好主意，采取内外结合办法——约请复旦中文系同学参加编委会，扩大阵容，采取这样"掺沙子"办法，可以解决家内四位副教授之间的矛盾，使他们不致短兵相接；编辑人员不妨分三档：常务编委、编委以及特约撰稿人。这个办法可以试试。

收到解放军文艺出版社寄赠的《王愿坚研究专集》和《徐怀中研究专集》各一册。

本日又有一说（是范、曾听老杜在小杜家说），学校又要我兼现代组主任。

1983 年 8 月 27 日

礼拜六未出门，收到章品镇信。

晚上章培恒、徐俊西来进行公事访问：他们要我兼任现代教研组主任，另配备一个毕业的党员研究生做副主任，只得应允。昨日下午陆士清来过，因王聿祥在座，他未说什么，大约也与此事有关。

唐金海夫妇晚饭后来访。他说，昌东追悼会情况，学校办的《复旦》小报需要文章，他已给该报负责人谈过，要他们来人要我的文章。为此，夜里校改了昨日在追悼会上的讲话原稿，他们如果来就给他们，也是一个扩大纪念的方式。

曾华鹏、范伯群早餐后于上午九时离去，分别搭车返苏、扬二州。

晚给《时代的报告》编者和卢康华各写一信，都是为昌东的文稿事。

下午，思和、乃修同来，谈编《外来思潮和理论对中国现代文学的影响》的设想——他们想全书分成三部分：1. 国外哲学社会科学论文选辑；2. 外国文学理论、思潮、流派论文选辑；3. 作家与作品评介文章选辑。

小刘下午也来过。

1983 年 8 月 28 日

星期日，中午后大雨倾盆，傍晚放晴。

昨夜，四时多才睡，改好昌东追悼会上的讲话。

上午高文塚来。傍晚，朱利英夫妇来，在此晚饭；她的爱人老唐赠我香港《文汇报》转载的我译的《契诃夫手记》中的一节，题名《聪明人》，栏目名《书海辰花》。

收到王宁自西藏来讯，那里大旱，民命堪忧。戴舫受《中国青年报》批判的事，她在山沟里大概还不知道。

1983 年 8 月 29 日

未出门，温度 32℃，晚上又得沐浴。

下午老杜来谈小杜家事处理，学校为昌东善后计划——这个老杜真是个好同志，为昌东事费尽心力，真是全心全意（货真价实的）。

晚，同乡同学王克恭来。他自家乡归来，给我们带来山西故乡的泥土一袋，家乡的苹果、豆子和花椒——他是三年级学生，"文革"中当过赤脚医生、土记者，也演过样板戏，五花八门，但人还实在。

读乐黛云的《尼采与中国现代文学》。

1983 年 8 月 30 日

天热在 30℃以上。

中午曹进行来，思和来，在此午饭。路上散步，遇张兵，他说我给学报的那篇稿子只有三千字，分量太轻，他们要八千至一万五长的有分量的稿子。即向他讨回——前几天思和说《文汇报》向我要文章，当托思和转给他们。

下午四时在校长室开会和图书馆的领导班子人员见面，这就算到职视事了。

晚饭后，往访李庆云，取回托他找的《社会》一九八二年各期，是彭燕郊托购的——晚上给他写了回信，明日连同四本杂志一块儿寄出。

晚，灯下看叶易的稿子，是复旦出版社拿来托审阅的。

1983 年 8 月 31 日

上午去图书馆开领导班子会议，也是头次到职。常务副馆长张涛同志说："贾植芳，你是研究学问的，我们给您准备了一间办公室，希望您能常来，事情就由我们几个人做，有事再向您请教。"——这些话是点题性质，也说明我在此可以"垂拱而治"。

今天《文汇报》登出《为了不能忘却的纪念》，但把副题《哭施昌东》删去了，外加了一幅施昌东部分著作照片，文内亦小有删节。

下午和敏去四川路购物，购到本年的《新华文摘》第三期、《新文学史料》近期、《读书》两册、《文艺报》两册及广东出版的《黄金时代》一册。

收到青苗及章品镇信，内附有他致施昌东治丧委员会的唁信。

寄出给彭燕郊信及《社会》四本。

1983 年 9 月 1 日

天很热，据说又有 38℃，晚上阵雨后，稍有改变。

寄去给景尧的代为复制的三本书印件，由桂英写一便函。

上午思和来，他已看到那些编有关现代文学的译稿，并拟好《二集》的篇目——为此，可以在我十日去南京时把稿子带上。他午饭后别去。

傍晚王戎来，老杜来。晚，填好工作表。

1983 年 9 月 2 日

下午去参加全校大会，校长在报告中宣布了由我出任图书馆馆长的决定。会后到图书馆，由焦副馆长向全馆职工对我进行了介绍——宣读了学校的通告，我和大家一齐鼓掌散会。

傍晚，内蒙古民院进修教师孙桂森偕晋东南师专的进修教师李仁和来访。晚饭后，又陪桂英去孙的宿舍取回他送我们的一大包绿豆及香烟。

晚，乃修来坐。前此，叶易来，答应礼拜日晚上请他来取他的稿子。

中午，校刊编辑顾某来访，取去我在昌东追悼会上的发言稿及和昌东的合照三张，他们拟刊在校刊上。还交给他秀拔的一首四言诗。

收到朱微明、留妹及卢鸿基侄女信。

1983 年 9 月 3 日

下了一天雨，忽紧忽密，忽大忽小。

上午去图书馆"办公"，到为我准备的工作室看了一下，布置得很像个样子，电话、电扇、沙发、玻璃橱都有，倒是个藏身的所在。

下午，机床厂的两个党员来外调"文革"中进驻印刷厂的一名工宣队张某的情况。此人是该厂的工人，但我那时是个"专政对象"，和这些"紧跟""高举"的同志是"敌我"关系，又加他们人数众多，实在不知他们的名姓和来历。只能找那些当时和他们"战斗"在一起的本校印刷厂的那些"造反"头头，请他们向这些人查考——而这些人今天依然各就各位，身体发肤未见丝毫损伤也。

晚，全家应秀拔之邀去他家吃月饼，同吃的人还有章培恒夫妇。培恒告我：一九七五年刘大杰受最高领导召见，最高领导问他对《红灯记》意见，他满口赞扬，连声说好。最高领导要他说真心话，他灵机一动，连忙说：剧中的鸠山说"苦海茫茫，回头是岸"，李玉和答曰"放下屠刀，立地成佛"——刘说李玉和这句话不合主席思想，因为主席说："他们决不会放下屠刀，也决不能成佛。"最高领导点头称是，并吩咐在座的江青按此修改。从此，刘就扶摇直上了。姑记在这里也算一个处世法则。

收到叶鹏信，答应由他们兄妹为昌东的小说出版出力。老耿信，附柯文辉信及归还的《看哪边人》，老耿将于近日去厦门，晚上写一信复他。

收到沈阳师院王忠舜发的请柬，约我去参加那里召开的萧军学术讨论会。

忙于为叶易看他的论文稿。

1983 年 9 月 4 日

礼拜天。上午朱微明来，在此纵谈，午饭后离去。下午礼旸来，拿去他的译文去校改，他说，那篇纪念昌东的文章在他们的《文汇报》内成为话题，引人注目。晚王戎在此晚饭。叶易、吴德润来，拿去叶的文稿。武汉师院进修教师杨爱唐来，她已办好去外文系进修手续，又给她写信介绍去看林秀清女士，请教雨果。

收到李辉信，发出给陈鸣树、李允信。上午徐鹏来，托他把给耿庸信带给老耿，他们明日一块儿乘船去厦门。

1983 年 9 月 5 日

上午到图书馆，由桂英把我的办公室作了一次清扫。下午三时，孙钿来访，虽系新会，实同旧交——盖彼此同学、同行又"同犯"也，但他在一九五七年又当了"五七战士"，也是劫后余存者。他比我小一岁，但并无老态，仍然精神健旺。他说想把余年集中写东西，要争时间。晚饭后别去。

收到姚北桦、郭瑞三、《人民日报》张泽青及大哥信——他已于四日动身去芬兰、冰岛等北欧各国访问，十日后归来。

1983 年 9 月 6 日

上午去图书馆，到各处走了走，也算了解情况的一个内容。下午开全系大会，章培恒为此中午赶来家里约我出席，因为会上要宣布教研室主任人选，而我又被推为现代组主任。

开会完毕后，在教研组开会，由我主持，分配了六个外地进修教师的指导教师，我自任孙桂森的指导老师。

收到李国豪信，那篇《歌声》小说，他们准备近期用；收到方平信及寄赠的《和莎士比亚交个朋友吧》。

发出给张化信。

购《无产阶级文化派资料选编》一册；公家发《邓小平文选（1975—1982 年)》一册，全国正在学习这本书。

1983 年 9 月 7 日

上午去办公室，听介绍图书馆情况，这里是一个复杂的地方。中午十二时回家，余师母已久候了。饭后，在楼下沙发上睡了一觉，醒来后，即不断有客人来，一直到近十时才接送完毕。

长海小张送来一盆花和他的一个短篇，晚上为他看了一遍，只是记了个故事。

收到朱微明、王祥、章品镇信。

1983 年 9 月 8 日

一天未出门。上午进修教师孙桂森来订进修计划，并建议他写这么一个论文题目《巴金作品中的外国人》（题材研究）。他中午在此吃饭，由思和作陪。

晚吴中杰夫妇、章培恒先后来又相偕离去。

本日出版的《文学报》以第一版头条的位置刊登了小江和小朱合写的访问我的文章，作为"本报专访"，已算升格的待遇。同报上还载了大哥去北欧开会的消息，第二版又以头条的位置登了章培恒访问记。中杰说：昨天《文学报》的人给他打电话说，这次报纸都是复旦的市面了。

下午，外语学院廖副所长打来电话索稿。

1983 年 9 月 9 日

上午到校。夜间，全家与中文系同仁作浦江夜游，十时归来。

收到张化、王煦两同学来信，高农寄赠《榕树文学丛刊》一册并附信。

思和下午来，送来《文汇报》打的小样（《比较文学导论》序言），加了个正题《研究比较文学必须以我国为主》，并对文中使官方不痛快的字句作了一些校改——这是遵从报馆意见。

在浦江夜游船上，看到一个"造反"起家、并在粉碎"四凶"后，从领导岗位（或机要职务）下来跟我工作几年的一个女工农兵涂红指甲，令人沉思。这些靠批斗资产阶级起家，无限忠于"伟大"的一代，竟然是一些这类人——他们现在在生活上的堕落，正是他们或她们在政治上堕落的继续。

1983年9月10日

整天未出门，气压很低，感到沉闷。晚上有间歇性雷阵雨，但气势不如昨夜凶猛暴烈。

收到梅志信附有晓风信；朱大路寄来这期《文学报》两张，也附有信。

上午乃修来，谈到戴舫小说《挑战》，他说 I.Bunin 的《燃烧》也是这个题材，苏联的《第四十一个》也是这个主题——人的兽性本能。

山西和内蒙古的两位进修教师老孙和老李上午来访——老孙挂在我名下，他填了一个手续表由我签了字。

桂英去图书馆抄回一九四九年三月发表在《大公报》上的散文《美丽的早晨》，想趁她在上班前抄好解放前后报刊散见的短文，为编《散文选》收集材料。

每个人都有他自己的上帝，但我的上帝就是我自己。我就是自己的上帝，我祈求我自己，我自己赐给自己生活的粮食、欢乐和幸福。离开我自己去向漠空或实体祈求幸福和欢乐，那只能得到痛苦和不幸，那就是最大的愚蠢，是一种中世纪的悲哀。人从"上帝"那里感到自己的微渺的存在，这个存在实质上是不存在——因为他只是为存在而活着，并不感到存在的意义和内容。

文学（艺术）只有靠激情才可以取得它的生存权利，因此，可以说，没有激情，固然不会有诗，也不会有小说，有一切艺术，就不会有形象——所谓艺术的魅力，就是作家的激情的外在反映。

现实中有陷阱，想象中也会出现陷阱。

人对世界的印象，形象地反映出来，就是文艺作品，因此它是抒情性的，因为印象中的东西并不纯是事物的实体，它隐藏人的主观和感情，是经过主观改造了的现实：这现实因此是自我性的激情本身，是真实的东西，但也会有虚假，那决定于作者的认识能力——印象的客观性的把握。

1983年9月11日

礼拜天，有间歇雨。上午王恩毅来，询问投考研究生情况。卢鸿基侄女来，在此午饭。

下午姚北桦介绍一青年来访，也为投考研究生问题，他叫卢鸿钢，大专毕业后在空军做英文翻译。

收到艾晓明信及稿。

1983 年 9 月 12 日

下午去办公室就《外来思潮》资料书编务和有关人员开了个碰头会，进一步落实分工，并就编辑体例交换了意见。

北师大王德宽同志来访，晚饭后别去。他来沪参加《大百科全书·现代文学》审稿会议，他们学校编了本《现代作家评论文选》，送来目录，要我提些意见。

收到广州出版的《文摘》总编李若林来信及寄赠的该刊已出各期。收到叶鹏信，河南人民出版社以昌东小说写阴暗面太多不愿出版，他要我作出决定。这几年，领导强调不写所谓"阴暗面"，即各次政治运动对民族和人民的作践和蹂躏，那多如牛毛的冤假错案，正如某文官说的这种"枯井"没啥可掏的——这实在可笑，也值得警惕，因为不愿正视现实的人就是不能接受教训的人；提倡忘记，就意味着随时准备背叛现在回到过去。这也难怪，因为这些人正是在人民的苦难中发家致富的，他们仍然眷恋那些在他们说来是黄金般的日子，那是他们生命线和幸福线，实在说来，这不是糊涂，而是顽固，他们已把自己摆在人民和历史的对面了，这是些社会主义现代化的绊脚石……

校刊编者小顾中午送来纪念昌东文的小样，他们作了一些删改，改了几个字，他说，下礼拜出版。

《文学报》寄来本期该报一张，那上面有为我写的专访。

1983 年 9 月 13 日

上午参加图书馆招收的中专专业学习班开学典礼，并以馆长身份讲了话。

下午参加现代组送别陆士清等三人离开教研组的茶会。

中午王聿祥来，送来曹白散文集《呼吸》两册，他是责任编辑，饭后离此去看罗平。五时从校归家，才得悉曹白来过，送来《呼吸》两册、月饼一盒。

收到莫贵阳信及沈剑英信，沈信附有译稿，是他根据日文转译的印度有关因明学的材料，要我代为校订。

说了一天话，很疲惫了。晚小唐夫妇、应必诚来访。苏兴良也来过。

1983 年 9 月 14 日

整天未出门。整理好为《中国比较文学》写的短文，计一千五百字，已由桂英抄好。

收到青苗及老耿自厦门来信。寄出给思和信，要他赶快通知《文汇报》，把上次那篇文章中所提的两本中译比较文学的书籍出版时间改正一下，以免谬误流传。寄出给朱微明信，附去湖南人民出版社信，这个出版社已应允出《彭柏山研究专集》。

晚写好给青苗及二哥信、给梅志信附寄上海报纸两张，明日发出。

乃修晚间来，应必诚夫妇来。中午王继权来，赠我他编的《蒋光慈文集》第二卷一册。吴中杰来还书。

1983 年 9 月 15 日

下午出席留学生入学典礼会，吃西式茶点，照相留念。

上午，上外小谢和小郭（女）来拿稿子，第一期目录已排就。

晚，朱利英夫妇来访，送来杏花楼月饼及青岛啤酒，晚饭后别去。

收到太原名"求知"者来信、王德宽来信。

1983 年 9 月 16 日

阴雨不断。上午在图书馆开馆务会，此次招考工人十名，却有百多人报名，其中还有几名大学毕业生，这也反映了吃饭难。此次办的中专训练班学生四十名，刚开学就死了一名，也反映了体检工作的腐败——这一名空缺，却又成为争夺对象。

收到四川人民寄赠的三本书，北师大杨某、朱微明、卢鸿基来讯。

章培恒明日动身去日本，敏冒雨上街买了两筒名茶，即写了便函，由桂英送培恒家，托他带去，送给今富正巳。

又收到留美研究生戴舫、顾放勋各自来信，写得都很长，并附有他们在美近照。

1983 年 9 月 17 日

似乎进入了雨季，这几天总在下个不停，今天晚上去学校看电影《武当》，有许多处所得蹚水而行。

上午在办公室接见教育部全国图书馆委员会的秘书长，他们共三人，是公事访问——重点是关于复旦图书馆的现代化技术措施方面。在办公室又与前任馆长金教授（福临），谈了许多公事，和他约好下礼拜详谈。

收到一大堆信，朱微明、陈鸣树、曹白、韩萱（西北大学外语系）、倪海伦（北京大学西语系，由陈福康信附来）、黄梦菲（湖南邵阳供电所财务室），后三位都是素不相识的青年，询问投考研究生和文学问题的。

下午发出一批信：朱微明、陈鸣树、陈公正以及《广州科技报》（文摘）的总编。又写了给叶鹏及郭瑞三信。信债欠了一屁股，越积越多，但都得还。

1983 年 9 月 18 日

星期六，晴天。

上午何满子、小高、卢鸿基先后来，卢还领着一个老妇（六十四岁），未作介绍——我问起，他才说是吴峤（这是丰村的前任妻子）。据卢说，他们有意结合，他此次来沪，就住在她家里，我笑着说，你"顶替"丰村了。

全运会开幕，下午看了新闻电视。

上午发给叶鹏及郭端三信——关于昌东小说事。

上午去看子展先生，他儿子以咖啡招待，他的足疾已有所进步。

1983 年 9 月 19 日

上午在办公室和前任馆长金先生谈话，他交代了许多图书馆的情况。下午坐车去外文书店参加民主德国科技图书展览会开幕式，出席约二百人。

收到两封读者来信、陈宪来信；收到王德宽信，又急忙给他发出复信——关于他来看我的时间问题。《江海学刊》第五期寄到。张化那篇文章总算登出来了。

又收到西昌师专唐龙潜信。

1983 年 9 月 20 日

早八时许到图书馆，接见了以澳大利亚国立图书馆馆长为首的澳大利亚图书馆代表团一行六人，由交换组长老王介绍本校及图书馆情况，外文编目组的麦女士（前《文汇报》记者麦少楣的妹妹，圣约翰大学出身，一九五七年的"右派"）充任翻译，另有北图及上海文化局工作人员，谈话后参观了图书馆别去。其中有两个澳籍华人，一名叫王省三，是那里的东方图书馆馆长，他对我说，对我久仰，说是谭其骧的学生，要我代他问候云。

今天是中秋前夕，上午约小杜母子、孙乃修、王克恭两同学一块儿吃节饭，小朱也临时来参加。饭后陈思和来。

中午去系内，于敏同志说，化学系总支书记要找我为学生作一次有关施昌东的报告。下午秀拔来，他们财经学院约我为该院党史教师作一次关于三十年代左翼文化围剿与反围剿的斗争的报告——这个月事忙，只能推到下月。

本日《文汇报》刊出为《比较文学导论》所写的序文，由编者加了个标题：《比较文化研究的佳音》。

收到王聿祥信及代购的作为高等学校文科教材的《中国当代文学》（华中师院编）。这本书是按照冯牧去年十月在该院教材会议上的调子编的，关于胡的文艺思想评述仍停止在一九五四年水准上，几乎没有前进。

又收到朱微明信。

1983 年 9 月 21 日

中秋节，下午张文江及徐州师院李老师来访。四时和敏去曹白家吃饭，卢鸿基夫妇同席，还有力群的二儿子。

收到赵祖武、朱为众（南京）及沈剑英信及译稿。

发出给晓风邮件，由敏写了信。

1983 年 9 月 22 日

上午去外语学院开《中国比较文学》编委会议，到会的有方重、林秀清、倪蕊琴等人，中午即在此用饭。下午参加图书馆组长会议。

晚饭在小唐家吃，是我们两家合请孙、李两位进修老师。

收到本期《复旦学报》及《茅盾专集》两册。

收到思和信，后来他又来家转了一次。

1983 年 9 月 23 日

上午王德宽来，给他们编的《现代作家评论选》的篇目提了些意见，午饭后离去。

下午和晚上，看完了图书馆的外文采购书目以及两个外国人求职的来信。

1983 年 9 月 24 日

上午在办公室参加馆长会议。下午震旦大学一九五一年毕业生陈国钧来访，一别二十余年，见面几乎不能相识了。他现在江西师院改教中国哲学史（原教政治课），在此晚饭。他多年来也备尝艰辛，虽未戴帽坐牢，却也四处为家，他的妻子因此由发疯到双目失明以至瘫痪不起，这些遭遇在我国那个时期极属平常，成为时代风习，但反映在一个人的身上，却又形形色色，各有千秋，使人不仅浩叹，而且是愤怒！——怒发冲冠，不能自已。

"始作俑者，其无后乎！"这个反人民反民族的历史责任，我相信，历史会给以清算，"隐瞒是不能持久的"。这句话是真理，不可因人废言。

下午长海小张来，他在师院的一个朋友写人物传记，要为《社会科学战线》写一篇两万多字的我的传记——盛情难却，约定下月三日下午来谈。

收到江礼旸信及赠报与译稿，老耿来信及转寄的绿原赠书——他的诗集《人之诗》，山西寄赠《赵树理纪念论文集》精装本一册，复旦大学出版社开会请帖，淮北煤炭师院李君及常熟徐塘中学朱君来信——都是看《文学报》后引起的。又收到叶鹏来信，他已被任命为洛阳师专校长，昌东小说稿由他在出版社取回，再由他们兄妹"整容"。

上午本校外办来电，日本横滨大学铃木副教授将于十月一日到沪，是来跟我进修的。

吴中杰夫妇晚间来，送来他们夫妇的论文集《海上文库》目录，请我代为推荐。

1983 年 9 月 25 日

礼拜天，午睡后，全家去虹口，为了给我买件两用衫，跑了几条马路，也没有买到，最后在老介福买了几尺料子回来。晚饭就在这附近的一个点心店吃。

收到上海作协开会通知。购九月份《读书》及《小说月报》各一册。

1983 年 9 月 26 日

天阴，下午起大风飞扬。

上午和老苏在我的办公室为《文学研究会资料》定稿，下午又继续了下去，外出了一天。

中午吃饭时，化学系总支派人来访，约请为党的积极分子讲一讲施昌东事迹。

收到叶文玲信及辽宁作协《当代作家评论》的约稿信。收到江西铜仁中学一不相识的中学教师来信，询有关比较文学研究生投考事。

发出给陈启新、李平印挂件，给读者湖南邵阳黄梦菲信。晚上又写了给陈国雄和曹磊石信。这类信债欠了许多，一时实在还不起。

1983 年 9 月 27 日

上午和老苏编目。下午参加复旦出版社的座谈会，讲了些话。

收到赠书：本期《创作》一册，复旦出版社赠书《浮士德》《〈修辞学发凡〉与中国修辞学》《世界经济文汇》《怎样才能获得真理》各一册，唐金海赠《茅盾专集》（上、下两册），徐震赠杂文集《魂兮归来》一册。

中午陈鸣树来访，赠绍酒一瓶，在此午饭。晚吴中杰带一浙江师院教师、小唐夫妇相继来访。徐震来访，为他参加中国作协签名做推荐人。

收到江西农科院良种繁殖站熊晓青信，询考比较文学研究生事。

老耿来信，约国庆日在他家吃饭。

1983 年 9 月 28 日

上午在办公室为文学研究会继续定稿。天气已有凉意，穿一件衬衣显然不行了。

在看材料中，看到 I.Bunin 回忆 Chekhov 的一段话：

一个人写他的作品一定要勇敢，比方大狗和小狗，小狗不能因为有了大狗，它就灰了心，大狗可以叫，小狗也可以叫。上帝给狗声音，乃是要它叫的。

契诃夫生世早，他没观察到有一种国度的时代，只准大狗叫，不准小狗叫，小狗要履行上帝给他的声音，那就只有跟上大狗叫。我小学课本上就说："大狗叫，小狗跳，大狗叫一叫，小狗跳三跳。"这仿佛就是"史无前例"的精彩写照。在人民窒息的时代里，创作不只是一种"精神上的冒险"，而是以精神的死亡为条件的。

下午在校长室听取图书馆赴京学习的两位同志的汇报，他们说，在国外图书馆被称为高等学校的心脏，他不仅输入资料，而且输出——资料经过运用又产生出新的科学文化成果，转化为全新的资料。

收到上海司法局一女青年来信，询投考比较文学研究生事，这类信几乎每天有，说明青年人好学向上的好风气。

1983 年 9 月 29 日

上午在办公室。中午与敏进市区，先去顾家吃中饭，遇杭行，他去宁夏工作，已有二十多年未见了。老耿随后到来。饭后与老耿步行至文艺会堂，在此遇梅林、任钧、白危诸人。因为中国作协代表会今年不开了，所以选代表的会也中止了。结果看了一场《火烧圆明园》的电影四散。

与老耿在南京路一块儿吃过饭互别，到家已八时。孙桂森、陈国勋在候，后分别辞去。

收到卢康华、庄钟庆、陈公正信，陈信并附寄赠桂英的书。

又收到沈剑英信。

1983 年 9 月 30 日

上午在系里开行政会。过午颜海平来，她已买好机票，下月十二日赴美，读博士五年，即约她八日上午来午饭送别。

收到朱微明信。

1983 年 10 月 1 日

国庆。上午乃修来，送来他译的英人 Laurence Binyon 的《亚洲艺术中人的精神》（*The Spirit of Man in Asian Art*）原稿。

午前，留日同学郑麟翔来访，也有近四十年不见了——原不是怎么熟的一个人，他在兰州西北师院工作，午饭后别去。

午后，全家去老耿家吃晚饭，在座有小顾夫妇，菜肴丰盛。八时许辞出，因管制交通一直由北站走到虹口公园，才搭车回来。

晚，校剑英译的印度《正理经》（*Nyaya Sutras*），原文系梵文，他自日文转译而来——对此，我是外行，只能就文字上做些手脚而已。

收到《团结报》的请柬——开恳谈会。这个不显眼的小报就出上海航空版了，因此又显眼了。

1983 年 10 月 2 日

阴，有时有雨。下午斯民夫妇来，在此晚饭，原约杨友梅母女未到。续校《正理经》。

1983 年 10 月 3 日

上午沈剑英夫妇来，在此午饭，拿去沈译的印度《正理经》稿第一、二两卷译稿，由我做了一些文字上的校改。

下午敏和桂英去市区看电影，黄志麟全家三口、王老太太、金老太太姐妹相继来访。晚，军大小张偕上海师院教师来访问，这位教师预备为我写篇访问记，应《社会科学战线》之约——谈至十时告辞而去，拿了些有关书面材料（小传、新华社专电、《文学报》访问记）。

晚间，应必诚来，日本进修人员铃木已到——此人以访问学者身份来进修，为此住第九宿舍招待所，约好明天上午九时在该处和我见面。

1983 年 10 月 4 日

上午在第九宿舍和日本访问学者横滨大学副教授铃木正夫见面，谈了他的研究进修计划。他出身于大阪大学，专业郁达夫，是首次来华，年四十四岁。

午后，全家去顾家，由此与耿、·何诸人偕同到梅龙镇酒家参加小顾三儿的婚礼。吃喝了一顿，又便道应邀去许思言家小坐。

收到安徽大学一助教来信，及寄赠的本期《文学知识》。

1983 年 10 月 5 日

天雨。下午《团结报》派车来接，去南京路民主同盟等民主党派总部开会，六时不到车送回家。

1983 年 10 月 6 日

晚上下雨，天气凉了，要穿棉毛衫了。

下午去办公室。上午思和来，与铃木联系的事就交给他。他见了铃木——外事部门向他交代了外事规矩，我们还是个农民国家，"非我族类其心必异"的古老观点，还是我们对外关系的理论根据呢。

晚，乃修送来他的译文的原文。化学系的一个工农干部来，约我十二日给该系积极分子作施昌东的演说，宣传共产主义的人生观等。

晚间灯下翻阅曹聚仁的《我与我的世界》。

1983 年 10 月 7 日

天雨未出门，继续译《日本文学思潮对中国现代作家的影响》一文。

上午老应夫妇来、教研组小王来，都是公事。下午思和来，晚饭后别去。

明天是我的生日，敏冒雨去市区买蛋糕。六十八年前的明天我走入这个世界，进入生活，六十多年的风风雨雨，都算挺着胸走过来了。我由一个山村的孩子成为一个中国的"大知识分子"，所谓"知名人士"，我的生活历程如果见诸文字，也将是一种历史贡献——回忆录还是非写不可。

收到木之内诚信，他拟来看我，说是山口带有送我的礼物，即写信约他下礼拜二来家相见。

晚上，得穿棉毛衫裤以至羊毛衫了——天气凉了。

1983 年 10 月 8 日

今天是我的生日。上午十时和思和在办公室接见铃木正夫，他带来他的学校横滨大学校长送我的礼物和他自己的礼物，日本人多礼，还保持东方民族的古风。

中午为海平送行，乃修、思和作陪，还有海平爱人小黄。

下午开馆长会议。外语学院来了三位教师，因我外出，只留下一位相候——他们后天去杭州交稿，有些问题要和我商谈。

晚，小唐来补《巴金》第三卷了。

现在十二时，六十八年前这时我已出世四个钟头了。

1983 年 10 月 9 日

星期天。上午小顾夫妇来，午饭后别去。乃修来，订正外语学院托译的一个英文题名（中译英）。

下午子展先生儿子来家，为我和桂英各照相一张，敏恰外出没有照成。

晚和小唐补《巴金》第三卷。

1983 年 10 月 10 日

上午在办公室，与老苏定文研会稿。下午外语学院小陈来，带去复印材料等以及托他们带给夏钦翰、刘跃林的信。

晚，阅好外文采购书目及两份洋公文，并批了处理意见。

1983 年 10 月 11 日

上午去办公室开报刊组会议，铃木正夫来访，交来他的研究计划。

中午约木之内诚和山村公一两位日本进修教师午餐，他们带来山口守送我的礼物—— 一口钟，请陈允吉相陪。

下午去教研室开会。傍晚武汉大学吴樾和范希衡的儿子范正来访，并留吃晚饭。范正赠我他父亲的遗译《法国近代名家诗选》一册，他从北京来。大哥已回国。

1983 年 10 月 12 日

上午去办公室。晚，为化学系的党员培养对象讲了一堂"施昌东的品质和贡献"。

接大哥来信，他已自北欧返京，此次出行，曾经过莫斯科、伦敦，回京后看到报上我写的纪念施昌东文章流泪。

傍晚，徐州师院进修教师李存煜和新闻系三年级学生吴奔星的儿子吴心海持吴奔星信来访，又随同我去化学系听我讲演。

晚上，开好托人在英国买书的书目。秀拔来，送来财经学院讲课费十元，但下午接校办通知，本礼拜五下午开研究生指导教师会议，因此，原订去财经学院讲课的日子只得通知秀拔改期——下礼拜一或五。

又收到朱微明及孙景尧寄来的代为复印材料的费用。下午与敏去新华书店购了近十元的书，其中有四卷黑格尔《美学》朱光潜译本。

1983 年 10 月 13 日

上午到校内，办了些杂事，收到《文汇报》及校报稿费。

午睡后，全家去五角场游逛，好久不来了，有些陌生，在那家回族馆吃了啤酒、牛肉和油墩子，"穷人的欢乐"而已。

收到老耿寄来的礼款，收到本期《艺谭》，购本月《小说月报》一册。

晚熬夜阅完了《巴金专集》第三卷全稿，并写好给陈乃祥信，明日发出，了此一事。

1983 年 10 月 14 日

下午在工会参加研究生导师会议，说是哲学系八个研究生在桂林发言不逊，此事已报到中央最高层——因此要加强研究生政治教育，否则导师有责，将被取消导师资格了。

中午，徐鹏来，问讯乃修毕业后出路，即答以最好留校，开设专业。下午会上也讲，要老年人推中青年一把，扶持他们。

晚，小唐来结算《闻捷专集》账目，把《巴金》第三卷稿交他发出。

昨日给大哥及叶文玲各发一信，大哥处并寄去《时代的报告》及《文汇报》各一张（份），那上面有我的事情（文章）。

1983 年 10 月 15 日

天雨，收到伍隼信，即复一信。《手记》已付印，年内可见书。又收到江苏人民寄赠的《陈白尘专集》一册。

下午到办公室和老苏、小刘弄文研会材料。蔡传廉来访，约好明日晚五时半去参加在锦江饭店为铃木正夫举行的公宴。

晚，唐金海夫妇来，《闻捷专集》的稿费分配方案，按领导意见，因我作为主编，分百分之五十。他和敏算清了账目，银货两清。

1983 年 10 月 16 日

天雨，礼拜六。下午丰华瞻爱人来访，为编辑丰子恺资料事和文研所产生纠葛。他们夫妇对文研所产生猜疑，这真不好办。

晚，与邹剑秋、章培恒、蔡传廉同车到锦江饭店，公宴铃木正夫，至八时许又同车返校。

收到思和、小川信。

明天下午要去财经学院作报告，谈三十年代左翼文艺论争，为此看了几种文学史材料，这个题目复杂，要一次讲完，实在不行，只能勾画一个轮廓而已。

1983 年 10 月 17 日

下午一时许，秀拔驱车来接，到他任教的财经学院讲学，是该院马列主义教研室、汉语教研组教师来听的。讲了二十年代末期左翼文艺运动情况，

三时半返校。

收到孙景尧、朱微明、李允（河南人民出版社）信，复李允信。

1983 年 10 月 18 日

上午在办公室，安排了铃木查阅资料事。

下午和敏去四川路买皮鞋一双，价二十元；又买九月份《新华文摘》一册。思和代买本期《读书》一册。

晚，孙桂森来坐。

1983 年 10 月 19 日

天气不佳，时有雨。整天未出门，当晚总算校完了剑英译稿，并写好信，明天挂号发出。

这两日不断有来看房子的人，今天下午赵敏恒未亡人及儿媳、孙三代都分两次来过，她们已和房产科说好，要搬入这所房子——也算后浪推前

412

浪的一种运动。

昨日看九月份的《新华文摘》，那上面有姚北桦的一篇《一石激起千重浪》，说的是南京某人在《人民日报》上发表了《日记何罪》等三篇杂文后，反响很大——原来那些年为日记而被杀、被捕的人交交关关，有的还一直得不到平反，长期蒙冤。从这篇杂文的"一石"激起反响里，看到了这些年的历史的一角，发人深省，而我也是身受者之一，一九五五年之后，日记、文稿、书信、照片、书籍被抄掠一空，直到今日还片纸未还。记日记有罪，真是历史的极大曲折表现，中国人民为此又付出了沉重的血和泪的代价，就像我们先祖们在古代的封建时代的命运一样，这个农民国家前进一步真不容易啊！……

1983 年 10 月 20 日

天雨，一整天下雨不停。

下午去系内参加研究生导师会议，围绕着哲学系八个研究生出事，征求导师对研究生的政治思想教育问题的意见。在座的都发了言，我也讲了话，对青年一代应该教育引导，他们在思想认识上发生此曲折，并不奇怪，这是一个成长过程的反应，是学术上的探索必经阶段，如果只单纯地进行正面教育，倒是不利于他们的思想上的免疫能力的提高和锻炼，那倒是真正的危险，因为缺乏了抵抗力，就会有被歪风刮倒的危险——只有在思想的风浪中，才能真正地学会游泳，保持身心健康。

五时归家，外语学院去杭州的小谢、小郭在候，送来了本期《中国比较文学》的打印目录，云已交稿，明年五月前可出书。

晚上两个二年级学生严锋、翟宝海来访，前者持章品镇介绍信，和他们纵谈了文学的学习，尤其是比较文学的研究问题。

1983 年 10 月 21 日

上午跑学校，在图书馆安排了铃木的阅览问题。

晚，看艾晓明译稿——《巴金》（内森·K·茅著）。

收到范泉信，寄出给章品镇信。

中午聿祥来，午饭后别去。晚上同学小王、小陈来，一个美学研究生接着又来。

1983 年 10 月 22 日

雨天。上午到张涛家开馆长会，讨论人事安排及参加上海高校图书馆先进工作会议问题。

晚，全家看《武林志》。

续译郑清茂的《日本文学思潮对中国现代作家的影响》。

小周姨母病故，着桂英代表我们去龙华参加追悼会。

1983 年 10 月 23 日

天晴。上午陕西文研所陈周昌持胡征信来访，并带来胡征近照一幅。陈宋惠自常州来，顾征南夫妇来，诸人在此午饭后相继别去，托陈带回给胡征信及我们在桂林照片一幅。

收到大哥、叶文玲、柯文辉信。这期《时代的报告》因刊载关于劫机事件的报告文学被停止发卖。

晚，续译《日本文学思潮对中国现代作家的影响》一文。

1983 年 10 月 24 日

昨晚译书至晨六时始寝。

上午河南人民出版社李允来访，他是昌东小说的责任编辑，此稿在河南无从出版，那地方"拿上鸡毛当令箭"，禁区重重也。约好把稿交回。

下午与谢校长、焦副馆长接待美国约翰·怀利父子出版公司主人布勒福·怀等一行六人，其中有一名律师，会操华语，一名女经理亦可讲些中国话，陪他们参观了图书馆，礼毕。

收到凯林信。敏和小杜应陈宋惠之约去上海看滑稽戏。

1983 年 10 月 25 日

下午在教研室开例会，收到林之青信，为一个留日同学魏中天（广东省政协委员，在香港创办中国文化馆，编辑《我的母亲》），向我约稿，云云。

晚，思和在此晚饭。苏兴良、刘裕莲为公事来，为小刘去上图复印材料写了一封介绍信给老萧。

桂英从图书馆借来一堆有关日本文学史的中、英、日文著作。

1983 年 10 月 26 日

这两三天来，报上反对精神污染、反对资产阶级自由化的大文章、讲话、会议记录接连不断，成为时代中心的主题。锣鼓声又紧了。

上午在馆里开会。王锡全、唐金海夫妇同来，王送来他新出的《郭沫若年谱》（下卷）一册，并约我们明天晚上陪江苏人民出版社的老顾吃饭。

收到陈公正信，并附赠书两册：《曹雪芹江南家世考》《寿宁待志》（[明] 冯梦龙著）。

收到澳大利亚国家图书馆长信，感谢上次来访时的接待。

录两段抄书：

谁不愿在人堆里渴死，他必须学会以各种杯子喝水的法子；
谁愿意弄干净身子在人堆里走，他必须学会洗濯，甚至于拿污水洗。

——《查拉图斯特拉如是说》

1983 年 10 月 27 日

上、下午都在办公室审阅文学研究会材料。

晚饭全家应邀在中灶楼上陪江苏人民出版社的老顾吃饭，主人是王锡全、童炜钢，他们编的《郭沫若年谱》出版了。

收到《艺谭》李平约稿信。

吴中杰中午来说，介绍给浙江的稿子那里来信接收了——这也是好事。

这几天，报上、街谈巷议中，都谈"反右"问题——反资产阶级自由化和清除精神污染问题。

1983 年 10 月 28 日

早上去办公室参加各系资料室主任会议，听取意见。接见广西图书馆代表团一行十六人，至十一点钟。小周电告萧斌如来访在家相候，乃中途退出会议，赶回家中。老萧自北京开会归来，谈公事又及她家事。小唐适来，送预支的出差旅费，留他陪老萧吃中饭。敏进市区为小彤购置羽绒棉衣，由桂英在食堂买了些馄饨酒菜吃了一顿。老萧下午三时半别去。

收到梅志母女信。老萧说，她在京碰到四川民族学院的杨老师，说是曾持我的介绍信去老胡家中，胡谈话很多并留她吃了一顿饭。

1983 年 10 月 29 日

上午去办公室，旋得桂英电话，说是有两位四川人民出版社人来访，乃匆匆归来。来访者系孙伯鲁、杜冰昆二同志，他们是《龙门阵》的编者，送我该刊一册，约请撰稿。

下午三时许，朱微明来访，送来她找到的柏山的稿子，敏以咖啡相待，四时许别去。

晚，全家看《没有航标的河流》，演员很好，作品也很严肃，惜乎小说中所重力描写的那个小镇的"文化大革命"风光写得过于简略，但仍不失为一部有深度的作品。电影上所以不能如小说中那样竭力描写"文化大革命"风光，那自有其苦衷——为了争取能拍摄和放映，只得按官令行事了。

收到范伯群信。

1983 年 10 月 30 日

礼拜天，整天没什么外客来往，和桂英特地到校内办公室工作——修正和抄写这篇《论日本文学思潮对中国现代作家的影响》的译文，全文可能近两万字，已弄到近七千字，由她复抄两份。

1983 年 10 月 31 日

今天未出门。整天忙于译文，已译抄了多一半。收到天津百花文艺出版社陈景春信，以及东北师大两个女同学来信。

乃修中午来，拿去他的文稿，交来代校的材料。

1983 年 11 月 1 日

未出门，今日五时始寝，赶译论文。这篇文章在分析日本"私小说"对创造社作家的影响上颇具新见，而对日本"私小说"的形成过程，又能从历史、社会、思想及艺术方法上进行分析评价——这个内容，在国内的介绍还不多见。全文约有一万五千字，已译好了多一半。

桂莲从上饶来，由此回晋探亲。王聿祥下午来，他将去京，托他给大哥及梅志各带了一信和送他们的东西，也算对他们的介绍。晚饭后离去。

下午徐鹏来催考题，又得放开手忙这个，约好后天交卷。

收到思和信及拟好的序稿，还得做些编务上的补充。

收到武汉大学吴樾及其夫人文刚信、耿庸信。

1983 年 11 月 2 日

整天未出门。上午孙桂森、思和来，在此午饭。老姜同志来，谈图书馆这几天的工作。敏和桂英进市区购物。

整晚拟研究生试题，至天亮时草毕，由桂英抄好后上交。

收到高汉信及重庆师院学报近期一册。校新华书店卖便宜书，买了一大堆。

1983 年 11 月 3 日

上午到学校内走了一次，中午沈剑英在此午餐。今日早上六时始寝。下午河南人民出版社李允来访。中午唐功儒来访，送粉丝一大包。

上午着桂英交上研究生试题。

下午思和来，晚章培恒、潘富恩来。

1983 年 11 月 9 日

四日下午全家偕小唐去南京，桂莲同车到站相别去晋。下午六时左右到达，章品镇兄和朱建华同志在站接车，被安排在南京饭店住，也算南京的大旅馆之一。五日，我们来的人自由活动，去了中山陵、明孝陵等地，中午在中山陵午饭。由此回市内，访问江苏人民出版社谈公事，毕，已四时许，章兄陪我们逛街，在外文书店购外文书数册。晚姚北桦来访，以酒、花生米招待他，并将昌东《论严复哲学思想》一文交他。

六日，章兄来寓相约，在夫子庙一有名的茶店吃早点加午饭，坐雅座，点心都是特别定制的。在此遇南大教授陈瘦竹夫妇，寒暄一番。由此访问了太平天国东王府、天王府，此处有石舫一座，据说为洪秀全遗物，

417

雕刻精美，充满皇家气味。洪秀全本是广西一三家村学究，领农民军打到南京，就建立了这个新王朝，地主化了。因为农民只能建立封建王朝，不能建立人民共和国，经济法则所限制也，也可能用各种神圣名义造反，但一旦初见成效，就以迅速步伐向封建王朝跑步前进，以革命胜利相庆，除过自相倾轧外，就是以声色自娱，赛过前代王朝。洪秀全是个悲剧人物，也是个历史丑角。

当晚，在章兄家吃螃蟹，鉴赏他收藏的小摆设、瓷片。

七日，离宁去苏州，章兄以车相送，陈乃祥、朱建华同志随送。下午二时抵苏，伯群已在候车，由他陪同去住处——南林饭店。当日下午访三元坊旧居，原房东老太太已去福建多年，在此摄影两幅。八日由伯群陪同访问了东山，同去的有作家陆文夫，《人民文学》编辑、复旦中文系一九六四年同学杨云，以及当地政界人士，游了太湖一角，看了橘林，中午在雕花楼吃午饭，丰美异常——据介绍原系一发股票横财的金某的住宅，花了两千多两黄金，雇工匠两万人，花了三年工夫来建成者。

今天上午游了观前街，三十年未到苏州，已面目全非，不能相识了。二时到站，伯群、老卜、小范相送，近四时到家。潘旭澜相访，赠我他的新著《中国作家艺术散论》一册。拆阅信及邮件，有留妹、李辉、朱微明等来信。杨云下午来过，留条以及照片两幅、龙井一筒、雪茄两盒，当即写快信投邮约他日内来玩。

南京街上，无论老少，穿绿军衣的仍多；中山陵饭馆，仍是客人自己拿菜拿饭，南京饭店仍要由客人自己找水喝——"四人帮"的阴魂似仍未散——街车拥挤混乱、龌龊不堪，不讲礼貌。苏州住处对面为南国宾馆，据介绍，那里面有幢房子原是林彪别墅，现在营业，日费千金，可见设备之豪华——这个"无产阶级革命左派"原与南京"东王府""天王府"的主人为一丘之貉，都是些政治骗子，以愚弄百姓起家，终于身败名裂，被历史揭穿了其反动面目的家伙。

1983 年 11 月 10 日

上午去办公室，收到本期的《山西文学》，《歌声》登出来了——这是我第一次在家乡的刊物上发表作品，对我说来，也是三十多年来又第一次地发表小说作品。又收到湖南人民出版社李全安信及附寄的《散文译丛》选目，他将于二十日左右来沪。又收到陕西社科院陈周昌信，他已回陕。

下午外语学院小谢、小郭来，他们将于近日外出组稿，现在清查精神污染，大家特别小心，怕触了地雷。

乃修来，介绍他和小谢相识，给乃修两本 De Quincey 的《一个英国鸦片烟鬼的自白》，希望他能用心译出。

上午打电话给老耿，约他们礼拜六下午来晚餐，共食南京带回来的那只盐水鹅，大家快活快活。

1983 年 11 月 11 日

早上杨云来访，我们已有三十多年没见面了，彼此都已迈入了老年。中文系来电，催开教研室主任会，乃由敏陪他去学校游逛，我去开会。中午他在此午饭，由思和与小唐相陪。他饮酒不少，从三时睡到五时许才起来，说是有约在先，未及吃晚饭就走了。敏下午去小顾家约他们明日来吃"白乌龟"（沪语"鹅"读音与"龟"同为"居"）。

晚，图书馆的小密及中文系两个毕业班学生来访。今天报上登了在京政协会上关于反精神污染的讲话，报上说：社会主义的文学应该是社会主义现实主义文学，它应该用真善美来反对假丑恶——这是对文艺界的污染下的一个绝妙的定义。××、×××等人一马当先，摆的还是五十年代那副架势，证明这些人多少年来毫不长进，已陷入最可悲的精神死亡状态、"虽生犹死也"的状态，我真为他们悲哀。

1983 年 11 月 12 日

上午去校内，在办公室会见美籍华人普林斯顿大学历史教授王君，他说买过我的《近代中国经济社会》一书，是我的读者——他系河南人，是第二次回国。

赵祖武同学来访，他的工作仍无着落，即给他写了一个介绍信给杜宣，希望《文学报》能给他一枝之栖。

午后，耿、何、小顾夫妇与杨文娟同学相偕来访，稍后杨的爱人陈某亦到，晚饭后一同离去。

收到安徽大学一青年教师来信，询问投考研究生事。收到本期《清明》一册。

1983 年 11 月 13 日

礼拜天，未出门，杂读满子新出的《古代白话短篇小说选集》中所选各篇，他在每篇前都写有评文，文笔理论皆美。

晚饭时孙桂森来，陪我们吃了面片。他说，他们那里（内蒙古），"文化大革命"中有一个农民因用一页语录卷烟吃，被以"反革命"论罪判刑七年；此人又不识字，这不能称为"文字狱"，只能称"文盲狱"，也算千古奇闻，旷世未有——在极"左"时期，人民就遭遇着这样千奇百怪的命运，那是"神道"即"兽道"的时代，人已被扭曲成原始动物了。

1983 年 11 月 14 日

上午在办公室开馆长会。下午和老苏在办公室为《文学研究会》定稿，并写好给文研所公事信，预备不日发出。

晚，应必诚夫妇来。晚饭后和敏去看子展先生。

据说从明天起，有一百多种东西涨价，这几天小市民在抢购。猪肉已涨到一元八角，鸡蛋每只一角八分——经济如此波动，将影响百姓参加清除精神污染的积极性，政治思想到底不能代替经济力量。

1983 年 11 月 15 日

早上同图书馆领导班子同志坐车去师大参加上海图书馆会议，听取了高教图书馆委员会副主任庄可经同志的发言，一时许乘车回校。晚吴中杰夫妇、沈永宝父女及学生小王与他的一个同学来访。晚上一连写了近二十封信，除过回答一些投考研究生的青年信外，计有梅志及晓风、胡征、陈周昌、张文江、李辉、姚北桦、朱锡侯、姚青苗、范泉、吴樾等，信债一大堆，今晚总算还了许多，也是一快。

收到了李锡胤同志赠书《俄罗斯抒情诗百首》。

1983 年 11 月 16 日

早上五时就寝，连夜写了二十封信，还债。今晚又连写了七封，多是公事信——答复应考者。

整天未出门，收到冀汸赠书——他的诗集《我赞美》。读后兴发连写了两首歪诗，自我欣赏。

收到《山西文学》稿费四十五元。

晚，乃修来，一国际政治系学生为投考事来访。

1983年11月17日

上午去办公室和老苏弄文研会材料，最后定稿。

中午陈鸣树引丁景唐父女来访，他的女儿系来此查阅有关木偶戏资料的，思和亦在座。

晚，应必诚夫妇、唐金海夫妇、于东元先后来。于为桂英事奔波了许久，今天总算解决了。

收到淮北煤炭师院一学生李玉衡信，他因我未复他的前信，有些不耐烦了，晚上写了封回信，答复了他所提的有关比较文学问题。外文系一女生来，亦谈这个问题。

下午徐鹏来询问现代文学研究生复试考试课程，即答以"专业现代文学"。

又给高汉写了一信。

1983年11月18日

上午去办公室和邓逸群、张德明就《中国现代文学作品选》的编例问题及作家的排列顺序问题，研究了调子。

早上，应必诚带桂英去宝山区办理招工手续，已办妥——她的工作问题至此算解决了。

读借来的本期《文艺报》。晚，从电视看川剧《易大胆》，很好，它和在南京看的《巴山秀才》都算好戏，编者见识深广，能从历史题材中提炼出发人深思的艺术效果而不落俗套，演员演技亦属上乘，能真正进入角色。

1983年11月19日

上午在办公室开会。下午全家外出去南京路、福州路走了一圈，购物。

收到朱微明及两个不相识青年来信。收到卢倩托人带来的信。

1983 年 11 月 20 日

礼拜天，未出门。上午本校毕业生屠颖来访，下午上海师院毕业生林青来访，都是为了投考我的现代文学研究生。

下午王进珊夫妇来访，他现在徐州师院工作，系五十年代初的复旦同事。

晚，二老乡进修教师——孙、李来访。黄志麟一家来访，送水仙花一株。

1983 年 11 月 21 日

上午在办公室译完《日本文学思潮对中国现代作家的影响》一文，近两万字。中午写作组吴立昌来，谈"写作实习"教学问题。

收到李辉信，晚上写了复信及给朱微明复信。

1983 年 11 月 22 日

未出门，收到杨友梅、李辉及把我写成"曹桂芳"的江西教育学院一学生来信。

午后，娄鸿儒来访，他原在校保卫科干，现在说，已调去搞大学升学复习班，他约我去讲课。

晚，译好长文注文。现在已过早上三时了。

1983 年 11 月 23 日

上午去办公室和老苏发出文学研究会资料稿，算完成了一件大工作。

下午小高来还书，他自北京来。

今天布类涨价，来的人说，布店就快挤破了，毛线、棉胎一抢而光。晚上电视上副市长为此讲话，安定人心。

寄出给李辉信，收到杭州大学一投考生信。

1983 年 11 月 24 日

上午去办公室。昨晚三时半就寝，因受了些凉，今日颇不适。

收到福建人民出版社寄赠的《林纾研究资料》及陈公正信，老耿信。

下午大睡。晚无为，休息。

1983 年 11 月 25 日

上午去办公室。下午参加了图书馆开的工作经验交流大会，最后我发了言，作为结束。

陈衡粹老太太上午来，与思和同在家中吃午饭。晚投考研究生的国际政治系同学和由历史系的某教师陪同的一个爱好文学的工人来访，解答了一些问题。

1983 年 11 月 26 日

上午开馆务会议，听小王谈关于教研室工作汇报。

下午和敏去校外小杜办公室看望她，也算个安静地方，适合她的身体和性格。

写信给老耿、韦秋琛，明晨发出。

天气日渐冷了。

1983 年 11 月 27 日

礼拜天，冷了。忙了一个时候，这几天算休息。昨晚九时许即入睡，算是睡得最早的一天了。

上午礼旸来，赠我《人物》一册，有他的一篇文章。

午饭时乃修来，送来他的译文。

下午全家去五角场游逛，看了一场电影《甜女》，七时许回来吃饭。

收到浙江文艺出版社寄赠的明年日历一本。中午唐金海来，他自淮北煤炭师院讲学归来，带来当地的麻油。现在学校规定，在外讲学费要上缴，这样教师就不能多劳多得了，也是一项土政策——我们的干部，多年来，学而有术，会挖空心思创造许多土政策，限制人的积极性，似乎社会一前进，天就要塌了，停滞、倒退，倒似乎合乎原则，这不是什么主义。

1983 年 11 月 28 日

上午在办公室。下午与敏同去小顾家，在此晚饭，并与老耿就胡在湖北人民出的文集选目交换了意见——只选了二十万字，太薄了，应该选三十至三十五万字才像样。

聿祥中午来，在此午饭，他自北京回来，带来晓风信及梅志带给我们的一堆吃食。聿祥在京去胡家两次，到大哥家去了两次，最后一次是大哥约他吃便饭，他与胡夫妇及大哥谈得颇好。

收到黎丁信及转来的香港《文汇报》（本月二十日）一张，我那两篇小散文《花与鸟》登出来了，是老黎转寄的。收到莫贵阳信，寄来《笔颂》一诗的剪报，也登在《创作》上了。收到文研所出版社计划。收到颜海平自美来信，她已在 Cornell 上课，并附来照片一张。收到 87104 部队卢鸿钢信，他报考研究生未蒙部队批准。

下午陈鸣树来，他明日陪日本进修生进京，他为文研所的《现代文学研究丛刊》明年三月创刊索稿。

晚，小杜、老邓来访。

收到梅志信，附《人民政协报》一张，有胡兄《用真美善消除假丑恶》一文。

1983 年 11 月 29 日

上午乃修陪《萌芽》编者某同学来访，他为湖南人民社编《中国现代作家与外国文学》一书选了些待编目录，特来与我商讨。

下午去系内，先开教研室会，三时后听传达（副教授及支书以上人员），宣传了三个文件：1. 中宣部点了十多部文艺作品的名；2.《人民日报》理论版的错误文章（有关异化人性论与人道主义）点了人名、篇名和内容摘要；3. 人民出版社的三本有关人性、异化、人道主义的书的内容摘要，这些都是污染的具体内容。

收到挺宇赠书《雾夜紫灯》及人民文学出版社林乐齐赠本期 《新文学史料》一册，收到本期《长江文艺丛刊》赠书。

晚，内蒙古民族学院孙桂森、小唐夫妇、老苏先后来访。

收到文研所通知一件。

1983 年 11 月 30 日

上午去学校，小乔在上图代借到 Simonov 的 《论鲁迅》 （英文本）

和 Prusek 的《中国现代文学集》（英文本，李欧梵编译）两书，又借周作人的《药堂杂文》一册——一九四四年北京版，汉奸的出版物也。

下午与小唐及敏去市内华东医院，先看望了巴金，又去看了施蛰存，他们都七十九了，但精神状态不同——我近三十年未碰到过施，但他一见面就认出了我，他很坦然随便；但巴金讲话却较谨慎，他当不会忘记一九五五年……的那些文章，他从那里获得一些个人利益，但从历史看，他所失去的要比他所得的大得多，这就是历史结论——这次反精神污染，未见他表态，也说明他在历史负担面前的考虑，这也是当前的一种风气。

收到胡征信和两个不相识的青年来信，陈梦熊信及文艺出版社公函。

1983 年 12 月 1 日

全日在家。上午韩大南来访，是同乡人，前在市检察院工作，现离休，为他儿子考研究生事来谈，持余振介绍信，午饭后道别。

午睡后，王戎来，在此晚饭。武汉师院进修教师杨女士相继来访。晚王锡全来，他自成都开郭沫若会才回来，据说：那里反精神污染连《安娜·卡列尼娜》《约翰·克利斯朵夫》等外国文学作品都列为污染范围，加以封存；川大原来晚间播送贝多芬音乐，现在也停播了，校宣传部长说：中国音乐很多，何必播外国的？……如此等等，造成学生思想混乱，而在新华书店封存外国文学书前，学生抢购外国作品，等等——简直是第二次"文化大革命"的表现。听说本校也有人提出恢复"样板戏"的，那就更"左"得可爱了。

收到胡征、高汉信及本期《创作》赠刊。发出给思和、莫贵阳信。

1983 年 12 月 2 日

上午去办公室开人事会议。

收到韩大南信，当即写了复信。又收到曹白信，他已迁居。朱碧莲信，她将于礼拜四偕女儿来报名。

上午打电话给高汉妻子，约他们礼拜一一起来吃中饭。下午敏和老耿通了电话，罗洛已回沪，诸人约好在礼拜天去政协请他们夫妇吃饭。

下午乃修来，填好他的成绩单，并一同吃了晚饭。

夜读《文艺界通讯》（1983.8），知道一些文艺行情。据说，此次反精神污染中，领导给干部作报告，听报告的人把"异化"误记成"僵化"，因为他们事先并未听过这个名词，所以把批判"异化"当成批判"僵化"而感到惊异——用这样的人领导意识形态的斗争，只能制造冤假错案，由正确走向反面，历史的经验值得温习。

1983 年 12 月 3 日

上午在办公室，老邓、中文系研究生秘书相继为公事来访，午睡后汰浴。

收到两个投考学生的来信。

晚审改郑清茂文。

寄出给曹白信。

1983 年 12 月 4 日

礼拜日。早九时和敏进市区，先到小顾家，在此与罗洛全家及郑、何、王诸兄相随到政协午餐，算是公宴罗洛夫妇，他将由青海调来，去大百科工作。

午后二时许离顾家，去南京路购物，七时许归来。应必诚夫妇、唐金海夫妇来坐。

收到李平信。朱碧莲母女上午来，由桂英招待。

回忆小说题名：放火者。

1983 年 12 月 5 日

上午高汉夫妇来访，已有三十年未见，他现在在市府任参事，夫人已经不是徐立，吃过午饭后别去。

下午去办公室，在教师阅览室查了一些日本辞书。

给投考的人写了十封信，了此一案。

收到莫贵阳寄来的路翎小说的两章原稿，将刊于《创作》明年版。青苗寄来代买的五本《山西文学》。收到上海书店赠阅的《古籍通讯》、解放军文艺出版社寄赠的《书讯》以及安徽大学中文系一教师信、杨云信。

晚，湖南人民出版社李全安及小刘来，他们中午自南京来电，安置在招待所住。

1983 年 12 月 6 日

上午湖南人民出版社外国文学编辑李全安及小刘来谈，在此午饭，由外文系的刘宪之和思和作陪——把《现代中国文学研究译丛》目录交他带回。

下午去校内陪同邹剑秋副校长参观图书馆的电化设施，并拍了电视片，然后和老姜、老焦到了他的办公室，就图书馆的工作由老姜作了汇报。

晚，吴中杰、于敏来坐。中午收到李辉寄来的三本杂志，那上面都有他的译作。收到四川大学寄赠的《四川作家研究》，以及孙景尧信——他们广西大学编的英文版《中国比较文学研究》已经编好第一期，我算这个杂志的一个顾问。

发出给投考者三封信，昨天寄出六封，加上前一个时期寄的合起来有三十多封了。

1983 年 12 月 7 日

整天在外，上午和敏去上图代老胡查书，并会见浙江文艺出版社的小严，约好本月底去杭。由此，步行到绍兴路人民出版社，在西海处喝茶休息，又由他陪着去广慈医院看王元化，他见到我们很兴奋，也很真诚。四时许辞出，与敏在淮海路吃过面后，买了一把咖啡壶，又步行到外滩乘五十五路返校。

收到李辉、范泉、木斧、两个不相识青年来信。

1983 年 12 月 8 日

下午在办公室开会。范伯群、曾华鹏应邀来此讲学，在寓晚饭，由章培恒、唐金海作陪，他们即宿八舍。

收到《文史哲》编辑部信及一投考者信。

1983 年 12 月 9 日

整天和曾、范两同学相处，下午陪他们会见了铃木正夫，陈思和在座。

桂莲自山西来，据说那里的老百姓一般能吃到白面了——这是个伟大的进步。

报载，彭真在人大常委会讲话，关于精神污染问题暂不作决定，说明这次掀起的运动，已无疾而终。但是闹了一阵子，一些坏人已经熙熙攘攘，卷起袖子重操旧业——趁火打劫，想趁机再捞一票，这是些商人兼流氓式的人物，也是历次政治运动的产品——害虫，有的地方，甚至把《红楼梦》《安娜·卡列尼娜》都列入污染范围了，好像历史再次进入"样板戏"时代。

原来提倡"忘记过去"，就是为了卷土重来——不能接受历史教训的人们，必须受到历史教训，但是那就迟了，悲夫！

收到王兴平、吴樾信。

1983 年 12 月 10 日

上午去系内，解决了铃木在图书馆看书的问题。早上写好乃修的评语，由桂英抄了三份送交中文系。

范伯群、曾华鹏约他们在家用饭，华鹏腰伤不宜于行，由桂英按时送饭。

下午小王来汇报教研组工作。

收到山东大学寄赠的本年度《文史哲》六册，本期《作家通讯》一册。

这几天客多，明天又要请罗洛等人，敏一直忙碌，她上午去中灶订了十三日请客的酒席。

1983 年 12 月 11 日

礼拜日。上午罗洛夫妇、征南夫妇、斯民夫妇、耿庸、满子先后来，老唐父子送来煤炉，中午加上伯群在此午饭，由斯民夫人掌厨。午后四时，诸人辞去。

收到罗洛女儿信、张禹信。

1983 年 12 月 12 日

下午到馆内参加会议，宣布机构人事调整，讲了几句话，退席。与敏乘车去宝源路，在高汉家晚饭。

上午武汉大学李姓教师来访，带来毕奂午信及麻片两盒。

收到青苗信及一投考者信。

晚上给凯林、大哥及孙景尧作复信。

1983 年 12 月 13 日

中午，约铃木吃饭，由曾、范、章、徐、思和作陪，海燕临时参加。

下午参加教研组会议，以纪念毛泽东同志九十诞辰为活动中心。晚，章培恒请曾、范，做东的还有胡裕树、顾易生，作陪的有徐俊西、我和敏。饭后，到家喝咖啡聊天。

收到小莫寄赠的《创作》两册，寄赠的《龙门阵》及《文学知识》各一册。湖南邵阳供电局青年工人来信。

1983 年 12 月 14 日

上午与唐金海接待日本西南学院大学教授樋口进，谈二句钟，他赠我威士忌一瓶、三五香烟一条——他系中国社科院请来在沪居留一月，查阅资料。

下午与敏去五角场汏浴。傍晚徐州师院李老师来访，赠我当地香烟。曹进行来，在此晚饭。王祥来，朱立元夫妇来。

收到二哥信，及本期（第六期）《江海学刊》。

伯群、华鹏今日上午离校。

1983 年 12 月 15 日

上午去馆内开国外交流组会议，这个组就由馆长直接领导，如此好办事——我为此又添了许多事。

午睡后，老鄂、严修来，为下学期排课事。中文系资料室某人来，为反对污染拿来两本日文小说请审查。内蒙古老孙来，他不日即返（内）蒙（古）。早上小唐来，为杭州开会及审稿费问题。

来人不断，都有大小事。

收到朱微明信，她即进京。

1983 年 12 月 16 日

下午参加全系大会——纪念毛泽东九十诞辰，听了两个报告。

晚，吴中杰夫妇来访，有两个人办了学校名义的文艺理论刊物，大家不服，有所异议。

托武大的季老师给毕奂午夫妇带去《巴金专集》一册、上海点心两盒、信一封。

这两天给各方友好发了二十多张贺年片。

阅读了本期《小说月报》上的《蓝屋》一文，女性笔致很细，文字也很熟练，也写了生活的真实，没有人工的做作或思想上的虚假、说教。

1983 年 12 月 17 日

上午到图书馆看了些进口的录像教材——这里当然不会有"污染"，但这个问题在有些地方，已经闹得乌烟瘴气，造成了一片污染。沉渣们又趁势泛起了。

午睡后，海平父亲来访。晚饭时约孙桂森、老李二位同乡同吃，他们将于日内回晋，请唐老师相陪。

收到汤淑敏等信，陈公正赠书《万里行记》（曹聚仁著）及信。

借了几本《作品与争鸣》翻阅。

1983 年 12 月 18 日

礼拜日。上午与敏去参加满子宴请罗洛一家的宴会，在政协，饭菜精美，大家情绪也精美，有斯民夫妇、小顾夫妇、满子全家三口、老耿和我们夫妇。

饭后，由小顾家走到汾阳路看望余振，他是我的同乡，师大教授，"反右"后由北大调沪。在此遇朱雯，他是三十年前的震旦同事，不见面也三十多年了，他们两位一直送我们到淮海路二十六路车站相别。

收到章品镇、礼旸信，汪西卡赠书《希望》。

读本期《作品与争鸣》上的小说《历史将证明》及其评论，足见当今文艺界反"左"形势之一斑。

1983 年 12 月 19 日

上午在家，徐俊西同志来，为了乃修的分配，系里党政领导都希望他留校开课，因此，我在对他的鉴定表上加上这个希望。下午他来了，即给他做了工作，希望他以事业为重，劝劝小何为前途作些必要的牺牲——这位女同志是小家庭主义，把夫妇团聚过小日子看得过重了。

下午去系内办了几宗公事，思和爱人小徐调动，也和老姜谈了；并替秀拔借来两种版本的乐府，晚上又送到他家里。

上午铃木来家相访，交来横滨大学愿意和复旦交换的书目，他是第一次来我家。下午小唐陪孔海珠来，为他们编的《茅盾专集》第二本的选文提了些意见。

晚，写了给路翎的复信，并写了给哈华信，请他过问叶某这种骗路翎稿的事。又写了给丁景唐的信，请他鼎力支持谷非的《和新人物在一起》的出版。

收到路翎、黄曼君（华中师院）、丁俊（宁夏银川市城区医院）、上海社科院外事组、四川社科院文研所来信。

1983 年 12 月 20 日

上午参加馆长会议。陈鸣树领日本的高级进修人员北海道大学语言文学部助教授野泽俊敬来访，他代表他的大学送复旦图书馆有关日本明治史研究和日本现代文学著作十余册，并给我照了相，在他的纪念簿上题了字，算仪式完毕。下午参加校党委召开的民主党派、无党派人士、非党知识分子干部纪念毛泽东同志九十诞辰座谈会，副书记的发言规定了会议的三个内容：1. 纪念毛泽东同志；2. 统一战线；3. 整党——未提出精神污染这一事。

晚，浙江师院进修教师来访，谈他编写的《郁达夫年谱》。中午，张德明来访，谈他正在编的《国内外论报告文学》——他从苏州大学借来我早年编译的《论报告文学》一书。

河南人民出版社寄回昌东小说稿。给上海社科院外事处发出一信，关于樋口进教授查阅资料事。

早上发出给路翎、丁景唐、哈华信。

1983 年 12 月 21 日

小雨，全天在家。收到《萌芽》《文学报》的开座谈会请柬和当代文学资料会在杭州开会的通知。

下午徐州师院小李来，谈了他研究"五四"文学的计划，给他说了一

431

些参考书目。发出给陈乃祥,杨云(《人民文学》杂志)信。

小毛头父子在此晚饭,读中文系油印的《关于异化·人性论·人道主义问题资料专辑》各文,这本来是为批判用的,但系统地读一些代表性文章,借此窥见问题的实质,也是有意义的。

看了两篇论文稿。上午外语学院小陈送回王祥的译稿,提出应修改之处,晚上王祥来把稿子拿去了。

中午给思和电话,请他去锦江问候铃木的病况。

这两天报纸上主要篇幅都献给纪念毛主席,像是一种运动性的政治表现。

1983 年 12 月 22 日

上午去校内,处理了一些日常工作。下午在家,收到吴奔星、韦秋琛信,以及李华飞寄赠的两册杂志《凉山文艺》《海棠》。又收到上海仪表电讯工业局副局长刘光军信及转来的他的哥哥刘复初(留日同学)信及我访问广州时聚餐合照两幅、留穗同学合照一幅。

读这些天批精神污染、人性论、人道主义的材料。

又收到侄女春琳信。

今日右腿关节痛,上下楼都吃力,大约是天冷,人老之故也。

报纸,电视节目,以毛主席为中心主题,正如列宁说的,历史是打着圈子前进的。

1983 年 12 月 23 日

下午乘车去音乐学院,参加高教局召开的上海高校图书馆工作交流经验大会。出席八百余人,邹副校长讲话中对我颇多赞辞,他讲话平实,入于情理,毫无官腔八股,为此受到欢迎。

今日请小卞装了火炉,只是还没弄到烧煤,据说供应较为紧张。

收到李辉信。

1983 年 12 月 24 日

上午去学校办公事,收到满子、李允及南京《钟山》编辑部来信。

今天家里生了煤炉,有热气了。

晚，计算机系干部周姓领其表弟（中文系学生）来访，这个学生已经报考了我的研究生。

昨日起右腿痛贴了膏药，外加护膝，今日似乎有些好转。

杂读。

1983 年 12 月 25 日

星期天，未出门。敏下午去市区，采购去杭时带的礼物（食品）。小唐送来车票，决定后天成行。

收到卢倩信及贺年片、唐龙潜（西昌师专）来信。

发出给韦秋琛信。晚上补写了给梅志、晓风、木斧、胡征、章品镇、春琳信。

早上发出给老耿信。

晚，老王、小唐来讨论《现代文学史教学参考资料》书目问题。

1983 年 12 月 26 日

晚夜，专门写信至四时半始寝。

今日上午又给山口守写了信，并附照片一张寄出。写出给王兴平（川大）信。

昨日还给沈永宝、乔长森写了给路翎、梅志的介绍信，并托他们给路翎带去原稿二章——他们为编路翎资料，日内进京。

今日收到二哥、花建、徐遒翔信，徐信说，关于《文学研究会资料》已决定改由河南人民出版。收到浙江文艺出版社寄赠的《陈学昭研究资料》及辞书出版社盛天民寄赠的年历二张，又收到吴宏聪、饶鸿竞、李锡胤、《中国比较文学》编辑部的贺年片。

孙立川自日本大阪来信，他已到大阪外大留学。

中午，上外小谢、小郭来访，王祥在座，交给他们王祥译文及小王的论文（《夏衍和外国文学》）。

下午到图书馆开会至五时半。

傍晚，苏州大学小范来访，吴中杰、唐金海夫妇、苏兴良来。

1983 年 12 月 31 日

二十七日晨七时，偕小唐及敏雇车去车站，在此与萧斌如和她的主任赵某相会，同乘车到杭，浙江文艺出版社小严及其办公室王某在车站接，下榻南山路大华饭店。午后即去浙美看卢鸿基。由此乘公共汽车到杭大看望朱锡侯夫妇，几经周折，才找到他们夫妇及小女儿——锡侯虽只长我一岁，但已经很苍老了，多少年他都过着战战兢兢的日子，什么都没干成，是《苦恋》里的人物——在此晚饭后回店。二十八日，先如约到老卢家，锡侯夫妇、冀汸先后来，共同到花港观鱼、午饭并照相。二十九日大雪，上午冀汸来，接到他家午饭，他说《江南》停刊的原因，是因为干部夺权斗争，某些人因利乘便地拿了权，事情也就结束了。多少年来，有一帮人就是利用各种运动谋私利，无所不为，事情就坏在这帮以"正面人物"形象出现的歪人手里——这几年没搞运动，他们快"失业"了，此次反"精神污染"一来，他们又纷纷出洞抢劫，图财害命了。

二十九日上午北京文研所蒋守谦、何火任到杭。下午，晚上都在开会，我也讲了些话。晚上，夏钦翰来访，他已当了浙江文艺出版社头脑，在此洗了个澡别去。

三十日上午在家，敏去找老卢逛街。下午访问了浙江文艺出版社，又遇到老夏，会到郁达夫之子郁飞和刘微亮、沈念驹等同志，座谈半小时告别。晚饭由老何在天香楼设便饭相请。

今日一早，全体与会人员乘车去绍兴，参观了鲁迅故居、秋瑾故居，并在咸亨酒店喝绍兴酒、吃茴香豆；又在附近一家馆子午餐，由丛书编委会请客；敏购了茴香豆、绍兴酒。四时许回到杭州，取了行李即乘原车到火车站；五时一刻开车，九时抵上海站，雇小车到家，结束了五天的杭州之行。

看了一大堆积压信。

一九八四年

1984 年 1 月 1 日

一九八四年的头一天，上午约乃修来吃午饭，谈了他的"出路"问题。午睡后来客不断——江礼旸父子、外文系林某一家三口、乐秀拔、严修、应必诚夫妇、工人小张。

收到曾华鹏信，他已被正式任命为扬州师院中文系主任。木之内诚贺年片、中文系学生郑展兰贺年片。

1984 年 1 月 2 日

上午去校内走了一圈。午睡后，全家领小毛头进入市区，先在虹口公园游玩，后又去北四川路吃饭，这小毛头就是我们一九八四年请的第二个客人。

收到鲍蘧信及台历一本。

晚上给朱微明及李辉各写一信，李辉信内附去王世敏的诗作。

1984 年 1 月 3 日

上、下午都去学校。下午花建来，谈了两个多钟头的巴金，他作了笔记。中午《艺谭》的王建新、唐跃在此午饭，由唐金海作陪。他们说，清除精神污染发动后，江苏有些地方又带上了红袖章了，俨然是摆出第二次"文化大革命"的架势了。

晚上，沈阳师院女教师高姓来访，她是《臧克家专集》的编者，我是该书的审稿人，对她提出了些编写意见。

收到曾小逸信及本期《萌芽》一册、《路翎与外国文学》论文一篇、高捷信、华中师院的一同学信附译文、李颖捷（济南军区政治部创作室）信、万文科（安徽轻工业厅皮革公司）信、余安东（同济大学）信。发出给李辉、朱微明信。唐金海亦以丛书编委会名义正式给她发了公函。

晚，乃修来。上午遇思和。

1984 年 1 月 4 日

全日未出门，在家杂读。

收到晓宁、木斧信。

晚，王继权来访，谈编《现代文学史教学参考资料》选目事。

晚，给孙立川、罗晓宁、黎丁、杭行、静妹写了信，明日发出。

又收到朱微明自京来信。

1984 年 1 月 5 日

上、下午都去学校，下午在图书馆开会。

收到陈宪贺年片、沈剑英夫妇的年历。

晚，小唐夫妇、何佩刚、吴中杰夫妇来访。

发出给陈乃祥公事信（挂号）。

1984 年 1 月 6 日

上午去校内，和小唐一块儿接见了樋口进，他查了几期《民钟》，又送我香烟一条，我赠他绍兴酒一坛。古籍出版社的副总编辑持老何信来访，批准给他借出善本书三部。

晚，小潘陪我喝酒，谈施家事。王继权来谈编《现代文学史教学参考资料》选目事。乃修送来去年各期《萌芽》，是编者曾小逸托他送来的。《文汇报》约我写一篇有关"中国作家与外国文学"的评论文，这些杂志，就是原材料。

中午范泉由孔海珠母亲陪同来此相访，留吃中饭，由思和相陪。

收到夏嘉杰信、梅志母女信，风兄从去年十一月起发愤写作，已成六七万字，光《文集》后记就写了近五万字。这种精神，令人敬佩。

毛纺十一厂厂校一青年来信购《契诃夫手记》，由桂英代写了复信。

中午与敏到校书店购买了苏联人写的《英国文学史》以及《歌德自传》。

1984 年 1 月 7 日

上、下午都去学校办公，下午开馆长会。

收到李华飞信及本期《艺谭》赠刊。

翻阅杂志《作品与争鸣》各期，看了《挑战》，它写人性中的理性和兽性的矛盾斗争，把它说成是"反社会主义道德"，不过是棍子武艺——这不是什么文艺批评，是外行讲内行话，"文艺工具论"的流毒而已。

1984 年 1 月 8 日

礼拜天，上午小顾、斯民及晓宁来，在此午饭，小顾带来杭行信及返赠我的《人生赋》。

因乃修明日回京，下午与敏同去南京路购买食品，托他给大哥、梅志带去。另外也给四个侄女各买一盒冠生园糖果。

收到李辉信及赠我们的年历一份。

1984 年 1 月 9 日

上午去学校看病，韩医生给做了心电图，发现心脏有些毛病，劝我戒烟，敏量了血压，也偏高，韩医生要她明日查血和小便。上了年岁，疾病必然拥挤而来，此自然现象也。

在办公室接见了云南大学图书馆馆长。

下午与敏去五角场汰浴、剃头。

晚，范泉来访，借去夏志清书，他带研究生住此间招待所，并带来金韵琴赠我的她的亡夫孔另境关于中国小说史料的著作。晚饭后，我去招待所做了回访。

上午购《毛泽东书信选集》，晚间读此书。

收到郭雁声信，这是四十年代前，即一九三九年我在中条山第七师时的宣传队员，他们都是部队就地招收的中学生，是我介绍他们去解放区抗大学习的。他是从前年太原召开赵树理会和去年我在《山西文学》发表文章，发现我的名字，经过向王中青打听清楚，才写来信的——当即回了信。

又收到在此进修的浙江师院一教师的金华来讯。

1984 年 1 月 10 日

上午陪敏去看病，韩医生说检查结果，血及小便都很好，另开了药服用。

下午出席教研室会议。

收到寄赠的《文艺理论研究》第四期（1983.12）。思和下午来，带来代购的《新华文摘》（1983.12）、《读书》（1983.12）及重印的《海燕》。

收到《光明日报》转来的香港《文汇报》稿费及浙江文艺出版社的《手记》重印稿费，艾晓明信。

晚，给夏钦翰、夏嘉杰写去回信。

晚，同学小王和小陈、沈阳师院的高老师来座谈。

小卞病了，我和敏去看了他，又着桂英送去奶粉两包。

1984 年 1 月 11 日

下午去学校办公。小卞关节痛，约他晚饭喝酒——白酒，他的儿子也在座。

上午小朱约小葛来修火炉。下午，一王姓工农兵学生送我们小橘子（金橘）一株。

收到朱微明、孙景尧、陈乃祥来信，寄出给静妹、高捷、夏嘉杰、夏钦翰、《钟山》编者诸人信。

1984 年 1 月 12 日

上午去学校开会——议论年度奖（图书馆）。下午在家睡觉——有好几天顾不上睡中觉了。

收到宁夏出版社寄赠的《蒋光慈研究资料》，吕俊君贺年帖。又收到

《山西文学》的李国涛寄来的他的近作《研究鲁迅这个 Stylist》，晚上阅毕后，转介绍给张德林办的《文艺理论研究》，并写了信。

寄出给静妹挂号信。

桂英将去武汉出差学习，为此写了一封信给阳云，请他能接站——连夜发出。

吴中杰晚上来，送来一出国学生的论文——《〈十日谈〉与〈三言〉〈二拍〉中的妇女形象的比较》，灯下看完。他的比较文学观点是：按照历史唯物主义观点，开掘文学作品与社会历史生活的内在联系，从社会生活的"同"和"异"来解释不同民族文学作品产生"同"和"异"的根本原因。这种比较方法有助于进一步理解文学发展的一般规律和个别规律，理解不同民族的历史和文化特点。文学作品应该是历史生活在文学中的折光。

又收到范伯群信，并转来山东师院薛绥之的某研究生询问有关中日文学关系影响的书目，范伯群托我回复。

1984 年 1 月 13 日

下午和敏相偕外出，我去作协开选举代表会，她去购物。会议由吴强主持，我被编入理论组，此组共选八名，我也入选。陈鸣树写了书面推荐我的发言稿。

遇到方平、草婴、辛笛、李俍民、朱雯等人，并和与会的罗竹风、陈沂、李俊民等人打了招呼。哈华对我说，他已收到我的信，对向叶某追回路翎稿子事，他答应负责到底，并要叶自己亲自到把稿子介绍去的地方索回。和耿庸（他也入选）到小顾家，与敏等三人去政协晚饭。坐车到虹口，去看韦秋琛，托他给山口守、铃木正夫各刻图章一枚。

收到山口守寄赠的刊物《猫头鹰》一册。

发出给上海书店毕青、聊城师院薛绥之、金华师院陈其强、西昌李华飞等信。

1984 年 1 月 14 日

今天是敏的生日，桂英、小卞都买蛋糕祝贺。老耿、老何如约来吃饭，由小卞一家三口相陪，菜肴丰盛。

收到花建信、胡征信，以及华中师院《中国当代文学》编写组寄赠的《中国当代文学》第一册。

1984 年 1 月 15 日

天有小雨。上午和敏去小顾家，路上买了旅行袋、鞋油。到了顾家，何、郑已在候。酒菜也摆好了。饭后，与老何在南京路上走了一段，分手，到家已近四时。

桂英下午应高中考试，六时许回来。匆匆收拾行李后，即到进修教师住处，她和长沙教育学院的两位教师结伴同行，武汉师院的杨老师又陪我送她到电车站。送她回来后晚饭，小毛头来，吃了两只饼才走。沈阳师院高老师来，赠我一部《臧克家散文小说选》（上、下两册）。她在编臧的资料，来沪的任务就是查资料，为此又引她到招待所去看范泉。

收到外甥毛景明、孙乃修及陈乃祥信。陈信说，《小说选》样书已寄出。又收到朱微明信及寄赠的彭柏山致胡风信札影印件。

写了三封信——给谢挺宇、王忠舜，托高老师带回沈阳；给文振庭，托杨老师带回武汉。

1984 年 1 月 16 日

上午在街上购《外国小说》一九八四年一月号一册，订《文学报》半年。

上午和敏去看韩医生，她的血压已有降低，开了几味药。

下午发出给朱微明信。收到山东师院顾盈丰信，他系震旦一九五二年同学，多少年也备受折磨。

沈阳师院高老师来辞行，留下她编的部分臧克家资料稿。武汉师院杨老师来辞行，托他带去给文振庭信。托高老师带去给王忠舜、谢挺宇信。

中午沈永宝、乔长森来，他们自北京访问归来，见到路翎、胡风夫妇，谈话都很多，胡并交他带回不少路翎历次给他的信原稿，以利于他们的资料编辑工作。

1984 年 1 月 17 日

家中只我们二人，倒清静多了。

上午去系里及图书馆办事。下午大雪，冒雪去大礼堂参加技术科学院成立大会。

中午思和来，傍晚小唐来。

1984 年 1 月 18 日

天继续落雪。

下午去了学校一次，踏雪而行，别有风致。收到南京寄来的《小说选》样书二十一册，印得尚称意，印数是一万一千五百册。又收到夏嘉杰和毕青（上海书店）来信，毕的信说他们接受了我在桂林劝他们重印杨振声小说《玉君》的建议，列入今年计划并要我写一篇重印序文。

晚，给梅志写了信，寄去《海燕》复印本一册、《二三事》及《原野》复印件；《小说选》寄去五册，余三册，请分赠牛汉、绿原、路翎诸人。又给李辉寄去一册，写了给路翎的信，还写了给戴舫的信，附去照片一张。

现在已近深夜二时，雪似乎还在落，仿佛听出雪花落地的声音……

今天没人来，大雪封足了。

还写了给章品镇信，附《小说选》一册——他是这本书的催生婆、恩人。

发出给顾盈丰信。

1984 年 1 月 19 日

未出门。上午中山大学吴宏聪来访，中午由我和培恒、中杰、旭澜、俊西做东，在中灶楼上便宴。他和与他同来的华东师大苏教师（忘其名氏），喝得酩酊大醉，呕吐。饭后，诸人来家喝咖啡，我失陪去睡。

送上列各人《小说选》为念，并托吴给饶鸿竞带去一册。

上午兴良来，带来徐迺翔信、《文研会资料》原稿及他提的几纸意见。

晚，孔海珠在此晚饭。小唐父女来坐，学生小王、系里王永生领青海师院二研究生来访，商好讲课时间。

早上，老袁来访，他是系工会负责人，约我明日下午在联欢会上讲话。

收到德林信及李国涛稿。

张兵下午来，送来他们学报编印的有关美学论文集一册。

思和中午来，在家陪敏午饭。

发出给梅志信、书，给章品镇、李辉信及书，给路翎、戴舫信。

1984 年 1 月 20 日

小雪，冷天。

上午去学校，取回上海书店寄赠的《徐志摩年谱》一册及《创作》寄来的稿费十八元。

下午先参加图书馆联欢会，用领导身份讲了话；又到中文系参加同性质的会，也应邀讲了些好话。

收到文研所寄来的审稿费单据三百六十元，收到闵抗生信、曹磊石信。

发出给陈乃祥信。

下午唐金海来。晚，乐秀拔夫妇、吴中杰来。中午陈思和、部队小王来。

1984 年 1 月 21 日

上、下午全在家。

上午沈可人来，约正月初二在他家午饭，送他《小说选》一册。留吃午饭后别去。

下午老苏、小刘、小周、小李来，在此就"文研会材料"开了一个小会，分配了抄写任务。先此小周及其爱人周慧良同来约年前后在他家午饭，送他们夫妇《小说选》一册；小朱前此来，送他们夫妇一册。

陈子展托人送到他的新著《诗经直解》共两册。

收到伍隼、耿庸、景明信。发出给王宁信及给文研所老何信（审稿费收据）。

晚老焦来，带来白鱼一条。

1984 年 1 月 22 日

礼拜天。大冷。

早饭后，与敏去五角场领审稿费，购本月《小说月报》一册。今天在家就零零碎碎地读这本月报上的小说，尤其是看了张一弓的中篇《火神》，作者的笔力很健，语言也精练，说明现在的作者注重艺术和语言的修养，能从艺术作品的观点对待创作。

收到《艺谭》公函。

发出给耿庸、张德林信。

1984 年 1 月 23 日

上午下午都去校内，签发了八封国外公事信。收到寄赠的本期《文史哲》。

中午小潘来，他将于本日带小瓯去温州……

桂英下午回来。

1984 年 1 月 24 日

晴，早上邵家麟如约来访，他要为香港《文汇报》写《复旦大学八教授》，已写了陈子展、伍蠡甫、胡曲园，现在轮到写我。我昨天给他写了一个全家各人的简况，今日他询问了一些有关比较文学上的问题，作了记录。下午他送来稿子，题目是《贾植芳与比较文学》，我改正了一些写错的处所，他抢到四点收信前发出。

下午往访陈子展，送他一册《小说选》和桂英从武汉带回来的麻糖。

收到覃小川信，他父亲又进院。

晚，李玉珍来校对稿件，唐金海夫妇来送礼品，卜仲康自苏州来，在此晚饭。

1984 年 1 月 25 日

上午在馆内开会。归来时思和在候，接着，老卜和小唐来，就和这三个人共进午饭。中间铃木来，请思和代笔写了一封介绍香港中文大学图书馆长的信，铃木送我们他从福建带回来的乌龙茶。周春东也来交抄好的文稿。

晚袁明纲爱人及一子一女来访，要求严肃处理辱骂袁的那个女性职员。

收到胡风信、晓风信，附来胡的《我与外国文学》一文，计近两万字，是他特应我的约请写成的。

又收到老耿信，及附寄的王戎信——王戎发现胃癌，现住南通治疗，读他的信使我们落泪。又收到老耿寄赠的《辞书研究》两册，他要我写一篇《我与辞书》。

《文汇报》刊出满子的杂文《变色龙》，令人拍案叫绝，好文章也。

1984 年 1 月 26 日

上午和敏去医务室看病。她这几天肋骨痛，医生说，这是神经痛，给了几种药；又量了血压，也降得近乎正常了，这就使大家放心。又转到图书馆，我的办公室已搬到馆内楼下，大家正为此忙碌。

中午聿祥来，在此午饭，赠我他任责任编辑的《吕剑杂文集》一册。曹宠来，坐至一时许别去。

二时开始，范泉带他的三个研究生来，听我讲课——比较文学，共三小时，王永生旁听，讲毕又合影留念。

晚，章培恒、许宝华来坐，先他们来的还有杜月邨。

收到潘富恩和河南人民出版社信，是责任编辑来联系"文学研究会资料"出版事宜。

购《神曲》一册。

1984 年 1 月 27 日

中饭后，全家外出至南京路购办年货，晚六时归来。

收到孙乃修信。给颜海平写了一信，并连同《小说选》一册，托回国探亲的化学系研究生严君带回美国——为此和敏去了严君落脚的周惠生先生家，才得悉周前日患脑血栓已进了长海医院。周原为生物系教授，留法出身，"文革"中同我一起在劳改队生存。

收到本期《复旦学报》（社科版），封面上的英文刊名却把 *Fudan* 错写成了 *Eudan*，一字之差，关系重大——为此给编辑部写去一信，请设法更正。

昨天讲课太累，今天下午又上街跑路，有些不适，回来后躺了一会儿，又吃了一碗稀饭，算是恢复了元气了。人老了，到底今非昔比了。

1984 年 1 月 28 日

上午写成给美国的学生顾放勋及饶鸿竞（中山大学）信，下午发出。

下午去图书馆，节日已到，到各部门走了一圈。

上午范泉来，送来了讲课费五十元。

收到吴樾信、校党委春节团拜请帖和罗永麟的贺年片。

阅《文艺论丛》十七期上面的论文：《鲁迅与安特列夫》《鲁迅与西方现代派文学》。

天冷。晚，兴良来，为他编写《中国现代文学辞典》中的邵洵美、曹白条目，写了两封介绍信给曹白和邵祖丞。

1984 年 1 月 29 日

天阴，间有飞雪。上午高文埰一家三口来拜早年，继而小顾领他的大儿子、媳妇和小孙女来——他的儿子一家三口来自内蒙古，午饭后别去。

雨雪中和桂英去国权路卖废品，在一个中年妇女卖的废品里发现了一些"文革"中的印刷品，即用五只酒瓶调回。但不久这个女人来找了，说他男人不叫卖，并还来酒瓶。当然把这些印刷品还给她，如今在查"三种人"，这个女人的男人（大约是生物系教师）大约怕被作为造过反的"罪证"来担当后果——这大约也是个"一生都在发抖的人"。

收到王宁、抗生、思和和古籍出版社魏同贤及路翎信。抗生信上说，王戎已排除胃癌的可能，这就使人安心了。

收到本期《清明》赠刊，读了上面的一些小说。

1984 年 1 月 30 日

天下雨。午后全家外出进市区，先到建国西路访问了同乡韩大南（原卢湾区检察院院长，已离休），他就住在一九五五年我吃官司的那一带房子里——这一带住的都是公检法机关、家属，以及关押人的监狱。由这里又去同一路上看梅林，他媳妇说，已进华东医院两个月了。再由此如约到蒙自路小周家，他们夫妇已摆好了饭桌，时间已近五点了。饭菜精美，无锡味道，饭毕到家已九时多了。这是半天游程记录。

发出下列信件：姚北桦（附去胡风《论中日文化交流所作的努力》稿子）、孙乃修、丁峻、刘光军、刘复英。

收到牧野信及照片、吴宏聪信、丁峻信，又收到陈公正信及寄赠的《中国当代文学参考作品选》卷一、北京文研所寄赠的《茅盾研究资料》

三卷（孙中田等编）。晚，灯下翻阅了这些新书。

1984 年 1 月 31 日

年节气氛在加重加浓。

上午收到覃小川信，他的父亲病危，并嘱为他父亲写篇悼词。午饭后与敏进入市区，赶到华山医院，汉川已然奄奄一息，失去意识，只靠输氧维持；又去另一病房看了丰村，他患直肠癌已开刀，效果良好。

归途到小顾家，在此吃了晚饭，吃了四川老窖酒。

归来已八时许，收到夏嘉杰及浙江师院陈其强信。

上午老苏、小刘来，老鄂来。

1984 年 2 月 1 日

今天是除夕。整天在家，下午应必诚夫妇来，上午乐嗣炳夫妇来、图书馆老潘来。

收到森炎、高汉、曹白信及八、九、十三期的《鲁迅研究资料》。

晚，灯下和敏吃了两杯酒，辞岁也。

又，收到《当代文学研究资料丛书》编委会信，被委托审阅路翎和柏山研究专集。

写了给河南人民出版社《文学研究会资料》责任编辑夏晓远信。

晚，写胡风一信，并附去他的《我与外国文学》的复印件以及任敏在"下放"农村时的作品——两幅剪纸，一幅是《鱼》，一幅是《蝙蝠》——祝福他们这对伟大的夫妇健康长寿。

1984 年 3 月 6 日

大年正月初一，下午（晚八时）从上海回来时，在八舍附近被一酒醉骑车青年撞到，右股骨折，即由应必诚、女王医生、桂英车送长海医院。经过开刀等医疗手续，住了三十三天。今天上午坐救护车用担架抬回来，应必诚、于东元、孙桂森、王克恭、孙乃修都到医院相接，并用我的名义送骨科镜框一只。十时四十分到家，王聿祥来访，诸人别去。乃修、思和午饭后别去，聿祥吃过晚饭才走。

到晚上为止，来看望的有：邓逸群、俞天玲、袁震宇（俞、袁二人代表系工会送水果一袋）、袁明纲夫妇、吴中杰夫妇、苏兴良夫妇、徐俊西、唐金海、姜立德、小姑娘母子、于成鲲全家、黄志麟夫妇、潘富恩、于敏等。小方送来本月工资。

1984 年 3 月 7 日

昨晚睡得正常，早上大便一次。

吃中药，收到陈宪寄来的画片、颜次青信、广西大学一年轻教师信附他们出的英文本《比较文学研究》勘误两条、一投考生信及小说稿、本期《萌芽》赠刊。

上午来人说，陆树仑昨晚十时送客，被自行车撞倒，伤了脑部，还被宣告病危——这事真使我们后怕，庆幸自己不幸中的大幸。

来客有：杜月邨、小瓯、谭兰芳、徐州师院教师小李、金华师专教师老陈、唐金海、王继权与陈允吉、陆士清、邓明以，王春花自苏州带那里的松子糖来探病，朱立元夫妇，王医生来给敏量血压（正常）。吉来大儿子和他的两个同事自家乡来，在此晚饭，搭车去宁波公干。周斌武、于东元、图书馆小徐与小王（青工）、刘琦、卢鸿基的侄女、乐秀拔、化学系干部老相、法律系的老杨、老苏爱人小刘来送徐迺翔信。湖南教育学院教师张某送来湖南辣椒。经济系张鸿志先生、小卞父子在此晚饭。

1984 年 3 月 8 日

吃饭正常起来了。上午徐俊西、杜月邨、高天如来看望，谢兰郁老太太也带淮海路的饼干来探望；下午以后来者有朱利英、顾易生、李庆甲、汤珍珠、秦湘、孙桂森、李仁和和四川西南师院来进修的赵老师、苏兴良、叶易夫妇、杜高印、图书馆小华夫妇。孙乃修送来译文。张兵也来过。

收到梅志信、顾小锤信、陈宪的画片、木斧的诗集。

午睡后又大便一次，也算正常了。

上午解放军王欣来，赠他《契诃夫手记》一册为念。

今天三八节，妇女放假半天。着桂英去虹口看老韦，请他代刻图章，写了信，顺便送他日本茶叶两筒（两盒）。

1984 年 3 月 9 日

一切如常，收到耿庸寄回的胡公文及信、外甥毛景明信、朱微明信、孙猛同志转来赵东章信。

上午李正廉来访，并在此午饭；午后来访者有孔海珠，乔长森代借英文本《二十世纪中国作家笔名录》，孔海珠在此晚饭后别去。晚上来访者有学生小王、孙乃修（送来为《文学报》写的文章），军医大学小马、王锐、唐金海夫妇带四川大学研究生小尹来访，老应夫妇、斯民夫妇亦接踵来访。

1984 年 3 月 10 日

一切如常。来人都说，我的气色很好。上午徐俊西、杜月邨、章培恒三人来谈小杜婚事及小瓯着落问题，大家取得一致意见。

下午来客有：王欣、萧斌如陪顾廷龙先生来访，赠他《手记》一册；章培恒来看他，邀他任复旦名誉教授。王继权、唐金海来，和他们谈《当代文学丛书》问题，请他们吃咖啡、糕点，四时许辞去。上午陈思和来，发出给李全安(湖南人民出版社) 信。继顾廷龙来的有老鄂、小王，办公室小王（女）、小侯（女）。这些人走后，组织部长及党委办公室一青年工作人员来访。晚，唐金海一家四口、黄志麟夫妇相继来访。

吉来之子贾景斌及他的两同事从宁波归来，在此晚饭。他们明日返晋，借去三百元，送他《手记》一册、糕点两盒、乐口福一瓶、罐头一只，又送他的小孩巧克力两块。

看顾盈丰编的《中国现代作家研究资料》（两册），内容极为丰富，但原山东人民出版社，由于"左"倾偏见，却将印出的原书封存销毁——"左"倾路线的危害性，在我们生活中仍很猖狂，这正是使志士扼腕叹息的地方。这本书中的巴金条目颇多新材料，因此决心让小唐去南京一次，将新材料补入专集第三册——下周成行。

1984 年 3 月 11 日

礼拜日。上午郑子文书记来访，这是我生病后他第二次来看我。接着高汉夫妇、唐功儒夫妇来，后两对夫妇在此午饭后别去。

午睡后，沈康和她的小女儿来，老苏夫妇来，北京《新文学论丛》

的杨桂欣来——送他《手记》一册，景斌来，与沈康在此晚饭，饭后先后别去。

1984 年 3 月 12 日

一天来，饭量有了进步，坐起来也高些了。

下午徐俊西、杜月邨、徐鹏来；下午王锦园来，代填履历表一张，教育部所需也，送他《手记》一本。吴中杰夫妇来，川大研究生尹鸿来，借去 Olga Lang 的书，系思和一早送来的——他今日不快，外婆前日病逝了。

晚，桂英从沈永宝处取回《路翎通信集》手稿十一本——大约系一九五五年公安部所整理成册的，因为信内有用红铅笔画的杠杠，显然经过研究这些材料，又是在平反后发还的。

这两天读了《小说月报》上的《山风》（中篇），写得很好，虽然有点主题先行的痕迹——打击经济犯——但生活气很重，几个人物写活了，这点艺术上的优势，就不是"题材文学"所能够办到的了。

1984 年 3 月 13 日

天雨，一切正常。傍晚老焦来，送来山西大学高捷信。原中文系资料室老金（女）夫妇来探病，并送来淮安特产的油馓子一盒。乃修来，代笔给蒋守谦写了一信，仍以乃修工作事相托。唐金海偕在电视台工作的同学裴高来，送他《手记》一册。

上午收到韩全永信。桂英下午去龙华参加思和外婆追悼会。

1984 年 3 月 14 日

上午给《山西日报》姚剑、山大高捷及静妹写信，为古城房产事；下午又为同一题目给襄汾县委新任书记许崇实写公事信。

上午葛乃福领《上海青年报》女记者邵（一九六八年历史系毕业）来访，约为该报写有关比较文学的文章，又谈了关于颜海平事。下午王老太太和索师母来探病，苏兴良来。外文系周老师夫妇及外孙来，周老师有一篇关于中国古典文学论文，托我转交章培恒。

晚，保健科王医生、文医生来为我看病；孙桂森、李仁和来借书；图书馆国外交流组小葛（女）来谈公事；山西两个商人来找住处；唐金海来抄巴金条目，他定于礼拜日去南京，把这些新发现的材料补入《巴金专集》第三册。

收到李辉信、戏剧出版社公事信。

1984 年 3 月 15 日

上午孔海珠来，张晓云送来牛肉丝一碗。小卞在此午饭，我陪他喝了半杯白酒。下午孙锡侯来探病，送麦乳精一瓶；乐秀拔来还书。晚上，襄汾两位采购员同乡来，潘旭澜夫妇来。

上午写好给山西省委统战部和政协办公室公事信（为古城房产事），并发出给青苗信。

下午桂英从外文书店买回《二十世纪外国文学百科全书》（英文本）四卷一套，是我国盗版书，花洋二十一元。

得曹进行信。

1984 年 3 月 16 日

可以独立地坐在床上了。是一大进步。

今天系里举行陆树仑同志遗体告别，我又不能去，只好由桂英代表——回来的人说，会场哭成一片，令人心酸，天丧斯文也。

上午敏和小卞去市内购物，高文塚来，在此午饭。老苏带钦鸿来，还来美国出版的英文本《二十世纪中国作家笔名录》。金华浙江师院陈其强来。

午睡后，王老太太送包子来。徐州师院小李、四川大学研究生来辞行。叶易领广西大学张宁来，持景尧信及香蕉、菠萝。小瓯来，何佩刚来，乃修来，老苏爱人小刘领男孩来。

收到谢天振、曾华鹏信。发出给山西大学高捷信，附去给姚剑及襄汾县委许书记信；另将给许书记的公事信抄一份寄给了静妹。

看胡公的论文，遵从他的意见作了一些小改动（无伤大雅）。李辉前信说，《外国文学》可刊载。

1984 年 3 月 17 日

上午外语学院小谢、小郭、小陈来访，广西大学小张在候，乃修亦来。小谢谈《中国比较文学》第二期拟用稿件，即将胡兄文、乃修译文及范任遗文交小谢带回。

秘燕生来，王祥来，都在上午。还有乐嗣炳、吴中杰来，都没啥要紧事。

午睡后，葛乃福来，为去图书馆查资料的事。晚，金海来，即将昨夜四时起来写给章品镇及江苏人民出版社文学室几位同志的信交给他带宁，并给章品镇带去一些食品。

张宁来，一块儿看电视至十时许辞去回招待所。

收到覃小川信，及一白姓女青年来信买《手记》，即送她一册，退回汇款五元。

1984年3月18日

昨日中夜醒来，写了一首朦胧诗《油彩》——内容真是不知所云。

今日礼拜天。昨日半夜打雷，有间断雨。上午金华浙江师院陈其强来；许思言女婿一家三口来；罗洛夫妇来，他新自京归来，带来胡家给我治病用的各种食品：延安小米、北方小红枣、六必居酱菜、虎骨酒。他说老胡情况正常，整日写作，还可以和朋友聊天，使人听了很高兴。

党委办公室工作人员领军医大学领导、教授、护士上门为我看病并照了相。

罗洛夫妇中午在此午饭。

收到卢康华、韩大南、朱微明信，发出给山西省委统战部、山西政协落实政策办公室公事信各一封（挂号信）及谢天振信。

罗洛送来他新出的《法国诗选》五册。唐金海下午来，送来代买的《巴金专集》第二册一本。

1984年3月19日

上午张宁来，在此午饭。下午印刷厂小陈来，带来师陀赠的《无望村馆主》一册，即回赠《手记》一册，托小陈带回。为了方平能参加广西大学五月之会，写信一封，请张宁去看他。

晚，沈康来，她访问过姜德安写了一篇特写。

收到张振亚（青海师院）、姚剑（山西日报）、郭瑞三（河南人民出版社）信。

食量不断增加，又增加了新的床上锻炼活动。

收到本期《古旧书讯》，上海书店所赠。收到王聿祥信。

1984 年 3 月 20 日

上午凌云宝夫妇、徐羽厚都先后带着吃食来探病，托云宝夫妇给聿祥带去《丁玲专集》和《中国现代小说史》（夏志清著）。

午睡后，来者络绎不绝。思和带着北京出版社的廖宗宣来访，乃修与张宁也在座。送乃修、思和《法国现代诗选》各一册；送宗宣《手记》一册，他来为《十月》组长篇稿，带去昌东小说。

子展先生由阿姨相扶来坐片刻。《青年报》的邵桂珍来讯，托新闻系学生任珑带去颜海平相片一张备用。

张宁在此晚饭，吃菜卷。

老苏晚上来，河南已来信，同意收入报刊目录，分三卷印，下月发稿。徐迺翔来信，聘我为《丛书》（两种）编委。他们同意翻译书目不收报刊译文，只收单行本。

收到海珠信及她妈妈金韵琴的《后记》，即提了些意见，当日发出。收到范伯群信，问候病况。

1984 年 3 月 21 日

上午看乃修论文。下午老何、老耿、小顾来，在此晚饭。小纪来，签了四封国外公事信。王继权来，谈北京召开郭沫若讨论会由他出席问题。傍晚，李辉父亲由他的舅舅陪同来访，带来那里的健步丸和酒等物。小唐自南京回来，带回章品镇信及《巴金三集》（即《巴金专集》第三册）校样。

收到孙立川信，其中转萧斌如信，即转到上图。收到萧斌如信及《玉君》初版本，路翎信、海燕信。

1984 年 3 月 22 日

昨夜二时醒来，开始校《巴金三集》至五时寝，已校多一半。

上午，王戎自南通来，罗永麟自师大来，在此午饭后离去。

下午陈鸣树夫人、小韦母女都来看望。

邓逸群老师送来一锅麦片粥，即作为晚饭吃用。

晚，小毛头全家来。收到江苏寄来的《孙犁研究资料》一册。

1984 年 3 月 23 日

一切如常。上午秘燕生、王锦园来；接着《文学报》的小沈及孔海珠来，她们和后到的陈思和在家吃午饭。

下午来的有张晓云和戴厚英，这之前有杜月邨和刘季高。

上午来的还有张荫桐。

晚上来的有邓逸群夫妇、军医大学小张，唐金海来补巴金材料。

早上来的还有图书馆的老姜。

今天收到江苏人民出版社邮购部汇回的书款九十九元，说是托购的我的《小说选》已售光。不知何故，当即函陈乃祥询问情况。

1984 年 3 月 24 日

小唐上午来，共同搞好《巴金三集》的补充材料，请他即日发出。

上午思和来，在市内购回二十六册《小说选》，商定在铃木回国前在此便饭，由小徐掌厨。

下午铃木来，带来一包天津蜜饯。外语学院小谢、小陈来，他们已决定用胡公文，按我的意见，分两期发表，插入小照，文前再加一简要介绍——即将《东方文学辞典》交小陈带回，参照来写。

晚，三年级一女生来，问考研究生情况。请侯师傅来剃了个头。吴中杰夫妇、张宁先后来坐。

敏由小姑娘陪同去五角场洗澡。

收到周昌国信。发出给莫贵阳信，寄出《手记》两册、《小说选》六册，请他分别赠刘耘仆、马迅、叶辛诸人。

小唐借出《金瓶梅》旧刊本。

昨日发出给《山西日报》姚剑信，并附去给襄汾史书记信——前次写信把他的姓名写错了。

1984 年 3 月 25 日

礼拜天。上午无客来；下午乃修及秀拔夫妇来。收到杜谷、景斌、景明信及《出版史料》第二期赠刊。

下午敏和小卞去五角场又买回《小说选》十本。据说学校新华书店也从昨日起出售。

读《玉君》。

王大姐赠晚饭：菜卷、稀饭。

昨夜醒来写好给大哥、胡风信，今日发出。

1984 年 3 月 26 日

今日可以双腿垂在床沿，脚沾地了，算一大进步。

下午段福海来。晚，张宁在此吃饭。

晚，吴欢章、潘富恩、乐秀拔来坐。

收到江苏人民出版社邮购部托江苏长途汽车公司送来的《小说选》一百四十册，由桂英和桂森取回。

收到顾放勋自美来信，附照片两幅。安徽大学一投考研究生者来信。李华飞信及寄赠的《凉山文艺》两册。

1984 年 3 月 27 日

天阴，时有雨。一早醒来，穿上棉裤，由桂英搀扶，坐在小沙发上，也是一大进步了。

下午，山东师大韩老师带四个研究生自苏州到沪，帮他们住上招待所。晚上他们又来，约定礼拜四下午给他们讲比较文学。

下午邓逸群带电视台记者周伟文来访，坐至六时许辞去，送他《小说选》一册。

上午乃修带曾小逸来探病，赠他《手记》《小说选》各一册，他带来苹果。思和来，他本来去学校新华书店买《小说选》，现在回来说已卖光了云。

发出给孔根红（安徽大学）、饶鸿竞、郑麟翔信。收到冀汸信及赠阅的本期《清明》。

昨夜写好给孙景尧信及给《比较文学文论选》提的意见，连同五本《小说选》（分赠景尧夫妇、金涛、马克·本德尔、许敏岐、张兴劲）以及胡公文章一块儿托张宁明日带回。

下午写好给陈乃祥信，明日发出。《巴金三集》礼拜六由小唐发出。

1984 年 3 月 28 日

今天早上，家人扶我坐到床对面大沙发上，午睡后，又回到这里——这样可以依靠桌子看书、写字、吃饭，算是大有进步的表现。

下午，陈其强来，赠他《手记》《小说选》各一册。陈允吉来，赠他《小说选》一册。桂英中午去五角场买回八册；陈乃祥来信，在宁买到十多册，思和又在市区买了二十册。

昨天中午给福建出版社陈公正写信，今日上午发出，与四册《小说选》同时寄出；给陈的信谈到请他们考虑出《散文选》的事。

晚，张宁在此晚饭，她今晚回南宁；图书馆小阙领小男孩来玩。

今日收到陈乃祥二信。

1984 年 3 月 29 日

上午坐在长沙发上工作，下午二时给山东师大研究生讲课，由二时一刻至四时一刻。

范希衡儿子、西海夫妇来此午饭——范送来他父亲关于雨果的遗稿（大纲）；托西海带去十三册《小说选》分送诸友。章培恒、应必诚来访，为铃木回国事及明日日本富山大学副教授矶部夫妇参观图书馆事。老杜来，为小瓯事。

中午，海珠、小周约敏去中灶吃饭，并给我几味下酒菜。

收到董大中信。

1984 年 3 月 30 日

上午葛乃福来，带上影文学部一女同志来访，她住在校内，为编以大学生活为题材的脚本找素材，送她书两本。

中午印刷厂老人员季红来；下午图书馆两位女同志来探病。

晚，为山东师大研究生讲课，由七点半至九点半。

收到毕奂午、梅志、范伯群信，发出给董大中信。收到老耿转来的曾卓女儿的毕业论文的打印稿及老耿的短信。

傍晚，唐金海、王锦园来，各送《小说选》一册。

455

收到陈乃祥在宁代购的《小说选》十五册。

1984 年 3 月 31 日

天雨。过午，小徐来做菜。五时铃木正夫来，由思和、乃修相陪，吃了一顿饺子，为铃木送行，照了几张相，并互赠礼品。七时许，由思和夫妇陪他回市区。他留下一篇讲稿《郁达夫与日本》。

收到卢鸿基与一投考者来信。

发出给河南人民出版社夏晓远邮包。

1984 年 4 月 1 日

阴雨，礼拜日。上午沈剑英夫妇来，午饭后别去。

收到赵博源、鲍蘧信。附中的一位住在附近的教师送来错投到附中的两包邮件——《青年报》寄来的三张报及彭燕郊寄来的两本译诗和信。

晚，山东师大一研究生张某来访，近十时别去。

1984 年 4 月 2 日

下午，朱微明来访。晚，为山东师大研究生讲"七月派"，这是最后一课，讲毕照相留念。

小唐夫妇来。上午沈康来，带来代买的牛肉，敏送她菠萝一只。她带来三篇文章：1. 介绍复旦图书馆情况（刊《解放日报》）；2. 关于我的《小说选》介绍(《文学报》)；3. 关于介绍图书馆编目小组青年人员工作情况（用在《青年报》）。

发出给《青年报》邵桂珍信；给颜次青信，附去刊海平文章的《青年报》两张。

收到本期《艺谭》及一投考研究生青年信。

下午，上外小谢带去代借的俄文书《小说的命运》及孙乃修译文。

1984 年 4 月 3 日

上午姜德安来，谈公事，他将于后天去西安开会，送他《小说选》一本。

中午余振夫妇、韩大南夫妇自市内联袂来访，以酒相待，并各送《小说选》一本，他们即乘出租汽车而去。

午睡后，写好一堆信，托小唐带扬州分请各人送各地：蒋守谦、曾华鹏、范伯群、卢鸿基，并在二十二册《小说选》上签名，同时托唐带扬州，分请各人带回（北京、杭州、苏州以及扬州）。

收到蒋守谦、孔根红信。

孙乃修来。守谦信上说，他到文研所工作事已解决。王锦园来，请相浦呆来校的公事已写好（用教研组名义）。

法律系老杨来。党委老金来，他通知说，新上任的党委书记定后日去看图书馆，并说他这几天正看我的《小说选》。

夜间，应必诚夫妇来看电视转播的美国密苏里大学上演的《家》。

唐金海夫妇晚饭后来，取去带扬州的书及信。

1984 年 4 月 4 日

上午，小谢来，托他带去给浙江文艺出版社诸人书，他明天动身。图书馆一青年来，借去蒋光慈资料。王老太太来，带来她的故乡沛县吃食。张兵来，他新自武汉开会归来，碰到过舒芜，送他《小说选》一本。

收到老耿信，附曾卓女儿信；巫岭芬信。

下午写好给陈启新及花山文艺出版社李屏锦信，还有尹世明信，将于明日随《小说选》发出。

签好给苏步青、邹剑秋、郑子文、杜月邨各位《小说选》的名，邹外加《手记》一册。

读《钟山》章品镇文，他对于文艺创作中主客观的关系以及气质在创作中的作用讲得很好——他的文章的题目是《艺术应该是活的》，载《钟山》一九八三年第六期。

昨天桂英又在校新华书店买十本《小说选》，据说第一批卖完了，又贩来一批。

王继权上午来过，谈明日来进修的日本关西大学副教授日下恒夫事，仍由我挂名，由王及任秀兰两位辅导进修一年。

1984 年 4 月 5 日

上午思和来，送来代购的《四书集注》。下午来客：李存煜、林秀清，吴、李二夫人，山西两进修老师，吴欢章两研究生，以及把我碰伤的小朱夫妇和他们的小女孩。

收到本期《山西文学》刊出的《关于歌声及其作者》一文，对我进行了介绍。收到李国豪信及草婴寄赠的《复活》新译本。

发出给陈启新书及信、给牧野书及信、给尹世明书及信、给李屏锦书及信。发出给耿庸信。

唐金海、孔海珠中午来，谈收入茅盾专集外论事。

王聿祥在此午饭，托他带去与赠给上海同学及罗平、曹白、朱微明书。

桂英又在校内图书馆买来五本《小说选》，夜间着她去第九宿舍送书（赠书）。

1984 年 4 月 6 日

上午王继权来，谈日下恒夫进修事。下午四时后，王戎来，在此晚饭。晚，王中一家三代来，送他《小说选》一册。

下午敏与小卞进市区，买回本年《作品与争鸣》两册。

上午莫洛外甥来，送来莫洛新出版的诗集，即回信一封及回赠《小说选》一册，并请转送唐湜一册。

上午施昌秀自金华来，处理昌东遗产事……

下午思和、锦园来。晚，昌秀、秀拔、小瓯来，继续议论分遗产事。

今日《文汇报》的"瞭望台"栏载文称，中国社科院各所研究员在北京王府井设立咨询台，答复群众就各学科提出的问题。唐弢在答复中，要青年读《契诃夫手记》，学习作家是如何积蓄题材云。

上午陈允吉来，给他写了一封介绍玉佛寺大和尚绍宗的介绍信。他谈到某人时说：此人在"反右"时，领一伙人进入陈子展家里，声称是党派他来的，陈怒斥说"狐群狗党"，为此被划为"极右分子"；又说"文化大革命"中，某人又写了检举陈的许多材料，工宣队调查后，无一处属实，纯属编造——这里显示了知识分子的无耻嘴脸，此人解放后就是靠这一套功夫爬上去的，实在够下流了！

收到张宁及春琳信。

阅思和为《小说选》写的评文，约四千字。

1984 年 4 月 8 日

天雨，星期日。中午颜海平父母亲来探病，带着麦乳精、水果、蜂蜜，送他们《小说选》一本为念。

下午北京文研所李、叶两女同志来，她们自杭州来，不日回京，即托她们给大哥带去蜂王浆冲剂、麦乳精及《小说选》和信。

早上，应必诚来，他即刻启程去厦门开会，即写信介绍庄钟庆及带给他《小说选》一本。

收到老耿信，说老何日内去西安、成都，下午着桂英送去信一封及托他带给胡征、杜谷的书四册。

收到萧斌如信，她从北京回来。发出给西海信，附去思和评文。

晚昌秀来。

1984 年 4 月 9 日

上午杜月邨、徐俊西来，谈施昌东家事。他们去后，施昌秀、潘富恩和小瓯陆续来，接谈此事，并在家吃午饭。

思和来，陈鸣树来，也都在此午饭。思和代买来《手记》十本。

晚陆士清来，送来他编选的《台湾小说选讲》下册一本。

苏兴良来，带来河南人民出版社公事信。

乐秀拔、施昌秀、潘富恩来，接谈上午题目，决定明日上午和小杜正式谈分家事，小瓯也在此。

收到孙钿来信，及近期《文史哲》《上海图书馆》《复旦学报》赠刊。

1984 年 4 月 10 日

天阴，整天为施家分家事人来人往，下午才在我家开成。施昌秀、乐秀拔、潘富恩以及小杜母子都坐在一起，经过争论，总算写成文字，大家签字画押。

收到唐金海自扬州来信。

1984 年 4 月 11 日

下午，上外的小谢和小郭来，把胡兄的通讯处给了他们，由编辑部出面给他写信，通知他收到来稿；赠他们编辑部四位成员《小说选》各一册。

收到韩大南、伍隼、青海师院研究生李怀亮、上海文联党组信，北京出版社廖宗宣信（关于昌东小说稿），收到贵州出版社赠书《王蒙专集》一册、福建出版社赠书《抗战文艺丛书》十五种、本期《文艺理论研究》一册。

思和在此午饭，代购来本期《新华文摘》一册。晚，吴欢章来，送我新式烟斗一只，苏兴良来，送来河南出版社公事信。

发出宁夏出版社杭行信，寄出代抄的他五十年代初期诗作一束。给上海书店毕青信，建议重印《玉君》。

中午，桂英、思和扶我在门口小坐晒太阳，"放风"一次。

收到孙景尧信及寄还的 *Theories of Chinese Literature*。

1984 年 4 月 12 日

上午看校文学研究会材料。本市一女教师持马良春信来访，她要查阅有关丰子恺材料。下午乃修来，他妻子来信住院，他明天回京，晚上又来辞行，敏给他带了些吃食。

下午，于敏、杜高印来，为明日去长海检查事。

收到江礼旸信，北京出版社寄赠的两册《十月》及《师陀研究资料》。

1984 年 4 月 13 日

中午思和在此午饭。等到一时半，学校的救护车来了，由思和、桂英扶我上车到长海医院检查；下车后即由思和背我到照片子的地方，照毕又由他背到门诊处，已由桂英取来片子。先后请邱、杨两位军医看过，他们看法不一，但都认为那个不锈钢钉子有些向外移——杨军医说要躺在床上少下来，两个月后再来拍片；邱军医说，关系不大，四个月后可来拔出钉子。三时半乘车回来，算在外兜了一次风，开开眼界。

上午写好纪念陆树仑的文章，千余字，中午后由桂英送交杜高印——他说下午系内开会时找人读读。

下午来的有在此学习的山西同乡、邓逸群，唐金海夫妇等。唐从扬州给我们带来酱菜等，还有曾华鹏信及一包肉干。

收到李辉、尚丁、陈公正、大哥及施昌秀信。大哥已于十二日由京飞杭，不日可到沪，即给凯林写去一信，明发。

1984 年 4 月 14 日

今日起，又恢复到以床上生活为主。下午赵博源和吴中杰来。晚，鄂基瑞一家来。

下午图书馆小徐送来银川电报一纸，大约是杭行打来的。

收到鲍蘧信，发出给凯林信。

送博源、吴中杰《小说选》各一本。

1984 年 4 月 15 日

星期日，天气热了。

上午小顾夫妇来，蔡国祯夫妇来，都带来吃食。国祯由秀拔叫到他家里吃饭，他们有约在先；小顾夫妇在此午饭，我也第一次到正式饭桌上吃饭。

下午，陈允吉来，他去看了玉佛寺的绍宗和尚，由我写信介绍。晚瞿大夫夫妇来。

收到铃木正夫回国后来信，并寄来回国前在家照的照片。收董大中信，约为他编的《我的第一篇小说》写文。

寄出姚北桦信，附去书三册——两册分赠曹明和汤淑敏夫妇。

1984 年 4 月 16 日

天气更热了，看样子，棉袄不行了。

上午邓逸群来，送我本期《文艺报》一册，那上面有应必诚文章。校刊一工作人员来，说是里根将来校访问，想找些出国研究生来信，在校刊刊登，也是为欢迎里根增加一些热气。下午，管权、李庆甲及西北师院一张姓教师来访，由陆士清夫妇带来，他们从扬州开会回来经过沪。苏兴良来，校正文研会材料。陈鸣树来，唐金海来。徐俊西、杜高印来，说是我为陆树仑逝世在座谈会上的书面发言，将送《解放日报》。《文汇报》昨天见报的发言删得面目全非了。

晚，李平来，他自杭州归来，在那里和大哥一起参加《白蛇传》讨论会，大哥将于十八日来沪云。

收到襄汾县委办公室郭亮以及顾盈丰、王聿祥、吉来信（王信附曹白信），本期《江海学刊》赠刊。晚又收到侄女伟琳信。

发出给襄汾县委复信，给宜静以及给董大中、李国涛信——后两人信附在给各人的两本赠书内寄出。

1984 年 4 月 18 日

昨日忘了写，也记不起有什么可记的了。这几天正忙于《文学研究会资料》全书的定稿，着重地读了一些郑振铎的文学论文——《关于建立统一的文学观》，论及中国现当代文学与古代文学和外国文学的关系与影响问题，他用了"外化"一词来说明中国文学受外国文学影响的问题。这些都是二十年代的文章，他批判的那些中国传统的文学观点、文学研究方法，到现代还有待肃清。

今天下雨，又冷了。上午都在大沙发上面工作。下午张禹、王戎、耿庸、顾征南、罗洛先后来，在此晚饭后散去。

中文系教师秦耕来通知，大哥将于明日上午十二时五十五分由杭州到上海。

收到李辉信及附寄的几张《北京晚报》，那上面有他写的胡风近况报道及李光照的近照。

收到《沁水文艺》《作家通讯》近期赠刊。

昨天中午校刊来人，拿去赴美留学生来的四封信，说是将择要刊登校刊，以配合欢迎里根总统的活动。

晚，于东元、秦湘、李玉珍来。

今天中午王祥来，代买来罗布麻烟一条。为了今天下午宴客，敏进进出出忙了一天半。

1984 年 4 月 19 日

大哥上午由上海民研会接送来家，孔海珠来，在此共进午餐，并由海珠给我们照了几张相。

午后来人有：潘富恩、乐秀拔、徐鹏、王永生、陆士清、小杜，陆士清送来他编的《台湾小说选讲》一册。

收到花山文艺出版社李锦屏信及寄赠的老舍《月牙集》一册，收到本期《作家通讯》、卢倩信。

送王永生《小说选》一册。

1984 年 4 月 20 日

天雨。整日宾客如雨。

上午开市不久，广西大学许敏岐来，他系专程来沪。姜德安来，谈西安开会情况，因插不上嘴，约好明日再来——因屋里同时有上海民研会的一男一女两个同志来接大哥。九时许，王继权陪日本关西大学日下恒夫相访，他是来进修的，挂在我名下——他研究老舍，赠我他编的《老舍年谱》两册以及他译的老舍作品三册；我回赠他《小说选》及《手记》各一册。十时许辞去。

吃午饭前，鲁萌、西海及邵光潜先后而来，大哥已被民研会人员专车接去逛城隍庙，加上许敏岐一起吃了午饭。

饭后，许敏岐辞去，给他写介绍萧斌如的信一封并托还去《玉君》。

给鲁萌《小说选》一本，写信（介绍信）二封，分致朱雯及方平，又各赠他们《小说选》一本。又赠来照相的邵光潜《小说选》一册。二时许，诸人先后辞去，陈鸣树爱人来（周姓）。小杜、小瓯先后来，仍为分家事。

大哥近五时归来，大概累了，先睡了一个多钟头，才同吃晚饭。

收到许敏岐带来的孙景尧信，内称胡文已着手译成英文，将在该校刊英文刊物上发表（第二期）。又收到胡征诗论《诗的美学》及照片一幅、鲁藜寄来他的诗集两册（老耿转寄）。收到丁歧邮赠的菊花一包。

傍晚，汪西卡来探病，带来母鸡一只，送她《小说选》一册，又一本请她转焦万顺同志。

1984 年 4 月 21 日

上午，许敏岐来，送来治伤药两瓶。下午吴中杰夫妇来与大哥闲坐，王克恭也在。晚，法律系老杨来，与我们谈法律。

寄出给卢康华信及《小说选》两册，一册赠李锡胤。

1984 年 4 月 22 日

礼拜日，天好。中午任钧来访，谈了多年往事，并与大哥一起，和他照了几张相。

写好给马良春、张振亚及青海师范大学研究生李某信，明日发出。李信并附去《文学研究会大事记》一份（打印）。

收到侄女伟琳的小说稿《飞去的鸭子》，写了新时期发生在农村的旧事。

1984 年 4 月 23 日

上午罗永麟夫妇、思和来，共在此午饭。下午二时许，由思和陪大哥坐校车去文艺出版社，老罗及敏同车进城。

午睡后，秀拔来，戴厚英来。应必诚夫妇来，老应自厦门回来，带来瓷像寿星、国公酒一瓶。晚六时，丁景唐送大哥来家，在此晚饭后辞去。思和同车回家。

收到董大中、闵抗生、马迅信及寄赠的本期《创作》。晚写好给西海、马迅、路翎信。今日发出给马良春、青海师大研究生、北京出版社廖宗宣信。

桂英下午从军医大学取回内服药。

下午，潘富恩来。晚，小杜来，写好分家清单，我签了字。今日由老苏发出文学研究会定稿并给责任编辑小夏信。

1984 年 4 月 24 日

上午吴中杰夫妇领日本信州大学助教授村田俊裕来访大哥，他把我们兄弟当成一个人。他看了大哥写周作人的文章，提出一些问题，只是他中国话不行，许多地方他都听不懂，感到惋惜。他约好六月二日再来看我，送他《小说选》一册，相别。

下午，民研会派车接大哥去游龙华，敏偕行，姜彬晚上请他吃饭。

上午，于东元来，谈妥小杜分房事，晚上老杜来也为此事。下午，思和、锦园来。下午学校开大会，为里根访校事，据说学校现在很紧张，为里根三十日来校手忙脚乱，怕到时有人闹事——据说，外国留学生有意滋事云。

晚，王欣偕他的爱人来访，代买来火腿一只，曹进行来看视大哥。

今日天气美好。

刘裕莲下午来看大哥，不遇。唐金海中午来，约请大哥明晚在他家吃饭。

王戎中午来，在此午饭，带来苏北烧饼一袋，十分美味。

许敏岐早上来，赠我们一些草本相思豆，据说它产自北部湾一带。

1984 年 4 月 25 日

上午，大哥到学校讲课。写成给庄钟庆、孙立川信及邀请大阪外国语大学相浦杲来校讲学邀请信。又写了给山东大学《文史哲》编辑刘光裕信，介绍去孙桂森《论巴金小说中的异域题材》的稿子，并赠以《手记》一册。

张德明带文联出版公司总编室编辑陶庆军来访（本校工农兵第二届学生），提议约我编一册《巴金评论集》，"为他树碑立传"（共编二十个"五四"作家），赠我《中国文学研究年鉴》《文艺理论译丛》各一册。收到《当代作家评论》第一期赠刊。收到沈康信。回赠陶庆军、张德明《手记》各一册。

下午来访者，有王继权带——九八二届毕业生胡堃，本届投考罗永麟研究生，即写一介绍信给他们相识。陈鸣树偕王祥来。陈明午赴京参加李何林的教学五十五周年纪念会，正好与大哥同车，即写便条介绍。在本市《新民晚报》工作的同学全岳春来访，赠本期《社会科学》一册，那上面载有他论杜牧的文章。

晚饭，由唐金海请大哥，并请孙桂森、李仁和两同志相陪，大家在家里照相留念。

晚，武汉师院杨爱唐、袁明纲夫妇来访，各赠《小说选》一册。把我腿碰坏的小朱爱人小张领小女孩来。

1984 年 4 月 26 日

上午陶庆军、唐金海、思和先后来，就编《巴金批评集》商谈。晚上，由小唐拿来合同，我签了字。

电视台裴高来，他要为《老人》给我写个特写，给他一些书面材料，日内再深谈。

同乡曹进行、薛淑琴先后来，大哥今日回京，曹即在此同吃早饭。饭后一时许，民研会车来，即由桂英同车送大哥进站北行。

下午，王克恭来，就他的毕业论文提了意见。陈其强来，送来火腿半只为我疗养之用。

晚，吴中杰夫妇、唐金海夫妇先后来坐。

收到凯林、高农信及辞书出版社寄来《清诗话续编》（四卷）。

孔海珠母女来为大哥送行。

1984 年 4 月 27 日

收到孙立川信及从日本复印的《天义报》文章——关于《共产党宣言》的最初译本。收到耿庸信、青苗信、朱微明信。

来人：应必诚、余世谦、乐秀拔等。

今天等于休息，杂读各报文章。

1984 年 4 月 28 日

上午许敏岐来，乃修自京归来，带来一些北方各种杂粮，中午都在此午饭，由小卞做饭。

思和来，又买来十册《小说选》。

午睡后，小吴来，她是同病房工人吴某的妹妹，在工余读电大。

中午萧斌如女儿来，带来信及赠书——《上图纪念文集》、回信一封及《小说选》一册。

小楼上的邻居——小赵夫妇，来看望我的病，带着鸡蛋，回敬日本烟一包及菊花一袋。

1984 年 4 月 29 日

礼拜天。晨起，在大门口"展销"了一些时候，看看院景。

下午，敏去小顾家，小顾自己却来了。到晚饭时，敏回来，小顾晚饭后辞去。

晚饭后，李仁和、孙桂森、工人小张先后来坐。

早上，写好给天津百花文艺出版社两封公事信，由敏发出；写成给朱锡侯信，托苏兴良带去杭州。

下午乃修来过，送来复印的选文。

收到文艺出版社总编室信及寄来的《新文学大系》（第二集）宣传品四十册。收到高文塚信，他也被汽车撞伤，卧病在家。

桂英上午跟秀拔夫妇去看给我开刀的刘植珊教授，赠他《小说选》一册。

1984 年 4 月 30 日

今日美国总统里根访问学校并作讲演，学校为此手忙脚乱了多少天，真是劳民又伤财。今天职工上午十时就下班，中午后戒备森严，如临大敌——所以外国人说，里根到了一个"最安全的国家"，言不谬也。

上午图书馆的四位副馆长及办公室主任小华同来，谈工作。

电视台的裴高来访问，他准备为我写个特写。

下午观看了里根在校讲演的电视广播，据说，出席听众都经过严格选择的。

上午乃修、思和来。

校刊追念陆树仑的专页，刊登了我和赵景深的短文，我的题目是：《一个精神境界高尚的人》——文章经过删节。

收到张旗（天津师大）信，系老姜从西安开会带回来的，他们一块儿参加高等院校图书馆会议。

收到上海文艺出版社赠书《藏族民间故事》两册。

晚，应必诚夫妇来坐。

1984 年 5 月 1 日

五一节。上午写好给丁峻信连同两本书一同寄出。

唐金海来，谈为文联出版社编书事，并在此午饭。他说，此次系内调教师外出工作，有个造过反的××竟和章大闹说，把他调走是"阶级报复"——这种"文化大革命"的思想和语言，竟这样阴魂不散！傍晚，鄂基瑞来。

收到大哥、曹明及李辉信。李辉信附来几张《北京晚报》，刊有老胡文章，还附有两张照片（胡放大一些，李辉与胡的合照一张）。

桂英下午值班，晚上进城看戏。

1984 年 5 月 2 日

早上开始写信，给孙景尧、张宁，封好后，适许敏岐来，即连同复印材料一块儿托他带回南宁。收到徐放寄赠的《唐诗新译》一册、《文汇报》记者王树滨来信。午饭后，又写好给徐放、王树滨复信及赠书各一册寄出，同时发出给彭燕郊信。

下午，桂英和大妈拆了火炉。

请侯师傅来剃了个头。给朱微明寄出《赵树理专集》并信。

1984 年 5 月 3 日

天阴，或有小雨——反正我不能出门。

上午聿祥来，在此午饭；下午许敏岐来，在此晚饭。

收到梅志、静妹信。

看赵博源译的山口守论刘绍棠乡土文学（题目为《刘绍棠与鲁迅》）译文、孙乃修的《论李清照精神风格》的论文——他将去山东召开李清照讨论会，这是他提供的论文，按手续我需要看一下。桂英又从校内新华书店买下《小说选》十一本，书店仅有此数，为买此书，已花用了二百多元。

1984 年 5 月 4 日

有雨有风。上午上外小郭、小陈来访，约下周一去他们那里开会（比较文学编辑会议），他们派车来接。晚谢挺飞来访，他是挺宇的老弟，带来挺宇信和一本《辽宁文艺界》，那上面有不点名批判他的小说《灶王爷上天下地记》，在反精神污染中他又挨了一记——小地方官吏野蛮，无论什么运动，他们都会起风掀浪，打倒别人，抬举自己，靠运动自肥。

上午写好《我的第一篇小说》文。晚写好给梅志信、给颜次青信，内附《复旦》校刊两份。收到唐湜信及济南大嫂要我转大哥信。

许敏岐在此晚饭，他明日离沪回南宁。

1984 年 5 月 5 日

上午思和、朱利英来，共吃午饭。思和代买来近期《读书》《新华文摘》。敏去邮局发信，买到《小说月报》，看了张贤亮写劳改生活的《绿化树》。

收到吕俊君、卢鸿基、湖南人民出版社、山西晋南一投考学生信，发出给梅志、颜次青、抗生信，附去论尼采文。

下午，乃修来。

1984 年 5 月 6 日

星期天。早上到门前小花园"放风"；中午董大中、梁继国来访，在此午饭。饭后，孙桂森亦到，他们相随别去。军大刘植珊军医偕女儿来看望我，他是我的主刀医生——他要我本月底开始学步，六月间他再来看我，七月间照片子，并说将来拔钢钉，由他主持——共饮威士忌酒后别去。中间，王戎、杜月邨也来过。

收到孙立川及文联信。

晚，老苏来，他从杭州休养回来，赠我手杖一枝、龙井茶一筒。

敏上午即进市区，参加西海婚礼。

1984 年 5 月 7 日

早八时许，思和如约来。少顷，上外的小谢陪同伍隼驱车来接我，由思和、小谢用"喷气式"把我搀上车子；到上外专家招待所门前，又由上外的青年同志和思和用藤椅把我抬到会场，参加中国比较文学编委会。到会二十余人。十一时许，全体与会人员又坐车到城隍庙绿波廊会餐，由上外请客——我又由思和及上外、华师大青年同志用藤椅抬进抬出，也算一大奇观。二时许又坐原车回家，小谢、小陈、小郭三位男女同志及思和又把我由宿舍门口用木椅抬回家。

晚，谢挺飞、伍隼应约来吃晚饭，应必诚因事来，亦陪同吃饭。饭后，吴中杰、陈乃强来，由我介绍，和伍隼谈他们著作的出版问题。至九时许，客人才散。

收到张人希、卢康华、静妹信，及《中国科技文摘》广州分社挂号信——他们聘我为该报顾问和特约撰稿人。

写信给范伯群，托挺飞带苏州，介绍他们相识。

1984 年 5 月 8 日

上午王戎来，在此午饭。下午董大中、梁继国来辞行，晚饭后由孙桂森、李仁和送出。下午来人还有余世谦、应必诚、徐鹏、唐金海、苏兴良夫妇等。王戎下午又来，老耿后日赴京，即托他带去给黎丁、刘北汜、骆宾基的书。托董大中带去给青苗、高捷、刘金笙、姚剑书。

收到朱微明、张大明信。

1984 年 5 月 9 日

中午晓琳自京来，带来大哥信。下午思和来，一块儿帮忙包饺子。

改好《我的第一篇小说》，并写好给董大中信，明日发出。

1984 年 5 月 10 日

发出给董大中信及《我的第一篇小说》稿。收到庄钟庆信、王忠舜信。

晚饭时，法律系老杨来，赠我一大堆"文革"时的印刷品。

1984 年 5 月 11 日

早上写好给孙立川、庄钟庆信，并立即发出。并发出给《科技导报》广州分社信。

收到尹世明、李全安、莫贵阳信。

1984 年 5 月 12 日

研究生秘书小刘先后送来研究生复试考卷——两个专业共三份。

上午陈衡粹偕一四川女性来访，午饭后离去。上午，日下恒夫来，代表他夫人送我们九州玩具一盒。

中午思和来。下午唐金海来，就学年试题进行了商量，他借去三本有巴金材料的造反派杂志。

晚，进修教师同乡李仁和带一同乡学生来，孙乃修来。

天气热了，晚上有雷雨。

1984 年 5 月 13 日

星期天，有雨。早饭后，敏和晓琳进市区买物。看好三位研究生的试卷，都给及格了，给他们一些好的命运。

晚，湖南教育学院一进修教师来访。

苏兴良晚上来，赠我他参加编注的《鲁迅杂文选集》二卷一套——是"文革"中的产物。

1984 年 5 月 14 日

上午看好乃修论文，写了批语——他要去山东开李清照讨论会，学校鉴于去年哲学系研究生外出惹事的教训，规定研究生单独外出参加讨论会，论文必须由导师审阅签字才成。

下午培恒来，为王姓入古籍所事。满子的女儿丽丽和她的两个同学也来过。王克恭下午来，送来他的毕业论文。

收到张宁信，写得很热情。

1984 年 5 月 15 日

天阴，时有雨。

中午印刷厂小陈在此午饭。下午皇甫姜同学自山西来，和他的一名同事在此晚饭后别去，送他《小说选》一册为念。

王克恭下午来，谈他的毕业论文。

收到许敏岐、戴舫信，本期的《古旧书讯》赠刊。晚，写好给戴舫夫妇信。给王宁寄去《小说选》一本及校刊一张，这期欢迎美国总统里根特刊有他给我的一封来信。

1984 年 5 月 17 日

昨日未写日记，收到李国涛、尹世明信。

今日上午沈剑英夫妇来，朱碧莲新自四川回来，带来一瓶川酒——还有手杖一枝，在船上遗失了。陈仁炳来。剑英夫妇午饭后辞去。

下午，唐金海、思和来。晚，殷仪、小张来。

收到《钟山》编辑部、天亮信；朱微明寄赠的本期《新文学论丛》，上载有柏山遗文。

陆士清昨晚来索文。

471

1984 年 5 月 18 日

上午，王戎来，午饭后离去。

下午乃修、锦园先后来，老姜来。

晓琳今日回京，晚饭后由小卞送站。

下午学校开大会，我算系先进工作者，未能出席——系办公室老于送来奖品座钟一只、执照一张。

1984 年 5 月 19 日

收到相浦杲、朱锡侯、萧斌如、庄钟庆来信。上午改好给本校将发刊的《现代文学研究》的短文《一点感想和祝愿》，又重校了山口守《论刘绍棠与鲁迅》的文章，并写好给《钟山》编者的信。

上午裴高来，他写了一篇记我的散文报道，要去一张照片，午饭后辞去。

下午召开第二个课题《外来思潮理论对中国现代文学的影响》的碰头会。

晚，观日本电视剧《血疑》，演员甚好。

1984 年 5 月 20 日

礼拜天。上午小顾夫妇来，午饭后辞去。晚饭请日下恒夫，由章培恒、徐俊西、应必诚、王继权作陪，满子夫妇、邓云乡同坐，由周春东掌厨。

下午邓明以来。

收到本期《文史哲》赠刊。

蒋孔阳夫妇下午来访。

1984 年 5 月 21 日

从前天起，桂英扶我在室内外学步。

中午便宴即将离去的进修教师孙桂森、李仁和、陈其强、李存煜、杨爱唐、张某（湖南教育学院）及毕业生王克恭，尽欢而散。

收到百花文艺出版社于明夫信，我们这里编的巴金的《我和我的文学世界》已发排。在南京的《爱国报》工作的同学刘增泰寄来该报两张，刊有顾征南写的《贾植芳小说选》介绍文。

收到三个投考者的信。

晚，王继权、王欣先后来，还王欣火腿钱二十五元。

下午，陈鸣树来。上午应必诚来，关于接待相浦杲已升级为校级待遇。

收到本校学生组织的"电影爱好者协会"开会请柬，我被聘为会长。

天气又变冷了，下午加了衣服，间有小雨。

填好一年来工作表，交出为校办《中国现代文学研究》即兴写的短文《一点感想和祝愿》（千余字）。

发出给《钟山》信及赵博源译文。

1984 年 5 月 22 日

上午钱青来访，她是老留日学生，茅盾旅居京都时的熟人。她送我翻拍的茅盾当时的照片（一九二八年）一张，回送她《小说选》一册。

下午乃修来，说是昨晚十二时前地震时，他们宿舍桌上的杯子倒了——洗脸盆也倒了，那时我还未睡，屋墙轻摇动，大家起来，由特地奔来的小张（即把我腿碰伤的男青年的妻子）把我扶到宿舍门口马路上安坐，与众友邻张伞避祸，全家三人挤在一起，我重穿了棉袄；后来苏兴良一家来了，我们才回屋，接着老黄（志麟）一家，也来避难了；大家坐到二时多，学校通知后，才各自回家了，但我一夜未安睡。

收到大哥、小锤、赵祖武及殷琦（普陀区业余大学）信，董大中信及寄赠的两本《赵树理纪念文集》。

唐功儒中午来送代洗的照片，午饭后辞去。

下午收到胡济涛信及稿《浔阳江头》，晚上开始读。

晚，武汉师院李恺玲来访，由杨爱唐相陪，留下她的《论聂华苓》文。

1984 年 5 月 23 日

中午，陈建权夫妇来。下午，广西艺术学院张姓同志带卢康华信来访；思和也来过。晚，三个毕业班同学来，约好星期五去照毕业合影。

收到丁峻及两个投考者的信。

看了胡济涛的《浔阳江头》剧本及李恺玲《论聂华苓》文章。

1984 年 5 月 24 日

上午元化来，后由蒋孔阳和章培恒陪同去看相浦杲。

下午，老同学张忠孝来——她多年都在《光明日报》工作，我们不相见已近三十年了，她的爱人詹铭新在"文革"中自尽，她也由一个小姑娘成了一个做了外婆的老太太。据她说：一九五五年我出事时，当时在人事部工作的同学陈仰周发起保我活动，要大家签名；张泽厚签了，受到迫害；信转到《光明日报》被领导扣了，张忠孝未能签名，在"文革"中才得知此事，而陈仰周同学却从此没有音讯，迄今生死不明——我听了，非常难过，在这个人民当家的国家里，不准有正义、有真理！

上海的老同学和张忠孝约好在我这里相聚，他们带了一些酒菜等物，自己动手，大家聚了一次餐。由吴继耀母女掌厨，来的有张德林、凌云宝夫妇、王聿祥、张爵侯，后来章培恒也到，至八时许才一块儿离去。

上午鄂基瑞、王继权、邓逸群同来，为《中国现代作品选》和《现代文学辞典》出版事，两书都要我写序。

孔海珠来送照片，午饭后她和敏一同去看了子展先生。

收到张德林、李辉信及吴继耀明信片。

1984 年 5 月 25 日

晚章培恒来，说起相浦杲今天的讲演，说鲁迅直到晚年还受厨川白村影响，这个论点在中国是新鲜的。

为了看武汉师院李恺玲的《论聂华苓》的文章，看了一些聂的小说。

今日发出给百花文艺出版社于明夫、学报张兵的信，也写好了给胡济涛的信，都是关于稿件的。

晚，李恺玲来，谈她的论文。

上午贾鸿猷来，送我一册他们编的《现代文论选》第三册，回赠他《小说选》一册。王祥来，他要去一册《小说选》寄法国的卢阿夫人。

1984 年 5 月 26 日

阴，有时有雨。

早上，冀汸来，他去武汉由杭州过沪，中午王戎到，午饭后双双辞去——我由桂英扶着送他们到服务公司门口。

下午思和来，送来有关现代中国文学研究译文等，学生许光明及教师孙猛相继来。晚，徐俊西来。

写给曾卓信一封，连同四本《小说选》托冀汸带汉口，分送曾卓、奚如、毕奂午及阳云。

1984 年 5 月 28 日

昨日未记，也没什么可写的。

今天天热，只穿了衬衣。上午韦秋琛父子来，送他《小说选》一册。顾征南领《艺谭》编辑唐某夫妇来，赠《手记》一本。晚间宴请日本大阪外国语大学教授相浦杲教授夫妇，由小周掌厨，陪客有章培恒、徐俊西、应必诚、王锦园、陈思和和孔海珠，至八时尽欢而散。

收到姚北桦、裴高信及赠刊本期《江海学刊》及《科技丛刊》（广州出版）——我被列为该刊顾问。

1984 年 5 月 29 日

昨天请客剩菜不少，中午约小周、小唐帮吃；晚间，南越一家三口来，又帮着吃了大半。

上午，军医大学小马、戴厚英前后来。戴赠我们她的两本小说《人啊，人！》以及《诗人之死》——这是个有非议的人物，也算个弄潮者，她参与了这以前的政治灾难的酿造工作，紧跟又高举；时势变了，她又以一个自称悔悟者的身份，揭露了这些人造灾难，因此投合了读者，也激怒了官方，"遂使竖子成名"了。

下午陆士清送来辛笛的赠书《辛笛诗稿》一册，灯下翻阅，用以遣怀。

1984 年 5 月 30 日

全日看王祥、小张的译文，由桂英、敏扶着在宿舍前走了三次。

收到朱微明信及《彭柏山小传》稿。

1984 年 5 月 31 日

上午廖光霞来访，她访日归来，在大阪见到孙立川，带来他的信。下午西海夫妇来，在此晚饭；王戎中午在此中饭。下午来人还有工人小张；徐镜平、老太太和王老太太、应必诚夫妇亦先后来。孙桂森来，签好他在此进修的成绩单。

收到满子信及转赠日下恒夫的两本书，即托老应送他。

毕青来一明信片，说有事相访。

又收到百花文艺出版社于明夫信，编的那本书就定名为《巴金的文学世界》。

1984年6月1日

上午接到上海书店毕青电话，他们打算翻印《工作与学习丛刊》，想请胡风写个序，即答应代为接洽。为此晚上给胡兄写了一信，明日发出。

下午一时许，中文系两同学来，扶我到校门口参加毕业班同学照，照毕又由他们扶我回来。中间曾去校内新华书店购《人与事》一册。

晚上，两同学来，送来一张同学组织"电影爱好者协会"的聘书，聘我为该会顾问。

收到汤淑敏信，她谈到她家的生活，真是《人到中年》的再版本。

发出给于明夫（百花文艺出版社）、铃木正夫、朱微明信，朱信附去我改过的《彭柏山小传》打印稿。晚又写好给饶鸿竞信。

白天，唐金海、苏兴良都有事来过，分别给他们带的进修教师李仁和、李存煜的鉴定书上写了评语。

1984年6月2日

有时有雨。

上午日本信州大学副教授村田俊裕来访，谈周作人——他是来校进修的高级人员，谈约一时半，照相后辞去。

下午，外语学院小陈来，送来比较文学杂志创刊号上的我的短文及王祥译文校样。谢兰郁下午来。

发出给胡风、饶鸿竞信。

晚沈永宝父女来，将晓风寄来的抗战时《新华日报》上的评路翎文复印件给了他。

晚，徐州师院小李及吴奔星儿子小吴同来，小吴送我一册他父亲新印的《钱玄同年谱》。

1984 年 6 月 3 日

星期天，天好。上午在门口小花园（百草园）搬了把椅子坐了一会儿。

读昨晚吴奔星儿子送来的他新印的《钱玄同年谱》。收到本期《萌芽》赠刊。

下午广西艺术学院张同志来，托他带回给许敏岐信，附去发票一张。

晚，射击教练小周（女）来坐。

这一天，三次被搀扶着在宿舍附近路上"旅行"。

下午小唐来，赠我们炒鳝鱼一盘。他写了一封给木斧的信，接洽他们编《巴金年谱》出版事，硬要我当个"主编"。晚，孙桂森来过，下午王继权偕童炜钢来。

早上，子展先生由小儿子搀着来访，照了五张五彩相片。胡济涛来，还给他的剧本稿《浔阳江头》。

1984 年 6 月 4 日

天好热了。今天起，我外出"旅行"可以单独扶杖行走，家人则从旁照料就行了，碰到的熟人都为我相庆。

收到曾卓、于明夫、张振亚信，以及哥伦比亚大学给我寄的"交换书目"公事——因为我是图书馆的"裹头"（curator）。

上午陈鸣树来，他编的《鲁迅与胡风》将要出版，借去一张胡的近照。下午，李仁和、孙桂森、王克恭及他的同班同学来，为我们这几个山西人照了两张相。

思和来，带来新出的本期《新文学史料》，胡的文章本期被"腰斩"，说明在光天之下还有一股阴风——司马迁说"怨毒之于人深矣哉！"一点不错，合乎"国情"。

晚，读《新文学史料》各文。

唐金海中午来过一下，为复印事要我签个名。

1984 年 6 月 5 日

天热了，街上行人已普遍夏装。

早上王祥来送稿，唐功儒来照相，午饭后离去。西海来，上外小谢、小郭来取稿，《文学报》两个人员（一王姓）来约稿。裘柱常女婿（在经济系教书）和他的儿子（在外文系读书）持王元化介绍信来访，西海晚饭后别去。

晚，把我腿碰坏的小朱、小张夫妇及小女孩来，送我们淮安徽子两盒；军大小张来。

收到本期《作家通讯》。

吴中杰上午赴杭州，为他的书稿事，写了封给伍隼的介绍信。

1984 年 6 月 6 日

上午山东人民出版社青岛分社的王君持西海介绍信来访，他要查书刊和会见学报的负责人，即给图书馆的老焦和学报的王华良各写了一个介绍信。侄子贾景斌自杭州学习回晋，路经上海来探视我的腿病，带来家乡的小米、绿豆、胡桃，午饭后别去，送他《小说选》一册以及一些食品。学报张兵来——铃木的文章他们决定在第四期（九月出版）上发；李国涛的文章，经过提意见修改，也准备发，正候作者的回音。

晚，计算机系贾姓研究生及图书馆的小沈来访。他们准备办一个"文荟社"，评介书刊，是各科研究生组织，聘我为顾问。李存煜来辞行，学期将满，进修教师已纷纷离去。

全日校张晓云译文。

收到四川一个投考者来信。

前晚睡前，坐在木盆内洗了个澡，是四个月来及负伤以来的首次壮举。

今天特热，说是有 36℃。

1984 年 6 月 7 日

有雨。思和和金海来，贴好《巴金评论集》材料。思和在此午饭后离去。

下午来人有王继权，谈外事处开会情况。孙桂森引山西大学历史系在此进修的教师马某来，武汉师院杨爱唐来。

傍晚小唐和桂英扶我到唐家吃饭，一直架到六楼，敏同行；吃饭的有湖南人民出版社的唐君、七七届同学江曾培（在《报告文学》工作）、曾小逸、徐俊西、于东元；饭后，由唐和于、徐轮流扶我下楼并送到家，小唐的小姑娘打个灯笼带路——这是腿伤后的一次较长途旅行。

收到老耿信及他代寄的《梅志儿童诗集》。

1984年6月8日

礼拜五，有时有雨，阴阴雨雨。

上午十时许，老何、王戎、老耿与罗洛、小顾先后来，老耿谈了些京中见闻。胡风的评论集，上卷印了一万五，中卷印了八千，就是说，读者配不成套。这也是一种阴险的整人手法——想方设法弄人。

下午午睡后，写好给艾晓明、文振庭信，连同《小说选》一块儿托杨爱唐带回武汉。又写好给陈公正信，就《悲哀的玩具》及胡兄的长诗出版事商量。

晚，孙桂森来辞行，敏买了四盒上海点心送他和李仁和这两个老乡。

应必诚来，两个同学（一四川人，三年级；一咸阳人，二年级）来。

下午，外文系周姓教师夫妇来，广西艺术学院张姓来。

收到马良春信。

1984年6月9日

礼拜六，天好。

下午来了一群小姑娘，海燕带来《老人》杂志，一期上有她写的一篇记我的文章。接着沈康带骆宾基女儿来，她们动手，吃了晚饭——桂英去市内参加小侯的婚礼。

晚上，王欣夫妇来，送我们新茶一袋。下午武汉师院杨老师来辞行，也送我们新茶两筒。晚，李仁和来，他将于近日回晋。

1984年6月10日

礼拜天，天好。上午来人：王克恭、王继权以及萧斌如——她在此午饭后，再由王继权接去谈话。

下午一时半，如约坐校车至长海，敏、思和、桂英陪同，还有王欣骑车随行。到院二时许，找到刘主任，他热情照应，拍了片子，开了中药，军大的小马也来照应，检视结果，刘先生说一切正常。四时许，校救护车接回。到家不久，徐镜平和王老太太来访，鄂基瑞来访。

收到张兴渠来信。

1984 年 6 月 11 日

上午西海来，午饭后离去，带来一叠上次拍的家庭照片。

下午午睡后，钱青来，三时许桂英回来接我去参加系内的学术委员会议，共十一人，我当选为委员，也算多了一个头衔。散会后，遇到军大刘军医的姑娘（新闻系国际班学生），说是她和一个同学要来访我，为《中国日报》（英文）写一篇关于我的特写。昨天，王锐来，说是中新社约他妹夫为我写近况报道，由他作了一些记录。

国家计划让中年教师带博士研究生，中文系要我为潘旭澜写个鉴定。

收到中山大学吴定宇信及寄赠的载有他的论文的《中山大学研究生学报》《抗战文艺研究》各一册，山西人民出版社张某信及寄赠《艺文志》两册。

晚应必诚、徐俊西先后来。下午唐金海来，他的爱人小张进院开刀，敏托他带去麦乳精及水果罐头。

1984 年 6 月 12 日（13 日晨补记）

下午，上外小郭来，还来范任文，拿去代借的英人小说《在小县份内》，分校王熙梅（现在任中文系主任）领河南人民出版社编辑处长武国华、编辑李恩清来访，他们带来该社小夏信。谢兰郁来，送来一堆过期的《民主与法制》。收到西北大学物理系江仁寿信，信上说和我是"老朋友"，但我实在想不起来他系何许人了——岁月不居，几十年的经历和人事，真如过眼烟云耳。

1984 年 6 月 13 日

礼拜三，有断续雨。上午王文明来，谈他来古籍事。下午思和来，应必诚夫妇来，小邓交来集体编的《中国现代文学作品选》选目——此书将分三卷出版，作为大学教材，要我写一篇序。

收到牧野信、陕西蔡家坡陕棉九厂子弟学校中语组教师李君成信及文稿；收到毕修勺夫人讣闻，即托思和代送花圈一个。

整天校小张译文，她因割盲肠住院。

晚，李仁和来辞行，赠我们《故宫轶事》一册。他同来的还有他的同乡小张。

1984 年 6 月 14 日

天晴，仍阴。上午来了不少人：王戎、赵博源、曹进行妻子和小儿子。王戎、博源在此午饭。王锦园来谈公事，唐金海亦来。下午来人有苏兴良、乐秀拔、乃修。上午潘富恩来谈施昌东书事。

全日集中看潘旭澜材料，给他带博士研究生写评语。

1984 年 6 月 16 日

上午上楼，写好潘旭澜的学术评语，有千余字。

收到梅志母女信。晚，瞿军医来。

1984 年 6 月 17 日

星期天。早饭后上楼续改小张译文。老杜来谈昌东书费事。周惠生儿媳来，告她的公公已于前晚在长海故去。我和周在"文革"中曾一块儿在青浦做牛马活，所以这些年有交往，也是多年的创伤使他积疾而去——他虽已平反多年，但并未真正落实，"四人帮"叫他退休，平反后仍维持原议，到现在职称还未解决。这些人弄人时十分起劲，真要做到家喻户晓，妇孺皆知，以便彻底搞垮搞臭；到落实政策时，却缩头缩脑，偷偷摸摸，推三阻四，不负责任——这种白相人作风不彻底改变，我看是不妙的，因为人民眼睛睁开了！为此，晚饭后和敏一块儿去看了周师母。

下午军大杨瑞和军医及其子杨丹来访，赠他《小说选》一册，因他带茶叶一筒。

收到孙桂森及景尧信。

1984 年 6 月 18 日

上午在楼上工作。下午陈乃祥来，为他的进修鉴定签了字。教育部一阎姓青年干部来问讯有关比较文学教材事，他作了一些笔记。乃修来，为他的出差证明签了字。晚饭前，我随敏去食堂买馒头，碰到图书馆的支书老让——他说周惠生的治丧会，我列名为委员，他在图书馆多年，图书馆参与他的治丧事宜；也碰到来买饭的老姜。食堂回来，周先生的大儿子在候，谈到他父亲的善后问题——他的教授职称问题，看样子很难解决。

晚，老应夫妇来，邓送来她草拟的《中国现代文学作品选》编选说明。杨丹来取去我的医疗证，去长海抓药。

收到韦秋琛信。

1984 年 6 月 19 日

早上，全家入校，先一起到图书馆，再由桂英照拂敏去找韩医生看病。我有四个多月不来图书馆了，来了，首先由老姜召集开馆务会。会毕，桂英来接，小华用黄鱼车送我和张涛回家。开会中间，上图小郭来找。

下午，在家召开教研室会议，就学生毕业论文进行商讨，至六时散会。贾鸿猷来，赠我《中国现代文论选》（第二卷）一册。

早上有微雨，旋转晴。

敏有点受风凉，夜间陪她在楼上喝茶。

1984 年 6 月 20 日

上午和敏去复旦出版社的地方，图书馆在那里拍卖旧书，想找些东西，但由于地方狭小，主顾拥挤，只好坐下休息一下为止。据图书馆同志说，"文革"中的出版物，如"江青、林彪讲话"、批判"四条汉子"的书都抢购一空；又说，学校那个称为"狗棚"的藏书处，都是被打入黑帮的作者的注译，也有些我的书云云。由此又走到校新华书店，并看了布告栏内张贴的周惠生的讣告，我被列名为治丧委员——周被捕释放后被放到校图书馆工作多年，我现在以馆长身份参加治丧，实际上，在"文革"中，我们是"牛友"。

王戎中午来，为桂英说媒，在此午饭。晚饭时，来此进修的山西大学历史系教师马玉山来辞行，托他带回给青苗的信。晚，在楼上改小张译文。徐俊西来，他为写赵树理评传（文研所组稿），需要一张赵的照片，即给董大中写一信，托他找一张。徐说，教育部来人谈编大学教材事，说要我编比较文学，一九九〇年交稿；并说唐弢编的《现代文学史》"左"了，要这里编写。

收到周惠生治丧会的讣告。

1984 年 6 月 21 日

上午工作，续改小张译文。下午阅好王克恭毕业论文并写好评语，晚上抄好。

下午阎哲吾来访，送来《余上沅戏剧论文集》材料和余太太信——她约我为这本论文集作序，晚饭后离去。

下午来的还有陈允吉、章培恒。章谈到教育部来了一个处长，提出要我主持编写《比较文学概论》教材，但还未作最后决定——这也是昨晚徐俊西来谈的问题。

收到王戎信。

1984 年 6 月 22 日

上午到图书馆开会。下午思和、金海来定《巴金评论集》选目。晚，殷仪来，谈她编周木斋资料事。

晚，看《巴金三集》二校。

1984 年 6 月 23 日

早上敏随图书馆人员及保姆大妈去龙华参加周惠生追悼会。张兵来，约为学报建刊三十五周年特刊写一篇有关比较文学文章，下月二十日前交稿。王克恭来还借去的书籍。

傍晚来的有王继权、陆士清，中午有鄂基瑞、邓逸群。除陆外，都是公事——学生毕业论文的等级问题。

傍晚，电视台装高来，他为《家庭》写我们夫妇的生活，记录了一些口述材料。

上午，看校完小张译文，再通读一遍，即可完稿。

中午孙乃修来过。

收到伍隼、弟媳妇信。

1984 年 6 月 24 日

礼拜天，晴天。上午看好小张译文及同学郑展望毕业论文。

晚，吴中杰来，看电视豫剧《程咬金照镜子》，编得甚好，有现实教育意义。

收到阎哲吾明信片。

傍晚秀拔来。上午鲍蘩来，代赠她昌东新出的论文集一册，送她爱人老王。英国烟一包，大家分尝。

1984 年 6 月 25 日

午后骆宾基偕女儿及《宝钢报》两青年编者来访，送他外出时，由他女儿给我们大家（敏在内）合照了几张相。

晚，朱立元来访。

收到陈衡粹信。

上午赵丽丽来，下午她母亲来。

整日校改《巴金三集》。

1984 年 6 月 26 日

上午，人民文学出版社林乐齐来访，谈到思和和李辉的那本书，他是责任编辑，送他《小说选》一册。金海来，拿去小张译文及《巴金三集》二校以及我写给陈乃祥的信，请他连同清样一起发出。他下午和思和一块儿去看巴金，为评论文事。思和下午来了一次，托他还去上图的借书《比较文学史》。又写信一封给老萧，请代借蒋光慈论俄国文学的两本书。

下午邓逸群来，送来两篇学生毕业论文要我复审。陈鸣树上午来，说我那篇短文已收在他们办的丛刊头一篇，算发刊词。

下午老姜来，郭绍虞逝世——他是多年馆长，由我明天上午偕敏及老焦、刘琦一块儿去郭家吊唁。

收到毕奂午信及照片、天亮信及一封附来的陌生青年信，李辉信附寄《北京晚报》一张——那上面有一篇介绍《契诃夫手记》的文章。

1984 年 6 月 27 日

早上，与敏偕同图书馆的老焦、刘琦以及前副馆长梁其英共同乘车去市区为郭绍虞先生吊唁——在郭家行礼如仪后，坐了约二十分钟；郭师母卧床，我未去打扰；在此遇上《解放日报》的小查，她来此采访。回校已十时许。中午桂英拿来郭先生的讣告。

下午金海来，他和思和昨天为评论集事，去看望了巴金，借回巴的近照两张。老鄂下午来，取去同学郑展望的毕业论文，我们商量后打了个"优"，以示鼓励。

下午有间歇小雨。

写了一堆信：李辉、卢倩、上海作协联络组、弟媳妇王秀英、西北大学物理系的江仁寿（他来信和我称兄道弟，大概原在复旦教书）、牧野。夜里写好为《巴金评论集》写的《后记》，约三千字。

今晚起搬在楼上睡，算恢复正常了。

收到二哥信。

1984 年 6 月 28 日

下午落小雨。上午潘旭澜来，为毕业论文事，托他把给张宁、王秀英、牧野及江仁寿的信投邮。王锦园来（上午）。

午后思和来，带来上海图书馆的赠书《中国近现代丛书目录索引》一册。

晚，在唐金海家吃饭，同席的有山东人民出版社苏、王二君，及外文系周姓夫妇。

1984 年 6 月 29 日

上午小王来，为毕业生分数事，系里说，优等的分数超过半数，多一些了，要减一减——原来我们办事都有了一个比例，例如抓"右派"，就是按人数比例来抓，这个规矩不打倒，很难建立正常生活秩序。为此，下午约思和、小王将学生论文重新审阅了一遍。

下午范伯群自苏州来，上午他来过信，是来参加郭绍虞先生葬仪的。傍晚，陆士清、章培恒先后来看望他。

收到卫春茂、留妹信。晚，写一复信给卫春茂，他是我一九三八年在中条山上干军队时的宣传队队员，由于看到《老人》上记载我的文章，才写信打听的。

下午，黄润苏来，带来她的诗稿和译稿，请我提些意见，并送了些吃食。

1984 年 6 月 30 日

早饭后，范伯群偕章培恒去参加郭绍虞告别仪式。又看了所译郑清茂文，写了点译后附记。

敏请来小卞做饭，中午吃饭的有范伯群、章培恒和潘旭澜，饭时吴中杰夫妇也来座谈。饭后，伯群别去，赶一时去苏州的火车，诸人送别。

下午锦园来，复阅学生毕业论文。晚乃修来。

收到黄修己寄赠的《中国现代文学简史》及漓江出版社寄赠的一套《美学知识丛书》以及牧野来信。

1984 年 7 月 1 日

礼拜日。上午小唐送来山东人民出版社赠送的两本书——《光绪与珍妮》《来特比松的女学生们》，及他们写的《巴金年谱》。

晚饭后，王继权来。

1984 年 7 月 2 日

上午由敏照应着，去图书馆开会，并借回台湾出的《中外文学》两册——其中有一篇论《金瓶梅》中的酒的考证，很有功夫。

萧斌如在家中相候，午饭后离去，她的小姑娘想来印刷厂当徒工，托我代为活动。王继权亦在此同谈。

下午，乐秀拔、鄂基瑞先后来，一个三年级同学（男）亦来访。

收到吉来弟及陈其强信。

晚写好给山口守及朱锡侯信。

1984 年 7 月 3 日

天很热。上午和金海、思和整理《巴金评论集》，我写了篇《后记》由思和去抄。

晚，约木之内诚、村上公一便饭，由陈允吉、李平、思和相陪，小周掌厨。托木之内回国时带去给山口守的东西（茶叶一封、名章一个、书两册）及给今富正巳的书籍两种。

1984 年 7 月 4 日

早上，去图书馆开会。午睡后和思和、兴良、何佩刚开了个碰头会，就《外来思潮理论对中国现代文学的影响》的资料书编辑工作进行了讨论。

思和为我抄好关于《巴金评论集》的后记。

收到上海书店寄赠的两本关露著作和刘华庭来信，促托胡风为《工作与学习丛刊》所写的序文——为此下午给梅志写了一信，并连同复印的风兄的《秋田雨雀访问记》一并在明日发出。

晚，写好给中山大学吴定宇信、山西师院学报尹世明信。

收到老耿转寄的《鲁藜诗集》赠书。

今天，由于昨天的雨，凉快多了。上海气候，真是说变就变，昨天真是使人透不过气来的闷热。

晚，王克恭、应必诚先后来，王欣的爱人来，本年考上的现代文学研究生来。

将思和的著译统计材料送培恒。

1984 年 7 月 5 日

天又有些热了。上午黑龙江大学的李锡胤教授来访，中午饭后别去。下午来人，有姚北桦介绍来考研究生的空军工作的青年，陈鸣树爱人托这个青年给上海书店出版部刘华庭带去一复信。晚间，两个毕业生（毛、陈）来，为他们的毕业纪念册题词，上午王克恭来请题词。潘富恩来，他已为昌东写好小传，要去我和昌东照片一张刊用。

收到本期赠书《萌芽》。

王祥上午送来 Dostoevsky 的 *The Diary of a Writer*（英文本）及馆藏俄国文学书目。

寄出给梅志信，给山西人民出版社张成德信——附去《小说选》一册、外文系周君的论文一篇，又发出给中山大学吴定宇信。

1984 年 7 月 6 日

上午在工会参加中文系学术委员会，讨论潘旭澜晋升教授事，由我作发言评价，全体通过。又选了中年教师带博士研究生及补选国家学位委员会三个成员，限制六十岁以下——据说，教授队伍比干部队伍老化还严重，所以从提升中年人（五十岁前后）入手。

下午去图书馆参加了全馆大会，作了一次官式讲话。

在大门口与思和、桂英相遇，同到新华书店买新印的《先秦名学史》一册。

收到胡公及梅志信，信中附来胡为《工作与学习丛刊》写的序文——文中提出茅盾在鲁迅晚年与鲁迅的矛盾，这是一个新的史实，但从目前情况看，书店大约不敢用，为此，写信耿庸约他礼拜天来讨论，想个两全办法。又收到李辉信，及附寄的两张《北京晚报》——那上面载有胡和梅的文章。

下午，萧斌如母女来，与思和同吃老焦送来的西瓜。乃修来，拿去英译 Dostoevsky 的《作家日记》。培恒来。

晚，阅好《巴金评论集》稿，算最后定了，日内发出，了此一事。

1984 年 7 月 7 日

上、下午都和小唐忙着为《巴金评论集》定稿，下午四时半完毕，我又写了一封给编者的信，即由小唐骑车去邮局发出，算了了一宗事。

为邓逸群等编的《作品选》写的序言已基本就绪。

1984 年 7 月 8 日

礼拜天，盼老耿却未来。上午重给《文学作品选》作序。小唐夫妇来送小西瓜一个，给小张解答了一些翻译译文的疑难。

收到艾晓明、卢康华信。

晚，余安东和他的小舅子历史系研究生陶某来。余送来一本他父亲的遗译《可敬佩的克来敦》，答应为他父亲的戏剧文集写个序。

1984 年 7 月 9 日

天热，据说有 36℃。

上午写文，王戎与一女士来，王戎在此午饭。

收到朱微明信及她写的《彭柏山小传》、李辉信及几张《北京晚报》。

下午，陈子展小儿子来送照片。

下午桂英去学校出版社买来昌东遗著一百本。晚，潘富恩来，由他代签了分送昌东各地同学、友人，潘并在此晚饭。

天热，不能工作，晚全家吃小西瓜一只。

1984 年 7 月 10 日

天气太热，昨夜简直不能安睡，没有一点风，因此，今日精神殊不振。

上午王祥两次来送书（关于新购的英文中国文学论著）。下午应必诚、高玉蓉以及王克恭偕一陈姓体育教师来访。

写好了序要改之又改，这是官样文章，但也不能没有内容。

收到唐山一青年信，写得动人。

今日下午到晚上有了点风，人好过了些。下午和敏去买了一只西瓜，晚上全家分食。

发给尹世明信及稿。

1984 年 7 月 11 日

早上，老姜用黄鱼车来接去图书馆开会，至下午一时许始散。

收到一九八四年一、二期的《科技导报》赠刊，《茅盾全集》编委会寄来的审稿信及全集十九至二十五卷目录。收到襄汾统战部的工作人员来信，要我为县志写小传，并寄来他的一篇历史论文。收到杨云信。

今日无人来，天很热，无从工作。

1984 年 7 月 12 日

天热，简直什么也不能干。下午王克恭来，托他给大哥带去信、书和照片。

1984 年 7 月 13 日

天热 36℃，什么也干不成。上午赵太太来，带来两本旧的《十月》《小说界》，消遣式地看了几篇——看了新近一代的小说作品，使人喜上心头：生活本身最有权威，"左"的东西制造的文艺灾难，促使人作思考，它在时光的流逝中，不能不走向没落，因为虚假的东西总是脆弱的。

收到相浦杲夫妇信及照片，山口守信及寄赠的两本刊物《猫头鹰》和《季节》——他需要《福建文学》一九八〇年的三篇文学史料文章；下午由桂英复印好，托陈允吉转给回国的木之内诚带回。

又收到曹进行信，武汉大学吴樾信；他们当地办了一个叫《纪实文学》的刊物，聘我为编委，又拟聘绿原任编委，要我写介绍信；晚上写好，由北京《光明日报》转，吴樾近日将去京，由他面见绿原。又收到萧斌如信，电冰箱已说妥，礼拜一即着桂英送款去。

晚，徐俊西来。上午图书馆外文编目组小李来，他出国读学位，由我签署了一封介绍信。

1984 年 7 月 14 日

天热，据说有 36℃。

上午和敏去银行取钱，回来时老耿已到，接着满子、王戎也来了。吃过午饭，王戎别去，他们二人在楼下午睡至三时许离去。

收到范伯群信。

晚射击教练小周来，赠送我们大西瓜一只。

不能做什么，看了《小说界》上鲁彦周的中篇小说——我们的文艺，在打倒了"四凶"后，最终挣脱了"左"的重重束缚，回到生活中，回到现实主义来了。任何暴力只能猖獗于一时，但是这个历史规律却不能为各代各式的统治者所记取，所谓"小人行险以侥幸"也。

1984 年 7 月 16 日

昨日下午四时收范伯群信，附他提升教授的评论表，请我填写。信上说，今天上午就要，是"突击"提教授——为此，手忙脚乱地忙了半夜，写了三千多字的评语，今日一早着桂英专程去苏州送去，省得误事。桂英晚间返回，总算赶上了。

上午淮南师专李玉衡来访，给他讲了两个多钟头的课。他是安徽屯溪人，带来家产茶叶两斤。

收到范伯群寄来的他和华鹏关于鲁迅的文章复印件。他们合写了一本书，拟请我找个出版关系。

1984 年 7 月 17 日

天凉。下午改好胡公为《工作与学习丛刊》所写的序文，把那些意气性的和目前致干未便之处都删过了，为此给梅志写长信解释。又为《中国比较文学》所载胡文写了个简要的介绍。

收到浙江文艺出版社寄赠的《田间研究资料》、孙桂森信。

下午吴中杰来；乃修来，借去英文本《郁达夫的创作个性》。小卞在此晚饭。

晚，图书馆人员沈某来。

1984 年 7 月 18 日

天较凉。上午写好胡风简介，给梅志、晓风写好信。晚上桂英把这份简介抄了两份，附寄一份给梅志，明日发出——为了把胡的现职弄清楚，上午给老耿打了个电话。晚上又给谢天振写了一信，附去胡的简介，以备他们的杂志第二期刊用。晚上又给同乡曹进行写了信。

下午去看了陈子展先生，和敏同去。

收到大哥自贵阳来信、卫春茂信、高捷信、闵抗生信及寄赠的淮阴教育学院出的《文科通讯》一本。

晚，应必诚来，体教组陈老师来。

上午，黄润苏来，她已六十二岁了，急于评副教授，为此而流泪。

1984 年 7 月 19 日

上午偕敏去校内书店观书，未有所获。经过一天的努力，《作品选》的序改定了——晚上起，由桂英抄写。

上午着桂英去长海医院探望章培恒，带了些吃食。晚，潘富恩偕小林二男来访，小林带来一瓶日本酒，我回赠他一本《小说选》。在来此之前，他们两个已喝过酒，小潘来以后，已酩酊大醉、呕吐，后由小林、桂英搀扶他回家。

上午发出给梅志、大哥、小谢及曹进行信。下午又发出给上海书店毕青信及胡公序文。

收到作协开会通知。

晚上，于东元、应必诚先后来。

1984 年 7 月 20 日

天又变得闷热。上午思和来，在此午饭，带来了丁景唐赠的《学习鲁迅作品的札记》，并买到本期《新华文摘》一册。下午看了写山西运城地区的报告文学《希望在燃烧》，真是怒火中烧，这个地方的各等干部骑在人民头上胡作非为，无法无天，和旧社会的官吏比起来，简直青出于蓝胜于蓝，一代不如一代！胡为乎此？

上午桂英抄好序文，在路上碰到学报的老王，他正准备来取稿，答应明天送去。

收到许敏岐信，及张德林寄赠的新出的《文艺理论研究》。又收到卢倩信。本日发出给襄汾县委统战部邱文选信附小传一份，以应县志之用。

1984 年 7 月 21 日

晚上下过急雨。

今日上午下午分别将序文着桂英送给邓逸群和王华良，又算了结一件事。

本来计划下午去作协开会，觉得没意思，上午即着桂英通知车房，下午不要车子了。

小毛头爸爸昨晚来说，小毛头生过病，上吐下泻，不好好吃东西，去医院吊盐水。下午敏去虹口给小孩买了个铅笔盒，又拿了一瓶乐口福，晚饭后，全家去看了他，并领他来家吃了点东西。这是个很可爱的小孩，有性格，重感情，明大体，而且性情豪迈。

晚，王欣夫妇来，写了一信给锡侯，托他带到杭州。晚，工人小张来，他在我的建议下，找材料编《现代中国军制史》。

下午王继权来，赠我们他参加编著的《郭沫若旧诗词注释》下卷，书内未收这个浪漫派政治诗人在"文革"中那些颂圣诗——此人全集很不好编。

收到艾晓明信。

1984 年 7 月 22 日

礼拜天。上午在路上散步碰到老鄂，他说，我那篇序他已送到出版社。碰到王永生并相偕到家，他说昨天作协开会，我被选为理事。

上午唐金海送来一篮菜。过午小顾来，晚饭后离去。

收到小锤、朱微明、王祥信及作协通知。

1984 年 7 月 23 日

上午由桂英相陪去图书馆，在各个部门转了转，这是四个多月来的第一次。又去中文系坐了坐。

晚，看好朱微明写的《柏山小传》，写了封回信，提了些意见。

下午徐鹏来，送来要教研组填的潘旭澜带博士研究生表。三个走读班毕业女生来，为她们的纪念册题了字。

1984 年 7 月 24 日

整日较为清静。上午写好给木斧信，把伯群和华鹏合写的论鲁迅的论著介绍给四川人民出版社，也算了却一宗心愿。晚上又给小锤写了信，并附去给王忠舜和长林信，介绍他到东北、北京参观时托这些人给他安排便宜宿处。

收到本期《文史哲》赠刊。下午王继权带来上图萧斌如信。

收到潘世兹信，他家藏的宋版书目已在扬州重印。给他写了复信，答应请校图书馆订购。

发出给朱微明信，关于《柏山小传》的写法上说了一些意见，仅供参考。

上午王祥、朱利英先后来，朱在此午饭后别去。晚饭后又约来小毛头同吃。

1984 年 7 月 25 日

天气大热，据说又回到三十多度。思和寄来由他根据我的笔记整理成章的《中国比较文学研究的过去、现在与未来》，作了必要的校改与补充，并写好给王华良的信，明日送给《学报》。

上午吴中杰来，为他的加入中国作协的申请表填了个介绍人。

下午秀拔来坐。

1984 年 7 月 26 日

大热。上午徐鹏带来要由教研室填报国务院学位委员会的表，为此忙了整天，挥汗工作，又请老鄂来商量。

发出给艾晓明、李仁和、朱碧莲信。收到邓云乡信及书赠的条幅。

1984 年 7 月 27 日

上午，鄂基瑞、徐鹏来，交去报"特批"的带博士研究生的教研室表册。下午全家和金海家去横浜桥孔海珠家吃饭，市区闷热，就在阳台上就餐。这是半年来第一次坐公共汽车，一切顺利。

收到张大明、卢康华、范伯群信及上海文联开作家大会通知。晚，收到卢鸿基去年来沪时照的照片。

1984 年 7 月 28 日

天雨，凉快了。上午陈鸣树来，午饭后小憩离去。下午，云南《语言美》杂志编者周兴渤持大哥信，偕上海《修辞学习》编者来访，吃晚饭后各别去，各送《小说选》一本。

收到孙桂森、谢天振、顾征南、卢康华信。

早上邵家麟来，他动手为我写报告文学，约定时日来谈。

1984 年 7 月 29 日

星期天，罗永麟上午来，晚饭后离去。赠我一册《易卦的科学本质》，田新亚著，新加坡版。

晚，电视台裴高来，他在为敏写报告文学，谈了些情况。

收到大哥、静妹及朱碧莲信。

1984 年 7 月 30 日

早上搭校车去文艺会堂参加上海作家大会，中午去罗洛家午饭，下午小组会。五时散会坐校车返回。

收到何寅泰寄赠的《田汉评传》及信，梅志、晓风信及《胡风评论集》上、中卷——我写信给思和要来的。

王戎中午来过。

1984 年 7 月 31 日

有台风，风雨交加，天气冷了。

桂英借回日本松田穰编的《比较文学辞典》，查了一些有关条目，对桂英在抄的那篇文章，作了一些史实的校改——但这本书和同年出版的富田仁的《日本近代比较文学史》，在史实尤其是年代上有所差异。

收到中国文艺联合出版公司陶庆年信及赠阅的本期《江海学刊》和《复旦学报》。

1984 年 8 月 1 日

早上徐俊西来，找我去开作家大会。大会选理事及上海第三次文代会代表，我被选为理事。中午，苏渊雷先生邀我午饭时一块儿喝点酒，他特买了酒和菜，同喝的还有李俊民、金性尧等。

下午开过会看电影，七时许车送回家。

收到裴高、张兵信。

下午在看电影时（文艺会堂）碰到孙大雨，他的"右派"问题，上月二十七日才改正——可谓久矣。

1984 年 8 月 2 日

未出门，天又热了。上午，上外小谢、小郭来谈组织上海比较文学会事宜，借去日文本《比较文学辞典》及英文本《丁玲小说》；沈永宝来谈路翎资料事。晚，章培恒来。

收到上海书店毕青信及骆宾基寄赠的一本《克山师专学报》，那上面有他一篇考据文章——他的足迹越走越远，跑到春秋时代了。

对那篇《论比较文学在中国》的文章又作了一些校改。

1984 年 8 月 3 日

下午，徐俊西来找我去开文代会。我因未接到通知，那天作协开会的名单上也没有，所以并无准备；徐说，作协名单上有名字，所以要他通知我——以此，坐作协派来的车与蒋孔阳、吴欢章、吴中杰和老徐同去。在市府礼堂召开，四时许散会，只听了上海市委书记的讲话等。

晚上来的有文研所（上海）小王、体教组陈老师夫妇、王欣爱人小周等。

苏兴良傍晚来，他为《大百科全书》写了两个条目，要我过目。

收到范泉信，今日上午着桂英将那篇比较文学论文送交学报王华良。

下午秀拔来，送来他儿子去浙江家乡带来的绍酒一瓶。

1984 年 8 月 4 日

上午潘旭澜来，为他的外出签字。苏兴良来，给他为《中国大百科全书》中的"中国现代文学"部分写的两个条目提了些修改意见。

收到中国剧协评选戏剧理论著作委员会评选公函，在九十七部备选著作中圈了二十五种，晚上写了复信，明日发出。

1984 年 8 月 5 日

星期天，改好乃修文，扩充了篇幅，日内抄好，即寄《文学报》了却一宗文债。

下午余上沅夫人由她的小儿子安东陪同来访，她的大儿子患了癌症，弄得老太太一反常态，显得呆滞——为此，应该着手把她托我为上沅先生戏剧论文集的序文早日写好，也是给她的一点安慰。

晚饭后，因为小瓯将去温州，又新搬家，我们全家去八舍看他，带西瓜一只——小孩外出不在，在他邻居秦湘的居舍里坐了片时；又到楼下沈永宝家坐了片时，为他编的路翎资料提了些意见。

收到吴奔星信。

1984 年 8 月 6 日

上午，东京外国语大学的小林二男来，他明天回国，请他吃个便饭，就算送行。他译了几篇中国"左联"和日本无产阶级文协的来往函电，我给他作了一些文字上的修订。他将自己查到的茅盾译作篇目和《茅盾全集》所收篇目，校订了一遍，补充了一些遗漏。吃饭作陪的有朱利英和张唤民。饭后思和来，代买来金克木的《印度文化论集》及本期的《读书》与《作品与争鸣》两册。

收到王欣信及湖南人民出版社黄仁沛信，黄约我编译一本《巴金在国

496

外》——为此写信给上外的小谢，请他译一两篇苏联或东欧的近期材料。

为吴奔星儿子心海考国际新闻班事，约来林帆，他说已考中了。晚上写信给吴奔星报道此事，完成其所托。

1984 年 8 月 7 日

上午，福建人民出版社管权夫妇来，约中午吃饭——他们新婚，是个庆祝的意思。中午偕敏同去，同席者有中文系教师、家属共五人，外系一人。

晚饭后，唐功儒夫妇来，以酒相待。今天立秋，他们送来大西瓜一只，下午秀拔也送来半只。

晚上来的还有斯民夫人，带来斯的《现代派评述》一书的《前言》，约我写一序；王欣爱人小周也同在。

收到范伯群信。晚看好《茅盾全集》的十八至二十七卷篇目初稿，并写好一信，明日寄回北京人民文学出版社——又算了了一事。

1984 年 8 月 8 日

有台风。下午唐金海一家和陈建权来。晚外事处在中灶楼上宴请日下恒夫夫妇，我及培恒、旭澜、继权作陪，由外事处干部小华主持。

开始为斯民的《西方现代派述评》一书写序。桂英在抄那篇为《文学报》写的文章，约六千字。

收到广州寄赠的《科技导报》两本。发出《茅盾全集》篇目（草稿）及修订意见。

1984 年 8 月 9 日

今日寄去《文学报》文章。上午写好斯民书的序文草稿。

收到赠阅的本期《清明》，读了上面的三个中篇。生活的千姿百态，使这些作品各呈风采。

收到青苗信。

1984 年 8 月 10 日

上午和晚上，继续为老斯写序，基本告成。

中午聿祥来，由秀拔陪他吃过午饭后离去。下午孔海珠和他的两个孩子来吃了晚饭，和敏送他们到站。孙乃修夫妇下午也来过，小何从青岛来带来两枚贝壳，和一些北方的绿豆面条——各分送海珠母子一些。

1984 年 8 月 11 日

下午培恒来，为蒋天枢藏书事。今日桂英抄昨日的文章，有二千五百字，连抄两份。

为了查看日丹诺夫一九三六年讲话，借来了旧的《外国文学研究》及一九四九年出的日丹诺夫的演讲报告集（葆荃译）——这个日丹诺夫大概要算给文艺界"打棍子""戴帽子"的创始人，他作恶多端，一直阴魂不散。

收到本期《作家通讯》《萌芽》赠刊。

收到同济结构理论研究所朱伯龙信，说是从美国回来有人托他给我带来一包人参，约下周一上午去取云。

1984 年 8 月 12 日

礼拜日。下午海燕来，带来一只鸟和一个蒋姓姑娘——这个姑娘是来帮我们办家务的，从此家里又多了两个成员：蒋姓姑娘和芙蓉鸟。晚，王欣爱人小周来；章培恒来，送来有关蒋天枢书籍问题（房子问题）的材料。

发出给罗飞及斯民信，都附去为斯民的书所写的序文。

晚，写好给大哥及同济大学朱伯龙信。

开始看余上沅论文材料。

1984 年 8 月 13 日

早上去图书馆上班。晚，偕敏去秀拔家晚餐，同席有培恒、蔡国祯。

收到香港三联寄赠的《聂华苓小说集》一册、黑龙江社科院现代文学讨论会邀请信、顾小锤信。

学报送来论文《中国比较文学研究的过去、现在与将来》的毛样，晚上进行了校阅。

下午耿庸亲戚持西海信来访，为他的儿子高考事。

1984 年 8 月 14 日

接到顾放勋信，他已取得硕士学位，继续攻读博士——昨日从同济取回的人参，就是他托回国的人带回。

又收到房克威信，报他父亲铁崖去世，他是我的堂妹夫，一九五五年也被株连——这种中国封建专制社会的统治手段，竟被"古为今用"地作为侵犯人权的武器，但愿这种荒谬的暴行作为教训永以为戒！但不改造以小农经济为基础的社会，不改造和提高生产力，这种暴行就不会绝迹，教训云乎哉！

下午思和来，卢鸿钢来。

学报校样，晚上由桂英送交王华良，这篇讲稿是思和整理的——文末的注明，他勾掉了，说这是助手的责任——也就算了。

1984 年 8 月 15 日

发出给谢天振信、王欣信、伟琳信附《手记》一册。

晚饭后，全家人与老应及老王去看日下恒夫，为他的夫人及孩子送行，并给小孩一些中国玩具和食品。回来后，孔海珠爱人及小孩又送来代买的塑料宝剑，又着桂英送去。

上午着桂英到上图补送冰箱钱百元。

收到襄汾统战部邱文选信，他们已将我寄去的小传收入县志，还准备推荐给省志。

早上将堆在桌上半年来的信收拾了一下，并由敏分类收藏。

收到叶元章及陈梦熊信。

1984 年 8 月 16 日

上午写好给姚北桦信、邱文选信，由敏发出；前信附去邱文选的《晋文公创霸业纵横谈》，后者附去赠书三册——《手记》《小说选》及《俄国文学研究》。下午接到上海书店刘华庭信，谈胡文处理情况，为此晚给梅志写去一信，并附去刘信。

收到唐金海自兰州开会来信。

上午裴高、闵抗生前后来，在家共进午饭后别去——裴高带来他为敏

499

写的报告文学稿。

这两天看完了李国文的《花园街五号》，作者富于思考，题材发掘较深，生活面也广，是一篇好作品，勾画出了历史的面貌和现实中的真实。

1984 年 8 月 17 日

收到孙景尧信，他已到香港中文大学讲学。又收到莫贵阳信，他已生儿育女了。

写好给黄仁沛、蔡秦亮（南通师专）挂号信，晚上又写好给相浦呆及卢康华复信。今日发出给梅志信。

早上给黄润苏的译著写了几百字的评语。

上午，胡曲园来闲扯。下午张唤民来，他将赴美留学，给他打印好的三封信签了名，算是荐举信。

1984 年 8 月 18 日

中午永麟夫妇带酒肴看来，顷接柯文辉来，在此午饭午睡后别去。文辉谈到在当了"右派"后"文革"中劳改时情况，说那个时候在安徽劳改队，犯人死去后，他身上的衣服和那只饭碗都被干部们剥夺而去变卖，他就为这些发犯人死亡财富的官们写汇条，写不尽的汇条——这真是历史上最黑暗野蛮的日子，闻之令人发指，不可不记，传诸子孙，永志不忘！

晚，裴高夫妇来，带来新式茶壶一把见赠。他要采访罗洛，写一纸介绍。

收到法国卢阿夫人信及卢康华信，及上海出版局陈巧孙信并见赠的一册三联书店成立五十周年纪念册。子展先生儿子送来鲁彦未亡人覃英赠的《鲁彦散文选》。

上午和敏陪东东小舅子陶德民去看日下恒夫，介绍他们相识——小陶将去日下的学校关西大学历史科进修。

发出给黄仁沛、南通一投考生、卢康华、相浦呆信。

早上去外文编目室及中文系走了一圈。

1984 年 8 月 19 日

星期天，有风。这两天咳嗽多痰，有些不适，午饭后喝了一碗广东冲剂，出了一身大汗。

下午给范泉写信，附去文海社材料——他那里在编《中国现代文学流派史辞典》，来函约稿已很久了。

收到卢倩、谢天振信。

1984 年 8 月 20 日

上午初步写完《余上沅戏剧论文集》序文，又给安东写好信。

晚饭后，全家三人去五角场看电影《驯虎记》，桂英请客，是苏联一九六二年出品。

上午钱青偕郁达夫次子郁云来访，赠我《现代文学研究丛刊》一册，载有铃木正夫谈郁在南洋死亡考证文章。钱女士并赠我们两张翻拍的茅盾一九二九年在日本京都和秦德君同居时照片。

收到牛汉寄赠的诗集《温泉》、杭州大学寄赠的《新月社资料》油印本四册。

1984 年 8 月 21 日

改好《余上沅戏剧论文集》序言，有三千五百字。

收到山西大学梁建国及大哥信——大哥现在北戴河避暑。

写好给余安东及凯林信。

1984 年 8 月 22 日

寄出给《艺谭》李平信及关于余上沅文稿，又寄出给余安东、范伯群信。

收到陈其强信及《郁达夫年谱》稿、朱锡侯信。

唐金海上午来，他自兰州回来，带来孙桂森信及他们各人送给我们的白兰瓜。

读日本石川达三短篇，写的虽然是平凡的生活，但写得很深——这与作家的文化素养有关，作家没有高深的文化素养很难说他是个作家。

1984 年 8 月 23 日

上午，老留日同学刘北天、颜泽韫来，他们是来校参加日本经济讨论会者，午饭后别去。先此，高文塚也是为出席这个会议来过。

下午裴高来，看好他写的报告文学并给了他一张我们的照片；何佩刚来，送来他抄的卡片目录。晚，余安东来，取去为他父亲书写的序文及原材料。晚，小周（书兰）来，在此看过电视后别去。

寄出给罗洛信，收到潘世兹及王进珊信。

1984 年 8 月 24 日

上午去了一次图书馆。王戎来，在此午饭。谈到现在流行的《绿化树》，他联系自己"劳改"时的际遇，谈到这个作品中的生活真实性问题，认为这个作家对生活进行了"打扮""改造"，成为可以出版的东西——那种生活，本身并不像作家笔下那么美丽、自由、诗情画意，那是个野兽的世界、饥饿的世界；而这个作家却把脓疮化为鲜花，为了服从主题的需要而改造了作为生活的原型的题材。

收到王克恭自京来信、文艺出版社开会请柬。

昨晚三时许始入睡，读了岛崎藤村的《旧主人》（中篇），不愧为大作家手笔，他用形象说话，而不是用说话代替形象。今日又读了林芙美子的《晚菊》，亦有此意。此无它，作家的文化素养有素之故，故写出了生活的深度和本质。

潘富恩上午来，送来他新印的《吕祖谦思想初探》一书。

1984 年 8 月 25 日

写好——草好两篇序文：《巴金在国外》及《巴金思想艺术新探》。总算写成了毛样。

收到《文学报》信，那篇谈比较文学文章，他们因为版挤，要放一放才发。

收到梅志信，为胡公文章。复了上海书店的来信。

上午外文系的陈同志来，他替我用法文给巴黎大学中文教授卢阿夫人写了一封回信，再请他打好后发出。

晚饭后，与敏散步，遇谭其骧，一块儿去他的住处——八舍招待所，聊了近半小时辞出。

1984 年 8 月 26 日

下午来客，按顺序排列如下：姚奔、张友济（《解放日报》）、曹白、颜次青夫妇、王欣和小周，后者晚饭后离去。托王欣回杭州给卢鸿基带上一信，并介绍他们相识，他们二人带来月饼和苹果，说明中秋快到了。

敏送曹白日本酒一瓶。

晚，应必诚夫妇来，小邓仍在病中。

收到陈衡粹、村田俊裕及黄仁沛（湖南人民出版社）信。

1984 年 8 月 27 日

上午徐鹏来，谈研究生出国问题。思和来，在此午饭，代买来《读书》一册。

下午来的有章培恒、王祥、王锦园。晚上来的有王继权、苏兴良夫妇、三年级两个学生、小卞父子。

收到静妹、丁景唐、李存煜、朱为众（南京）来信。

1984 年 8 月 28 日

上午去图书馆开会，这是开学后第一次会议。午饭时，周春东和她的小儿子在此共食。饭后，与吴中杰一块儿去衡山宾馆开会——文艺出版社召开的庆祝中国新文学大系出版会，茶点招待。会后，由宾馆雇车回校，梅朵、赵家璧同车，各在中途下车，到校后，车费花了十四元七角，外宾车也。去是由图书馆派校车送。

晚饭，唐金海夫妇招待，庆祝他们大女儿考入大学。同席者有戴厚英母女及一分校金姓青年教师。

晚，军医小马等二人来访。

1984 年 8 月 29 日

午睡后，张德林来，陈鸣树来。晚，苏兴良来。他们二位明日将去哈尔滨开会，来此辞行。

上午陪敏去保健科看病，并在图书馆小坐。

收到杭行信，发出给艾晓明信。

1984 年 8 月 30 日

上午上海书店毕青、刘华庭等三人来访，赠我他们重印的《泪与笑》

等三种，对他们准备重印的书籍谈了些意见。唐功儒送来月饼，午饭后别去。

晚，李平来。日本庆应大学教授冈晴夫来校进修，即写了个字条，批准他参观书库。

收到罗洛信及他的诗集《阳光与雾》。

1984 年 8 月 31 日

上午改好为思和写的序文，所欠序文债算还清了。

下午去中文系开学术委员会，去得早些，先去印刷厂小坐，我在此劳改十三年，也算旧地重游了——人们对我刮目相待，今昔两副面孔也。

小瓯上午自温州回来，中午与思和同在此午饭，催他下午快去附中报到——昨日他的班主任已来找过他，为此，我们焦急了一夜。

晚，小唐夫妇来，他说，听图书馆或教务处人说，我已被列入离退休人员名单，闻此，我们夫妇举额相庆——这样我可以跳出学校这个漩涡，多点时间，在离开这个世界前写点东西出来了。

前几天培恒来说，学校成立校委会，共二十人为校务委员，我也列入其中。桂英那天在图书馆联系开会小车，办公室小张对她说，我被任命为校务委员，已在行政公报上公布了。

从这两条消息看学校人事有动态，这或许也是改革的内容了，但愿退休能早日成为现实，我就可以松一口气，得到了精神解放。

收到本期《长江》赠刊，思和在南京路只买回三本《小说选》，说是没有了。

1984 年 9 月 1 日

改好思和的序文，由桂英着手抄写，约二千五百字。下午吴中杰来。晚，研究生陈德祥来，上午研究生廖天亮来——他们都是新招来的。

收到吴樾信，他为河南人民出版社编《外国纪实文学》，拉我当编委。

1984 年 9 月 2 日

礼拜日，天阴，时有雨。

下午同乡人刘子善、李彩娥夫妇相偕来访。晚，小周（书兰）弟弟来坐，带有酒及水果。

收到梅志信及本期《新文学史料》，载有胡公回忆录，谈参加"左联"时情况。

1984 年 9 月 3 日

下午去中文系开会——和新招的三名研究生见面，给他们讲了一个多钟头的课。

回家后，扬州师院进修教师叶亚东来，带来华鹏信和两瓶名酒。

晚，谭其骧来闲坐。

收到孙立川、罗永麟信。

开始看陈其强的《郁达夫年谱》稿。

晚，写好给陈景春信（推荐《郁达夫年谱》的出版），给陈其强、王进珊、梅志都写了复信，明日发出。

1984 年 9 月 4 日

上午萧斌如母女来，约来校印刷厂的负责人刘雄，为给老萧小女儿去印刷厂工作商谈，刘答应先来做临时工再转正。这位刘君"文革"中是我的"监督"人，相处十三年之久——正是这点缘法，老萧女儿才有进印刷厂谋生的机遇。

老萧母女午饭后别去。

下午如约邀日下恒夫和现代组同人（另有廖光霞女士）在图书馆办公室漫谈，至四时，领日下参观了图书馆后相别。与思和一块儿来家，把为他们的书写的序文交他。

晚，秀拔、工人小张及乃修先后来。

收到《艺谭》李平信，寄给他的为余上沅写的序文，他们准备挤在今年第四期。

收到谢希德校长通知，说经党委常委及校长会议，按照有关规定讨论，通过我为第一届校务委员。

裴高中午来，带来一册《老同志之友》（一九八四年第七期），那上面登有他写我的文章《磨难不已，进取不息——访贾植芳教授》。

1984 年 9 月 5 日

续看《郁达夫评传》稿。傍晚，研究生吕胜、廖天亮来，交来选修课程表，给他们布置了一些读书（比较文学）任务。

长征医院小马来，小周（书兰）来。

收到抗生信，为他的一青年朋友来此跟我进修事，随手复一信寄出。

下午应必诚来过，为商谈日本进修学者和丁景唐座谈事。

1984 年 9 月 6 日

续看《郁达夫评传》稿。

晚，吉林大学刘君等三人来访，他们负责编《中国现代文学翻译书目（1928—1949）》，谈了些编例及方法上的问题；写信介绍他们去上图查书，又介绍他们去校图书馆。

本日，托萧斌如买的冰箱已送到——家里算又多了一件"现代化"的设备。

上午，赵祖武同学来，他新到旅游专科学校教书——教《大学语文》，他开了一个教中外文选的篇目，要我写些意见。他带来八个月饼，说是学校里做的。

多少年来的"以阶级斗争为纲"的政治教育和运动，在社会上制造了两类人：一类是白痴和懒汉，一类是流氓和扒手——他们的共同特点，是在生活上走捷径，用最小的力气和劳动换取最大可能的个人安逸和舒适；前者是顺民，后者是爪牙——这就是某些封建专制主义者心目中的理想形象、他们所精心培育的典型理想"新人"，但这些"新人"只能充当政治的掘墓人，因为他们都是蠹虫、白蚁。

1984 年 9 月 7 日

昨晚大雷雨，被从梦中惊醒。

上午王祥来，为他的译文进行了商讨。思和来，代购新出的《安德列耶夫小说戏剧选》一册——我为他写的序，他又抄了一遍，有些过激的词语他删去了。晚，给牛汉写了封信，连同这篇序文一块儿寄出。

罗永麟夫人来。研究生廖天亮拿去他的毕业论文。黄润苏来，送来月饼，并在此和思和一块儿吃中饭——思和也带来月饼和汾酒，因为节日到了，礼俗难免也。

潘富恩也来过。晚，军医大学小张来，邓明以来，各送他们施昌东遗作一本为念。

晚，写好给大哥、静妹、李辉及牛汉信。

下午与秀拔一块儿汰浴，有多年没有在澡堂洗澡了。

收到郭绍虞家属赠阅的郭先生遗著《照隅室古典文学论文集》下卷一册。今日全校大会，宣布成立校务委员会，我亦名列其中。

1984 年 9 月 8 日

早上去图书馆听取采购部汇报。

下午沈可人来，送来他所办的《政治学信息报》并约我写稿，晚饭后别去。

收到安娃和一个读者来讯。

1984 年 9 月 9 日

礼拜天，又冷了。

上午苏兴良来，他从哈尔滨开现代文学理事会归来，带来当地特产酒糖一盒。据说，会上当选理事，×××用不表态的方式取代了潘旭澜，这是个胸有计谋的人。

上午给我开刀的刘医生来访。廖天亮来访，他因不能出国，语多不逊——这种人倒是直白可交，不是外圆内方之流。

下午王继权、吴中杰来。晚，斯宝昶夫妇来送月饼，碰伤我的小朱夫妇及小女孩来送节礼。桂英今日去小周（书兰）家代我们拜节，男小周（书龙）送她回来。

收到文研所通报。李辉来信，他们那本论巴金的书，人民文学出版社已决定承印——真是一桩大喜事。

1984 年 9 月 10 日

中秋节，天雨，未出门。

上午凌云宝夫妇、上图老萧小女儿来拜节，午饭后别去。下午，老耿、老何夫妇、小顾先后来，晚饭后离去。晚，小瓯在附中联欢后来此补吃晚饭。

发出给梅志信。

收到木斧、陈其强、闵抗生、李玉衡（淮北师专）、施叔范（武汉市政总公司党校）信。

北大研究生萧红持湖南人民出版社李全安介绍信来访，查阅英国作家毛姆材料，作毕业论文之用。

中午应必诚、王继权为和日本留学生与丁景唐座谈事来访。

今天是一个没有月亮的中秋节。

小周托桂英带回月饼。

1984 年 9 月 12 日

昨天有雨，早九时偕敏和家里新雇的蒋姓小姑娘如约去师大。坐了近二时的公交车，于十一时到罗家，先去看了张孟闻夫妇，在罗家吃饭时，会到新加坡来的田新亚先生，由徐中玉作陪——他们是山东大学时同学。饭后去看了沈剑英夫妇及张德林夫妇，晚饭仍在罗家与田先生同餐。一天喝了两次白兰地酒，九时许坐田先生车子回家，大约喝多了一些，呕吐，身体很不适，一直睡到早上九时，孔海珠来时才起来。王戎带抗生和他的同事小丁来，小丁系淮阴教育学院送来跟我进修的，对他谈了两个钟头的业务，他作了笔记——他们学院给我带来两瓶当地名酒和不少黄花，共同午饭后才别去。孔海珠共食。

下午应必诚夫妇来。晚，两个新研究生来，吉林大学中文系刘老师来辞行。

收到艾晓明信。

1984 年 9 月 13 日

看《郁达夫年谱》。晚，唐金海夫妇来，抗生及小丁来，给小丁开了些阅读书目，并送他们二人各一套《文学研究会资料》。

收到赵祖武信及抗生带来的满子信。

中午原图书馆人员方伯初来，他现在嘉兴办《嘉兴科技报》，约我为该报顾问。他一九五七年划为右派，"文革"中又以"恶毒攻击"罪行，成为"现行反革命"，跳楼未死，沦为腿伤，多年都在卧床中。

1984年9月14日

礼拜五。早上去图书馆开会——听编目部负责人出国（美国、肯尼亚）出席世界图联的汇报。会议中间，王锦园来，谈及带进修教师事；并布置好明天下午召开的介绍文艺出版社丁景唐与此间日本研究中国现代文学人员会面及座谈事宜。

午后，小吕来，送来从杭州带回来的由朱锡侯托人代刻的"贾府藏书"图章。工人小张来，给他写了个去图书馆看书的介绍信——他接受我的建议，研究中国现代军制史。

1984年9月15日

下午一时半，丁景唐如约来，赠我一册他写序的瞿光熙的《中国现代文学札记》。随后，应必诚、吴中杰与村田俊裕（信州大学副教授）偕来，大家又相偕至八舍外宾招待所会客室，正式开中日现代文学研究者座谈会——除上述诸人外，日方有日下恒夫和冈晴夫（庆应大学教授）。座谈到四时半，彼此略进茶点，并在宾馆门口照相留念后相别。

晚饭后，和敏散步，到小卞家，他父母也在。

收到戴舫及小锤信。

又，参加下午座谈的，还有王继权、王锦园、陈思和。

下午，乃修夫妇来，交来一篇有关李清照论文，他们新从温州回来。

1984年9月16日

天气好，又是礼拜天。

上午朱雯写信介绍一上海师院毕业生来访，就投考研究生和做学问谈了一个多钟头。晚，小周（男）来。

收到留妹信，她因两个月未接到我的信，很焦急，现在才知道我忙于工作——她去年曾找人为我算过一卦，以卜凶吉。原来封建迷信中，除过认识上的因素，还有情感成分，也是一种表现和宣扬感情的方式。

晚，读《读书》上包遵信两篇论比较文学的文章，对于中国传统文化的分析很富于实际和现实感。

为给中文系买外文书，查阅了几本英、日文近期出版书目，开了七页书目；同时也借此望到了国外汪洋般的知识世界。

收到北京鲁迅室寄赠的近期《鲁迅研究动态》两册，一册载有金韵琴文。

1984 年 9 月 17 日

上午去图书馆，李平引日本庆应大学教授冈晴夫如约来访，即领他参观了图书馆各部，并一一介绍了各部负责同志，请为照料。

中午乃修在此午饭。下午唐金海来。李仁和托他在上海进修的同乡小张从家乡带来信及酒、醋各一瓶。

晚，看毕《郁达夫年谱》，并写好给作者陈其强信；又给黎丁写了信，附寄《巴金专集》二卷各一册；给李平写信，附寄《手记》一册；给赵祖武（上海旅游专科学校）写好信，谈旅游文学，回答他的职业性问题。

收到王欣信及代购的《手记》二十本——信上说，杭州各书店已无售，是从浙江文艺出版社发往香港的书中批出来的云。

又收到卢鸿基信及山东大学寄赠的《文史哲》近期一册。

晚，现代文学研究生小陈来，就研究现代文学的方法论及现代文学研究内容作了近三小时的教学，并给他开了一些必读书目。

1984 年 9 月 18 日

早八时，村田俊裕来辞行，带来一些日本吃食——敏回送他铁盒月饼、名茶两包、织锦一块、木梳一把为礼，我送他《手记》一册，才彼此送别。小陈来，乃修夫妇、思和随后陆续来到。午饭后，与思和同到学校开教研室会议，新来了十名进修教师，需要大家见面，作一些安排。会上，潘旭澜告诉我说，曾华鹏在扬州处境窝囊，地方恶势力暗中作祟。此次江苏特批教授，这个学校有关人员迟迟不到，以致过期，结果江苏只上报范伯群、叶子铭二人——为此旭澜和徐俊西谈及，徐积极支持华鹏回复旦，我对此表示赞同。

王继权、唐金海随我到家，他们编的教材《中国现代文学史教学参考资料》，内容包括六十年新文学运动各方面的内容，已复印出三册，他们希望由我主编，由学校出版社公开印行。

晚，《文汇报》朱大路爱人周励来访——她是个业余作家，想为我的事迹写一篇报告文学，并正在进行留美学比较文学的准备工作——坐至十一时才告辞。

收到罗洛信及寄赠的他的诗集《海之歌》，及校委会礼拜五开会通知。

写好小文《从农民穿西装说起》，是应《政治学信息报》文约。晚，写好给该报负责人沈可人信，明日连稿一块儿寄出。

请系内发出给在美国的戴舫、顾放勋《小说选》各一册；发出给黎丁信及《巴金专集》第二册，发出给赵祖武信。

1984 年 9 月 19 日

上午重写好《一叶知秋》短文，以应《政治学信息报》之约，下午寄出。

收到百花文艺出版社陈景春信及见赠的《郁达夫评传》一册。《巴金创作自述》已入印刷厂。

上午聿祥来，在此午饭。兴良来，发出给河南人民出版社夏晓远信。上午陈允吉、王继权来。

1984 年 9 月 20 日

早上去图书馆开会。中午覃小川来，午饭后别去。

收到四川文化所开会通知。方伯初信，说是聘我为《嘉兴科技报》顾问。伟琳侄女信。

晚，徐俊西来，谈到西北之行。

1984 年 9 月 21 日

上午出席校务委员会——这是一个咨询性机构，类乎"政治协商会"；委员二十七人，包括党政领导及教授代表。

下午王锦园、唐金海来。晚，裴高来，在此晚饭。小王带福建师大进修教师薛晨曦来。

晚，杂读《民主与法制》各期。

1984 年 9 月 22 日

中午与敏散步到校邮局，取回侄女伟琳寄来的对虾一包。

下午，上海师院小童来，为他来此跟我进修研究生问题。王继权、唐金海来，为学校出版社印《中国现代文学史教学参考资料》问题。唐带来《巴金三集》第三校小样。

收到淮阴师院抗生及小丁信。收到胡风、梅志信及《七月诗选》。收到华中师院研究生王典宏信。收到本期《创作》赠刊。

晚，同乡小张来，他在海军航空兵学校学习。

开始阅《夏衍研究专集》稿。

1984 年 9 月 23 日

礼拜天。下午王戎来，在此晚饭。沈永宝来，送来路翎材料。潘旭澜夫妇来，送我们一尊弥勒佛等。

看《巴金三集》校样，为此给陈乃祥发出一信，要他寄原稿来。

晚，男小周来，带来他姐姐的信，说王欣来信，看过卢鸿基，他患了肝癌，思想负担很重——他孤苦一人，这使我们很悬念。

1984 年 9 月 24 日

继续阅读夏衍稿，为此发给编者巫岭芬一封信。

晚，上外小谢来，谈及浙江伍隼出比较文学杂志事——他说，他怕花钱登广告，又印了一万多册，而且定价又贵；我说，此人只能开老虎灶，不能开设自来水公司，手脚太小了。

他约好本周五上午来取稿。

收到王欣信及本期《江海学刊》赠刊。

1984 年 9 月 25 日

晚，令娜来，带来她伯伯卢鸿基赠我的一本广东出版社的杂志《天涯》，那上面刊登了他为去年我们游杭州时所写的三首旧诗。朱大路爱人小周来，她将去美学习，我为她的入学推荐信签了名——她是一个业余作家。

上午，与王继权、唐金海一块儿去校出版社访问李龙牧同志，商谈出版《中国新文学史资料》出版事宜。

收到襄汾县志编者邱文选信及打印的他的传记资料。

继续阅读夏衍材料。

思和上午来过，将《中国比较文学》上的那篇小文校样，托他转《文汇报》刊登，为这个杂志做个广告。

1984 年 9 月 26 日

上午去图书馆，在采购部查阅去年订的有关国外比较文学出版物，结果查出四种，后来王祥检出一种送来。

小唐上午来，送来《巴金三集》初校稿。晚，乃修来，送来他译的陀思妥耶夫斯基的《作家日记》中论 George Sand 的一段。

上午，进修教师小薛来，等于来上课。

收到吴樾信，他们发起的《外国纪实文学》已在组织班子，要约我当主编。

晚，加拿大留学生郝山来——他说，从日本回来，在那里见过铃木正夫，他怀念我，带来一条香烟，说我喜欢吃烟云。这个加拿大人外祖父在上海住过，他的母亲在上海武康路出生，在上海住过四年后回国，是意大利人。

我明天生日，桂英特地去南京路买了寿字蛋糕。

1984 年 9 月 27 日

今天是我的"圣诞节"——六十九年前的今天晚上八点钟，我走进这个世界，因为受过点教育，有了知识力量，也就开始踏入了人生的苦难历程；"大难不死"的现象，在我的生命史上一再出现，尤其是新中国成立以后，花费了二十五年的时间，处于"非人境地"；直到生命的晚年——就是说从一九八〇年以后，我才"由鬼变成人"，过上了"芝麻开花，节节高"的安定日子，回顾往事，真有"逝者如斯"之叹！

今天和唐金海夫妇与他们的两个女儿一起进晚餐，正式过生日，他们买了礼品——一条瓷塑龙（我的属相）和一只烤鸭，也算尽欢而过。

桂英出钱又出力，蛋糕、荤、素菜以及烧炒工作都一手包了下来。我们没有子女，这些同席者举杯祝寿，我们夫妇作为寿星"面南而坐"，也算盛况了。

收到黎丁信及本期《复旦学报》《科技导报》赠刊，学报上刊登了我的一篇论比较文学的文章。

下午上外小谢来，送来他译的论巴金文章。

这两天胃痛。下午小唐去医务室拿了一些药，大见成效。

现在是夜间十一点半——六十九年前今夜现在的三个半钟头前的时候，我赤条条地来到这个世界，在我的苦难的祖国开始进入了"角色"，不带行李地向生活报到了。

1984 年 9 月 28 日

上午，唐功儒来，在此午饭。中午，思和带他的朋友（在卢湾区图书馆工作）来访，他要去《文学报》，为此给杜宣写了一封介绍信。下午思和和王锦园又来过，为出差办手续事。

晚，乃修来，叶易来。

给戴舫写了一信，明日发出。今日发出给方伯初信，收到校学报稿费大洋六十五元。

1984 年 9 月 29 日

上午去图书馆办公。中午，文振庭来，在此中饭和晚饭——他住校招待所，明日返汉。晚，和他相偕的小黄（湖北社科院）来坐。

童炜钢来，他花了三百二十元听课费，由我对他进行比较文学指导和教学——下午对他上课，开列了一些书目。

晚，出席图书馆联欢会，讲了些话。

晚，小周带来一些礼物。

收到香港中文大学开会通知，发出给戴舫信。

伤寒还没有死，也许它还要存续几个世纪，只要人类愚蠢和野蛮，能给予它有活动的社会。

——Hans Zinsser 教授《老鼠、虱子和历史》一书的结语

1984 年 9 月 30 日

礼拜天，看完夏衍资料全稿，并给浙江文艺出版社的责任编辑严麟书写好信，提出审稿意见——又完成一宗大事。

收到李辉信、本期《艺谭》赠刊，收到《淮阴师专学报》三十

元稿费。

上午潘旭澜来。

1984 年 10 月 1 日

国庆日，三十五周年纪念，全国隆重纪念，北京举行阅兵式，盛况为一九五九年以来所未有——上午看电视转播实况。

下午陈鸣树来，他从大连开会回来——那里在自然灾害期间为当时的首要人物造了一幢房子，厕所即有四十平方米，里面现代化设备一应俱全，某参观者浩然而叹之："光厕所的面积就比一个教授的住宅还宽大。"——这是事实本身在发言。

晚，小朱夫妇来，他的爱人小王带来陈梦熊信及他编的《陆蠡集》赠书。

晚，给抗生、吴樾复了信，明日发出。

1984 年 10 月 2 日

上午王继权来。下午小周（男）来，王永生、同乡小张及乐秀拔来，小周、小张带来节日礼品。晚饭后和敏到学校看香港电影《岳家小将》。

午饭前，斯民夫妇来，他们以为我今天生日，带来了蛋糕，一块儿午餐后别去。

收到方伯初、巫岭芬信。寄出给抗生信，附去稿费收据。

1984 年 10 月 3 日

上午王继权、王祥先后来。午后思和来，送来他的两篇文章。

晚，上外小郭来，送来《中国比较文学》创刊号，印制尚好，即把思和的文章（李欧梵论文评价）和已盖好校章的上海比较文学会发起文稿交她带去。图书馆曹宠来。

收到张宁信及寄赠的广西大学上半年开的比较文学讨论会材料，管权信及寄赠他经手编的《杜鹏程研究专集》《郁达夫传》《〈管锥编〉研究论文集》，陈公正信及寄赠的《鸳鸯蝴蝶派资料》（上、下两册，伯群等编）——我并列名为责任编委。

收到抗生寄赠的《文科通讯》十本，其内收有我的论尼采的文章——

此文《书林》不敢登，只好去小地方跳舞。

1984 年 10 月 4 日

上午去图书馆与全馆干部共同视察了各个工作部门，然后举行了会议。

下午去龙华参加乐嗣炳教授追悼会。

晚，吕慧芳、董达武、苏兴良、吕胜依次来访，董达武约我担任上海第二教育学院顾问，也是个撑门面的意思。

收到襄汾统战部邱文选信，寄来的打印本《〈襄汾县志〉通讯》，上面刊登了我的小传。

1984 年 10 月 5 日

昨日忘了记日记，于是晨起补记。

中午思和来。晚，上外小陈来，送来《中国比较文学》两册，因已留过一册；故退他一册。他谈起第三期所收栏目内容及今后《中国作家与外国文学》与《国外论中国文学》栏的编辑设想，约定我外出回来后，开个小型座谈会，组织力量。王继权、唐金海接踵而来，商定《中国新文学史教学参考资料》（1915—1984）的编辑体例，此书复旦出版社愿意承印，计两百万字，分四册。

今天上午在图书馆参加馆长会议。小王来，交来本学期进修教师名单。

晚，写好给老耿信，附去曹宠等编《中国社会学论著索引》提纲，向辞书出版社推荐。写好给杭行信，附去乃修二论李清照文及思和的评王安忆文，为他主办的《女作家》集稿。今日发出。

桂英从学校借回几本有关瞿秋白的书，为徐州之会讲话做些准备。

晚，又写好给今富正巳及孙立川信，明日托潘旭澜带到日本。

1984 年 10 月 6 日

上午王华良偕《小说界》编者小魏来访，他是看了我在学报上的论比较文学的文章，找我想在该刊开辟一个《比较文学与小说》专栏，每期登一篇论文及文内论及的小说作品（长篇写提要），即和他谈了一些设想。他拟请我先写一篇总论式的文章，作为卷头语，十一月前交稿云。接着张兵来，交来他写的论扬州八怪与曹雪芹的比较文章，此文他想投给与舒芜有关的《中国社会科学》，要我看后写一个介绍信。他说，已把我在学报上的文章加以较详细摘要，交给高校学报论文选辑云。

晚饭，为潘旭澜送行，除他夫人外，有日下恒夫、思和同席。

收到李平及福建一工人读者的来信，又收到耿庸信附何剑熏致何满子信。

1984 年 10 月 15 日

七日早上，与敏偕思和动身去徐州参加江苏社联等团体召开的第二次瞿秋白学术研讨会。晚八时到徐，王进珊、吴奔星以及巫岭芬、小李等均来车站相接，乘车到南郊宾馆，即由奔星兄在附近的"燕子居"招待晚饭，并介绍经理相见。我与敏宿二楼，设备良好，在此算一流了。

八日，我们与思和一早上马路，三十多年来，此地变得面目全非，我们完全陌生了。在新华书店购得《小说选》十册。上午，王进珊夫妇、吴奔星相访。晚，由小李陪同去回拜了他们两家。

九日，上午徐州市委及师院负责同志来宾馆看望。大会开幕，我参加了主席团，到会各方人士百余，我在开幕式上应邀作了即席讲话。中午，由徐州市委、政府欢宴。下午，我开头作了个学术发言，就瞿在中国马克思主义文艺理论及批评上的贡献（开拓性的）作了发言，也是急就章——中午，由思和写了个大纲式的讲话，我即席发挥，居然获得好评，会议主持人特为关照，希望整理成文收入纪念文集。发言的还有王士青、吴奔星、瞿的女儿独伊等。在此还遇到瞿的侄儿、瞿的外甥王铁仙（华师大中文系副主任）——他送我一册他的《瞿秋白新论》。

各赠吴奔星、王进珊《小说选》一册。又在此遇曾华鹏学生李某，赠他一册。又赠孙桂森工作的内蒙古民族学院副校长王某一册。

大会小组讨论，我未出席。当日去王进珊及巫岭芬家晚饭，菜都很精美。吴奔星在"燕子居"设宴两桌，宴请出席有关人士，我们三个都参加了。

参观了历史博物馆，看了一次本地戏《公主夺夫》，颇类豫剧唱腔。

十二日下午乘旅游车和与会人员游曲阜，当晚到达，寓师范学院；系主任相访（中文系教授），约为学生讲课，婉言谢之。翌日上午游孔子纪念馆及孔府，解释者为当地孔子研究所人员，讲得很好。他批判了我校蔡某不顾史实，对孔子出生的胡编乱造，说是很惹当地人反感——此公乃是个风派。孔子被封建统治者以帝王级别相待，也说明了封建统治者利用他做政治工具，真是不惜工本。据介绍说，"文革"中，此地召开了十万人的批孔大会，当场砸烂了塑像，砸断了可称为文物的石碑，真是一大反动暴行——真如孔子说的，"始作俑者，其无后乎"！这个倡议者，以破坏中国文明文化为目的，真是罪该万死！

下午参观了孔林，前后都由思和拍了些照片留念，当晚返徐。

昨日早上开闭幕会，中午由市委市府设宴，下午应邀去徐州师院讲演，同去者有瞿的家属三人。他们都谈的瞿的事，我谈了一些学习（治学）上的心得。当晚由徐州师院在一家饭馆宴请我们，敏应邀参加，八时赶回宾馆。王进珊夫妇、吴奔星夫妇、巫岭芬等友好都来送行，多备有礼品。我们与丁景唐女儿同行，我坐软卧，他们三人乘硬卧。今日晨七时半到真如，几经周折，又转到北站，在此候了一个钟头，才雇到小车回家，已十一时许。

回家后，看了堆积的信件，为《政治学信息报》写的一篇短文已刊出，编者改了个题目《农民向贫困和愚昧诀别》。应必诚来。晚，苏兴良、吴中杰、乃修先后来。

晚，给孙立川及在北大进行古小说版本研究的日本东京大学副教授大塚秀高写了信——后者来信，要在十八日来此参阅本校馆藏古旧小说。

晚，读《胡风文集》后记稿，梅志随信寄来的。

1984 年 10 月 16 日

早上去图书馆，又分别去了教师阅览室及中文系查阅日文资料。

得新出的《嘉兴科技报》一张，在红字通告栏内，宣告我与王中为该报顾问。在图书馆，老焦说，各系学生成立英文学社，聘我为顾问。晚，王锦园来，谈天津会议情况，说那里新成立了小说学研究会，我已列名为顾问；并说该会明春出刊物一种，要我在十一月五日前交出一篇笔谈文章。

桂英复印回一九八一年发表在《艺谭》上的杂文《温故而知新》，校改后给聿祥写好信，连同印件明日发出——聿祥在编《1979—1983 年杂文选》来信要稿。

晚，乃修来，他从烟台带回一些苹果。研究生小陈来，兴良爱人小刘来，小毛头来。

读《梼杌闲评》，记明末宦官魏忠贤生涯——由流浪江湖到入朝为官，位极人臣，再由崇祯继位，由降职、罢官到自缢身亡与开棺碎尸的全过程——反映了封建统治者对权倾朝野并形成集团势力的权奸巨恶的分步骤的处理过程，颇发人深思。

1984 年 10 月 17 日

上午，唐金海来。小孔来上课，中饭后别去。下午，章培恒来，约好礼拜六请我们吃饭，说是庆祝我的腿伤全好。晚饭和敏去潘旭澜家吃，同座的有日下恒夫、胡裕树、应必诚以及日下的同事、在外文系任教的某日本教授。

晚，县里的两个干部刘某及郭某（县委办公室主任）来访——他们来了十八个人，连同县长，苦于买不到车票，托我想办法。

寄出给何满子信，收到淮南师专一青年信。

晚，新研究生小吕及小廖来。

1984 年 10 月 18 日

中午，同乡县干部郭、相、刘三君来辞行，匆匆吃了午饭去乘船。他们的王县长已先走，托他们带来一些礼品，说是希望我能回来走走，给中学的娃娃讲讲。

傍晚，经济系傅教授之妻女来访，这个女儿要找人代写毕业论文。

收到上海书店请柬，约定二十日下午，在上海宾馆举行该店创立三十周年纪念会。王欣父亲来信，汤淑敏来信。

朱利英中午来。

重写在徐州的讲稿，得四千余字——昨日《解放日报》曾有报道。

昨日收到彭燕郊寄赠的诗集一册。

1984 年 10 月 19 日

上午去图书馆开会。下午由思和、桂英陪同去长海拍片，刘军医说，情况正常，并说好十一月下旬住院开刀，并开好了住院证。

傍晚，章培恒来。晚，胡奇光来。下午，乃修、锦园来。

1984 年 10 月 20 日

上午去图书馆开会。中午思和来，在此午饭。晚，章培恒夫妇在中灶楼请客，庆贺我的康复，同席有满子夫妇及日本东京大学的进修人员大木康。

下午，方伯初来，约好明日去嘉兴事宜。

收到王欣爱人信、丁景唐信。

1984 年 10 月 21 日

早六时，方伯初驱车来接。我与敏同行，同车的有王中及其外孙女，图书馆人员袁、孙、曹、陈、王各位。九时到嘉兴，《嘉兴科技报》负责人以及科协负责人丁、顾诸位相接，后来副市长薛巴陵（女作家）及副书记贝君亦来看望。中午我们几个人即在毛纺厂招待所进午餐，并在此午休半小时。下午共去游南湖，在烟雨楼上为科技报七个同仁写了同一内容的一首歪诗留念，诗云："江南秋光好，南湖景尤佳。菱鲜鱼亦肥，人杰地必灵。"——秀才人情半张纸也。下午四时别诸人，又由老方陪同，原车回沪，七时许到家，方君并送了一些菱角及鲜鱼。到家时，王戎正在独饮。王欣母亲及妻子小陈自杭州来，在候，谈王欣婚变事——昨天刚收到她及她公公来信，也为此事。沈永宝来为公事。

收到陈其强、《小说界》编者魏心宏来信。

1984 年 10 月 22 日

上午改写好在徐州讲的关于瞿秋白文章，扩编而成八千字。下午参加系学术会议，讨论晋升教师，陈思和成绩最为突出，众口交赞。

晚，王欣母亲来，图书馆小殷来，工人张建基来。

下午郁云来，赠我他写的他父亲郁达夫传记一册，福建人民版。

1984 年 10 月 23 日

王欣朋友小周早上哭泣而来，在此待了一天才走——为了爱情而苦恼，爱情成为她的生命和世界，可叹。现在的青年胸无大志，还跨不过"食色，性也"的动物本能阶段。

下午参加教研室会议，给吴樾发出一信。

晚，两个新研究生来。

中午思和陪广东肇庆师专的刘钦伟来访，在此午饭，送他以及他的校长熊超然各《小说选》一册为念。去年去肇庆开会，多承他们热情相待。

1984 年 10 月 24 日

上午陈建权一家来，陈将离开复旦——在"文革"中我们曾同住多年，这些年继续来往，他儿子的名字还是我起的。为此，敏昨天约他们一家来玩，也算他离开复旦的一个纪念。王戎饭时到，一块儿吃了中饭。

午睡后，吴欢章来，他将离此去分校教书，他控诉了某些人不讲道义，排挤他的行为。章培恒、徐俊西同来，为约我为中文系提升教授、副教授，由我出外文试题并阅卷事。中年一代在极"左"路线为害时期不学外文，是"外盲"，现在要考，事情很麻烦，因此出题是个苦事，最易招怨树敌——因为这一代人在极"左"时期都以个人利益为出发点品评一切，不讲是非，都是"小人行险以侥幸"的角色；只讲个人实惠，没有廉耻道德观念，想不择手段地获得个人利益，甚至以损人利己为能事，正是多年来的极"左"路线所培育的结果；因为生活教育人只准保卫个人利益，争取个人利益，以至"无耻近乎勇"成为生活的法则。

晚，上外小郭来，说是伍隼已到沪，住在她们那里。托她带一信，约明日来中饭。苏兴良、小周（书兰）来。研究生陈德祥来。

收到王克恭信。

晚，吴中杰夫妇来，山西人民出版社张成德来信托他先关照我，说山西出版社准备为我出文集。

1984 年 10 月 25 日

上午去学校查材料，小姑娘把我叫了回来，原来伍隼已在家相候——他从烟台开会回杭过沪，下午一时即去乘火车——当即提前开饭。上外的小谢这时来接他了，一块儿吃了面，他们即别去。伍说《手记》已印了第三版，能够畅销也出乎意外。

午睡后，和敏去五角场一游，好半年没来了，这里又有许多新式变化。我们在小铺吃了些汤圆。

晚，陆士清来访。下午苏兴良、周春东来访，约定请他们二位在下月去北京一行查材料。

晚，整理好徐州的讲稿，桂英已抄毕，即写好给徐州师范小李等人的信，连同稿子明日发出。

1984 年 10 月 26 日

上午小丁和小周来，在此午饭。小周编《语文学习》，向我约稿，午饭后离去。思和来，买来本期《读书》。

下午，顾易生来；方伯初来，送来嘉兴市政府请柬，下月五日在上海工业展览馆开招待会。《文汇报》小韩来，送来该报请帖，明日下午在新雅茶聚。

晚，进修教师（辽宁大学）小刘来，唐金海夫妇来，小卞来。

收到宜正信。

晚，写好给陈其强信，并连《郁达夫年谱》稿明日发出。写好给李存煜信，连同文章明日发出。

1984 年 10 月 27 日

上午去图书馆借到英文版《马恩通讯集》一册，为提升教授、副教授的外文考试作准备。午饭后，《文汇报》小韩驱车来接，同车的有徐俊西、刘放桐。车到同济，又接到陈从周及一位胡姓老者。座谈会在新雅楼上，碰见耿庸，茶点招待，近五时散会——我讲了约十分钟话，原车回家。

晚，唐金海带学生小严来，谈学问，借去 Olga Lang 论巴金二册（复印本）。

晚，小周（书兰）来。

收到南京大学学生万同林来信、浙江文艺出版社严麟书信。

发出给静妹信、陈其强文稿及信、舒芜信及张兵稿、李存煜信及瞿秋白论稿。

1984 年 10 月 28 日

上午潘旭澜来,为他的三个研究生论文答辩事——他将赴日,由我代为主持。说话间,范伯群来,他系在华师大讲学,自苏州来的,即请他作答辩的老师。中午,与范一块儿午饭,陈鸣树适来借书(萧乾的《书评研究》),坐下同食。晚,潘旭澜邀伯群饭,由我及徐俊西、应必诚作陪。

晚,苏兴良来,吕胜来,武汉师院杨爱唐来辞行。

1984 年 10 月 29 日

上午到图书馆,借英文本《毛选》一册,以为出试题之用。师大办的图书馆长学习班全体人员来馆参观,我出面接见,由老姜介绍情况。会见毕,开馆长会。中间曾抽空去外文编目室,与负责人麦芷兰谈话。

下午剃头,途遇小毛头,请他在摊子上吃了一碗馄饨和一个茶叶蛋。

晚,邓逸群夫妇、叶易来;福建师大王老师由进修教师小薛陪同来访,为他在图书馆查资料作了批示。

收到孙桂森信、艾晓明信及译稿、嘉兴市政府请帖。

发出《江海学刊》姚北桦信及关于瞿秋白论文。

1984 年 10 月 30 日

上午校对《巴金三集》第三校。中午,思和来,在此午饭,送他《郁达夫评传》一册;我又把为他们的书写的序文,经过改动后的抄件给了他。

图书馆的小赵和小葛中午来,为工作事,并谈了一些馆内情况。

我午睡时间,胡曲园夫妇曾来访,由敏以橘子罐头相待。

晚,朱立元夫妇来,将陈梦熊托借的两本书交朱的妻子小王带他:一本是赵清阁编的《无题集》,一本是谢冰莹的《女兵自传》。

乃修来,送来他的译稿,中午廖天亮也来过。

收到卢康华信及安徽蒙城二中周芬信。

收到《山西师院学报》稿费五十元,这是家乡人民厚待我了。

晚,灯下写《丸善书店二三事》,算"东游漫忆"之一,应《中国纪实文学》而写。

1984 年 10 月 31 日

一天未出门，昨晚写文章至三时，写了五千字。今天看了胡公的《后记》，有好几万字，总算一日读完。

上午系里师资秘书小徐来，把评考教授、副教授的外语试题交给他。中年一代大多不懂外文，那个历史时期不仅不提倡学外文，到"文革"中学外文成为政治罪行，在蒙昧主义加国粹主义的思想路线下，耽误了中年一代，现在忽然又要考他们，实在令人不解——因此奉命出题是个难差事，只能以走过场来看待之而已。

收到老耿信及附寄来的曾卓诗集一册，抗生来信。晚，同乡曹进行来，他是旧社会的一个俗吏，现在艰难地生活着。

1984 年 11 月 1 日

上午校看好《巴金三集》，精疲力竭。

敏一早随高知家属去嘉定旅游，晚七时归来。

下午与三个研究生及老苏开会，谈编《中国现代文学翻译书目》事，等于上课。

晚，长海医院瞿医生、工人小张、女小周来。

收到吴樾信，附《中国纪实文学》材料。满子信，附来杜谷赠的《七月诗选》，本期《文艺理论研究》赠刊。

1984 年 11 月 2 日

上午，去图书馆接见请来在图书馆工作的美籍华人左女士——她系美国加利福尼亚大学图书馆编目部主任，来此工作一个月。

下午湖南人民出版社曾果伟（本校中文系一九八二年毕业生）、张和静来访，带来他们出版社的请柬，约我在九日下午去衡山宾馆参加他们的招待会。

晚，章培恒来，为出试题事。小瓯在此晚饭，桂英今日随系内人员去旅游。

校好《巴金三集》，明日发出。写好给莫贵阳信，连同胡公后记明日发出。另外，写好给梅志、覃小川信，明日发。

发出给北京出版社廖宗宣、宜正、邱文选、南京大学学生万同林信。

1984 年 11 月 3 日

上午去校内，为教师考学衔出题目事借书（日文），并去系内。

下午兴良、小周来，他们后日去京，就查资料事进行商量。

晚，莫洛儿子马大康来，他系杭大现代文学研究生，想约我做他的学位考试指导教师。

上午，思和来。晚，乃修来。

晚，写好给徐迺翔、大哥及天津人民出版社李福田信，托老苏他们带京。又写好给留妹及县委办公室主任郭成家信。

晚，吴中杰来谈。

1984 年 11 月 4 日

礼拜天。上午杜月邨来。午睡后，斯民领分校一教师来。晚，唐金海夫妇来，陈鸣树来。

写好《忆丸善》，约六千字。

1984 年 11 月 5 日

早八时与敏乘校车到工业展览馆参加嘉兴市政府举办的招待会，并参观了该市的工业展览会，敏购了些毛线。饭后，又参加了座谈。四时许，车送回家。招待会来宾约百人，招待丰盛，热情周到。

晚，图书馆小殷、王欣、王继权、唐金海夫妇、马华儿子小马等先后来访。

收到卢康华、高文塚信及赠刊《萌芽》。

1984 年 11 月 6 日

上午一家三人去看了"红房子"，都表示同意。接着又去了图书馆办事，十时左右回家，路遇思和，一块儿到家。秀拔随即领王进珊夫妇来访，并在此午饭后别去。

下午，林秀清来访，送白菊花一盆。秦湘引松下女士来访，她是日本留学生，和她谈了一些中日文学关系和影响问题。王戎来，出示冀汸信，得悉卢鸿基兄已不能进饮食，并希望能看到老朋友，特别是梅志。即和王

525

戎商量好，即刻发给梅志电报，并约好由王戎和敏下礼拜去杭，代表上海友人去看望他。

晚，唐金海、王永生先后来，他们今天下午考外文，效果都不好——多少年耽误了，并说有些该考的人都借口逃走不考。

晚，为思和毕业论文重修了批语，一个刊物要登载。

1984 年 11 月 7 日

早上去校内，中文系将"文革"中的出版物进行处理，教师可以自己选用，为此去检书，检出此类书三十多册，由"反右"到"反击右倾翻案风"时期的都有，真是五光十色，"美不胜收"。其中有一本《毒草集》及一本《明辨集》，学校"反右"时印的，都涉及我——后一本书有胡××写的，他驳斥"右派"为我翻案的"罪行"，对我进行了"批判"，历数罪状，真是洋洋乎大观。又去图书馆为乃修借了五本英文本屠格涅夫。

又，《毒草集》中揭发孙大雨，说他把"肃反"称为"肃革"和"反肃"——现在看来，不幸而言中了。

到家后，上外小陈来，他说，《新民晚报》约他为我写一篇特写，约定礼拜六晚上再来。接着孔海珠来，聿祥领罗平来——我与罗是四十年代国民党中统特务监狱中的同监犯，他和我同龄，已离休，白发苍然，自说已成了虚无主义者了。他"文革"中被诬蔑为"叛徒"，前此"反右"时被划为"右派"，一九五五年也扫了一翅膀，也是饱经世变。午饭后别去。

晚饭后与敏外出散步时，遇日下恒夫，在服务公司的水池旁座谈。他送我们回家，一直到宿舍门口。

收到李存煜、青苗信及本期的《作家通讯》《古旧书讯》，又收到康华寄来的五册《比较文学导论》。

1984 年 11 月 8 日

早上，敏和桂英去市区，晚上归来。上午图书馆小徐用黄鱼车来接我，拿着外文系一封请柬，原来该系召开席勒诞辰二百二十五周年展览会邀我参加，会在外文系电化室举行，有东德教授等数人及该系德语组董问樵教授等教师及学生数十人。

收到南京师大俞润生信、南大学生万同林信及校长室通知。

晚，王继权送来丁言昭信及此次徐州之行的照片。

1984 年 11 月 9 日

上午思和来，乃修来，各送《导论》一本。王锦园来，谈教研室工作。午饭时，林帆偕哲学系朱子奇来访。十二时半，由桂英陪同坐小车去衡山宾馆参加湖南人民出版社召开的招待会，得到一包书。四时半外出，随陈永志坐公共汽车到北站，又由此辗转到家。

晚，工人小张来。

收到梅志、李辉、老耿信及本期《辞书研究》。

> 神已死亡。
>
> ——尼采
>
> 我在人间比在禽兽里更危险。
>
> ——尼采

1984 年 11 月 10 日

上午为查一篇杂志文章，和敏去学校白跑了半天。下午顾易生来，共同看教师外文考卷，商定了打分标准，系教师秘书小徐随后来，谈到师资科对考分的要求和标准：优、良、中、差四个等级。

房产科负责人老殷来，谈修理新居事宜——他根据我们的要求，搞了一个单子，说是交基建科承包。

晚，上外小陈来，他要为《新民晚报》写我的专访（关于外国研究中国现代文学的情况），他作了记录，我讲了些材料和观感，又照了几张相后离去。

最后改好旅日漫忆的文章；又看了乃修译的 Dostoevsky 的《作家日记》译文；又给吴樾写了信，明日发出。

思和上午来过，乃修晚上来过。

1984 年 11 月 11 日

礼拜天，间有雨雪，未出门。中午王戎来，在此午饭。房产科殷家祚来，谈新居修缮事，并交来他拟的给基建科的信存查。

晚饭时，廖天亮来，指出了他的译文应修改事项，并建议他译斯坦贝克在诺贝尔奖金授奖大会上的演讲词。借给他们二人《导论》一册以为教材。

晚，小周（男）来，送来一只新式台灯。桂英下午即外出，晚上与周偕回。

发出给卢康华信及吴樾信，附稿。

收到童炜钢信。

1984 年 11 月 12 日

全日未出门，收到舒芜及王克强信——王是本村人，在山西师院学习，要以我的小说创作作为毕业论文的题目——我们村里的青年人来研究我真是一条新闻。

收到吴奚如赠送的他新出的小说集（长江文艺出版），以及山西师院本期学报——上面登载了我为《巴金评论选集》所写的编后记和我的小传，封底上还对《小说选》作了个介绍广告——这些家乡来的讯息，使我高兴、鼓舞。

收到黑龙江人民出版社稿费五十一元七角。

又收到张雄琴寄赠的《青年一代》一本，刊有他的文章。早上张晓云送来上海大学编印的《文艺学》一本，其中有斯民写的文章，要我写个评语寄该校。

收到山西师范学院稿费单（钱五十元早已收到），即签名寄回。

唐金海下午来，廖天亮晚上来过。上午福建师大进修教师小杨来座谈。

晚，给舒芜写一信，连《小说选》一册明日发出。

1984 年 11 月 13 日

全日在家，天气不好。上午看好教师外语（英、日、俄）试卷，批了分数，全部及格（"良"及"中"）——实际上这不过是"默写考试"。

上午思和来。晚，王锦园来。收到丁言昭信。

晚，改好颜海平译文，注文等于全部译了一次，全文约定一万余字，也算了却一宗心事了。

1984 年 11 月 14 日

下午小雨。上、下午皆去校内。上午借书；下午接见日本广岛大学教授古田敬一，他还兼任该大学图书馆长——他约定我写一篇有关比较文学文章，在明年三月至五月内寄他，收入一个文集。

昨天熬夜至三时，改好颜海平译文。

晚，灯下翻阅借来的《亚玛》和《海上花列传》，皆以娼妓为题材的作品也。

收到范伯群、苏兴良信。《光明日报》广告（8 日）载《山西文学》11 号发表了我的《我的第一篇小说》。

1984 年 11 月 15 日

早上去看了电影《高山下的花环》，导演谢晋及主要演员都到场并讲话，讲话内容从传统观点说，可谓"反传统"——观此可见时代潮流，也是历史无情之记。

午睡后，曾小逸、乃修领湖南人民出版社编辑主任唐同志来，并就出版丛书事作了长谈，他都作了记录。四时许，章品镇、高晓声来，他们辞去。章、高在此晚饭，谈至夜九时许，送他们到九舍招待所，并顺道看了鲍正鹄。

收到作协信，黑龙江出版社、李辉信，及校话剧团寄来的一张校刊。

1984 年 11 月 16 日

上午一口气写好本年现代文学研究生现代文学专业试题，并为试题写好答案。午睡后，访问章品镇，又同去参观了图书馆。晚饭，在中灶楼上设宴请老章和高晓声，作陪的有章培恒、陈思和、小严和我们一家人。

收到丁景唐信。

1984 年 11 月 17 日

五时起床，送敏去杭州。上午写好给李辉、李存煜、苏兴良信。下午参加古典组举行的外国留学生座谈会，作了开会发言——除一美国女性外，三个为日本人。

收到北京出版社廖宗宣信。

高晓声昨夜在洗澡时摔倒，筋骨受伤，送医院。

下午秀拔来，为他的一篇文章给《语文学习》的小周写了推荐信。晚，张建基、上大石姓教师来；张化来——为她的毕业论文写评语，收入浙江出的《大学生毕业论文选》。

1984年11月18日

早七时半，小王驱车来接我到南市文庙，参加它的落成典礼及书画展。途中满子上车，得悉老耿和从宁夏来的杭行上午将来我家，除托小王先给桂英打电话关照外，我们看这个会场乱糟糟的，乃辞谢而归——由他们派车送回。同来的还有小顾及罗洛夫妇，共在此午饭，中间上海《社会科学》文艺编辑张某（女性，复旦新闻系一九六〇年毕业生）来访约稿。

午睡时已二时许。晚饭后，去九舍走访章品镇，约好明日上午去医院看望高晓声。章公也因为吃鱼虾之故，背疮复发，也在治疗中。

晚，章培恒爱人小张来，送来有奔马塑像的笔插一座，大约是他在南京开会时带回来的。

收到卢康华自京来信。晚，写好给何剑熏信。

托杭行带去给梅志的杂志及信，路翎那堆通讯也托他带回北京。

将朱碧莲女儿的长篇小说译稿交杨友梅带去——她在《收获》工作，那里计划出丛书。

1984年11月19日

礼拜一，大冷，穿上了棉袄。上午由老应弄到车子，与章品镇一块儿去长海医院探望高晓声，桂英随行。老高已住入病房，医院当局对他重视起来了——据主治医生说，病情不算严重，要是老百姓就没资格住院。章因为"瘩背"病复发，也在此打针换药，他还得在上海多住上几天。由医院出来后，直接驱车到家，老应辞去。我事先约好章在家吃山西土饭——"猫耳朵"；他约了林克同志一块儿用饭——他到时由邻居住的副书记老金陪来，他也能喝几杯，态度还比较随便。章说，他年轻时也做过小说，从文学走向革命，喜爱契诃夫——饭后辞去，送他一册《手记》为念。

吃饭中间，敏和王戎由杭州回来，跟上吃过饭后，王戎辞去。敏说，在杭州住冀汸家，鸿基只能靠输液维持，但神智仍清醒，只是声音很低，看到他们来了，笑了。他在病中，学院竟趁火打劫，要他退休，他为此很生气——浙江地方"左"的阴魂不散，流毒严重，这些干部老爷还是视人民如草芥，这都是多年来反人道、反人性的恶果，这些家伙仍然骑在人民头上作恶！

收到铃木正夫、大哥及徐州矿业学院某教师来信。

晚，章培恒爱人来坐，女小周来。

上海作协专差送来中国作协第四次代表大会登记表。

1984 年 11 月 20 日

上午去图书馆开会——改在张涛家。中午回来，坐了一房子人：小丁、小周、思和和百花文艺出版社于明夫，午饭后离去。午睡醒来，彭柏山女儿来，送她父亲的纪念文集稿子，在此又作了编页工作，晚饭后别去。余安东来送他父亲文集的后半部稿子。在海军航空学校学习的两个学生小张等来，为租民房事。

收到潘旭澜自大阪来信、临汾人才流通公司信及徐州矿业学院一教师来信。

晚，看好张化发表在《江海学刊》文，并写了评语和信，以应浙江文艺出版社编印《大学生毕业论文选》之用。

1984 年 11 月 21 日

上午在校长办公室开会，我们几个馆长以及教务、财务、人事的负责人也都到场，研究了图书馆的工作、人事、财务上的问题。下午去教研室开会，途中路过图书馆，遇到东京大学教授大塚秀高，他在此查阅古典小说，赠我一册他修订的《中国小说书目》。

下午五时回家，楼鉴明领财经学院一外语教师来访，楼送我手书条幅一张。晚上来的有研究生、本届毕业生及教师，都是公事。

收到本期《山西文学》赠刊，那上面有我写的《我的第一篇小说》，并汇来稿费二十四元。

晚，填好作家协会会员表及临汾地区人才交流公司表格。

1984 年 11 月 24 日

两天未记。前天下午午睡后，大约着了凉，身体不适，约章公来吃饭，我几乎未动箸，由孔海珠作陪。晚上，胃痛，呕吐酸水。昨日早上学校来了医生，经检查开药，昨天比较稳定，睡了一天。今天较好，可以做一些事了。上午廖鸿钧及小谢来，约好二十八日上午在上海作协召开上海比较文学会，他得悉我生病，带来了水果。下午，唐金海及两名进修教师、叶易都来看望。

收到伯群、赵祖武、张建基信及羊翚寄赠的《诗集》。下午，章公带来麦乳精。

1984 年 11 月 25 日

礼拜天，在家。校改思和译的匹克威兹论瞿秋白的文章。晚，与敏应邀去陈鸣树家陪王瑶吃饭。写信给江礼旸。上午去邮局退回黑龙江出版社多寄的稿费，并顺路去图书馆看了上班的同志们。

桂英上午去市区买灯。

1984 年 11 月 26 日

未出门，看稿。应必诚、徐俊西先后来。白天，培恒送来京都大学教授兴膳宏带我的孙立川信，托我们照顾这位来华参加《文心雕龙》会议的兴膳先生。

收到陈其强、李存煜信。写了一堆信：大哥、伯群、华鹏、朱雯、伍隼、董大中——明日发出。上午童炜钢来，代买来南开大学出版的《比较文学论文集》一册，午饭后别去。

上午校医吴、马来为我看病，开了药方。

1984 年 11 月 27 日

上午和敏去校内，我去图书馆，她去买东西。收到浙江文艺出版社寄来的《比较文学杂志》十三册，算是稿费。又收到襄汾县县志办寄来的县志《通报》。

中午思和在家午饭，为他们论巴金的书写的序，今日发表在《文汇报》上。

晚间，唐金海陪同章品镇在此晚饭，算是为章公送行——他明天返宁。

吃饭前，北京文研所的外国文学研究室陈圣生来访——他是复旦一九六二年外文系毕业生，他们准备将《文学动态》扩大为刊物，约我写稿。上海第二教育学院老师董达武、殷海国来访，约为他们学院当顾问，并说本周六他们的领导来送聘书，下礼拜二接我去该校开会。章培恒、应必诚来，明晨本来决定王瑶讲课，由我主持——我明日外出，只好辞去。

收到吴樾、王宁、王戎信。

1984 年 11 月 28 日

早上，与敏同车去作协开上海比较文学协会筹备会；车抵外院，老廖与小郭搭车同行。

到会有十余人，八个单位，朱雯、辛未艾均到。筹委会硬要我当这个协会的主席，所以充当了这次会议的主持角色，讨论了筹备事项：理事每个单位二人；副主席二人——由院校系统选一人，非院校系统选一人；定于明年一月十日左右开成立大会。会议至十一时结束，与敏同在附近小馆吃面后，步行至朱微明家，她小女儿也在，谈柏山资料编辑事。至三时辞去，至征南家，小方患病，特来看望。四时许，乘公共车辆，车中极挤，抵家已六时，吃了一碗馄饨。桂英说，在外文系教书的德国老太太汪小玲上午去中文系找我，有事相商，她住在八舍——饭后，与敏同去拜望。她自我介绍说，父亲是律师，母亲是医生，她是外科医生，后来改行教文学，她想弄比较文学，因此要找我——她想写一本这类书作教材，请教于我云。她说，她五岁受希特勒迫害，"文革"中又受"四人帮"迫害（她丈夫是中国人）——她写了一本自传，本拟在德出版，她女儿怕事，她决定死后作为遗作出版云。

唐金海夫妇来，徐俊西来，送来白危讣文。

收到孙景尧信，他已由港返回。

1984 年 11 月 29 日

上午在家，客人不断，无从工作，都是些不相干的人和事，恕不详记。

下午去图书馆参加欢送来馆工作了一个月的美籍华人左女士，讲了一些客套话加官话，大家吃些瓜子、花生、洋糖而散。

晚饭后，与敏同访王瑶，章培恒稍后也到，约他本星期六吃晚饭，以尽地主之谊。他送我一册新出的他的著作《鲁迅作品论集》。

收到顾盈丰信及《茅盾全集》编辑室的《茅盾全集》数卷内容的篇目名称，为他们审稿。

中午，唐功儒在此午饭，落了上齿一枚。

1984 年 11 月 30 日

上午在家做生活；下午去张涛家开图书馆馆长会议，以迄于五时半。

晚间来访的，有图书馆小吕，带两个有大专文凭的图书馆员（一毕业于武汉大学图书馆系，一毕业于本校历史系），其中学图书馆专业的馆员准备投考我的比较文学专业研究生——作为在职研究生，为他开了学习书目，作了讲解。中文系的两个同学来，邀请我当他们成立的（全校性）散文社的名誉顾问，说是师陀先生推荐的——即应之，并答应写几句话刊登在他们的油印报上。

填好本学期研究生讲授课程名称，报研究生处。

比较文学（一年级）：1. 比较文学概论；2. 中外文化（文学）关系研究（结合编辑《中国现代文学翻译书目 1915—1927》一书的工作）。

中国现代文学（一年级）：1. 中国现代文学专题讲座；2. 中国现代文学与外国文学关系与影响研究（结合编辑《中国现代文学翻译书目 1915—1927》一书的工作）。

比较文学（毕业生）：毕业论文指导（论文题目：《鲁迅与屠格涅夫》）。

收到李辉信及《艺谭》公事信。

晚，潘富恩送来新出的他和昌东合写的《中国哲学论稿》。

1984 年 12 月 1 日

上午，上海第二教育学院中文系主任吴君、副主任王君（女），在本校调到该院的教师董达武、殷海国和袁越的陪同下如约来访，聘我为该院名誉顾问，并送来请柬，约好下礼拜二上午去该院茶会，与该院领导及系内同仁见面。坐约一时辞去。

本日校好《日本文学思潮对中国现代作家的影响》一文。

晚，如约和培恒在中灶招待食堂宴请王瑶、吴宏聪，由吴中杰、陈鸣树、应必诚作陪。中午，培恒已送来饭钱。饭毕后，在我家饮茶，八时辞去。中间陈梦熊来还借去的书，他早先来信告知说，他要为《出版史料》写书话，也想把我的《人的证据》作为一条材料收进去。他今天又提出此事，倒提醒了我。客人散去后，我伏桌疾书，写了一篇"书话"——《〈人的证据〉成书记》，约四千字——虽说是素材，倒又像一篇文章，也算一个意外收获。

1984 年 12 月 2 日

礼拜天，好天气。早上与敏去九舍看修新房，并送王瑶回京。他九时离校，下午可达京——我们是同乡人，经过几天的接触，出现了感情的撞击；他送我一册论鲁迅的书，我送他一本《手记》为念。

上午王戎来，在此午饭。饭后，我们和他一起到五角场，在此道别。五角场万头攒动，真是今非昔比矣。

三时到家，广西大学小韩持景尧信来访，他说他们第二期的英文本《比较文学研究》已发排，发了胡公文章及我为景尧他们的《导论》所写的序文——约他在临行前来家便饭，他是来参加莎士比亚会的。

上午苏州大学的徐贲持伯群信来访，带来他的一部译稿——刘若愚论中西诗的著作。

晚，两个山西进修教师来访，叶易来访。

收到华鹏、舒芜、章品镇来信。

晚，给华鹏写了回信。

1984 年 12 月 3 日

未出门。晚，看完乃修的毕业论文——《鲁迅与屠格涅夫》。上午校完王祥的译文《中国现代文学的主潮》。

傍晚，三年级一女性同学来，就研究中国文学谈了一些意见——她准备考研究生。陈德祥来，谈治学之道，乃修同在。

外文系龙文佩来，带来朱雯口讯。给夏仲翼打电话，约他参加乃修的论文答辩会。

上午，上外的小郭、小周来访，送书稿及编《比较文学文选》所需查的报刊篇目——适巧廖天亮来送译稿，即请他代查复印。

收到黑龙江出版社、陕西人民出版社寄赠的《王汶石研究专集》。

1984 年 12 月 4 日

上午，研究生秘书小刘来，就孙乃修论文答辩事进行了协商——决定由王锦园代秘书，负责一切应办事项；同时发出正式邀请，请朱雯、廖鸿钧和夏仲翼为评论委员。今天收到朱雯信，谈起答辩时间问题，为此傍晚给他通了电话，决定定在八日上午。

十时许，思和偕李存光来访，在此午饭，送他一册《手记》为念。

下午二时许，第二教育学院派老董车接到该院后，先去中文专业和教师座谈，我讲了一席话；后又与该院领导及受聘人员照相，又讲了一席话，并接收了要我为该院中文专业名誉顾问的聘书。五时许，车送回校。

晚，吕胜来。沈永宝来，送来路翎资料，提了一些意见。

收到思和带来的巴金赠书《病中集》、师陀寄赠的他的新书，以及本期《创作》赠刊。

收到高教局转来的作家协会去京开会通知，童炜钢及二哥信。

1984 年 12 月 5 日

上午到校，大冷。收到唐湜信及浙江文艺出版社稿费二十元。

收到王宁及广西大学小韩信。晚，张兵来，送来他的文章，及本期学报两册和学报丛书《现代西方哲学思想评价》。又收到伯群稿。

下午为学生办的散文社写了一篇短文。

晚，唐金海来辞行，他将去杭州开茅盾会，托他带给冀汸一信和给他女儿看的《比较文学导论》；又请他去看看卢鸿基——卢兄高年，又孤身一人，真有点像《儒林外史》中牛布衣的命运。中国文人清贫落拓的处境，古今一律，于今不减，可叹也夫！据唐说，十月下旬香港《文汇报》载，这里编的两本《巴金专集》香港三联已重版。为此给陈乃祥写了一信，请他快印第三本，也重新印行一、二两本——重印事吵了两年还没下落，说明旧的出版体制的腐朽。这"出版官"只顾个人谋利保权，"闲事"（国家命运人民生计）一概不问，反正赔赚与他无关，多干不如少干，少干不如不干保险。

读本期《学报》各文，这样的学术欣欣向荣景象，使人勇气倍增。

下午袁越来，他说礼拜六下午他们学院将有三个学生来访问我，为什么杂志写《名人剪影》，算是练习写作。

1984 年 12 月 6 日

今天晴朗。上午高晓声和江苏作协的小胡来家，他因肋骨受折在长海躺了一个时候，现已基本痊愈，仍住九舍招待所，不日搬入市内，并由此返宁。午饭后，他回到住处——我们两个也算一见如故。

下午二时许，小周、小何及两个研究生小陈、小吕都来碰头开会，关于外国文学作品和理论书目和文章的编目问题，进行了分工。

傍晚，彭小莲送来她父亲彭柏山的资料、书草稿，并在此加工修改，晚饭后离去——这是一个现代型的女性，思想性格都很开通豁达。

晚间，改好《中国现代文学研究译丛》序文，约五千字——陈鸣树今天来索稿（《中国新文学研究丛刊》），拟以此文相投。

收到南京师大一年轻学生来信。

托王文英带去给陈梦熊信，附去《〈人的证据〉成书记》一稿。又发出给陈乃祥信。

金海爱人小张和大女儿来，送来山东出版的载有他夫妇合写的文章的《柯兰作品集》一册。

1984 年 12 月 7 日

早上九时起床，昨夜赶完《中国现代文学研究译丛》序，已二时半。锦园来，商量乃修明日答辩事。华鹏的一位在电大教古典文学的女学生来访，给她批了去图书馆阅读的条子。

广西大学的小韩来辞行，留他吃"猫耳朵"。陆士清爱人小林找我们去他们家陪高晓声吃饭——由敏留下陪小韩，我去陆家午饭。

午睡两个钟头。晚饭后去九舍看老高，兼以送别。谈到死去的方之，高说，他曾建议方之写一个短篇，题名《主人与小偷》——故事说：有一个插队回来的知青，无业无食，混进一家食品店，隐在搁板上，昼伏夜出，偷吃店中食品为生；白日他坐在搁板上观察全店工作，发现上至经理，下至营业员无一不偷；一个夜间，经理和会计下班不归，人静后，他们偷了一大笔钞票运出，小偷看到后，怕将来事发，把他搜查出来时，归罪于他，乃逃之夭夭，因为按照老例，官员犯罪总是百姓顶替为羊——此故事概括性极大，发人深省，惜乎方之死于肺癌，仓促而去，未及写出，仅留老高的记忆中而已。他明日将搬入市内。

傍晚乃修来，约好为他的《俄国文学与中国》一书写序；请他为《小说界》写《金瓶梅》与《十日谈》比较——他借去《十日谈》和王润华的《中西文化比较论》。

收到黑龙江大学科研处信，邀为康华职称写推荐文。又收到万同林信及贺年片，李凤吾信。

晚上在灯下写好八张境外贺年片：相浦杲夫妇、山口守、今富正巳、村田俊裕、颜海平、戴舫、顾放勋、刘开平、卢玮銮女士（香港中文大学）。写好给伯群信及张德林信，张信附去张兵稿（《论扬州八怪和曹雪芹的艺术思想之比较》），明日发出。

读思和的《大事记》稿，有所改动——他早上来过。

1984 年 12 月 8 日

上午开乃修学位评审会，地址在新行政楼三楼，约请了朱雯、廖鸿钧、夏仲翼组成评委会——这三位都是我国俄国文学研究家，因为乃修的论文题为《鲁迅与屠格涅夫》——十时半告成，一致通过。

下午二时许，袁越带第二教育学院的三个学生来访，借给他们一册本期《山西师院学报》参考。

晚，看好思和草拟的《外来思想理论大事记（1917—1927）》。

1984 年 12 月 9 日

礼拜天，敏和小姑娘因和朱利英约好，一早去了她家，去买鸭绒被——晚上归来。

早上陈子展先生来访——他为自己的著作（有关楚辞的）被出版社胡乱改动，弄得面目可憎，大为光火，为此，找我来诉苦，大骂现在出版界不尊重作者的流氓行为。出版界的这种行径，也是多年来的封建习气，把人不当人的言传身教的流毒表现。

下午沈康来。与秀拔一块儿洗了澡。

中午小瓯在此午饭，吃"猫耳朵"。

收到董大中信。

晚，校好《中国现代文学研究译丛》序言抄稿，写好给香港三联书店黄仁沛、吴樾信。

读本期《新华文摘》上转载的《人民日报》批"大批判"文章，得悉近来文艺界的一些"左"的僵尸煽风点火，妄图在文艺界继续"反右"的讯息。

1984 年 12 月 10 日

上午去校内，在中文系借了三本外文书：一本《现代日本文学史》（日文），一本《马克思主义的艺术理论》（英文），一本英文版《契诃夫评论》。

下午，木之内诚偕石桥成康（日本京都佛教大学博士生）来访，木之内带来暑假回国时山口守托他带给我的回信、香烟及原子笔等礼品，还有五元外汇券，他用来偿还复印费——即婉辞请木之内退还。

晚，彭小莲来，送来《彭柏山研究资料》稿。思和来，他明日将去杭参加《上海文学》的会议。陈德祥来。

收到赵正自青岛来信，即写了复信，约他来沪——我们在一九三六年一块儿被捕过。又收到李存煜信、唐金海信（杭州）、李福田信（天津）；孙进信（交大校刊工作，乃修同班同学）并寄赠《钟山》一册——那上面有他的小说《留学生楼》，写复旦人事；及本期《江海学刊》赠刊、上海书店赠书两册（李何林编《中国文艺论战》及柯灵散文一册——敌伪时期作品）。

晚，桂英编好《译丛》页码，计五百余页。校××译文注文。

1984 年 12 月 11 日

九时起床，写了乃修《屠格涅夫与中国》一书的序文草稿。萧斌如来，在此午饭。

收到赵正改变住址的电报，当即写信回复。收到学校统战部通知，去工会认领"文革"中抄去的书籍字画——我们则早提前完成任务，一九五五年就被抄得一贫如洗，扫地出门了，真如遭了抢劫一样，真是"官用土匪"的行径，一笔糊涂账。

下午陈德祥和一个考研究生的女生小王来，谈现代文学学习事，约一个半小时。乃修来还书，兴良来谈译本编目事。苏州大学的徐贲来说，伯群十三日可来，当即给他和华鹏写了信，原二十日开研究生答辩会，推迟时间——明日发出。

晚，改好××译文中的注文，等于重新译整了全部——现在年轻人不认识注文在论文中的重要性，随意写去，甚至对作者注中的说明文字（这是论文的组成部分），也随意删去不要。

晚间，朱立元、王文英夫妇来。小王带来陈梦熊信及唐湜的《意度集》——这是他自己一九五〇年自费印行的一本文学评论集，并来信要我向上海书店推荐重印，只有梦熊处有一册，也算海内孤本了。小王送我一册他们文研所出版的《文学研究丛刊》。

上午，王锦园来谈公事，送他《比较文学》杂志一册。

1984 年 12 月 12 日

今天晚上总算把《译丛》第一集弄完了——把各篇译文的"屁股"都擦干净了，除了抄补、抄译、加译、加注、统一名称体例外，少不得又动了剪刀和糨糊。

今天，为伯群他们来参加答辩事的时间安排，和锦园、老应多次接触。下午伯群来了，又给华鹏拍了加急电报，希望他明日到，后日好开会。伯群和他的两个研究生在此吃过晚饭后，住地由系里作了安排。

收到吉林大学寄来的翻译书目。

下午图书馆潘保根来，我签署了一张内部布告，关于三个女工处分事。

上午，王宁匆匆来辞行，她定好十六日去美，托她带去三本《比较文学》杂志——戴舫、放勋、海平各一册。

1984 年 12 月 13 日

早上起床后，即伏案工作，草拟好对卢康华的评审草稿。下午华鹏来。晚，应必诚夫妇请他们两位——曾、范，我们一家三口作陪。

下午乃修来还书，谈到昌东小说的修改问题，我们都认为不能为了争取发表而歪曲作品内容，那是犯罪行为。这部自传性的长篇，自有其历史真实感，它从一个知识分子的长成史中，反映了我国历史的曲折运动，错误路线对社会前进的干扰和破坏、对人的身体和精神的摧残和伤害——这样的作品，总有一天可以见天日的，因为它真实；作家忠于生活，忠于自己，这就是它生命力之所在。

小廖下午来，把吉林大学寄来的翻译书目复印件和卢、孙草拟的《比较文学资料集》篇目的复印件交给他，他也送来了他与同学合编的比较文学理论文选的篇目。

晚，看当代文学研究生的毕业论文，明天即开始答辩。

1984 年 12 月 14 日

天雨。从上午八时至下午五时，在楼下举行了本届三个现代文学研究生［梁永安、王东明、徐学清（女）］三人的硕士研究生评审活动，胜利完成任务。

中午和晚上，即留曾、范二人吃中、晚饭——中午请应必诚、王锦园作陪。

晚间，来客有唐金海夫妇、斯民夫妇，他们二人都从外地出差回来。第二教育学院的袁越带一同学来访，看了他写的我的访问记（《名人剪影》），改正了一些误记之处。

收到梅志信。

1984 年 12 月 15 日

阴雨不绝，整日未出门。晚，华鹏在此晚饭，他明日返扬。晚，金海一家来，将彭柏山资料的全部书稿交他复查一下。

收到日下恒夫自大阪来信，他回国奔父丧，将于二十日回校。收到陈公正信及寄赠的两本《中国当代文学研究参考资料》（第三、四两卷）。

晚，在灯下将《译丛》全书定稿，又费了一番手脚，总算大功告成了——日内发出（湖南人民出版社）。

1984 年 12 月 16 日

天阴未出门。中午，华鹏在此午饭，由王东明作陪（王戎也在座）。匆匆饭毕，即由王东明陪他在门口上车去车站返扬州，应必诚夫妇和我们一家在门口送行。

下午三时许，赵正和他的外甥自青岛来，我们不相见已近五十年——他已离休，现在陕西省委负责清查"三种人"工作。晚饭后，安排他们住八舍招待所。

晚，写成卢康华的学术鉴定意见——明日发出，寄黑龙江大学科研处。

收到张德林信。

1984 年 12 月 17 日

上午出了太阳，下午又下起雨来了。上午去馆内，陈××拦路向我告姜德安状，一直闹到馆内仍然不休——这是一个泼妇，谁也无可奈何，多少年的运动斗争，造就了许多会闹的人物。

在新华书店购入《金明馆丛稿二编》《近年来来华外国人手册》以及旧俄一个出版商的回忆录。

晚饭后，老姜来，约明日上午去开会。饭后去宾馆和赵正小坐。

晚，开夜车写好对上海大学文学院某某评教授职称的学术鉴定意见，两张纸都写满了。这种风派人物，在现在世道上，仍然是春风得意，有人关心和提拔。

近日给湖南发出《译丛》第一册稿。发出苏州大学范培松学术鉴定书。

收到陈乃祥信、万同林信。

1984 年 12 月 18 日

上午去图书馆开会，至一时许；下午出席校委会，至五时——开了一天会。

图书馆出售旧期刊，买了一些，花十元二角。

晚，化龙和他的外甥女在此晚饭。

收到王进珊信。

昨天，《新民晚报》发表了小陈写的我的访问记——《国外汉学的万花筒——贾植芳谈中国现代文学在国外》。

1984 年 12 月 19 日

整天大雪纷飞。下午去教研室开会，布置下学期开课，并与进修教师座谈。与思和一同到家，裴高已在候。傍晚，陈德祥来，就查阅翻译文学书目和他进行了讨论。

中午，孔海珠在此中饭，交来她写的《茅盾与儿童文学》的打印稿。

晚，填好孙乃修的学位申请书有关各栏。

收到王进珊、范伯群信。

上午敏去邮局发出一堆贺年片：饶鸿竞、张人希、章品镇、毕奂午、颜次青、吴奔星、王进珊、马克·本德尔。

1984 年 12 月 20 日

早上到图书馆开会，借来《胡适手稿》《永恒的巨流》各一册。收到吴宏聪信。

下午，李存煜来访，带了些徐州食品，并送来了他的论中国左翼文艺论文，借去一堆中、英、日文书籍复印。

晚，化龙的外甥女小白来。下午，赵博源在此晚饭。中午，桂英老师、现任汾阳教育局长高君在此午饭。

晚，小廖、小吕来。姜德安来谈馆务。

今日买到书桌一张，由小葛、小张、小徐送来。

晚，写好乐秀拔的学术职称评语，又写了一堆信：给铃木正夫、董大中、万同林和王克强。

1984 年 12 月 21 日

上午，小李送来借去的外文书，他已复印完毕。思和来，一块儿在家午饭，吃了小李带来的符离集烧鸡。

下午，图书馆小徐送来学生会组织的英语爱好者协会的请柬。四时，敏陪我去校参加这个协会成立会，适乃修来，由他送我到开会的第三教学楼——有二百余人，谢校长也到场，当场发了聘书，谢校长和我都聘为顾问。主席用英语致辞，我之后，由外文系程雨民副教授用英语致辞；然后我们退出，由一同学唐叙权送我到馆。途中我向谢校长谈了编目（外文）工作，需要一千五百元加班费事，她表示同意——到馆后，老姜已写好关于此事的报告。晚，和敏去看了林克同志，交上这一份报告。在此之前，去看了化龙，随后又和老应、老王去看了日下恒夫——他昨天归来，决定下礼拜二请他讲演《老舍与西洋》。

收到钱青、王铁仙信——王信约我下月三日去华师大现代文学班讲课，当即写了复信，推迟时间。

晚，给郭成家、唐湜写信。

1984 年 12 月 22 日

全日未出门，天寒地冷。写好华鹏评语。《学报》送来《文学作品选》序文清样，进行了校改，并将为《译丛》写的序文从陈鸣树那里换回，代以这篇已打了校样的序文。

晚，写了一堆信：钱青、宜静、孙秉德、孙进来、施叔范等人。

收到旭澜来信，是由日下带来的。又收到思和带来的萧斌如信。

中午培恒来，为思和晋升讲师，由我写了一个他做助手期间在教学辅助工作中所研修课程及分数以及论、译、编成绩。他来后，我们又作了修改——这样的青年就是要越格提升。

晚，图书馆小华来坐。

今日交上乃修鉴定。

实在太冷，生了木炭火，思和说，他还未见过木炭。

1984 年 12 月 23 日

上午由金海带相机来，与赵正和敏在招待所内和校内外照了一卷相以留纪念。

下午写好孙乃修论文评语，由李存煜代抄好。写好思和攻读研究生课程（以辅导教学身份）证明材料。

晚，阅小李论左翼文艺运动的论文。

晚，化龙（赵正本名）来，他给我提出两点意见：1. 争取入党问题；2. 对一九八〇年中央文件对我留的"尾巴"应重视，不能含糊——这是他的干部观点，意思是善良的。

1984 年 12 月 24 日

早七时许起床，到招待所送赵正回陕。

晚，陈德祥、吕胜、苏兴良、孙乃修来。

收到章品镇信及《艺谭》寄赠的年历。又收到景尧信；发出给吴樾信，附去吕胜、廖天亮译稿；发出给华鹏信，附去评语。给校监委写了个报告，请给赵正消除影响。

傍晚，日下恒夫送来他明天要讲的《老舍与西洋》的资料稿，要求打印——他穿了西装衬衣，真是不胜其寒。除过把木炭火盆移到客堂外，又请他喝了一盅家乡酒御寒，并送他一小瓶竹叶青。

晚，给山口守写信，请他查印日本评巴金文章，以备《巴金研究在国外》之用。

下午剃了个头。

1984 年 12 月 25 日

上午李存煜送来车票。

午后，由小蒋陪同去图书馆各部门及中文系走了一圈。

晚，第二教育学院学生小周来，将采访我腿伤后的"故事"以及"文革"前后生活遭遇的稿件送来请我审阅。

应必诚夫妇、徐俊西等都来过。

发出给山口守信。潘旭澜妻子来，送来新出版的潘的《文学评论集》。

上午裴高来，在此午饭。上外小谢来，拿去《布留索夫集》（俄文本，二卷）及三篇文章（李存煜、徐贲及宝鸡蔡家坡一不相识者的来稿，比较屈原和浮士德）。思和来，交来《大事记》。兴良送来河南人民出版社小夏来信，说《文学研究会资料》明年五月可出书。裴高说，他将到《文学报》，希望我碰到杜宣能介绍一下。

下午去校途中，遇林秀清先生来访，相随到校门口——她自深圳回来，说乐黛云说复旦可以由中、外文系办比较文学中心，有我在这里云。林说了外文系的一些人员情况，等我回沪后商量。

明日下午进京参加第四次作家代表大会。